7가지 생성 AI로
영상 제작 &
편집하기

with
챗GPT&미드저니&런웨이

누구나 프로처럼, 생활 AI
7가지 생성 AI로 영상 제작 & 편집하기 with 챗GPT & 미드저니 & 런웨이
수익형 숏폼, SNS 광고, 단편 영화까지 장비, 배우, 성우 없이 AI 하나로

초판 1쇄 발행 2024년 12월 5일
초판 3쇄 발행 2025년 6월 30일

지은이 홍순성 / **펴낸이** 전태호
펴낸곳 한빛미디어(주) / **주소** 서울시 서대문구 연희로2길 62 한빛미디어(주) IT출판2부
전화 02-325-5544 / **팩스** 02-336-7124
등록 1999년 6월 24일 제25100-2017-000058호 / **ISBN** 979-11-6921-318-9 93000

책임편집 홍성신 / **기획 · 편집** 이희영 / **교정** 고란희
디자인 표지 윤혜원 내지 최연희 / **전산편집** 다인
영업마케팅 송경석, 김형진, 장경환, 조유미, 한종진, 이행은, 김선아, 고광일, 성화정, 김한솔 / **제작** 박성우, 김정우

이 책에 대한 의견이나 오탈자 및 잘못된 내용은 출판사 홈페이지나 아래 이메일로 알려주십시오.
파본은 구매처에서 교환하실 수 있습니다. 책값은 뒤표지에 표시되어 있습니다.

한빛미디어 홈페이지 www.hanbit.co.kr / **이메일** ask@hanbit.co.kr

Published by Hanbit Media, Inc. Printed in Korea
Copyright © 2024 홍순성 & Hanbit Media, Inc.

이 책의 저작권은 홍순성과 한빛미디어(주)에 있습니다.
저작권법에 의해 보호를 받는 저작물이므로 무단 전재와 무단 복제를 금합니다.

지금 하지 않으면 할 수 없는 일이 있습니다.
책으로 펴내고 싶은 아이디어나 원고를 메일(writer@hanbit.co.kr)로 보내주세요.
한빛미디어(주)는 여러분의 소중한 경험과 지식을 기다리고 있습니다.

7가지 생성 AI로
영상 제작 & 편집하기
with 챗GPT&미드저니&런웨이

홍순성 지음

한빛미디어

들어가며

저는 스마트폰이 등장하기 전부터 오랜 시간 영상이라는 분야에 몸담아 왔습니다. 2018년부터는 기업 홍보 영상 제작을 본격적으로 시작해 지금까지 300편이 넘는 영상을 완성했습니다. 오랜 시간 수많은 영상을 제작했었지만, 늘 어려운 지점이 있다면 바로 영상 기획과 원고 작성입니다. 초기에는 작가의 도움을 받아 원고를 다듬고 이후 시나리오 작성, 성우 섭외, 음악 선택, 영상 디자인, 제작, 편집 등의 과정을 반복해야 했습니다. 짧게는 1~2분짜리 영상도 최소 2~3주 이상의 시간이 소요되었습니다. 간단해 보이는 영상에 이처럼 많은 시간과 노력이 필요하다는 것은 직접 제작해 본 사람만이 이해할 수 있습니다. 이 모든 과정을 혼자서 감당한다는 것은 상당한 전문성이 기반되어야 합니다.

스마트폰의 보급으로 영상 콘텐츠가 활성화되면서 영상 제작에 대한 관심도 커졌고, 영상을 쉽게 촬영하고 편집할 수 있는 여러 프로그램과 애플리케이션들이 등장하기 시작했습니다. 유튜브, 틱톡 같은 영상 중심 매체의 등장도 영상 제작을 대중화시켰지만 여전히 초보자가 퀄리티 높은 영상을 제작하기까지는 많은 시간과 노력이 필요했습니다.

그러나 현재 이 모든 과정을 혼자 해결할 수 있는 시대가 되었습니다. 스마트폰의 등장으로 누구나 콘텐츠를 쉽게 소비하고 제작할 수 있는 시대가 열렸듯,

AI의 등장은 누구나 퀄리티 높은 콘텐츠를 쉽게 제작할 수 있는 발판을 마련했습니다. 특히 영상 제작 분야에 AI가 가져온 눈에 띄는 변화는 이전까지 수많은 시간과 비용, 전문가가 필요했던 작업들을 손쉽게 구현할 수 있게 되었다는 것입니다. 이는 단순히 기술적 발전을 넘어 창의성과 표현의 영역에서 새로운 기회를 제공합니다. 영상 기획부터 시나리오 원고, 이미지, 영상, 배경 음악, 효과음 심지어 성우 역할까지 AI가 모두 수행할 수 있기 때문입니다.

이제 AI를 어떻게 활용하느냐에 따라 영상의 퀄리티가 달라지고, 과거에는 상상하기 어려웠던 방식으로 창의성을 발휘할 수 있게 되었습니다. 지금처럼 영상 제작 과정이 수월했던 시대는 없었습니다. 이는 블로그가 처음 등장했을 때 전문가만이 글을 쓸 수 있을 것이라 예상했지만, 현재 수천만 명의 사람들이 블로그를 운영하는 것과 비슷한 현상입니다. AI를 통해 영상 제작의 문턱이 낮아지면서 개인부터 기업까지 손쉽게 고품질의 영상을 제작할 수 있는 기회가 확대되고 있습니다.

과거에는 전문가만이 가능했던 작업들이 이제는 AI를 통해 누구에게나 접근성이 열렸으며, 창의적 표현의 장벽이 허물어졌습니다. 앞으로 더 많은 사람이 자신이 가진 콘텐츠를 영상으로 전함으로써 마치 블로그에 업로드하는 한 편의 글처럼 접근성 높은 일상 속 콘텐츠가 될 것입니다.

- 홍순성

추천사

현재 쏟아지는 생성 AI 소식은 전문가조차 숨가쁠 정도입니다. 마치 바닥에 쏟아진 잡곡을 어디서부터 정리해야 할지 막막하게 바라보는 것처럼 복잡하고 다난하죠. 하지만 이 책의 저자 홍순성 작가는 뒤섞인 잡곡을 종류별로 분류한 뒤 차곡차곡 병에 담듯, AI 영상 제작에 쓰이는 다양한 서비스와 사용 방법을 집요하게 정리해냈습니다. 영상 제작의 효율을 AI로 높이고 싶다면 이 책을 보지 않을 이유가 없을 것입니다.

박준상 | TOPBOB FILM 대표 감독/Creative IDA AI 아티스트, 감독

이 책은 'AI'라는 키워드를 제외하고, 영상이 처음인 초보자도 기초를 다질 수 있도록 구성되어 있습니다. 기획, 시나리오 작성, 상세한 대본 설정 그리고 이를 토대로 영상을 완성하는 과정까지 촘촘히 담겨 있습니다. 여기에 AI를 활용하는 제작 과정은 매우 인상적입니다. 실제 업계에서 활용하는 AI 솔루션이 잘 소개되어 있어 AI로 영상을 제작하기 좋은 안내서이자 학습서입니다.

김민호 | imK 대표 프로듀서

홍순성 저자는 AI를 단순한 도구로서 활용하는 방법을 넘어, 창작의 본질을 확장하는 새로운 가능성을 열어줍니다. 초보자에게는 친절한 입문서가 되어 쉽게 다가갈 수 있고, 전문가에게는 깊이 있는 통찰과 응용의 실마리를 제공합니다. 이 책은 여러분의 창의적인 아이디어를 실현하는 과정을 함께하는 든든한 안내서가 되어줄 것입니다.

이동현 | AI 영화 감독(뉴욕국제영화제(NYCIFIF) AI FILM 부문 수상)

이 책의 구성

이 책은 총 6개의 부, 16개의 장으로 구성되어 있습니다. 1부에서는 생성 AI가 영상 분야에 미치는 영향과 영상 제작의 각 단계에 쓰일 AI에 대해 파악할 수 있습니다. 2~5부는 영상 제작의 단계와 과정에 따라 적합한 AI들을 심도 있게 살펴봅니다. 마지막 6부에서는 지금까지 살펴본 영상 제작 단계와 AI들을 활용해 시나리오 작성부터 완성된 영상을 출력하기까지 모든 과정을 살펴봅니다.

1부 AI라면 누구나 프로처럼, 영상 제작 & 편집에서는 영화, CF와 같은 상업 영상부터 개인 크리에이터가 제작하는 수익형 콘텐츠 영상 등에 AI가 어떻게 쓰이고 있는지 사례를 살펴봅니다. 그런 다음 시나리오, 이미지, 사운드, 영상, 편집까지 영상 제작의 모든 단계에 어떤 AI를 어떻게 활용하지 정리합니다.

2부 영상의 뼈대, 시나리오 작성하기에서는 AI로 영상을 제작하는 모든 과정에 쓰일 핵심 도구인 텍스트 AI를 다룹니다. 대표 AI로 챗GPT, 클로드, 퍼플렉시티를 살펴본 다음 숏폼을 기획하고 원고를 작성하는 과정을 살펴봅니다. 오랜 시간 영상을 제작하면서 경험한 시행착오를 담아 시나리오 작성 시 고려해야 할 사항과 텍스트 AI를 보다 수월하게 사용할 수 있는 템플릿 가이드 등을 제공합니다.

3부 시각적 매력을 더하는 이미지 만들기에서는 비주얼 콘텐츠를 생성하는 이미지 생성 AI를 다룹니다. 대표 AI로 DALL-E와 미드저니를 살펴봅니다. DALL-E는 챗GPT와 연동되어 편리하게 사용할 수 있고, 미드저니는 퀄리티 높은 이미지를 생성할 수 있다는 데에서 각자의 강점을 가지고 있습니다. 단순히 퀄리티 높은 이미지를 생성할 뿐만 아니라 영상 제작의 핵심인 '일관성 있는 톤 & 캐릭터'를 생성하는 과정을 세세히 다룹니다.

4부 영상의 완성도를 높이는 사운드 제작하기에서는 영상의 중요한 요소인 배경 음악과 AI 성우, 효과음을 생성하는 과정을 살펴봅니다. 대표 AI로 배경 음악 제작에는 Suno, AI 성우 및 효과음 제작에는 일레븐랩스, 가상 인간 만들기에는 헤드라를 다룹니다. 이 AI들을 활용해 작곡, 작사, 음향 프로그램에 대한 지식이 없어도 쉽게 사운드 파일을 만드는 방법을 습득할 수 있습니다.

5부 자연스러운 영상 생성 & 편집하기에서는 2~4부에서 만든 모든 리소스를 하나의 영상으로 생성하는 과정을 살펴봅니다. 영상 생성 대표 AI로 Gen-3, 드림머신, 클링 AI를 살펴보고 영상 편집 대표 AI로 브루와 캡컷을 다룹니다.

6부 실무에 바로 쓰는 영상 제작 & 편집에서는 '토끼와 거북이의 SNS 마케팅 대결'이라는 주제로 시나리오부터 영상 하나를 완성하기까지 모든 과정을 실습합니다. 사용하는 AI는 총 7개로 다음과 같습니다.

AI 도구	역할
챗GPT	시나리오 생성, 이미지&영상 프롬프트 생성
클로드	시나리오 생성, 이미지&영상 프롬프트 생성
미드저니	이미지 생성
Suno	배경 음악 생성

일레븐랩스	효과음, AI 성우 생성
Gen-3	영상 생성
캡컷	자막 생성, 영상 편집

각 부를 마칠 때마다 현장에서 AI로 영상, 작품을 만들거나 기능을 연구하는 전문가들의 인터뷰를 담았습니다.

저자 소개

홍순성 AI 개인 컨설턴트, 생산성 전문가

AI 시대 이전부터 매년 한 권씩 책을 집필해온 베스트셀러 작가로, 지금까지 총 12권의 책을 출간했습니다. AI 기술을 접목한 새로운 방식의 글쓰기를 통해 개인의 삶을 변화시키고, 실천을 통한 자기 혁신을 이루어 나가고 있습니다. AI 글쓰기 작가로 활동하는 동시에 AI 기술을 활용해 개인의 전문성 개발을 돕고, 맞춤형 문제 해결 서비스를 설계하는 일도 하고 있습니다. 이 독특한 경험과 전문성을 바탕으로 AI 시대에 일하는 방식을 혁신하고 발전시켜 나가는 방향성을 제시합니다.

20여 년간 국내 대기업, 중소기업, 공공기관에 교육과 컨설팅 등의 활발한 활동을 하고 있습니다. 대표 저서로는 『월 20달러로 비즈니스 글쓰기 with 챗GPT』, 『WORK: 오늘부터 실패하지 않게 일하는 법』, 『생각하고 계획하고 일하라』, 『에버노트 사용설명서』 등이 있습니다. 이 책들은 개인과 조직의 생산성 향상과 효율적인 업무 방식에 대한 깊이 있는 통찰을 제공합니다.

AI 시대에 맞춰 개인과 조직의 생산성과 업무 효율성 극대화를 위한 방법을 연구하며 실천하고 있습니다. 그동안의 풍부한 경험과 전문 지식을 토대로 온라인 콘텐츠와 교육 자료를 만들고 있습니다. 특히 중소기업과 소상공인을 위해 제공하는 업무 생산성 향상 프로그램과 개인 맞춤형 컨설팅 서비스는 많은 사람에게 그 가치를 인정받고 있습니다.

주요 저서

『월 20달러로 비즈니스 글쓰기 with 챗GPT』(한빛미디어, 2024년)

『오늘부터 실패하지 않게 일하는 법』(애드앤미디어, 2024년)

『생각하고 계획하고 일하라』(영진닷컴, 2018년)

『에버노트 사용설명서 2nd Edition』(영진닷컴, 2018년)

『나는 1인 기업가다』(세종서적, 2017년)

『프로들의 에버노트』(영진닷컴, 2015년)

『에버노트 사용설명서』(영진닷컴, 2013년)

『에버노트 라이프』(영진닷컴, 2012년)

『스마트 워킹 라이프』(영진닷컴, 2011년)

『트위터 200% 활용 7일 만에 끝내기』(살림출판사, 2010년)

『아이패드 200% 활용 7일 만에 끝내기』(살림출판사, 2010년)

『윈도우 2000 재난 복구 및 복원』(디지탈유통, 2002년)

『ASP 3.0 Bible』(홍순성, 손호성, 안우길, 영진닷컴, 2000년)

그외 MCSE 자격증 도서 번역 및 감수(15권) 등(2001년)

목차

들어가며 　　　　　　　　　　　　　　　　　　　　　　　　　　4
추천사 　　　　　　　　　　　　　　　　　　　　　　　　　　　6
이 책의 구성 　　　　　　　　　　　　　　　　　　　　　　　　8
저자 소개 　　　　　　　　　　　　　　　　　　　　　　　　　11

1부 AI라면 누구나 프로처럼, 영상 제작 & 편집

01장 AI가 바꾼 영상 패러다임
- ▶ 비전문가도 창작자가 되는 영상 혁명의 중심, AI 　　　　　　21
- ▶ 카메라, 배우 없이 제작하는 영화 　　　　　　　　　　　　26
- ▶ 과거와 미래를 잇는 AI의 재현 기술 　　　　　　　　　　　30
- ▶ 창의성의 지평을 넓힌 기업의 광고 영상 　　　　　　　　　32
- ▶ 취미에서 수익 창출로, 크리에이터가 만드는 AI 영상 콘텐츠 　38
- ▶ AI가 영상 제작 산업에 가져온 변화들 　　　　　　　　　　42

02장 AI를 활용한 영상 제작 과정

- ▶ AI를 활용한 영상 제작 과정   45
- ▶ AI와의 소통을 위한 도구 '프롬프트'   51
- ▶ **인터뷰** 비전문가도 영상 만들고 강의합니다   55

2부 영상의 뼈대, 시나리오 작성하기

03장 AI 영상의 핵심 도구, 텍스트 생성 AI 시작하기

- ▶ 영상 제작에서 텍스트 생성 AI의 역할과 활용   63
- ▶ 챗GPT 사용 가이드   66
- ▶ 클로드 사용 가이드   71
- ▶ 퍼플렉시티 사용 가이드   76

04장 AI와 아이디어에서 대본 기획까지

- ▶ 시나리오 작성을 위한 3단계   81
- ▶ 챗GPT와 클로드를 활용한 숏폼 기획 & 원고 작성   86
- ▶ AI 영상 시나리오 작성 시 고려 사항   99
- ▶ 효율성을 높이는 AI 영상 원고 템플릿 가이드   106
- ▶ **인터뷰** AI 시대 경쟁력은 기본으로 돌아가 '기획력'   116

3부 시각적 매력을 더하는 이미지 만들기

05장 이미지 생성 AI의 역할

- 비주얼 콘텐츠를 위한 이미지 생성 AI   121

06장 DALL-E 사용 가이드

- DALL-E 시작하기   127
- 세부적인 프롬프트 작성하기   137
- DALL-E에서 이미지 편집하기   144
- 스토리보드 제작하기   150
- 카툰 스타일로 이미지 생성·편집하기   161

07장 미드저니 사용 가이드

- 미드저니 시작하기   169
- 미드저니 가입하기   172
- 미드저니 웹 버전 기능 살펴보기   178
- 미드저니 이미지 에디터 사용 가이드   187
- 미드저니 외부 이미지 에디터 사용 가이드   192
- 이미지 프롬프트 작성하기   196
- 정교한 프롬프트를 위한 샷 & 앵글 용어   208
- 일관성 있는 이미지 생성하기   212

- ▶ 같은 캐릭터의 다른 연령대 이미지 만들기　　　　　　　224
- ▶ **인터뷰** 전시회로 나온 미드저니　　　　　　　　　　232

4부 영상의 완성도를 높이는 사운드 제작하기

08장 Suno로 배경 음악 제작하기

- ▶ Suno 시작하기　　　　　　　　　　　　　　　　　239
- ▶ Suno 사용 가이드　　　　　　　　　　　　　　　　246

09장 AI 성우 고용하기

- ▶ 타입캐스트로 AI 성우 만들기　　　　　　　　　　　265
- ▶ 일레븐랩스로 AI 성우 및 효과음 만들기　　　　　　276
- ▶ 헤드라로 가상 인간 만들기　　　　　　　　　　　　290
- ▶ **인터뷰** 지글지글 음식 연출도 AI로　　　　　　　　300

5부 자연스러운 영상 생성 & 편집하기

10장 안정적인 영상 AI, Gen-3

- ▶ Gen-3 시작하기　　　　　　　　　　　　　　　　307
- ▶ Gen-3로 영상 생성하기　　　　　　　　　　　　　312

11장 생동감 있는 영상 AI, 드림머신

- 드림머신 시작하기 — 339
- 드림머신으로 영상 생성하기 — 344
- 효과적인 프롬프트 작성법 — 350

12장 고퀄리티 영상 AI, 클링 AI

- 클링 AI 시작하기 — 355
- 클링 AI로 영상 생성하기 — 360

13장 올인원 영상 편집 AI, 캡컷

- 캡컷 시작하기 — 367
- 캡컷 사용 가이드 — 375
- 캡컷으로 영상 편집하기 — 382

14장 한국어에 최적화된 영상 편집 AI, 브루

- 브루 시작하기 — 403
- 브루 사용 가이드 — 411
- 인터뷰 AI, 영상 제작의 새로운 패러다임 — 415

6부 실무에 바로 쓰는 영상 제작 & 편집

15장 시나리오부터 영상 편집까지

- ▶ 영상 제작 프로세스 소개   421
- ▶ 1단계 시나리오 작성   423
- ▶ 2단계 영상 리소스 작업 ① 이미지   431
- ▶ 2단계 영상 리소스 작업 ② 사운드   442
- ▶ 2단계 영상 리소스 작업 ③ 영상   452
- ▶ 3단계 영상 편집   464

16장 AI와 저작권

- ▶ AI 영상 콘텐츠의 저작권이란?   487
- ▶ AI가 생성한 콘텐츠의 저작권을 보호하려면?   491
- ▶ 기존 콘텐츠의 저작권 침해를 방지하려면?   492
- ▶ AI가 생성한 콘텐츠를 상업적으로 사용하려면?   494
- ▶ 무료로 생성한 콘텐츠 & 폰트를 사용하려면?   497
- ▶ **인터뷰** AI도 또 하나의 도구일 뿐   499

나가며   503
찾아보기   505

1부

AI라면 누구나 프로처럼, 영상 제작 & 편집

01장

AI가 바꾼 영상 패러다임

이 장에서는 AI 기술이 영상 제작의 패러다임을 어떻게 변화시켰는지 구체적으로 살펴봅니다. AI가 기획 단계부터 대본 작성, 이미지 생성, 편집에 이르기까지 어떻게 참여하는지, 낮아진 창작의 진입 장벽이 새로운 창작자들에게 어떤 기회를 제공하는지 그리고 이 변화가 영상 산업에 미치는 영향을 다룹니다.

비전문가도 창작자가 되는 영상 혁명의 중심, AI

오늘날 우리가 경험하는 기술 혁신의 중심에 선 AI Artificial Intelligence는 컴퓨터가 사람처럼 '생각하고 배우는' 방식으로 작동하는 기술입니다. AI를 작동시키는 두 가지 주요 기술은 머신러닝 Machine Learning과 딥러닝 Deep Learning입니다. 덕분에 인간이 책을 읽고 공부하듯이 방대한 데이터를 학습하여 문제를 해결하고, 스스로 결정을 내릴 수 있죠. 이 과정에서 AI는 대규모 데이터를 분석하고, 그 안에서 패턴을 발견해 학습합니다. 이를 통해 컴퓨터는 사람처럼 복잡한 문제를 해결할 뿐만 아니라 지속적으로 스스로 발전할 수 있습니다. AI의 이러한 특성 덕분에 다양한 분야에서 점점 더 효율적인 도구로 활약하고 있습니다.

AI는 단순히 반복 업무를 대신하는 것뿐만 아니라 창의적인 작업에서도 점점 더 중요한 역할을 하고 있습니다. 대표적인 예가 바로 영상 제작 분야입니다. 이전까지 영상 제작은 전문 장비와 전문 지식이 필요한 영역이었으나 이제 AI의 발전으로 초보자도 손쉽게 텍스트와 이미지를 활용해 간단하게 영상을 제작할 수 있게 되었습니다. 스토리보드 작성부터 고해상도 이미지 생성, 영상 변환, 배경 음악까지 다양한 작업을 단 한 명의 작업자가 수행할 수 있습니다.

예를 들어, 챗GPT ChatGPT를 활용하면 영상의 대본이나 스토리보드를 빠르게 작성할 수 있습니다. 이렇게 작성한 텍스트는 아이디어를 구체화하는 데 중요한 역할을 합니다. 이후 DALL-E로 생성된 이미지는 아이디어를 시각적으로 표현하는 데 활용되며, 기획 단계를 보다 명확하게 시각적으로 구상할 수 있습니다. 또, 미드저니 Midjourney를 활용하면 영화처럼 사실적인 이미지를 생성할 수 있어 완성도 높은 결과물을 얻을 수 있습니다. 여기에 런웨이Runway에서 개발한 Gen-3와 같은 영상 생성 도구를 사용하면 이미지를 영상으로 변환할 수 있습니다. 이 과정에서 카메라 움직임이나 애니메이션 효과를 간단하게 추가하여 영상의 품질을 더욱 향상시킬 수 있습니다. 마지막으로 Suno, 타입캐스트로 배경 음악, 내레이션 등을 만들고 캡컷으로 영상을 편집해 디테일한 영상 한 편을 금세 완성할 수 있습니다.

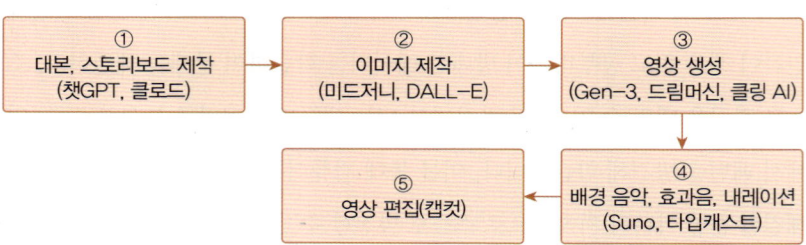

영상 제작 과정별 적용 가능한 AI

이와 같은 AI의 급격한 성장은 영상 분야의 패러다임을 완전히 바꾸고 있습니다. 창작자들에게 전례 없는 기회를 제공할 뿐만 아니라 새로운 가능성을 열어주고 있습니다.

이제 스마트폰 하나로도 고품질 영상을 촬영하고 편집할 수 있는 것은 물론, 다양한 촬영 방식과 VFX(시각 특수 효과) 등 전문가의 영역이었던 작업들까지 가능해졌습니다. 이러한 변화는 영상 제작의 접근성을 크게 높였으며, 더 많은 창작자가 전문가 수준의 결과물을 만들어낼 수 있게 되었습니다.

항목	과거	현재
장비	고가의 전문 장비 필요	스마트폰으로 고품질 촬영 가능
기술 요구 사항	전문적 기술 필요	AI 지원으로 초보자도 쉽게 제작 가능

편집 과정	복잡하고 시간 소모 큼	AI 기반 자동화로 간편하고 빠름
접근성	제한적(전문가 중심)	광범위(비전문가도 쉽게 접근 가능)
비용	고비용(장비, S/W, 인력)	저비용(대부분 도구가 무료 또는 저가)

이제는 영상 제작도 마치 블로그에 글을 쓰는 것처럼 특별한 기술이나 전문성이 없어도 누구나 할 수 있는 일이 되었습니다.

AI를 활용한 영상 제작은 다음과 같은 장점이 있습니다.

1. 소규모 팀과 개인을 위한 콘텐츠 제작

과거에는 영상 제작에 많은 인력과 장비가 필요했지만, 이제 AI 기술 덕분에 소규모 팀이나 개인 크리에이터도 전문적인 영상을 만들 수 있는 시대가 되었습니다. AI는 한 사람이 촬영, 편집, 후반 작업까지 모두 담당할 수 있게 도와줍니다. 사용자가 텍스트나 이미지를 입력하면 AI가 자동으로 이를 바탕으로 시나리오를 작성하고, 이미지와 영상 클립, 자막과 음악까지 생성합니다. 챗GPT와 미드저니는 대표적인 예입니다. 챗GPT를 사용하면 영상 스크립트를 빠르게 작성할 수 있고, 미드저니는 텍스트만으로 고해상도의 이미지를 생성해 줍니다. 덕분에 SNS에 게시할 홍보 영상부터 유튜브에 업로드할 콘텐츠, 심지어 영화와 같은 작품까지 적은 인원과 적은 비용으로 전문 제작자 못지 않은 퀄리티로 제작할 수 있습니다.

2. 시간과 비용의 획기적 절감

AI를 활용한 영상 제작은 시간과 비용을 크게 절감시켜 줍니다. 기존 영상 제작 방식에서는 여러 단계의 복잡한 과정과 많은 전문가가 필요했지만, AI는 이를 대폭 간소화합니다. 예를 들어, AI 기반의 자동 편집 도구는 수작업으로 몇 시간이 걸릴 작업을 몇 분만에 완료할 수 있습니다.

또, 영상에 사용할 스톡 영상Stock Video이나 음악을 AI가 자동으로 추천하고 삽입해 주어 자료 수집에 소요되는 시간을 크게 줄여줍니다. 대표적으로 Gen-3는 사용자가 생성한 이미지를 자동으로 애니메이션화하고, 카메라 움직임과 전환 효과를 추가하여 몇 분 만에 완성도 높은 비디오를 제작할 수 있습니다. 이러한 시간과 비용 절감은 비전문가들도 다양한 시도와 실험을 할 수 있는 기회를 제공합니다.

3. 누구나 쉽게 접근 가능한 높은 사용성

AI 기반 영상 편집 소프트웨어는 직관적인 인터페이스를 제공하여 복잡한 편집 기술 없이도 고품질의 영상을 만들 수 있게 해줍니다. 사용자는 원하는 영상 클립을 간단히 배열하고, AI가 제안하는 전환 효과나 필터를 선택하기만 하면 됩니다. 또, AI 스크립트 작성 도구를 통해 아이디어만으로도 체계적인 영상 대본을 작성할 수 있습니다. 이러한 도구들은 비전문가들이 전문가 수준의 결과물을 만들어낼 수 있도록 지원합니다.

예를 들어 캡컷CapCut과 같은 AI 기반의 영상 편집 도구는 직관적인 인터페이스로 유명합니다. 사용자는 단순히 영상 클립을 끌어다 놓고 AI가 제안하는 전환 효과나 필터를 선택하기만 하면 됩니다.

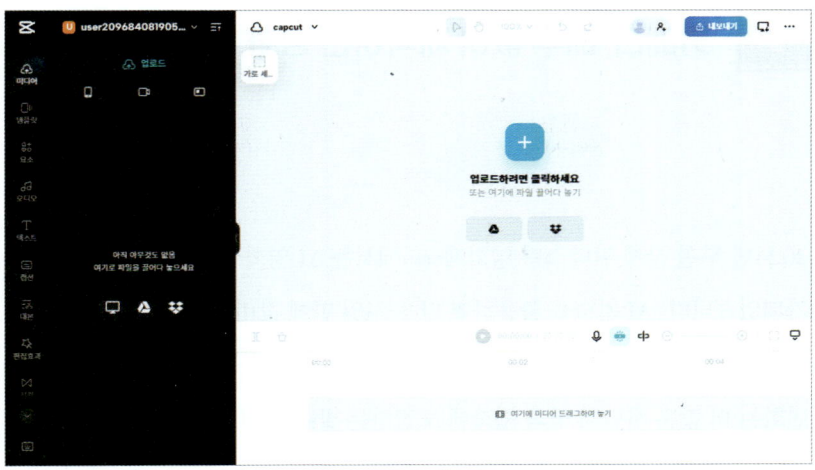

직관적인 인터페이스의 캡컷

덕분에 초보자도 전문가 수준의 영상을 쉽게 제작할 수 있어 많은 크리에이터들이 틱톡, 유튜브와 같은 영상 플랫폼에서 손쉽게 영상을 제작하고 있습니다.

이러한 장점 덕분에 비전문가는 물론이고 전문가까지 AI를 활용한 영상 제작에 도전하고 있습니다. AI는 무한한 창작 가능성을 열어주고 방대한 데이터 학습 능력을 통해 독특한 아이디어와 표현 방식을 제안하고 있습니다.

카메라, 배우 없이 제작하는 영화

2024년 부천 국제 판타스틱 영화제BIFAN에서는 AI 영화 경쟁 부문이 새롭게 추가되었습니다. AI 기술을 활용하면 단 3~4일 만에 값비싼 장비나 배우 없이도 영화를 완성할 수 있어 특히 신인 감독들의 큰 관심을 끌고 있습니다. 이러한 변화는 더 많은 사람이 영화 제작에 도전하는 발판이 되고 있습니다.

2024년 AI 영화 부문에서 작품상을 수상한 레오 캐논Léo Cannone 감독의 〈할머니들은 어디로 떠난 걸까?(Where Do Grandmas Go When They Get Lost?)〉는 AI를 활용해 단 4일 만에 제작된 영화입니다. 이 작품은 할머니들이 사라지기 시작한 마을에서 벌어지는 신비로운 이야기를 다루며 다양한 AI를 사용해 독창적인 스토리와 비주얼을 구현했습니다.

〈WHERE DO GRANDMAS GO WHEN THEY GET LOST?〉 (출처: Aideate Films)

또 다른 작품 〈Below Bonghwa〉는 데이브 클라크Dave Clark와 팀 시몬스Tim Simmons(Theoretically Media)가 제작한 호러 단편 영화입니다. 이 작품은 광부들이 무너지는 터널에 갇힌 채 예상치 못한 무언가를 발견하는 이야기를 다룹니다. 제작자들은 Gen-3, 드림머신Dream Machine, 클링 AIKling AI, 일레븐랩스ElevenLabs 등 최신 AI들을 활용하여 이 영화를 만들었습니다. 〈Below Bonghwa〉는 부천 국제 판타스틱 영화제에서 세계 최초로 상영되어 주목을 받았으며, AI 기술을 활용한 한국 호러 장르의 새로운 가능성을 보여주었습니다.

〈Below Bonghwa〉(출처: Afraid 2 Sleep)

이 두 작품은 AI 기술이 영화 제작에 어떻게 혁신적으로 활용될 수 있는지를 잘 보여주는 사례입니다. 전통적인 영화 제작 방식에서 벗어나 AI를 창의적으로 활용함으로써 새로운 표현 방식과 이야기 전달 방법을 모색하고 있습니다. 이는 영화 산업의 미래를 엿볼 수 있는 중요한 시도로 평가받고 있으며 AI 기술이 영화 제작의 경계를 넓히고 있음을 보여줍니다.

두바이에서는 AI 기술과의 공생을 강조하는 국제 AI 영화제AIFF가 2024년 첫 개최되었습니다. 첫 영화제에서 대상을 수상한 작품은 한국의 권한슬 감독이 제작한 〈One More Pumpkin〉이라는 작품이었습니다.

〈One More Pumpkin〉(출처: aifilmfest.ae/film/one-more-pumpkin)

이 영화는 200살이 넘은 한국 노부부의 비밀스러운 이야기를 다룬 미스터리 공포 영화로, 한국적 이미지와 서양의 할로윈 비주얼을 독특하게 결합한 신선한 시각적 경험을 제공하여 500여 편의 출품작 중 10편의 경쟁 부문에 선정되었고, 최종적으로 대상과 관객상을 동시에 수상하였습니다. 이 영화의 모든 장면과 음성은 실사 촬영이나 CG 보정 없이 순수하게 생성 AI로만 단 5일 만에 완성되었습니다.

이처럼 AI 기술의 발전은 특히 영상 제작 과정을 획기적으로 단순화하여 기존에 수일이 걸리는 작업을 놀라운 속도로 처리합니다. 예를 들어, AI 기반 편집 도구는 영상에서 핵심 장면을 자동으로 추출하거나 수정할 수 있으며, 문제가 있는 화면을 자동으로 보정해서 일관된 스토리라인을 구성할 수 있습니다. 또,

색 보정 작업도 전문가 수준으로 빠르고 정확하게 처리해, 한 명의 창작자가 전문 제작팀에 버금가는 퀄리티의 영상을 만들어낼 수 있게 합니다.

AI 영상은 오늘날 콘텐츠 제작의 새로운 트렌드로 빠르게 자리 잡고 있습니다. 이제 누구나 AI를 활용해 전문적인 퀄리티의 영상을 손쉽게 제작할 수 있는 시대가 되었습니다. AI는 영상 제작의 모든 과정을 지원해 크리에이터와 기업들이 더 빠르고 효율적으로 콘텐츠를 제작할 수 있도록 돕고 있습니다.

과거와 미래를 잇는 AI의 재현 기술

영상 제작의 진입 장벽이 낮아지면서 다양한 목소리와 시각이 미디어 공간에 등장하고 있습니다. 이는 단순히 콘텐츠의 양적 증가를 넘어 질적인 다양성의 확대를 의미합니다. 과거에는 주류 미디어에서 다루지 않았던 소수의 이야기나 지역적 특색, 독특한 관점들이 이제는 쉽게 영상으로 제작되어 전 세계와 공유할 수 있게 되었습니다.

AI 기술은 이 변화의 중심에서 창작의 평준화를 이끌고 있습니다. 이는 단순히 기술적 혁신을 넘어 문화적, 사회적 변화의 촉매제 역할을 합니다. 이제 중요한 것은 이러한 기술을 어떻게 활용하여 자신만의 독특한 시각과 이야기를 효과적으로 전달할 것인가 하는 점입니다. 영상 제작의 미래는 기술의 힘과 인간의 창의성이 만나는 지점에서 더욱 빛날 것입니다. 이러한 변화는 단순히 영상 제작 방식의 변화를 넘어 우리가 세상과 소통하고 이야기를 나누는 방식 자체를 혁신적으로 바꾸고 있습니다.

2024년 8월 15일, 광복절을 맞아 공개된 〈독립운동가들의 '환한 미소'와 '대한민국 만세'〉라는 영상이 화제를 모았습니다. AI 기술을 활용해 과거의 역사적 인물들을 현대에 생생하게 등장시키는 영상을 제작한 것입니다. 이는 AI가 역사와 현대를 어떻게 연결하고, 우리의 상상을 현실로 구현할 수 있는지 보여주는 탁월한 사례였습니다.

AI로 재현한 〈독립 운동가들의 '환한 미소'와 '대한민국 만세'〉(출처: 열린공감TV)

AI 기술은 흑백 사진 속 인물들을 복원하고, 그들의 표정과 움직임에 생동감을 불어넣었습니다. 더 나아가 현대적 배경과 자연스럽게 어우러지도록 합성하는 고도의 기술을 선보였습니다. 기존에는 이러한 작업에 숙련된 그래픽 디자이너와 영상 편집자들의 수많은 시간과 노력이 필요했지만, AI의 발전으로 그 과정이 크게 간소화되고 정교해졌습니다.

영화 〈해리포터〉에서 보았던 움직이는 사진이 이제 현실이 되면서 일상에서도 가족 앨범 속 할머니와 어머니의 사진을 영상으로 쉽게 만들 수 있는 시대가 열렸습니다. 이를 통해 누구나 영화 속 장면처럼 사진을 움직이게 하고, 소중한 추억을 생생하게 재현할 수 있게 되었습니다. 이것은 단순한 기술적 진보를 넘어 과거와 역사를 이해하고 소통하는 방식에도 변화를 가져오고 있습니다. AI를 통해 과거의 인물들을 '부활'시키고, 그들의 이야기를 현대적 맥락에서 재해석함으로써 역사 교육과 문화 콘텐츠 제작에 새로운 지평이 열리고 있습니다. 이 기술은 집단 기억을 더욱 풍부하고 생생하게 만들어줄 뿐만 아니라 과거와 현재 그리고 미래를 새로운 방식으로 연결하는 스토리텔링을 가능하게 하고 있습니다.

창의성의 지평을 넓힌 기업의 광고 영상

AI 영상 제작 기술은 콘텐츠, 영화뿐만 아니라 광고, 마케팅, 교육, 뉴스 등 다양한 분야에서 변화를 이끌고 있습니다. 특히 기업들은 AI를 마케팅 및 광고 영상 제작에 활용함으로써 비용 절감, 효율과 생산성 향상을 동시에 이루고 있습니다.

현대자동차는 〈영원히 달리는 자동차〉라는 캠페인 시리즈를 통해 AI 기술을 활용한 혁신적인 광고를 선보였습니다. 이 캠페인은 현대차의 트럭 브랜드를 홍보하기 위해 제작된 3편의 영상으로, 별도의 촬영이나 작곡 없이 AI 기술만으로 완성되었습니다.

각 영상은 현대자동차 트럭의 우수한 성능과 서비스를 유머러스하게 풀어낸 숏 필름 형식으로, 캐릭터 구현, 배경 음악 작사, 작곡 등 모든 제작 과정에 AI를 활용했습니다. 특히 영상에 등장하는 현대자동차의 연구원, 블루핸즈 직원 등의 복장도 그대로 고증했습니다. 이 캠페인은 높은 품질과 창의적인 콘텐츠에 시청자들의 긍정적인 반응을 끌어냄으로써 AI 광고의 새로운 가능성을 보여주었습니다.

AI로 제작한 현대자동차 광고(출처: 현대자동차 공식 유튜브 채널)

또 다른 사례는 AI를 광고 제작 도구로 활용하는 동시에 AI 자체를 광고의 핵심 소재로 삼은 아임닭의 〈국내 최초, 인공지능이 써준 그대로 만든 광고의 탄생〉입니다. 이 광고는 인공지능이 작성한 대본을 수정하거나 각색하지 않고 등장인물, 지문, 대사 등 광고의 모든 요소를 그대로 연출하고 촬영한 것이 특징입니다.

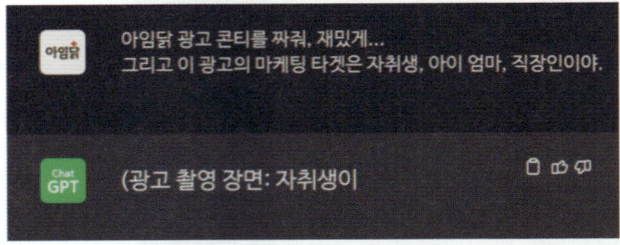

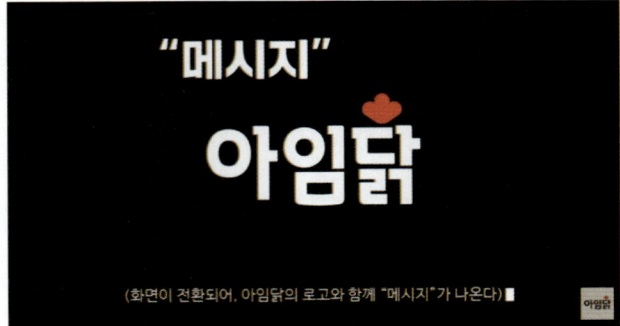

〈국내 최초, 인공지능이 써준 그대로 만든 광고의 탄생〉(출처: 아임닭(IMDAK))

이 광고는 국내 최초로 AI가 작성한 대본을 그대로 사용한 광고로, 챗GPT 사용자들 사이에서 '이것이 정말 인공지능이 작성한 광고인가요? 매우 독창적입니다'와 같은 긍정적인 반응을 얻고 있습니다.

또 다른 사례로는 AI를 단순히 제작 도구로 사용하는 것을 넘어 광고의 핵심 요소로 사용한 서울우유협동조합의 〈A2+ 우유〉 광고입니다. 이 광고에는 총 4명의 배우가 등장하는데, 중심 배우를 제외한 3명의 배우가 모두 AI 딥러닝을 적용한 딥페이크 기술로 만들어진 가상의 인물들이었습니다.

〈서울우유답게 A2우유에 플러스+까지! 서울우유 A2+〉(출처: 서울우유 seoulmilk)

서울우유는 AI 기술을 사용해 중심 배우의 유치원생 시절부터 청소년, 성인에 이르는 성장 과정을 통해 서울우유협동조합의 87년 역사를 시각적으로 표현했습니다. AI로 만든 아역 모델들의 놀라운 퀄리티는 많은 시청자의 관심을 끈 것은 물론이고 서울우유가 혁신적이고 미래 지향적인 기업이라는 이미지를 강화하는 데 기여했습니다.

세계적인 장난감 체인점 토이저러스Toys"R"Us는 2024년 프랑스의 국제 광고 페스티벌인 칸 라이언즈에서 혁신적인 AI 생성 프로모션 영상을 선보여 주목을 받았습니다. 이 영상은 오픈AIOpenAI의 영상 생성 모델인 소라Sora를 사용한 60초 길이의 프로모션 영상으로, 토이저러스의 창업자 찰스 라자루스Charles Lazarus의 이야기와 브랜드 마스코트 캐릭터인 제프리Geoffrey를 중심으로 구성되었습니다.

〈The Origin of Toys"R"Us: Brand Film Teaser〉(출처: Toys"R"Us)

이와 같은 AI를 활용해 제작한 광고 영상은 AI 기술이 광고 및 영화 산업에 미칠 영향에 대한 논의를 촉발시킨 것은 물론이고 AI 기술이 브랜드 마케팅과 콘텐츠 제작에 어떻게 활용될 수 있는지를 보여준 사례가 되었습니다.

취미에서 수익 창출로,
크리에이터가 만드는 AI 영상 콘텐츠

AI를 활용한 영상 제작은 단순한 취미를 넘어 유튜브 채널 운영, 소셜 미디어 콘텐츠 제작, 프리랜서 영상 제작 활동 등 다양한 형태로 수익 창출의 기회와 이어질 수 있습니다. 또, 제작 시간을 크게 단축시켜 시청자들에게는 신선한 콘텐츠를 제공할 수 있을 뿐만 아니라 더 많은 프로젝트를 처리할 수 있다는 것도 큰 장점입니다.

크리에이터 먹구름막그림(@inkcloud_official)은 AI에게 다양하고 기발한 요청을 하는 콘텐츠 시리즈를 제작합니다. '안 신비한 동물사전' 시리즈나 '인공지능아 더 해줘' 시리즈 등이 인기를 얻어 높은 조회수를 기록하고 있습니다.

AI 시리즈로 제작한 쇼츠 콘텐츠(출처: inkcloud_official)

또 다른 채널, 1분 타임머신은 AI를 활용해 세계 각국의 미래 모습이나 사물, 동식물을 의인화하는 등 상상력 넘치는 콘텐츠를 빠르게 제작하여 시청자들의 관심을 끌고 있습니다.

 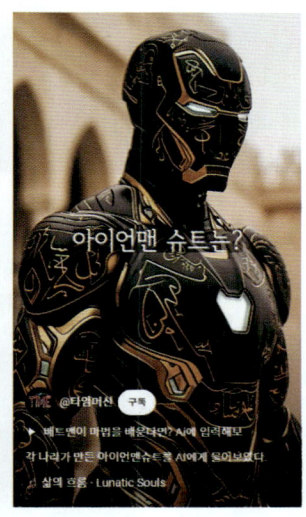

AI로 상상을 구현한 콘텐츠 쇼츠(출처: 1분 타임머신)

또 다른 사례로 크리에이터 hellolaco가 만든 볼보 광고 영상은 생성 AI 기술의 엄청난 잠재력을 여실히 보여주었습니다. 이 영상은 런웨이의 영상 AI, Gen-3로 제작되었으며 높은 퀄리티에도 제작 기간이 매우 짧았다는 점이 인상적입니다. 마치 전문 제작팀이 만든 것 같은 고퀄리티 영상이 하루도 채 걸리지 않아 완성되었다는 사실은 많은 사람에게 깊은 인상을 남겼습니다.

⟨Volvo – For Life // AI generated spec commercial⟩(출처: hellolaco)

이 영상은 생성 AI 영상 제작 기술의 진보를 단적으로 보여줍니다. 기존 광고 제작 과정에서 필수 단계였던 콘셉트 회의, 스토리보드, 로케이션 헌팅, 촬영, 후반 작업 등을 AI가 대부분 대체하면서 제작 기간을 극적으로 단축시켰습니다.

유튜브 크리에이터 미래광고:MRGG는 '2040년 미래에서 온 광고 크리에이터'라는 콘셉트로, 코카콜라, FedEx, 배달의민족 등 실제 기업들의 미래 모습을 상상한 광고를 제작합니다. 이 영상들은 Gen-3, 드림머신 등 여러 AI를 활용해 구현되었습니다.

〈2040년 코카콜라 근황〉(출처: MRGG:미래광고)

생성 AI를 활용한 영상 제작의 핵심은 프롬프트 엔지니어링Prompt Engineering에 있습니다. 크리에이터는 장면 구성, 카메라 움직임, 조명, 색감 등 자신이 원하는 영상의 모든 요소를 텍스트로 상세히 기술하고, AI는 이를 바탕으로 영상을 생성합니다. 이 과정에서 실제 촬영이 필요 없어지므로 시간과 비용이 크게 절감됩니다. 이후 이 책에서 이 모든 과정을 단계별로 자세하게 살펴볼 예정입니다.

지금까지 살펴본 여러 사례로 알 수 있듯이 AI 영상 제작 기술은 다양한 사용자층에 걸쳐 창의적 표현의 기회를 넓히고 있으며 영상 제작의 접근성을 크게 향상시켜 이제 누구나 손쉽게 고품질의 콘텐츠를 제작하고 공유할 수 있게 되었습니다. 이러한 기술적 혁신은 향후에도 계속 발전하여 더 많은 사람이 자신의 아이디어를 현실로 구현하는 데 중요한 역할을 할 것입니다.

▶ AI가 영상 제작 산업에 가져온 변화들

AI 기술의 급속한 발전은 영상 제작 산업에 혁명적인 변화를 가져오고 있습니다. 이러한 변화는 제작 과정, 산업 구조 그리고 기술의 고도화 측면에서 크게 나타나고 있습니다. 각 측면에서 구체적으로 어떤 변화를 가져오는지 살펴보겠습니다.

첫째, 제작 과정의 혁신적인 변화

AI는 영상 제작의 전 과정을 변화시키고 있습니다. 기획 단계에서 트렌드를 분석해 성공 가능성 높은 콘텐츠 아이디어를 제안하고 제작 단계에서는 최적의 카메라 앵글과 조명을 제안하며 후반 작업에서는 자동 편집, 색 보정, 특수효과 적용 등을 수행합니다. 이로 인해 제작 시간과 비용이 크게 절감되어 창작자들은 더 창의적인 작업에 집중할 수 있게 됩니다.

둘째, 산업 구조의 변화

AI 영상 제작 기술은 영화, 미디어뿐만 아니라 교육, 마케팅 등 다양한 분야로 확산되고 있습니다. 덕분에 영상 제작의 진입 장벽이 낮아지면서 개인 창작자나 소규모 제작사의 활동이 활발해지고 있습니다. 이로 인해 교육 분야에서는 학생 개개인에 맞춘 AI 생성 교육 영상이 보편화될 것이며, 마케팅 분야에서는 개인화된 광고 영상을 실시간으로 제작하고 배포하는 것이 가능해질 것입니다. 이러한 변화는 기존 영상 제작 관련 직종의 전문가에게도 AI를 효과적으로 활용하고 관리하는 새로운 역량을 요구할 것입니다.

셋째, 기술의 고도화: AI 영상 2.0의 등장

앞으로 AI 영상 기술은 더욱 정교해질 것입니다. 전체 영화나 시리즈의 스토리라인을 일관성 있게 유지하면서 새로운 영상을 제작하는 것이 가능해질 것이며, 실제 배우의 연기를 AI가 다른 언어로 자연스럽게 더빙하거나 새로운 대사를 생성하는 기술도 발전할 것입니다. 또, 실시간 AI 렌더링 기술의 발전으로 가상 프로덕션 기술이 더욱 발전하여 그린 스크린 촬영만으로도 실제 로케이션에서 찍은 것 같은 효과를 낼 수 있게 될 것입니다.

넷째, AI 영상 제작의 다양한 사용자층 확대

AI 영상 제작 기술은 개인부터 기업에 이르기까지 다양한 사용자층의 창작 활동을 활성화하고 있습니다. 개인은 여행 브이로그나 요리 레시피 같은 자신만의 콘텐츠를 더 쉽게 노출시킬 수 있고 기업은 저비용으로 효과적인 홍보 영상은 물론이고 내부 교육과 제품 데모에 AI를 활용해 시간과 비용을 절감하는 영상을 제작할 수 있습니다.

결론적으로 AI 영상 제작 기술의 발전은 우리가 콘텐츠를 만들고 소비하는 방식을 근본적으로 바꾸고 있습니다. 그러나 이러한 변화에도 인간의 창의성과 감성의 역할은 여전히 중요할 것이며, AI 기술을 어떻게 효율적으로 활용하여 더욱 풍부하고 감동적인 콘텐츠를 만들어낼 것인가가 앞으로의 과제가 될 것입니다.

02장

AI를 활용한 영상 제작 과정

AI는 기획, 시나리오 작성, 이미지 생성, 편집까지 영상 제작의 모든 영역에서 개인이 전문가 수준의 영상을 제작할 수 있는 환경을 제공합니다. 2장에서는 영상 제작 과정에서 생성 AI를 어떻게 사용하는지 구체적으로 살펴봅니다. 이 과정을 거쳐 기획부터 최종 편집까지 영상 제작의 전체 흐름을 이해하고 효율적이고 창의적으로 고품질 영상을 제작하는 방법을 배울 수 있습니다.

AI를 활용한 영상 제작 과정

AI를 활용한 영상 제작 과정은 기존 영상 제작 과정과 유사하지만, 전문가의 도움 없이 개인이 AI만으로 모든 단계를 직접 진행할 수 있다는 점에서 차이가 있습니다. 생성 AI는 영상 기획, 시나리오 작성, 제작, 편집, 최종 퍼블리싱까지 모든 단계에서 활용되며 작업을 간소화하고 아이디어를 시각화하는 데 중요한 역할을 합니다. 이를 통해 제작 시간을 단축하면서도 높은 퀄리티의 결과물을 만들어낼 수 있습니다.

영상 제작에서 쓰이는 대표적인 생성 AI를 정리하면 다음과 같습니다.

- **챗GPT** ChatGPT: 오픈AI가 개발한 대화형 인공지능 모델로, 자연어 처리 기술을 활용해 다양한 주제에 대한 대화를 이해하고 생성하는 역할을 합니다. 사용자 질문에 적절한 답변을 제공하며 글쓰기, 코드 작성, 정보 검색 등 다양한 작업에 활용할 수 있습니다.
- **클로드** Claude: 앤트로픽 Anthropic에서 개발한 대화형 AI 모델로, 챗GPT와 비슷하지만 대규모 문맥 처리와 안전성에 초점을 맞추고 있습니다.
- **DALL-E 3**: 오픈AI의 텍스트-이미지 생성 AI로, 사용자가 입력한 설명 또는 이미지를 바탕으로 고품질 이미지를 창작합니다.
- **미드저니** Midjourney: 예술적이고 독창적인 이미지를 생성하는 이미지 생성 AI입니다.
- **드림머신** Dream Machine: 다양한 스타일의 이미지와 영상을 생성할 수 있는 영상 생성 AI입니다.
- **Gen-3**: 런웨이에서 개발한 영상 생성 AI로, 텍스트나 이미지 입력을 기반으로 영상을 만들어냅니다.
- **Suno**: 텍스트를 기반으로 고품질의 오디오 콘텐츠를 생성하는 AI 플랫폼으로, 사용자 맞춤형 음성 및 음향 효과를 제공합니다.

- **브루**Vrew : AI를 이용해 영상의 음성을 자막으로 자동 변환하고, 자막 편집을 손쉽게 할 수 있는 동영상 편집 AI입니다.
- **캡컷**CapCut : 동영상 편집을 위한 직관적이고 강력한 서비스로, 다양한 AI 기능을 활용해 복잡한 편집 작업을 자동화하였습니다.

AI는 영상 제작의 모든 단계에 활용하거나, 필요에 따라 특정 단계에만 사용할 수 있습니다. 예를 들어, 영상 기획과 원고 작성 단계에 챗GPT나 클로드를 활용하고, 나머지 단계에서는 기존 방식을 사용할 수 있습니다. 반대로 기획과 원고는 직접 작성하고 이미지, 영상 생성 단계에 AI를 활용할 수도 있습니다.

이처럼 유연한 접근은 AI가 기존의 제작 방식을 보완하면서도, 사용자가 원하는 방식으로 작업을 진행할 수 있다는 뜻입니다. 기존 영상 제작 방식에서는 직접 촬영하거나 애니메이션을 만드는 작업이 필요했지만, 이제 원고만 준비되어 있다면 촬영 없이 영상을 생성하거나, 일일이 편집하는 과정 없이 AI가 시나리오에 맞춰 컷 편집부터 색 보정까지 할 수 있습니다. 또, 배경 음악과 내레이션도 AI를 활용해 제작할 수 있습니다. 이러한 작업들은 기존에 전문가가 필요했던 분야지만, 이제는 AI의 도움으로 누구나 고품질의 영상을 제작할 수 있게 되었습니다.

생성 AI를 활용한 영상 제작 과정은 다음과 같이 5단계로 나눌 수 있습니다. 이 단계는 기존 영상을 제작할 때와 동일합니다. 단, 도구가 AI일 뿐입니다.

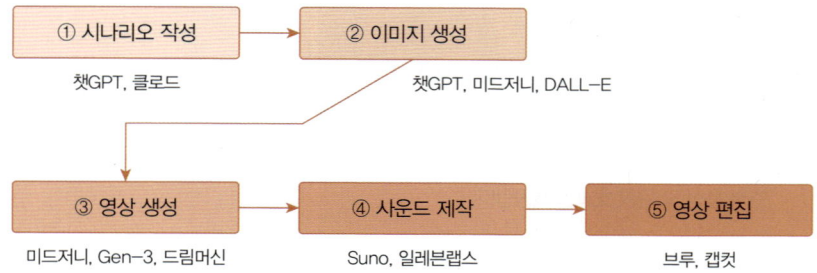

①~③까지는 영상 리소스 제작에 필요한 핵심 과정이며 이후 음악, 내레이션 그리고 최종 편집까지의 과정은 사용자의 제작 방식에 따라 유연하게 변경할 수 있습니다.

① 시나리오 작성

첫 번째 단계는 시나리오 작성입니다. AI를 활용하여 아이디어에서 대본 기획까지 시나리오를 빠르게 작성합니다. 이 과정에서 생성한 이미지는 프로젝트의 아이디어를 시각화하고 전체적인 내러티브를 구상하는 기초 자료가 됩니다.

텍스트 생성에 특화된 AI들은 글쓰기 분야에서 혁신적인 변화를 가져왔습니다. 자연어 처리 기술을 기반으로, 사용자가 입력한 프롬프트에 따라 자동으로 다양한 형태의 글을 생성합니다. 사용자가 몇 가지 키워드만 입력하면 블로그 포스트, 시나리오, 광고 카피 등 다양한 분야에서 창의적인 글을 생성해 줍니다. 특히 챗GPT와 클로드는 문장 구성과 아이디어 확장에 뛰어난 성능을 발휘하는 AI로, 단순히 글을 생성하는 데 그치지 않고 아이디어의 방향성을 제시하고 글의 구조를 잡는 데에도 큰 도움이 됩니다.

② 이미지 생성

두 번째 단계에서는 이미지 생성 AI를 활용해 영상의 기반이 될 고해상도 이미지를 생성합니다. 이 단계에서는 장면의 디테일과 전체적인 영상의 스타일을 잡고 프로젝트 전반의 일관성을 유지하여 시각적으로 몰입할 수 있는 결과물을 만듭니다.

대표적인 이미지 생성 AI인 DALL-E와 미드저니는 텍스트 기반 이미지 생성

AI로, 사용자가 입력한 간단한 문장을 바탕으로 독창적이고 예술적인 이미지를 생성합니다. 예를 들어, "겨울 숲속의 환상적인 마을"이라는 문장을 입력하면 AI는 이를 해석하여 이미지를 만들어냅니다. DALL-E는 시나리오 기반의 시각적 이미지를 제공해 상상의 첫 단추를 끼우는 역할을 하며, 미드저니는 더 전문적이고 고퀄리티의 영상 이미지를 생성해 실제 영상에서 사용 가능한 수준의 결과물을 제공합니다.

DALL-E로 생성한 '겨울 숲속의 환상적인 마을'

미드저니로 생성한 '겨울 숲속의 환상적인 마을'

이 두 AI는 사용자의 상상력을 무한히 확장시켜주며 원하는 스타일이나 효과를 설정해 짧은 시간 안에 높은 품질의 이미지를 생성할 수 있습니다.

③ 영상 생성

세 번째 단계는 앞서 생성한 이미지를 영상으로 생성하는 단계입니다. Gen-3와 드림머신은 텍스트 설명이나 이미지를 입력해 고품질의 영상 클립을 손쉽게 만들 수 있는 영상 생성 AI로, 우리는 앞으로 이 AI들의 기초 활용법을 자세히 살펴볼 예정입니다. 영상 생성 AI를 활용해 이미지를 영상으로 변환한 다음 카메라 움직임을 제어하고 장면 간 애니메이션 효과를 추가하여 더욱 완성도 높은 영상을 제작할 수 있습니다.

특히 런웨이의 Gen-3는 텍스트 또는 이미지 기반 프롬프트로 영상 클립을 빠르게 생성하며, 다양한 스타일을 적용할 수 있는 고급 기능을 제공합니다. 복잡한 시각적 효과나 정교한 애니메이션도 손쉽게 구현할 수 있어 영상 제작에서 중요한 역할을 하고 있습니다. 반면 Luma AI의 드림머신은 고해상도의 3D 모델링과 애니메이션 기능으로 현실적인 영상을 제작하는 데 강점이 있습니다. 특히 복잡한 환경과 장면에서 뛰어난 성능을 발휘합니다. 이처럼 각 AI의 장점을 파악해 원하는 영상의 특성에 따라 적합한 AI를 사용하는 것이 중요합니다.

④ 사운드 제작

Suno는 음악 생성 AI로, 사용자가 입력한 간단한 설명으로 다양한 스타일의 배경 음악을 자동으로 만들어줍니다. Suno의 가장 큰 장점은 악기, 작곡, 작사 등 음악에 대한 전문 지식이 없어도 누구나 쉽게 사용할 수 있다는 점입니다. 사용자는 원하는 음악 스타일과 장르를 선택해 자신만의 배경 음악을 제작할 수 있습니다.

일레븐랩스는 음성 생성 기술을 기반으로 텍스트를 자연스러운 음성으로 변환하는 AI입니다. 단순한 텍스트–음성 변환을 넘어 감정, 억양, 말의 흐름까지 세밀하게 조정할 수 있어 오디오북, 영상 내레이션, 팟캐스트 등 다양한 콘텐츠에서 현실적인 음성을 구현할 수 있습니다. 또, 보이스 클로닝Voice Cloning 기능을 제공해 사용자가 특정 음성을 복제하거나, 여러 목소리로 프로젝트를 진행할 수 있습니다. 이 기능은 광고, 영상 콘텐츠 제작 그리고 게임 내 음성 캐릭터 개발 등 다양한 분야에서 매우 유용하게 사용할 수 있습니다. 이외에도 빗소리, 천둥 소리, 도시 배경 소음과 같은 효과음도 생성할 수 있습니다. 이러한 효과음은 영상 편집이나 오디오 콘텐츠 제작에서 몰입감을 극대화하고 콘텐츠의 전반적인 품질을 높이는 데 중요한 역할을 합니다.

⑤ 영상 편집

영상 편집 단계에서는 캡컷CapCut과 브루Vrew를 활용해 작업 시간을 줄이고 영상 품질을 향상시킵니다. 캡컷은 직관적인 인터페이스를 제공하는 영상 편집 도구로, AI 기반 자동 편집 기능 덕분에 기존에 전문적인 지식이 필요한 영역이나 시간이 많이 들던 단계까지 쉽고 빠르게 처리할 수 있어 초보자부터 전문가까지 누구나 쉽게 사용할 수 있습니다.

브루는 음성을 텍스트로 변환해 자막을 생성하는 도구로, AI를 활용해 분량이 많은 자막도 빠르고 높은 정확도로 생성할 수 있습니다. 특히 다국어 자막을 간편하게 생성할 수 있어 해외 시청자를 타깃으로 한 콘텐츠 제작에 유용합니다.

AI와의 소통을 위한 도구 '프롬프트'

프롬프트Prompt는 생성 AI에게 원하는 결과를 얻기 위해 사용자가 직접 입력하는 텍스트로 질문, 요청, 혹은 지시 사항이자 AI가 응답이나 콘텐츠를 생성하도록 안내하는 역할을 합니다. 즉, AI를 제대로 활용하기 위해서는 기본 소통 도구인 프롬프트가 필요합니다. 프롬프트는 텍스트 생성 AI뿐만 아니라 이미지, 영상, 사운드 등 대부분 생성 AI와 소통하는 도구입니다.

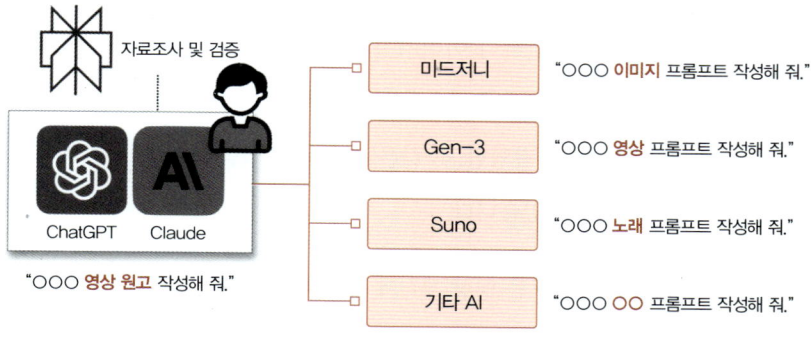

우리가 일상에서 쓰는 언어로 편하게 요청해도 비교적 소통이 자연스러운 텍스트 AI와 달리 사용자의 보이지 않는 의도를 시각적으로 표현해야 하는 이미지, 음성, 영상 생성 AI는 프롬프트가 무척 중요한 역할을 합니다. 이때 텍스트를 다루는 데 특화된 챗GPT와 클로드가 프롬프트 작성을 돕습니다. 이 AI들은 복잡한 프롬프트도 간단하게 다듬고 구체화하여, 원고 작성, 이미지 생성, 영상 제작까지 모든 작업을 더 빠르고 창의적으로 진행할 수 있게 지원합니다.

즉, 챗GPT와 클로드는 영상 제작 과정 중 시나리오 작성 단계의 주요 도구이자 이후 모든 단계의 AI와 소통할 프롬프트를 입력해 주는 도구이기도 합니다.

예를 들어, 원고에 "자연 보호를 위해 나무를 심는 사람"이라는 장면이 포함되어 있을 때 이미지 생성 AI에 "나무를 심는 사람, 밝고 생동감 있는 색감, 자연 보호 메시지가 느껴지는 장면"과 같이 구체적인 프롬프트를 입력해야 합니다. AI는 이 프롬프트를 바탕으로 해당 장면을 시각적으로 표현한 이미지를 생성합니다. 이때 챗GPT와 클로드에 "이 원고에 맞는 장면을 미드저니에서 생성할 수 있도록 프롬프트를 작성해 주세요."와 같은 요청을 통해 이미지 생성에 필요한 프롬프트 작성을 요청할 수 있습니다.

이는 영상 생성 AI에 입력할 프롬프트를 작성할 때도 무척 유용합니다. 영상 클립에 필요한 내용을 텍스트나 이미지를 챗GPT에 입력한 후 "이 내용에 적합한 영상 프롬프트를 작성해 주세요."라는 요청을 하면 촬영 기법, 카메라 용어 등을 몰라도 전문가가 촬영한 것 같은 영상을 생성할 수 있도록 구체적인 영상 프롬프트를 얻을 수 있습니다.

이처럼 잘 작성한 프롬프트는 영상 제작에 다음과 같이 3가지 역할을 합니다.

1. 타깃 오디언스 맞춤형 콘텐츠 아이디어 제안

챗GPT 또는 클로드는 타깃 오디언스의 취향과 관심사를 바탕으로 적합한 스토리라인과 콘텐츠 스타일을 제안합니다. 예를 들어, '젊은 세대를 겨냥한 콘텐츠'를 요청하면 트렌디한 요소를 반영한 다양한 시나리오를 빠르게 생성할 수 있습니다. 이렇게 생성한 시나리오를 이미지 생성 AI가 시각적으로 구체화하여 타깃 오디언스에 맞춘 비주얼 콘텐츠를 제작할 수 있습니다. 이러한 AI들의 협업은 타깃 오디언스에 맞춘 콘텐츠를 더 쉽게 제작할 수 있게 하며 시청자의 몰입도도 높아집니다.

2. 영상 제작 목적에 맞는 콘텐츠 구성이 가능

챗GPT 또는 클로드는 영상 제작의 목적에 따라 콘텐츠 방향을 설정하는 데 매우 유용합니다. 정보 전달이 주요 목적이라면, 간결하고 명확한 구조로 스크립트를 제안해 시청자가 쉽게 이해할 수 있게 도와줍니다. 또는 브랜딩 목적이라면, 브랜드의 핵심 가치를 반영한 메시지와 톤을 제안해 일관된 브랜딩 요소가 포함된 콘텐츠를 만듭니다. DALL-E나 미드저니와 같은 비주얼 도구들은 브랜드 이미지를 반영한 시각적 요소를 생성해 시각적으로도 목표에 부합하는 콘텐츠를 만들 수 있게 도와줍니다. 이를 통해 영상 제작의 목적에 부합하는 콘텐츠를 효과적으로 구성할 수 있습니다.

3. 일관성 있는 스토리와 비주얼 유지 제공

AI는 영상 제작에서 일관성을 유지하는 데도 큰 역할을 합니다. 챗GPT는 스토리라인과 메시지를 일관되게 유지하여 장면 간의 흐름을 자연스럽게 연결하고, 클로드는 긴 대본을 처리하면서 각 장면 간의 논리적 연속성을 유지하는 데 강점을 발휘합니다. 미드저니는 비주얼 측면에서 일관된 색상, 디자인, 이미지 스타일 등을 제공해 영상의 흐름이 시각적으로도 통일된 느낌을 줄 수 있도록 도와줍니다. 이러한 일관성을 유지하는 것은 콘텐츠의 완성도를 높이는 중요한 요소입니다.

이처럼 여러 AI는 '프롬프트'를 통해 영상 제작의 각기 다른 단계에서 콘텐츠의 일관성과 퀄리티를 유지하는 데 큰 역할을 합니다. 따라서 프롬프트 작성이 영상의 품질에 직접적인 영향을 미칠 수 있으므로 프롬프트 작성을 지원하는 핵심 도구인 챗GPT와 클로드를 잘 활용하는 것이 중요합니다. 잘 작성한 프롬프트는 오디언스 맞춤형 콘텐츠, 명확한 목적 설정 그리고 일관성 있는 스토리와 비주얼을 갖춘 콘텐츠를 제작하는 기반이 됩니다.

인터뷰 비전문가도 영상 만들고 강의합니다
이승주_ AI크리에이팅 연구소 대표

Q. 현재 어떤 일을 하고 계신가요? 또 어떤 영상을 만들고 계신가요?

저는 AI크리에이팅 연구소 대표이자 AI 크리에이팅 강사로 활동 중인 AI 크리에이터 '초우니(활동명)', 이승주입니다. 처음에는 이미지와 음악을 주로 만들었습니다. 다음은 코로나 팬데믹 때 관련 메시지를 담아 생성 AI로 제작한 이미지들입니다.

그러다 어느 순간 이들을 하나의 이야기로 엮어 뮤직비디오를 제작하면 좋겠다는 생각이 들었습니다. 그것이 제가 영상을 만들기 시작한 계기였습니다. 지금은 AI 국제영화제를 비롯해 다양한 공모전에 참가하며 AI 영상 제작과 관련된 강의를 진행하고 있습니다.

시도하는 영상의 종류는 상업 광고, 영화, 뮤직비디오, 공익 광고 등 무척 다양한 편입니다. 최근에는 많은 분이 영화 영상에 큰 관심을 보이고 있지만, 개인적으로는 뮤직비디오와 공익 광고 영상 같이 시청자에게 공감을 주거나 실용적인 영상을 만들기 위해 노력하고 있습니다. 예를 들어, 최근에 제작한 지게차 안전수칙 영상으로 우수상을 수상했습니다.

외국인 근로자 지게차 안전수칙(출처: AI COMMERCIAL ADS)

또, 영화 감독과 함께 제작한 〈After The Showers 2069〉라는 AI 영화를 영화제에 출품해 2024년 뉴욕국제영화제에서 파이널리스트로 선정되어 AI 영화 부문에서 수상하였습니다. 이 영화는 황순원의 소설 『소나기』를 원작으로 과거, 현재, 미래를 넘나드는 러브스토리를 다루고 있습니다.

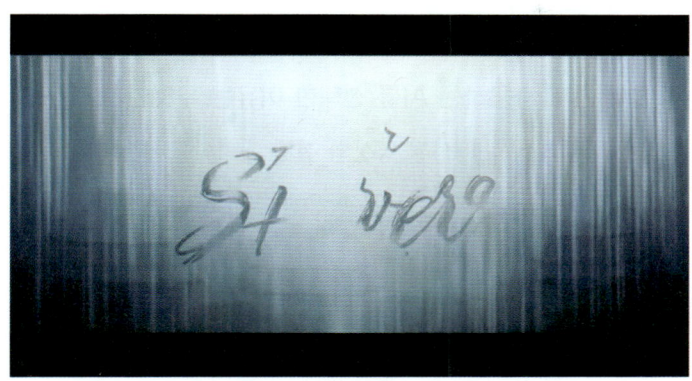

〈After The Showers 2069〉(출처: AI마케팅을말하다)

Q. AI로 영상을 만들 때 어떤 도구로 어떻게 작업을 하시나요?

먼저 챗GPT나 클로드로 기획을 구체화하고 스토리라인을 만듭니다. 이 과정에서 이미지 프롬프트, 음악 장르, 가사 등을 요청한 다음 창작자 관점에서 보완할 부분을 검토하고 추가합니다. 그런 다음 Suno로 음악을 생성하고, 미드저니로 이미지를 생성합니다. 필요에 따라 포토샵으로 이미지 수정 작업을 진행합니다. 이 순서는 작업자에 따라 달라질 수 있습니다. 마지막으로 Gen-3, 클링 AI 등을 이용해 영상을 제작합니다. 필요에 따라 캡컷이나 토파즈를 사용해 해상도를 높이는 작업도 하면서 영상을 완성합니다.

Q. 여러 AI 중에서 현재 사용하는 AI를 선택한 이유는 무엇인가요?

이미지, 음악, 영상의 퀄리티는 완성된 영상의 전체 퀄리티를 결정하는 매우 중요한 요소입니다. 그래서 여러 생성 AI를 활용한 결과 현재까진 가장 이질감이 적고 퀄리티가 우수한 미드저니, Suno, Gen-3를 주로 사용하고 있습니다. 특히 영화나 상업 광고에서는 해상도와 크기를 향상시키는 작업이 필수이므로 이 기능들을 모두 제공하고 있는지를 고려하는 편입니다.

Q. 지금의 AI의 한계는 무엇이며 어떻게 해결하고 있나요?

아직까지 AI는 크리에이터의 의도대로 정확하게 결과물을 생성하는 데는 한계가 있다고 생각합니다. 그렇기 때문에 이미지, 음악, 영상을 만들 때 프롬프트를 수정하고 생성하길 수십 번, 수백 번 반복하며 원하는 결과물에 가장 가까운 것을 찾습니다. 때로는 10초짜리 영상을 위해 300번의 시도가 필요할 때도 있습니다. 단순히 SNS에 취미로 올리는 영상이라면 몇 번의 작업 결과물로도 충분하지만 작품에 사용할 영상이라면 시간이 걸리더라도 인내심을 갖고 여러 번 생성된 결과물 중 가장 퀄리티가 뛰어난 것을 선택해야 최상의 영상을 만들 수 있습니다.

Q. AI가 앞으로 영상 제작에서 어떤 역할을 할 것이라고 보나요?

영상으로 작품을 만들고 강의를 하고 있지만, 저는 비전문가입니다. 이것이 앞으로 AI가 영상 제작에서 해낼 역할이라고 생각합니다. AI를 활용하면 전문가든 비전문가든 누구나 원하는 무엇이든 만들 수 있습니다.

앞으로 AI 기술, 특히 영상 분야의 발전으로 기업들이 자체적으로 홍보 영상을 제작하는 시대가 올 것입니다. 실제로 지자체에서도 AI를 활용해 자체적으로 영상을 제작하는 사례가 늘고 있습니다. 또, 숏폼 영상 등 다양한 형식이 마케팅의 필수 요소로 자리 잡을 것이라고 생각합니다. AI는 시간과 비용을 효율적으로 절감할 수 있는 도구가 되어 상업 광고, 영화, 홍보, 예술 등 다양한 영상 제작 분야로 활용이 확대될 것이라고 예상합니다.

2부

영상의 뼈대,
시나리오 작성하기

03장

AI 영상의 핵심 도구,
텍스트 생성 AI 시작하기

3장에서는 영상 기획, 대본 작성, 트렌드 분석 등 다양한 영역에서 활발히 활용할 텍스트 생성 AI을 살펴봅니다. 대표적으로 챗GPT, 클로드, 퍼플렉시티를 통해 텍스트 생성 AI는 정보 수집과 분석을 어떻게 지원하고 창의적인 아이디어를 제공하는지 구체적으로 설명합니다.

영상 제작에서 텍스트 생성 AI의 역할과 활용

기획, 대본 작성, 편집 그리고 트렌드 분석까지 이제 영상 제작의 모든 단계에서 AI의 역할이 중요해졌습니다. 특히 챗GPT, 클로드, 퍼플렉시티 같은 대규모 언어 모델LLM을 기반으로 한 대화형 AI들은 기획과 스토리보드 작성부터 정보 수집과 트렌드 분석에 이르기까지 창작자들이 더 창의적이고 효율적인 작업을 할 수 있도록 도와줍니다. 이 3가지 AI의 특징과 강점을 정리하면 다음과 같습니다.

챗GPT

챗GPT는 창의적인 아이디어 생성과 멀티미디어 프로젝트에 적합합니다. 짧은 텍스트와 창의적 콘텐츠 생성에 특히 강점을 보이며, 다양한 글쓰기 스타일을 지원해 소셜 미디어 콘텐츠나 짧은 영상 대본 작성에 매우 유용합니다. 예를 들어, 1~2분짜리 광고 영상을 기획할 때 챗GPT는 짧은 시간 안에 간결하고 흥미로운 시나리오를 제안해 줍니다. 또, 영상 제목, 소개 문구를 작성하거나 적절한 해시태그도 제안합니다. 이를 통해 영상을 효과적으로 배포하고 도달 범위를 확장하는 데 기여할 수 있습니다. 영상 기획 초기 단계에서 특정 주제를 설정하면 다양한 시나리오나 콘셉트를 제시하여 영상의 방향성을 설정하는 데 도움을 줍니다.

클로드

클로드는 복잡한 문서와 방대한 데이터를 효율적으로 처리합니다. 특히 학술 논문, 법률 문서, 장문의 리포트 등 복잡한 데이터를 분석하고 요약하는 데 매우 유용합니다. 덕분에 영상 제작 과정에서 대규모 리서치 자료를 효율적으로 요약할 때 유리합니다. 예를 들어, 다큐멘터리 제작을 위해 여러 논문과 보고서를 검토해야 할 때 클로드는 이 과정을 빠르고 정확하게 처리하여 중요한 통계나 사실을 추출하고 이를 바탕으로 시나리오를 작성해 줍니다.

또, 대규모 데이터를 분석해야 하는 프로젝트에서도 뛰어난 성능을 발휘합니다. 영상 기획 단계에서 트렌드를 분석하거나 과거 데이터를 기반으로 미래를 예측할 때 데이터를 분석해 핵심 정보를 요약하여 제공합니다. 복잡한 데이터를 처리하면서도 중요한 내용을 간결하게 요약하여 사용자가 필요한 정보를 신속하게 제공합니다.

뿐만 아니라 길고 복잡한 스토리라인의 각 장면 간 연결성을 분석해 논리적이고 일관성 있는 대본을 작성하는 데 도움을 줍니다. 문맥과 대사의 자연스러운 흐름을 이어주며 긴 분량의 대본 작업을 자동화하여 작업의 효율성을 크게 높입니다.

퍼플렉시티

퍼플렉시티는 실시간 정보 검색을 기반으로 최신 트렌드와 사실 확인을 지원하는 AI입니다. 사용자가 질문을 입력하면 인터넷에서 관련 자료를 실시간으로 검색하고 신뢰할 수 있는 출처와 함께 정확한 답변을 제공합니다. 특히 트렌드 분석이나 사실 확인이 필요한 작업에서 유용합니다. 영상 제작 과정에서는 최신 트렌드나 자료를 반영해야 할 때 관련 정보를 실시간으로 제공해 시나리오 기획에 도움을 줍니다. 예를 들어, 유튜브 콘텐츠 기획 시 최신 동향을 빠르게 파악하고 이에 맞춘 시나리오를 구상할 수 있습니다.

트렌드 분석뿐 아니라 특정 주제와 관련된 통계나 데이터를 빠르게 수집해 신뢰성 있는 정보를 제공하거나 사실 확인이 중요한 영상 프로젝트에도 효과적입니다. 예를 들어, 다큐멘터리에서 다루는 통계나 사실을 검증할 때 정확한 출처와 최신 데이터를 확인할 수 있습니다. 이를 통해 잘못된 정보가 포함되지 않도록 방지하고 콘텐츠의 신뢰도를 높일 수 있습니다. 빠르게 변화하는 정보를 다루는 콘텐츠를 제작할 때도 무척 유용합니다. 예를 들어, 주식 시장이나 사회적 이슈 같은 실시간 정보를 반영한 시나리오를 작성할 때 관련 자료를 실시간으로 업데이트하여 최신 정보를 반영하는 데 큰 도움을 줍니다.

이처럼 AI마다 가지고 있는 강점을 활용하면 효율성을 극대화한 영상 제작이 가능합니다. 기획, 대본 작성, 편집 등 모든 단계에서 작업이 더 원활해지고 결과물의 퀄리티도 향상시킬 수 있습니다. 앞서 살펴본 3가지 텍스트 생성 AI의 기능을 비교 정리하면 다음과 같습니다.

기능	챗GPT	클로드	퍼플렉시티
이미지 생성	가능 (DALL-E와 통합)	불가능	불가능
이미지 분석	가능	가능	가능
웹 브라우징	가능	불가능	가능
API 제공	가능	가능	가능
주요 용도	창의적 콘텐츠 생성, 대화	정보 검색, 대화	정보 검색, 요약, 분석

▶ 챗GPT 사용 가이드

챗GPT는 오픈AI가 개발한 AI 대화 시스템으로, 사용자와 일상 대화부터 전문적인 지식까지 폭넓은 주제에 대한 답변을 제공합니다. 이것이 가능한 이유는 챗GPT는 방대한 텍스트 데이터를 학습했으며 맥락을 이해하고 대화를 이어가는 기술이 적용된 덕분입니다.

챗GPT의 이러한 기능은 시나리오 작성, 대본 구성, 캐릭터 설정 등에서 새로운 아이디어를 제안하거나 기존 내용을 보완하는 데 유용합니다. 또, 정보 확인과 자료 수집을 통해 풍부하고 정확한 콘텐츠 제작을 돕습니다.

챗GPT의 주요 기능은 다음과 같습니다.

- **자연스러운 대화 생성**: 마치 사람과 대화하는 것처럼 자연스럽고 맥락에 맞는 대화를 할 수 있습니다.
- **질문 응답**: 사용자의 다양한 질문에 대해 학습된 데이터를 바탕으로 정확하고 상세한 답변을 제공합니다.
- **텍스트 생성**: 에세이, 보고서, 기사, 소설 등 다양한 형태의 텍스트를 작성할 수 있습니다.
- **정보 검색 및 요약**: 방대한 정보를 검색하고 요약하여 사용자에게 필요한 정보를 제공합니다.
- **창의적 아이디어 제안**: 다양한 주제에 대해 창의적인 아이디어를 제시할 수 있습니다.
- **학습 지원**: 복잡한 개념을 설명하거나 학습자의 질문에 답변하는 등 교육 분야에서 활용될 수 있습니다.

이러한 기능들을 통해 챗GPT는 고객 지원, 콘텐츠 작성, 정보 검색, 교육 등 다양한 분야에서 폭넓게 활용되고 있습니다.

챗GPT 시작하기

챗GPT는 회원 가입 없이도 무료로 사용할 수 있지만 회원 가입 시 더욱 빠르고 정교한 응답, 파일 업로드 등 다양한 기능을 비롯해 최신 모델의 일부 기능을 무료로 사용할 수 있습니다. 따라서 가입 후 진행하는 것을 권장합니다.

먼저 챗GPT 웹 페이지(chatgpt.com)로 이동한 다음 화면 오른쪽 상단에서 [회원 가입]을 클릭합니다. 가입 이력이 있다면 [로그인]을 클릭해 로그인을 진행합니다.

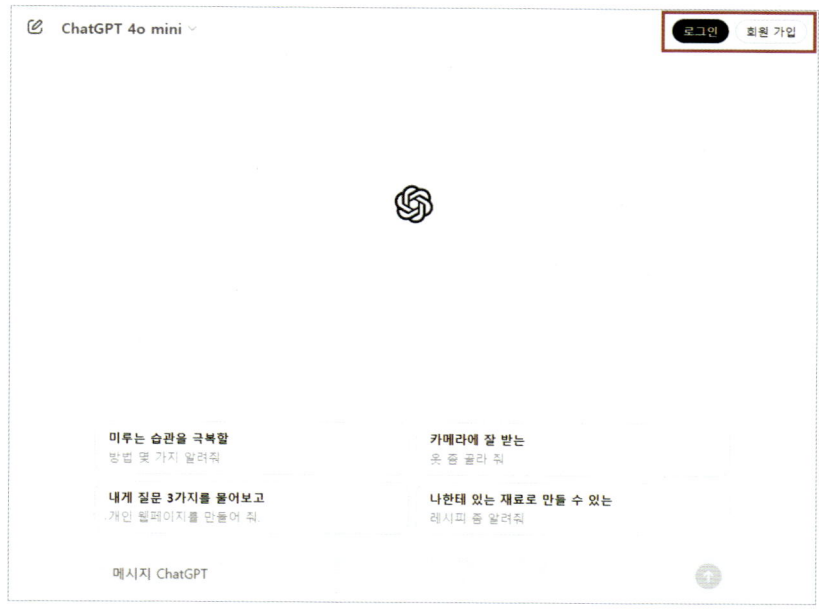

[회원 가입]을 클릭하면 다음과 같이 이메일로 계정을 생성하거나 구글, 마이크로소프트, 애플 계정을 활용해 간편하게 가입을 진행할 수 있습니다.

사용자 이름과 생년월일, 이용약관 동의 단계를 거쳐 회원 가입을 완료합니다.

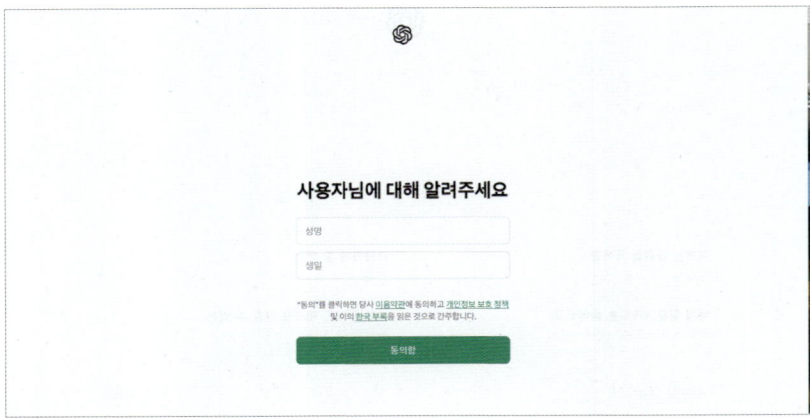

로그인이 완료되면 다음과 같은 화면을 볼 수 있습니다.

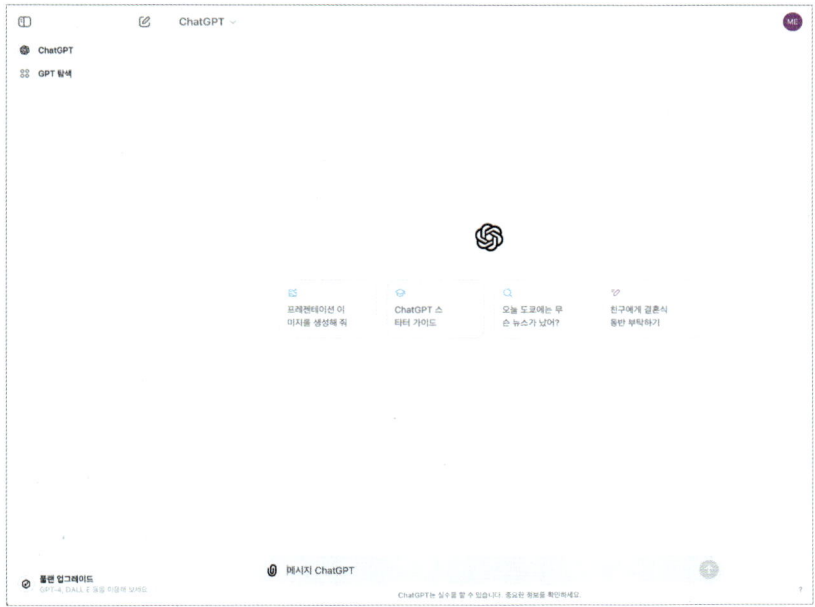

챗GPT는 무료 플랜으로도 질문, 응답 및 이미지 생성이 가능합니다. 단, 제한된 접근만 가능하므로 모든 기능을 활발하게 이용할 경우 유료 플랜인 Plus로 업그레이드하는 것이 좋습니다.

플랜 업그레이드

개인 / 비즈니스

✦ Free
월 USD $0

[나의 현재 플랜]

- ✓ 글쓰기, 문제 해결 등에 대한 도움
- ✓ GPT 4o mini에 액세스
- ✓ GPT-4o에 제한적 액세스
- ✓ 고급 데이터 분석, 파일 업로드, 비전, 웹 검색, 맞춤형 GPT에 대한 제한적 액세스

기존 플랜이 있으신가요? 결제 도움말을 참고하세요

✦ Plus
월 USD $20

[Plus로 업그레이드]

- ✓ GPT-4o, GPT 4o mini, GPT-4에 액세스
- ✓ GPT-4o에서 최대 5배 더 많은 메시지 이용
- ✓ 고급 데이터 분석, 파일 업로드, 비전, 웹 검색에 액세스
- ✓ DALL·E 이미지 생성
- ✓ 맞춤형 GPT 생성 및 사용

제한 사항 적용

클로드 사용 가이드

클로드는 앤트로픽Anthropic이 개발한 대화형 AI로, 특히 방대한 분량의 텍스트 작업에서 강력한 성능을 발휘합니다. 최대 약 500페이지에 달하는 스크립트나 대본을 다룰 수 있어 복잡한 시나리오 작성이나 장면 설명이 필요한 작업에 매우 효과적입니다.

클로드의 강점 중 하나는 문맥을 이해하고 연속된 대화를 통해 자연스럽고 일관된 스크립트를 생성할 수 있다는 점입니다. 이를 통해 스토리의 흐름을 유지하면서 사용자가 원하는 방향으로 세부적인 시나리오를 구체화할 수 있습니다. 또, 이미지 처리 기능도 있어 업로드된 이미지를 분석하거나 설명하고, 영상 제작에 필요한 시각적 요소에 대한 아이디어를 제공합니다.

클로드의 주요 기능은 다음과 같습니다.

- **자연어 처리**: 정확하고 자연스러운 대화를 생성하며, 사람과 대화하는 것처럼 맥락에 맞는 대화를 할 수 있습니다.
- **질문 응답**: 사용자의 질문에 대해 정확한 답변을 제공하고, 복잡한 개념을 명확하게 설명합니다.
- **문서 요약**: 긴 문서를 빠르게 요약하고 핵심 내용을 추출하여 필요한 정보를 제공합니다.
- **텍스트 생성**: 사용자의 요청에 맞게 다양한 텍스트 콘텐츠를 생성할 수 있습니다.
- **코드 생성 및 분석**: 다양한 프로그래밍 언어의 코드를 생성하고, 오류를 디버깅하며, 복잡한 코드베이스를 분석하고 이해합니다.
- **데이터 분석**: 비정형 데이터를 분석하여 관련 정보를 추출하고, 대규모 데이터에서 패턴과 트렌드를 파악하며, 미래 예측을 지원합니다.

- **이미지 분석**: 사진, 차트, 다이어그램 등의 이미지를 해석하고, 이미지에서 텍스트를 추출하여 처리합니다.

클로드 시작하기

먼저 클로드 웹 페이지(claude.ai)에 접속합니다. [Continue with Google]을 클릭해 구글 계정 또는 [Continue with email]을 클릭해 이메일로 계정을 생성할 수 있습니다.

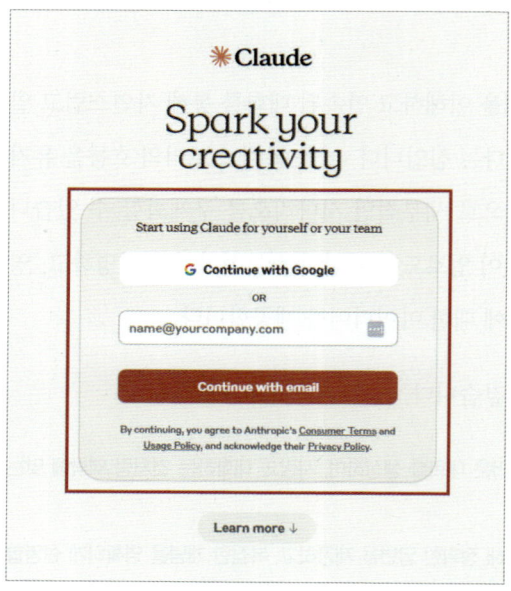

국가를 선택하고 휴대폰 번호를 입력합니다. 클로드는 법적 책임과 안전한 서비스 제공을 위해 성인 사용자여야 가입이 가능하므로 성인이라면 [I confirm that I am at least 18 years of age]를 선택하고 [Send Verification Code] 버튼을 클릭합니다.

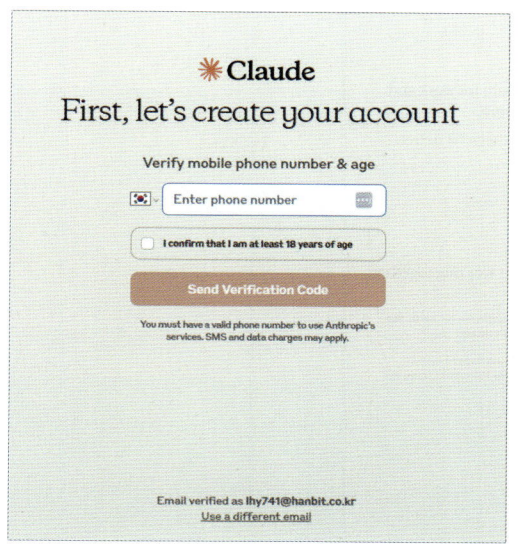

입력한 전화번호로 문자 메시지 또는 이메일을 통해 수신한 인증 코드를 입력해 본인 인증을 완료합니다. 개인 사용자라면 [For personal use]를 클릭한 다음 개인 정보를 입력하고 클로드를 시작합니다.

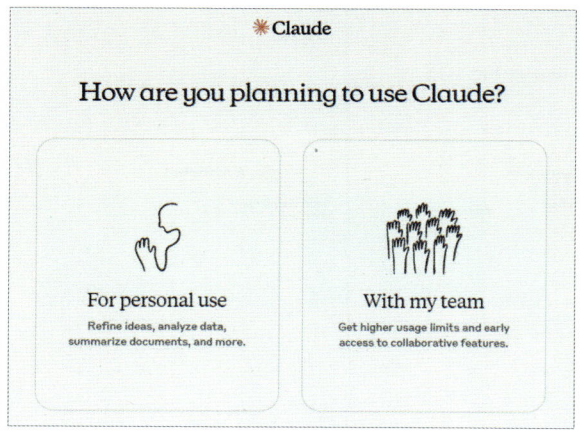

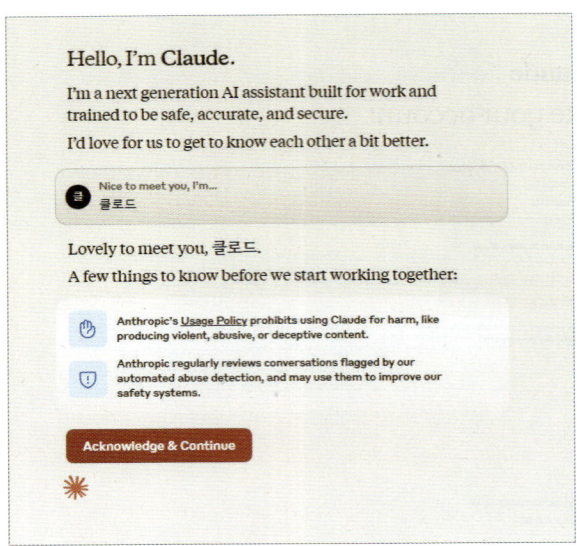

가입을 완료하면 다음과 같이 클로드 메인 페이지로 이동합니다.

클로드는 무료 요금제로도 기본적인 질의 응답이 가능하지만 제한된 사용량, 최신 모델에 대한 제한적 접근으로 모든 기능을 활발하게 이용할 경우 유료 플랜인 Pro로 업그레이드하는 것이 좋습니다. 현재 클로드의 유료 플랜은 다음과 같은 기능을 제공하고 있습니다.

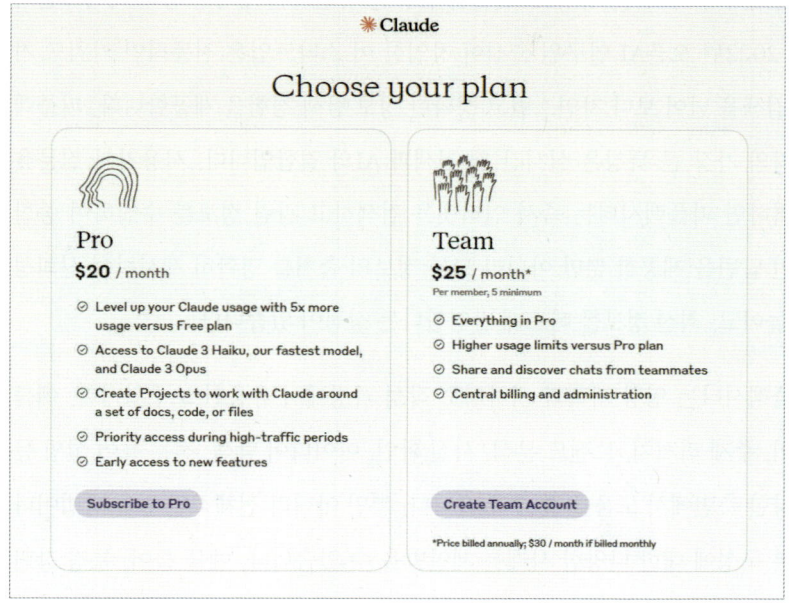

프로(월 $20)

- 무료 요금제 대비 5배 더 많은 사용량
- 클로드 3 Haiku(가장 빠른 모델)와 클로드 3 Opus에 접근 가능
- 문서, 코드, 파일 세트로 클로드와 작업할 수 있는 프로젝트 생성
- 트래픽이 많은 시간대에 우선 접속
- 새로운 기능에 조기 접근

팀(1인당 월 $25, 최소 5명)

- 프로의 모든 기능 포함
- 프로 요금제보다 더 높은 사용량 제한
- 팀원들과 채팅 공유 및 발견
- 중앙 집중식 청구 및 관리

▶ 퍼플렉시티 사용 가이드

퍼플렉시티Perplexity는 생성 AI 기술을 활용한 혁신적인 대화형 검색 서비스입니다. 2022년 오픈AI 연구원 출신이 창업한 이 스타트업은 전통적인 키워드 기반 검색을 넘어 보다 자연스럽고 정확한 정보 탐색 경험을 제공합니다. 퍼플렉시티의 가장 큰 특징은 실시간 웹 검색과 AI의 결합입니다. 사용자가 질문을 입력하면 퍼플렉시티는 즉시 인터넷을 검색하고 관련 정보를 수집하여 종합적인 답변을 제공할 뿐만 아니라 모든 정보의 출처를 명확히 제시하여 신뢰성을 높이고, 최신 정보를 빠르게 반영한다는 장점이 있습니다.

퍼플렉시티는 영상 기획과 시나리오 작성 과정에서 유용한 도구입니다. 예를 들어, 주제 리서치, 트렌드 분석, 사실 확인, 아이디어 탐색, 전문 용어 설명 등 다양한 측면에서 도움을 줄 수 있습니다. 뿐만 아니라 전체적인 연출 방법이나 대본 구성에 대한 다양한 사례를 제안받을 수 있습니다. 예를 들어, 특정 장면의 구도나 카메라 각도에 대한 정보를 요청하면 여러 사례를 바탕으로 적절한 방법을 제시해 줍니다. 여기에 스토리보드 구상이나 대본 작성 시 신뢰할 수 있는 출처를 기반으로 정보를 제공하여, 영상의 정확성과 완성도를 높이는 데 기여합니다.

퍼플렉시티는 영상 기획 및 시나리오 작업에 다음과 같은 유용한 기능을 제공합니다.

- **아이디어 발굴 및 배경 조사**: 특정 주제나 콘셉트에 대한 폭넓은 정보를 빠르게 수집하여 최신 트렌드, 역사적 배경, 관련 사례 등을 종합적으로 파악할 수 있습니다.

- **사실 확인 및 정보 검증**: 시나리오에 포함된 정보의 정확성을 실시간으로 확인하여 여러 소스의 정보를 교차 검증할 수 있어 신뢰성 있는 내용을 구성합니다.
- **플롯 구성 및 전개**: 유사한 장르나 주제의 작품들을 분석하여 효과적인 스토리 구조를 참고합니다. 다양한 시나리오 기법이나 구조에 대한 정보를 얻어 적용할 수 있습니다.
- **법적, 윤리적 이슈 확인**: 저작권, 초상권, 민감한 주제 등과 관련된 법적, 윤리적 문제를 사전에 확인하고 대비합니다.

퍼플렉시티는 단순히 정보를 제공하는 것을 넘어 AI의 분석 능력을 활용하여 보다 심층적이고 맥락화된 정보를 제공합니다. 또한 실시간으로 최신 정보를 반영하여, 항상 최신 트렌드와 정보를 시나리오에 반영합니다.

퍼플렉시티 시작하기

먼저 퍼플렉시티 웹 페이지(perplexity.ai)에 접속합니다. 왼쪽 사이드바의 [Sign Up]을 클릭합니다.

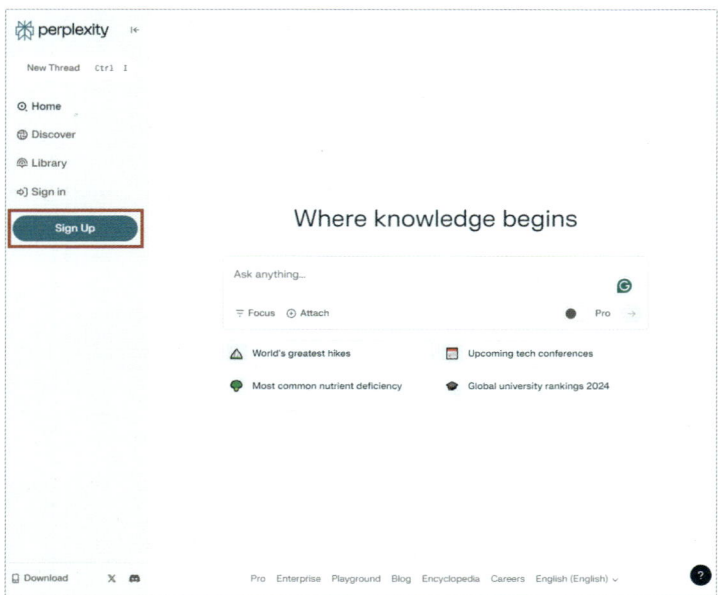

구글, 애플, Single sign-on(SSO)으로 가입된 기업 계정 또는 이메일로 가입을 진행할 수 있습니다.

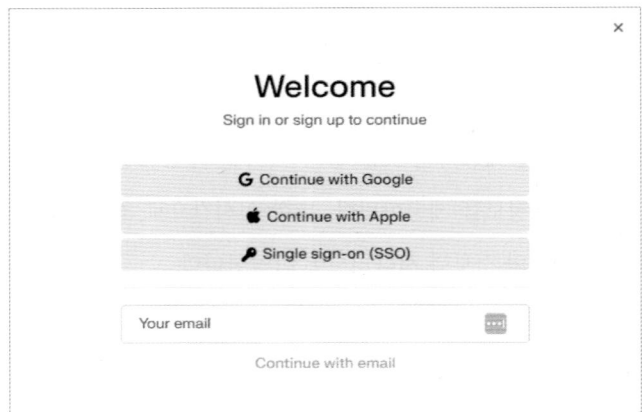

가입 과정에서 무료 또는 유료 플랜을 선택할 수 있습니다.

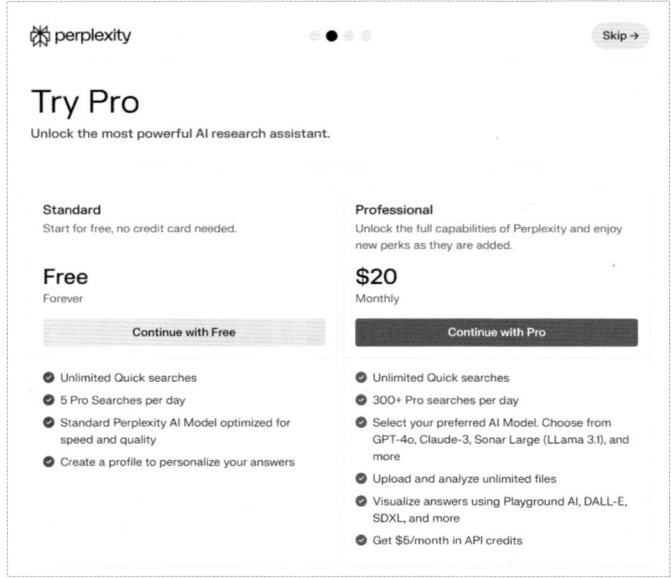

퍼플렉시티는 무료 플랜에서 기본 검색 기능, 표준 퍼플렉시티 AI 모델을 사용할 수 있으며 유료 플랜 구독 시 다음과 같은 기능을 제공하고 있습니다.

Professional(월 $20)

- 무제한 Pro 검색(하루 300회 이상)
- GPT-4, Claude-3 등 고급 AI 모델 선택 가능
- 무제한 파일 업로드 및 분석
- 다양한 이미지 생성 도구를 통한 답변 시각화
- API 액세스($5/월 크레딧 제공)

04장

AI와 아이디어에서 대본 기획까지

4장에서는 AI를 활용한 아이디어 발상부터 구체적인 대본 기획까지 과정을 다룹니다. 먼저 챗GPT와 클로드 같은 AI로 주제를 설정하고 필요한 자료를 수집하는 방법을 소개합니다. 이렇게 수집한 자료를 바탕으로 체계적인 대본을 빠르게 작성하는 프롬프트 예시와 템플릿, 고려 사항까지 꼼꼼하게 살펴보겠습니다.

▶ 시나리오 작성을 위한 3단계

영상 제작의 첫 단계는 기획, 원고 작성 그리고 시나리오를 만드는 것입니다. 이는 영상의 세부 장면을 완성하는 첫 단추로, 영상 제작에서 매우 중요한 요소입니다. 이 단계에서 AI를 활용해 주제 설정, 원고 작성, 장면 연출 등 시간이 많이 걸리던 작업들을 빠르게 처리할 수 있습니다. 이 과정을 3가지 단계로 나누어 '건강 보조제'라는 키워드로 AI를 활용해 영상 주제를 찾고, 원고를 작성하고, 시나리오를 작성하는 과정을 살펴보겠습니다.

1단계 영상 주제 찾기

먼저 AI를 활용해 다양한 영상 주제를 탐색하는 과정을 거칩니다. 예를 들어 "일상에서 많은 사람이 흔히 먹는 건강 보조제에 대한 일반적인 상식 정보를 바탕으로 영상 주제를 제안해 주세요."라는 프롬프트를 요청하면 여러 가지 관련 주제들이 제시됩니다. AI가 제안할 수 있는 주제 예시는 다음과 같습니다.

주제 선정 프롬프트

일상에서 많은 사람이 흔히 먹는 건강 보조제에 대한 일반적인 상식 정보를 바탕으로 영상 주제를 제안해 주세요.

- 비타민 C가 일상생활에서 어떻게 활용되는지에 대한 영상
- 오메가-3와 심혈관 건강의 관계를 다룬 영상
- 프로바이오틱스가 장 건강에 미치는 긍정적인 영향에 대한 영상

이와 같이 원하는 키워드 또는 하나의 주제를 제안하면 다양한 시각에서 접근할 수 있어 사용자는 여러 주제를 탐색할 수 있습니다. 추가로 주제를 선정한 이유에 대한 구체적인 설명도 요청할 수 있으므로 추가 프롬프트를 활용하면 영상의 방향까지 쉽게 설정할 수 있습니다. 이를 통해 정보를 직접 검색하고 자료를 조사하는 시간을 단축할 수 있습니다.

2단계 영상 원고 작성하기

1단계에서 선정한 주제를 기반으로 영상 원고를 작성합니다. 이 과정에서 AI에 구체적인 요구 사항을 입력하면 각 장면에 맞는 대사와 설명을 생성해 줍니다. 기존에는 전문 작가가 필요할 정도로 까다로운 작업이었으나 AI를 활용하면 쉽고 빠르게 원고를 작성할 수 있습니다. 예를 들어, '비타민 C가 일상생활에서 어떻게 활용되는지에 대한 영상'이라는 주제를 선택한 경우 프롬프트에 "비타민 C의 효능과 일상에서의 활용을 설명하는 영상 원고를 작성해 주세요."라고 작성하면 장면별로 적합한 대사와 설명을 제안합니다.

원고 작성 프롬프트

 비타민 C의 효능과 일상에서의 활용을 설명하는 영상 원고를 작성해 주세요.

 비타민 C의 놀라운 효능과 일상 활용법

[밝고 활기찬 배경 음악 시작]
안녕하세요, 여러분! 오늘은 우리 몸에 꼭 필요한 영양소, 비타민 C에 대해 알아보겠습니다.

[비타민 C가 풍부한 과일들의 이미지 표시]
비타민 C란? 비타민 C는 수용성 비타민으로, 우리 몸에서 다양한 역할을 합니다.

> 하지만 우리 몸은 비타민 C를 만들어내지 못해요. 그래서 음식이나 보충제를 통해 섭취해야 합니다.
>
> **비타민 C의 주요 효능**
> 항산화 작용: 비타민 C는 강력한 항산화제예요. 우리 몸의 세포를 보호하고 노화를 늦추는 데 도움을 줍니다.
> 면역력 강화: 감기와 같은 흔한 질병에 대한 저항력을 높여줍니다. 백혈구의 기능을 향상시켜 면역 체계를 지원해요.
> 콜라겐 생성: 피부, 뼈, 혈관의 건강에 필수적인 콜라겐 합성을 돕습니다. 상처 치유를 촉진하고 피부 탄력을 유지하는 데 도움을 줘요.
> [각 효능을 설명할 때 관련 이미지나 간단한 애니메이션 추가]
>
> **일상에서의 비타민 C 활용법**
> 식단에 비타민 C 풍부한 식품 포함하기!! 오렌지, 키위, 딸기, 파프리카, 브로콜리 등을 섭취하세요.
> [각 활용법에 대한 시각적 예시 제공]
>
> **마무리**
> 비타민 C는 우리 건강에 정말 중요한 영양소입니다. 일상생활에서 조금만 신경 써서 섭취한다면, 더 건강하고 활기찬 삶을 즐길 수 있을 거예요. 건강한 하루 보내세요!
> [밝은 마무리 음악과 함께 엔딩 크레딧]

이렇게 작성된 원고를 활용해 각 장면을 구체적으로 연출하는 시나리오 작업이 진행됩니다.

3단계 주제에 맞는 구체적인 시나리오 작성

앞서 작성한 영상 원고를 바탕으로 각 장면의 세부 묘사, 대사, 카메라 움직임 그리고 전환 효과를 구체화할 수 있습니다. 이 과정에서는 각 장면을 어떻게 시각적으로 표현할지 설정하고 영상의 흐름을 명확하게 잡아갑니다. 일반적으로 시나리오 작가가 작성한 초안을 기반으로 감독은 촬영을 하기 위해 카메라 각도, 움직임, 화면 크기 등 구체적인 촬영 계획을 구상하지만 AI를 활용하면 여러 전문가의 도움 없이 구체적인 연출과 장면 설정을 빠르게 결정할 수 있습니다.

주제에 맞는 구체적인 시나리오 작성 프롬프트

 비타민 C가 포함된 음식을 소개하는 시나리오를 작성해 주세요.

 비타민 C가 풍부한 식품 소개 영상 시나리오
오프닝 (5초)
[밝고 경쾌한 배경 음악 시작]
[화면에 다양한 과일과 채소가 테이블 위에 놓여 있는 모습]
내레이션: "여러분의 건강을 지켜주는 슈퍼 영양소, 비타민 C! 오늘은 비타민 C가 풍부한 식품들을 만나볼까요?"

1. 오렌지 (15초)
[오렌지 클로즈업에서 줌아웃]
내레이션: "첫 번째는 비타민 C의 대명사, 오렌지입니다. 중간 크기의 오렌지 하나에 약 70mg의 비타민 C가 들어 있어요. 상큼한 맛은 보너스!"
[오렌지를 자르는 모습 보여주기]

2. 키위 (15초)
[스위시 팬으로 키위 소개]
내레이션: "다음은 작지만 강한 키위입니다. 키위 한 개에 오렌지보다 더 많은 약 64mg의 비타민 C가 들어 있답니다. 새콤달콤한 맛이 일품이죠."
[키위를 반으로 잘라 단면 보여주기]

3. 파프리카 (15초)
[돌리 줌으로 파프리카 접근]
내레이션: "놀라셨나요? 파프리카에도 비타민 C가 풍부합니다. 특히 빨간 파프리카

> 는 190mg 이상의 비타민 C를 함유하고 있어요. 샐러드에 넣어 먹으면 좋습니다."
> [다양한 색상의 파프리카 보여주기]
>
> **클로징 (10초)**
> [모든 소개된 식품들이 테이블 위에 정렬된 모습]
> 내레이션: "어떠세요? 비타민 C가 풍부한 다양한 식품들. 오늘부터 식단에 하나씩 추가해 보는 건 어떨까요? 건강한 하루 되세요!"
> [밝은 음악과 함께 페이드 아웃]

이처럼 AI를 활용한 영상 시나리오 작업은 기획에서 원고 작성, 각 장면의 구체적인 연출까지 단계별로 체계적으로 진행됩니다. 덕분에 영상 제작자는 시간과 노력을 절약하면서도, 더 전문적이고 구체적인 시나리오를 완성할 수 있습니다.

지금까지 AI를 활용한 영상 시나리오 작성 과정을 설명했습니다. 이제 AI 중에서도 챗GPT와 클로드가 영상 시나리오 작업을 어떻게 지원하는지 구체적으로 소개하겠습니다.

챗GPT와 클로드를 활용한 숏폼 기획 & 원고 작성

챗GPT와 클로드는 AI 언어 모델로, 사용자가 입력한 프롬프트에 반응해 텍스트 기반 응답을 생성합니다. 챗GPT는 대화형이며 유연한 방식으로 응답하는 반면, 클로드는 더 명확하고 구조적인 답변을 제공하는 경향이 있습니다. 이 차이는 각 모델이 다양한 학습 방식으로 최적화되었기 때문입니다. 이러한 차이점을 이해하고 상황에 맞게 활용하면 보다 풍부하고 최적화된 결과물을 얻을 수 있습니다.

숏폼Short-form이란 1분 이내의 짧은 세로형 영상으로, 틱톡, 유튜브 쇼츠, 인스타그램 릴스 등 다양한 플랫폼에서 제공하는 동영상 콘텐츠입니다. 짧고 임팩트 있는 콘텐츠를 빠르게 소비하는 것이 숏폼의 특징이므로 명확한 메시지 전달이 핵심입니다. 숏폼을 예시로 클로드와 챗GPT의 응답을 살펴보겠습니다.

다음은 클로드에서 숏폼 제작을 위한 주제를 찾고 원고 작성을 요청한 예시 프롬프트입니다.

숏폼 영상 제작을 위한 프롬프트

 숏폼 영상을 만들려고 합니다. 방법을 소개해 주세요.

 숏폼 영상 제작에 관심이 있으시군요. 숏폼은 짧고 재미있는 세로 형식의 동영상으로, 최근 인기를 끌고 있습니다. 숏폼을 만들 때 몇 가지 팁을 드릴 수 있습니다:

짧고 흥미로운 내용: 60초 이내로 핵심 메시지를 전달하세요.
수직 형식: 9:16 비율로 촬영하세요.
빠른 편집: 빠른 컷과 전환을 사용해 시청자의 관심을 유지하세요.
음악과 효과음: 적절한 배경 음악과 효과음으로 영상을 더욱 흥미롭게 만드세요.
강력한 오프닝: 처음 몇 초 동안 시청자의 주의를 끌어야 합니다.
자막 활용: 자막을 추가하여 소리 없이도 내용을 이해할 수 있게 하세요.
숏폼 제작에 대해 더 자세한 정보나 특정 주제에 대해 알고 싶으시다면 말씀해 주세요. 도와드리겠습니다.

 사용자들이 관심을 가질 만한 숏폼 영상 주제 10개를 제공해 주세요

 물론이죠. 다양한 주제의 숏폼 영상 아이디어 10개를 제공하겠습니다. 이 리스트는 여러 관심사를 반영하고 있으며, 흥미로운 숏폼 콘텐츠로 만들 수 있는 주제들입니다:

1. 1분 요리 팁 또는 간단한 레시피
2. 일상적인 물건을 활용한 DIY 생활 꿀팁
3. 15초 운동 루틴 또는 스트레칭 방법
4. 재미있는 과학 실험 시연
5. 반려동물 훈련 팁이나 귀여운 순간 포착
6. 메이크업 또는 헤어스타일링 빠른 튜토리얼
7. 언어 학습 – 하루에 하나의 외국어 표현 배우기
8. 지역 명소나 맛집 소개 (15초 여행 가이드)
9. 트렌디한 댄스 챌린지나 짧은 안무
10. 재미있는 마술 트릭 시연 및 설명

이 주제들은 시작점일 뿐입니다. 각 주제는 여러 에피소드로 확장될 수 있으며, 귀하의 관심사나 전문 분야에 맞게 조정할 수 있습니다. 특정 주제에 대해 더 자세히 알고 싶거나, 다른 종류의 주제를 원하신다면 말씀해 주세요.

 "일상적인 물건을 활용한 DIY 생활 꿀팁"에 관한 아이디어를 10가지 제안해 주세요

네, 물론이죠. "일상적인 물건을 활용한 DIY 생활 꿀팁"에 대한 10가지 구체적인 아이디어를 제안하겠습니다. 이 아이디어들은 모두 짧은 숏폼 영상으로 제작하기 적합합니다:

1. 와인 코르크로 만드는 미니 다육식물 화분
2. 옷걸이를 이용한 신발 정리 방법
3. 레몬과 베이킹 소다로 만드는 자연 친화적 세정제
4. 폐 종이상자로 만드는 데스크 오거나이저
5. 빈 유리병을 활용한 독특한 촛대 만들기
6. 티백을 재활용한 천연 방향제 만들기
7. 페트병으로 만드는 간단한 물 절약 장치 (화분용)
8. 헌 양말로 만드는 귀여운 인형이나 장난감
9. 아이스크림 막대로 만드는 미니 책꽂이
10. 통조림 캔으로 만드는 펜슬 홀더나 작은 화분

이 아이디어들은 모두 일상에서 쉽게 구할 수 있는 물건들을 활용하여 실용적이거나 장식적인 용도로 재탄생시키는 방법을 보여줍니다. 각 아이디어는 60초 이내의 짧은 영상으로 제작하여, 시청자들에게 빠르고 효과적으로 DIY 팁을 전달할 수 있습니다.
이 중 특정 아이디어에 대해 더 자세한 설명이 필요하거나, 다른 종류의 DIY 팁을 원하신다면 말씀해 주세요.

 2번 "옷걸이를 이용한 신발 정리 방법"으로 숏폼 영상 만들 수 있도록 영상 원고를 작성해 주세요.

 네, 옷걸이를 이용한 신발 정리 방법에 대한 숏폼 영상 원고를 제공해 드리겠습니다. 이 원고는 60초 이내의 영상에 맞게 구성되었습니다.

[옷걸이를 들고 있는 손 클로즈업] 여기 옷걸이 하나로 해결할 수 있는 방법이 있습니다!
[옷걸이를 펴는 모습] 먼저, 와이어 옷걸이를 폅니다.
[옷걸이 가운데를 구부리는 모습] 그 다음, 가운데를 'ㄷ'자 모양으로 구부립니다.
[양 끝을 위로 구부리는 모습] 양 끝을 위로 살짝 구부려 주세요.
[완성된 형태를 보여주는 모습] 짠! 간단한 신발 걸이가 완성되었습니다.

[신발을 걸어 보여주는 모습] 이제 신발을 걸어보세요. 힐, 슬리퍼, 운동화 모두 OK!
[정리된 신발장 모습] 이렇게 쉽게 신발장을 깔끔하게 정리할 수 있습니다.
[마무리 멘트] 여러분도 지금 바로 따라 해보세요! 더 많은 생활 꿀팁은 팔로우해 주세요~

이 원고를 바탕으로 숏폼 영상을 제작하시면 됩니다. 촬영 시 다음 사항을 고려해 보세요:
세로 방향으로 촬영하세요 (9:16 비율).

1. 각 단계를 명확하게 보여주는 클로즈업 샷을 사용하세요.
2. 배경 음악을 추가하여 영상을 더욱 흥미롭게 만드세요.
3. 자막을 넣어 소리 없이도 내용을 이해할 수 있게 하세요.
밝고 깨끗한 배경에서 촬영하여 시청자의 집중도를 높이세요.

영상 제작에 대해 추가 질문이 있거나 다른 도움이 필요하시면 언제든 말씀해 주세요.

 비슷하게 종이컵으로 할 수 있는 아이디어 소재 제공해 주세요.

 네, 종이컵을 활용한 창의적이고 실용적인 DIY 아이디어를 제공해 드리겠습니다. 이 아이디어는 이전의 옷걸이 활용 팁과 비슷한 형식의 숏폼 영상으로 만들 수 있습니다.

[종이컵 바닥에서 1/3 지점 표시하는 모습] 먼저, 종이컵 바닥에서 1/3 지점을 표시합니다.
[표시한 선을 따라 가위로 자르는 모습] 표시한 선을 따라 가위로 잘라주세요.
[잘린 부분을 안쪽으로 접는 모습] 잘린 부분을 안쪽으로 접어 넣습니다.
[접은 부분을 테이프로 고정하는 모습] 테이프로 고정하면 더 튼튼해져요!
[완성된 미니 정리함 보여주기] 짠! 귀여운 미니 정리함 완성!
[펜, 클립, 포스트잇 등을 담는 모습] 이제 작은 문구용품들을 깔끔하게 정리할 수 있어요.
[정리된 책상 모습] 이렇게 간단히 책상을 깔끔하게 만들 수 있답니다.
[마무리 멘트] 여러분도 지금 바로 따라 해보세요! 더 많은 생활 꿀팁은 팔로우해 주세요~

이제 기획한 내용을 바탕으로 원고와 스토리보드를 구성하고 그에 맞는 간단한 이미지 생성까지 챗GPT를 통해 작업하는 방법을 소개합니다. 이번 예시는 '스마트폰으로 만드는 완벽한 기상 루틴'이라는 주제를 바탕으로 원고를 작성할 것입니다. 챗GPT를 활용해 영상의 구조와 내용을 빠르게 생성할 수 있습니다. 이 단계에서는 원고 작성과 스토리보드 구성을 중심으로 챗GPT를 활용하며, 이미지는 영상에서 어떻게 표현될지 시각적으로 이해하는 용도로 사용할 수 있습니다. 이를 바탕으로 이후 미드저니와 같은 이미지 생성 AI로 고품질 이미지를 생성할 수 있습니다.

기획을 바탕으로 원고 및 시나리오 작성

 "스마트폰으로 만드는 완벽한 기상 루틴!"이라는 주제로 숏폼 영상 원고를 작성해 주세요.

 숏폼 영상 원고: 스마트폰으로 만드는 완벽한 기상 루틴!

인트로 (0-3초)
[밝은 배경 음악과 함께]
자막: "스마트폰으로 완벽한 기상 루틴 만들기!"

1. 스마트 알람 설정 (3-10초)
[스마트폰 알람 설정 화면을 보여줌]
내레이션: "먼저, 스마트 알람을 설정하세요."
자막: "스마트 알람 설정하기"
팁: "졸음 패턴에 맞춘 알람 앱 추천: Sleep Cycle"

2. 기상 직후 스트레칭 알림 (10-17초)
[스트레칭 알림이 뜨는 화면을 보여줌]
내레이션: "기상 직후, 간단한 스트레칭 알림을 설정해보세요."
자막: "기상 후 스트레칭 알림"
팁: "스트레칭 앱 추천: StretchIt"

3. 모닝 음악 플레이리스트 (17-24초)
[음악 앱에서 플레이리스트를 재생하는 화면을 보여줌]
내레이션: "모닝 플레이리스트로 활기찬 하루를 시작해보세요."
자막: "모닝 플레이리스트 재생"
팁: "음악 스트리밍 앱 추천: Spotify, Apple Music"

4. 하루 일정 확인 (24-31초)
[일정 관리 앱을 확인하는 화면을 보여줌]
내레이션: "하루 일정을 확인하고 준비를 시작하세요."
자막: "일정 확인하기"
팁: "일정 관리 앱 추천: Google Calendar, Todoist"

5. 아침 뉴스 또는 팟캐스트 듣기 (31-38초)
[뉴스 앱이나 팟캐스트 앱을 재생하는 화면을 보여줌]
내레이션: "아침 뉴스나 팟캐스트로 최신 정보를 얻으세요."
자막: "뉴스/팟캐스트 듣기"
팁: "뉴스 앱 추천: BBC News, Flipboard | 팟캐스트 앱 추천: Pocket Casts"

아웃트로 (38-45초)
[스마트폰을 손에 든 모습을 보여줌]
내레이션: "이렇게 스마트폰으로 완벽한 기상 루틴을 만들어 보세요!"
자막: "완벽한 기상 루틴 만들기!"
[밝은 배경 음악과 함께 영상 마무리]

해당 내용을 숏폼 영상으로 만들려고 합니다. 각각 원고에 맞게 장면을 좀 더 자세하게 장면을 묘사해 주세요.

숏폼 영상 원고: 스마트폰으로 만드는 완벽한 기상 루틴!

인트로 (0-3초)
장면: 침대 위에 누워 있는 사람이 알람 소리에 눈을 찌푸리며 괴로워하는 모습. 피곤한 표정으로 손을 들어 스마트폰의 알람을 끄려는 장면.
내레이션/자막: "아침마다 일어나기 힘드신가요?"

소개 (3-6초)
장면: 스마트폰을 들고 있는 손 클로즈업. 스마트폰 화면에 다양한 알람 설정 옵션이 보임.
내레이션/자막: "스마트폰으로 효과적인 기상 루틴을 만들어보세요!"

1. 여러 개의 알람 설정 (6-10초)
장면: 스마트폰 알람 설정 화면에서 여러 개의 알람이 5분 간격으로 설정된 모습을 보여줌. 손가락으로 하나씩 알람을 설정하는 모습을 강조.
내레이션/자막: "1. 여러 개의 알람을 5분 간격으로 설정하세요."

2. 점점 커지는 알람 소리 설정 (10-15초)
장면: 알람 소리 설정 화면을 보여줌. '점점 커지는 소리' 옵션을 선택하는 손가락 움직임을 강조. 알람 소리가 점점 커지는 효과를 배경음으로 삽입.
내레이션/자막: "2. 점점 커지는 부드러운 소리로 알람음을 설정해요."

3. 스마트폰을 멀리 두기 (15-20초)
장면: 침대에서 손을 뻗어 스마트폰을 침대 머리맡이 아닌 방의 반대편에 놓는 모습. 이로 인해 일어나서 걸어가야만 알람을 끌 수 있는 상황을 보여줌.
내레이션/자막: "3. 스마트폰을 침대에서 멀리 두세요. 일어나야만 끌 수 있게!"

4. 화면 밝기 자동 조절 설정 (20-25초)
장면: 스마트폰 설정 메뉴를 보여주고, '밝기 자동 조절' 기능을 설정하는 화면. 시간이 지남에 따라 화면이 서서히 밝아지는 효과를 표현.
내레이션/자막: "4. 기상 시간에 맞춰 화면 밝기가 서서히 밝아지도록 설정하세요."

5. 아침 루틴 앱 사용 (25-30초)
장면: 'Routinery', 'Fabulous', 'Morning Routine' 등의 아침 루틴 앱 화면을 보여줌. 앱에서 할 일 목록을 추가하고 설정하는 장면을 보여줌.
내레이션/자막: "5. 아침 루틴 앱을 사용해 할 일 목록을 만들어요."

6. 첫 번째 할 일 '물 한 잔 마시기' 설정 (30-34초)
장면: 스마트폰 화면에서 할 일 목록의 첫 번째로 '물 한 잔 마시기'를 설정하는 모습. 그 후 실제로 물 한 잔을 마시는 장면.
내레이션/자막: "첫 번째 할 일은 물 한 잔 마시기로 설정하세요."

7. 스트레칭으로 몸 깨우기 (34-38초)
장면: 아침 햇살이 들어오는 방에서 가볍게 스트레칭하는 사람의 모습. 팔을 위로 올리고 몸을 좌우로 기울이며 기지개를 켜는 모습.
내레이션/자막: "간단한 스트레칭으로 몸을 깨워요."

8. 상쾌한 아침 시작 (38-42초)
장면: 스트레칭을 마친 후 상쾌한 표정으로 일어나는 사람의 모습. 얼굴에 미소를 띠며 상쾌함을 표현.
내레이션/자막: "이렇게 하면 상쾌하게 아침을 시작할 수 있어요!"

아웃트로 (42-45초)
장면: 밝고 기분 좋은 배경 음악과 함께 영상의 마지막 장면. 스마트폰을 들고 있는 손이 '팔로우' 버튼을 가리키는 모습.
내레이션/자막: "내일 아침부터 시작해보세요! 더 많은 생활 꿀팁은 팔로우해 주세요~"

각 장면의 시나리오를 만든 후 해당하는 장면을 이미지로 생성할 수 있도록 DALL-E 프롬프트를 작성해 주세요.

숏폼 영상1 : 스마트폰으로 만드는 완벽한 기상 루틴!

장면 1: 알람 소리에 괴로워하는 모습 (0-3초)
시나리오: 침대에 누워있는 사람이 스마트폰 알람 소리에 눈을 찌푸리며 괴로워하는 표정을 짓는다. 알람 소리는 점점 더 커지고, 손을 들어 스마트폰을 끄려고 하지만 힘겹게 눈을 뜨고 몸을 움직이는 모습.
이미지 프롬프트: A person lying in bed with a distressed expression, eyes squinting in discomfort from a loud smartphone alarm. The room is dimly lit with morning light filtering in through the curtains. The person's hand is reaching out towards a smartphone on a nightstand, showing a bright alarm screen.

장면 2: 스마트폰을 들고 있는 손 (3-6초)
시나리오: 손이 스마트폰을 들고 있어 화면에 다양한 알람 설정 옵션이 보인다. 손가락이 알람을 조정하는 동작을 하며 여러 가지 알람 시간대를 선택하는 모습.

이미지 프롬프트: A close-up of a hand holding a smartphone, with the screen displaying multiple alarm settings. Fingers are actively touching the screen, selecting different alarm times. The background is softly blurred, focusing on the smartphone screen.

장면 3: 여러 개의 알람 설정 화면 (6-10초)
시나리오: 스마트폰 알람 설정 화면이 클로즈업된다. 5분 간격으로 여러 개의 알람이 설정된 모습이 보이며, 손가락이 알람 설정을 추가하거나 삭제하는 동작을 보인다.

이미지 프롬프트: A close-up view of a smartphone screen showing multiple alarm settings at 5-minute intervals. A finger is tapping the screen to add or remove alarm times, showing an interactive and dynamic interface.

장면 4: 점점 커지는 알람 소리 설정 화면 (10-15초)
시나리오: 알람 소리 설정 화면이 확대되며 '점점 커지는 소리' 옵션이 선택된 모습. 알람 소리의 볼륨을 조정하는 바가 화면에 나타나고, 소리가 점점 커지는 듯한 비주얼 효과를 추가.

이미지 프롬프트: A smartphone screen displaying an alarm sound settings menu with the "gradually increasing volume" option selected. A slider bar is visible, set to gradually increase from low to high. The interface is clear and user-friendly, with a soft glow effect.

장면 5: 스마트폰을 멀리 두는 모습 (15-20초)
시나리오: 방 한쪽에 있는 책상 위에 스마트폰을 놓는 모습. 침대는 멀리 보이고, 스마트폰이 멀리 있어야 알람을 끌 수 있는 상황을 묘사. 방이 깔끔하고, 스마트폰을 놓은 뒤 인물은 다시 침대로 돌아가는 장면.

이미지 프롬프트: A tidy bedroom scene showing a smartphone being placed on a desk far from a bed. The smartphone screen is on, displaying an alarm. The bed is in the background, emphasizing the distance one must walk to turn off the alarm. The room is clean and organized.

장면 6: 화면 밝기 자동 조절 설정 화면 (20-25초)

시나리오: 스마트폰 설정 메뉴에서 '밝기 자동 조절' 옵션이 활성화된 화면을 보여줌. 화면이 점점 밝아지는 애니메이션 효과처럼 조명이 서서히 밝아진다.

이미지 프롬프트: A smartphone screen showing the "auto-brightness adjustment" setting enabled in the display settings menu. The screen appears to transition from dim to bright, simulating gradual light adjustment.

장면 7: 아침 루틴 앱 사용 화면 (25-30초)

시나리오: 'Routinery', 'Fabulous', 'Morning Routine' 등의 아침 루틴 앱을 열고, 할 일 목록을 추가하고 있는 화면. 체크박스와 할 일 목록이 잘 보이도록 화면에 표현.

이미지 프롬프트: A smartphone screen displaying a morning routine app interface, like "Routinery" or "Fabulous", with a to-do list for the morning. Tasks are listed with checkboxes next to them, and a hand is about to check off a task.

장면 8: 물 한 잔과 스마트폰 (30-34초)

시나리오: 책상 위에 스마트폰과 함께 물 한 잔이 놓여 있다. 스마트폰 화면에는 '첫 번째 할 일: 물 한 잔 마시기'라고 적혀 있다. 손이 물 한 잔을 들어올리는 장면.

이미지 프롬프트: A smartphone and a glass of water placed on a desk. The smartphone screen shows a task list with "First task: Drink a glass of water" highlighted. A hand is reaching for the glass, ready to pick it up.

장면 9: 스트레칭하는 모습 (34-38초)

시나리오: 아침 햇살이 방 안에 들어오는 모습과 함께 사람이 간단한 스트레칭을 하고 있다. 팔을 위로 올리고 기지개를 켜는 장면으로, 몸의 긴장을 풀고 상쾌하게 기상을 준비하는 모습을 강조.

이미지 프롬프트: A person standing in a sunlit room doing a morning stretch, raising their arms above their head and leaning side to side. Sunlight streams through the window, casting soft shadows and creating a serene morning atmosphere.

장면 10: 상쾌한 표정으로 일어나는 모습 (38–42초)
시나리오: 스트레칭을 마친 후 활기차고 상쾌한 표정으로 일어나는 사람의 모습. 미소를 띤 얼굴과 함께 활기차게 하루를 시작하는 모습이 보인다.
이미지 프롬프트: A person with a refreshed and happy expression, smiling brightly after completing a morning stretch. They look energetic and ready to start the day, with a warm, inviting background suggesting a positive morning routine.

장면 11: 마무리 멘트 (42–45초)
시나리오: 스마트폰을 들고 '팔로우' 버튼을 가리키는 손의 모습. 배경은 밝고 긍정적인 분위기로 마무리되며, 더 많은 꿀팁을 제공하겠다는 메시지.
이미지 프롬프트: A close-up of a hand holding a smartphone, pointing to a "Follow" button on the screen. The background is bright and cheerful, suggesting positivity and engagement.

챗GPT의 강점 중 하나는 이미지 생성 AI인 DALL-E를 즉시 사용할 수 있다는 것입니다. DALL-E를 다루는 자세한 방법은 '3부 시각적 매력을 더하는 이미지 만들기'에서 살펴보고, 우선 지금까지 챗GPT에서 작성한 시나리오를 바로 이미지로 생성하는 과정을 간단하게 살펴보겠습니다. 숏폼에 사용할 이미지이므로 세로 모드에 적합한 사이즈인 9:16 비율의 세로 이미지를 뜻하는 'Vertical image of a tall skyscraper'를 요청하겠습니다.

장면 1에 대한 이미지를 생성해 주세요.
– 이미지 생성 시 9:16 사이즈, 'Vertical image of a tall skyscraper'로 명확하게 세로 모드로 생성

 장면 2에 대한 이미지를 생성해 주세요.
– 이미지 생성 시 9:16 사이즈, 'Vertical image of a tall skyscraper'로 명확하게 세로 모드로 생성

이와 같은 방식으로 순차적으로 이미지를 생성하면 앞서 클로드와 챗GPT로 작성한 원고로 다음과 같은 이미지들을 생성할 수 있습니다.

DALL-E로 생성한 시나리오 이미지

DALL-E에서 생성한 이미지는 영상으로 어떻게 표현될지 시각화하는 데 큰 도움을 줍니다. 또, 앞서 DALL-E에 프롬프트를 입력한 것처럼 미드저니의 최신 버전으로 이미지 프롬프트 요청해서 작업을 할 수 있으므로 챗GPT에서는 이러한 방식으로 다양하게 응용이 가능합니다.

 AI 영상 시나리오 작성 시 고려 사항

AI를 활용해 영상 시나리오를 작성하는 것은 단순한 글쓰기 작업을 넘어 기획 과정에서 중요한 요소입니다. 단, AI를 사용한다고 해서 반드시 완성도 높은 콘텐츠가 만들어지는 것은 아니므로 보다 정교한 작업을 위해서는 다음 3가지 핵심 요소를 고려해야 합니다.

첫째, 영상의 목적 설정

영상의 목적이 분명하면 전개 방향이 명확해지고 메시지가 일관되게 전달됩니다. 예를 들어, 건강 보조제 제품 홍보 영상을 제작한다고 가정하면 영상의 목적은 정보 제공과 문제 해결이라는 2가지로 볼 수 있습니다. 정보 제공 측면에서는 건강 보조제의 주요 성분과 효과를 알기 쉽게 설명해야 합니다. 문제 해결 측면에서는 특정 건강 문제, 예를 들어 면역력 저하와 같은 문제에 대한 솔루션으로서 제품을 제시하고, 이를 뒷받침할 수 있는 고객 후기나 전문가 의견을 포함해 신뢰성을 높여야 합니다.

둘째, 전달할 내용의 구성

영상의 목적을 명확히 설정하면 전달하고자 하는 메시지가 일관되게 유지되며, 영상의 전개 방식도 더욱 체계적으로 구성할 수 있습니다. 건강 보조제 홍보 영상의 핵심 메시지는 "이 제품이 어떻게 건강을 증진시키는가?"에 맞춰져야 합니다. 이를 위해 제품의 주요 성분, 효능, 임상 실험 결과와 같은 구체적인 정보를 포함해야 합니다. 중요한 점은 시청자가 이해하기 쉽도록 내용을 구성하고, 제품의 신뢰성을 높이는 데 필요한 다양한 자료를 제공하는 것입니다.

예를 들어, 실제 건강 보조제를 복용한 고객들의 후기를 포함하는 것도 좋은 방법입니다. "이 제품을 복용한 고객 A는 면역력이 크게 향상되었고, 일상에서 활력을 되찾았다."와 같은 구체적인 후기는 공감과 신뢰를 이끌어낼 수 있습니다. 또, 전문가의 인터뷰를 통해 제품의 과학적 근거를 제시하여 제품에 대한 신뢰성을 강화할 수 있습니다.

셋째, 타깃 오디언스의 이해

타깃 오디언스, 즉 이 영상의 주요 시청자를 명확히 이해하는 것이 중요합니다. 시청자들의 연령, 성별, 관심사, 건강 상태 등 다양한 요인을 고려해 그들이 원하는 정보와 관심을 가질 주제를 다루는 것이 필수적입니다. 예를 들어, 중장년층이 타깃인 건강 보조제 영상에서는 차분하고 신뢰감 있는 톤으로 메시지를 전달해야 합니다. 시청자 분석을 통해 맞춤형 톤과 내용을 구성하는 것이 영상의 성공 여부에 중요한 영향을 미칩니다.

시청자 피드백을 반영해 콘텐츠를 개선하는 전략도 중요합니다. 예를 들어 "이 제품이 어떤 효과가 있나요?"라는 질문이 많다면 효과를 설명하는 부분을 조금 더 강조하는 방식으로 콘텐츠를 제작할 수 있습니다.

이와 같이 AI로 영상 시나리오를 작성할 때는 목적 설정, 전달할 내용의 구성 그리고 타깃 오디언스의 이해가 필수입니다. 이 3가지 요소를 명확하게 계획하고 각 단계에서 구체적인 사례를 활용하면 설득력 있고 신뢰성 있는 시나리오를 효과적으로 작성할 수 있습니다. 다음은 이 3가지 고려 사항들을 바탕으로 작성한 프롬프트 예시입니다.

목적, 구성, 타깃을 구체화한 시나리오 작성

 건강 보조제를 홍보하기 위한 1분 분량의 영상 시나리오를 작성해 주세요. 이 영상은 바쁜 일상에도 간편하게 건강을 챙길 수 있다는 제품의 장점을 강조하는 것이 목적입니다. 시청자의 관심을 끌기 위해 아래의 요소들을 포함해 주세요.
1) 주제: 건강 보조제 홍보 영상 시나리오 작성
2) 세부 사항:
   - 일상에서 쉽게 건강을 지킬 수 있는 방법
   - 성분의 효과와 연구 결과: 제품의 과학적 근거와 차별화된 포인트를 설명하는 내용
   - 사례 연구나 사용자 인터뷰: 실제 사용자의 경험을 바탕으로 제품의 신뢰성을 높이기 위한 요소
3) 타깃 오디언스: 30대에서 50대의 건강에 관심이 많은 성인층
4) 목적: 정보 제공을 통해 시청자가 제품의 필요성을 느끼게 하고, 문제 해결을 위한 솔루션으로 이 제품을 제안해 주세요.

 건강 보조제 홍보 영상 시나리오 (1분 분량)

[장면 1: 바쁜 일상의 시작 – 0:00~0:15]
비주얼: 출근 준비를 하는 직장인, 아침부터 바쁘게 움직이며 시계와 달리는 장면.
내레이션: "바쁜 아침, 건강을 챙기기란 쉽지 않습니다. 하지만 우리의 몸은 하루를 위해 에너지가 필요합니다."
텍스트 오버레이: "시간이 없는 당신에게, 간편하게 건강을!"

[장면 2: 건강 보조제 소개 – 0:15~0:30]
비주얼: 건강 보조제 제품이 테이블 위에 놓여 있고, 각 성분이 강조된 그래픽이 나타남.
내레이션: "이 건강 보조제는 바쁜 일상 속에서도 간편하게 섭취할 수 있습니다. 각 성분은 과학적으로 검증된 효과가 입증되었습니다."
그래픽: 비타민, 미네랄, 항산화제 등의 성분과 각 성분에 대한 연구 결과 요약이 짧고 간결하게 나타남.
텍스트 오버레이: "과학이 증명한 성분, 최적의 배합"

> [장면 3: 실제 사용자 인터뷰 – 0:30~0:45]
> 비주얼: 30대 후반 직장인 여성과 40대 초반 남성 사용자 인터뷰. 그들이 일상 속에서 제품을 어떻게 활용하고, 어떤 효과를 경험했는지 이야기하는 장면
> 인터뷰 내용:
> "출근 전에 간편하게 챙겨 먹을 수 있어서 좋아요. 하루 종일 피로감도 덜하고, 건강 관리에 신경을 덜 써도 되는 느낌입니다."
> "저는 운동 후에 주로 먹는데, 회복이 빨라지는 느낌을 받았습니다."
> 텍스트 오버레이: "사용자들의 실제 경험!"
>
> [장면 4: 콜투액션(Call to Action) – 0:45~1:00]
> 비주얼: 제품의 패키징과 함께 다양한 연령대의 사람들이 건강 보조제를 섭취하는 장면이 빠르게 편집되어 나타남.
> 내레이션: "이제 당신도 건강을 쉽게 챙길 수 있습니다. 지금 주문하세요, 건강한 삶을 위한 첫 걸음!"
> 텍스트 오버레이: "건강을 위한 쉽고 간편한 선택, 지금 바로 체험해 보세요!"
>
> [결론]
> 제품 로고와 웹 사이트 주소, 프로모션 코드 및 혜택 안내가 마지막에 화면에 나타나며 마무리

단순히 주제만 밝히고 시나리오 작성을 요청한 것보다 훨씬 간결하면서도 제품의 장점과 차별화된 포인트가 강조된 시나리오가 완성된 것을 볼 수 있습니다.

영상의 방향성을 잡기 위한 5가지 질문

앞서 살펴본 시나리오를 작성할 때 고려해야 할 3가지 요소의 목표는 결국 시청자에게 임팩트를 주기 위함입니다. 짧은 영상 한 편에 다양한 정보를 짜임새 있게 전달하기 위해서는 명확한 방향성이 필요합니다. 이 방향성을 잡는 데에는 다음과 같은 5가지 질문이 도움이 됩니다.

① 영상의 타깃은 **누구**인가?
- 영상의 1차, 2차, 3차 타깃 고객은 명확하게 어떤 사람들인가?

② **무엇**을 말하고 싶은가?
- 영상에서 다룰 제품이나 서비스는 무엇인가?
- 이 제품의 핵심 기능은 무엇이고, 강조하고 싶은 점은 무엇인가?

③ **왜** 이 제품을 소개하는가?
- 이 제품이 고객에게 왜 필요한가?
- 제품의 필요성을 어떻게 전달할 것인가?

④ **어떻게** 이 제품이 고객의 문제를 해결할 수 있는가?
- 제품의 장점과 해결 방법을 구체적으로 설명하고 있는가?
- 이를 뒷받침할 사례나 예시를 제시하고 있는가?

⑤ **강조**하고 싶은 핵심 메시지는 무엇인가?
- 영상의 마지막에서 다시 한번 강조하고 싶은 메시지는 무엇인가?

이 질문들은 영상 제작 과정에서 발생할 수 있는 불필요한 요소를 미리 제거하고, 핵심 메시지에 집중할 수 있게 도와줍니다. 결과적으로 시청자들은 영상을 통해 제품이나 서비스의 가치를 쉽게 이해하고 구매 결정을 하는 데 필요한 정보를 얻을 수 있습니다. 또, 이런 구조화된 방식은 영상 제작 팀 안에서의 소통을 원활히 함으로써 목표를 달성하는 데도 도움이 됩니다.

영상에 맞는 원고 분량 설정하기

시나리오 작성 시 고려해야 할 또 한 가지 요소는 원고의 글자 수입니다. 사소한 영역 같지만, 원고의 글자 수는 추후 영상의 시간을 결정하고, 메시지를 전달하는 방식과 구성에 영향을 미치므로 적절한 글자 수를 미리 계산하는 것은 매우 중요합니다.

이때 고려할 요소는 말하기 속도와 초당 글자 수입니다. 보통 사람은 초당 6자 정도의 말을 합니다. 이는 자연스러운 대화 속도로, 대부분 영상 콘텐츠에서 사용하는 속도입니다. 즉, 1분짜리 숏폼을 제작한다면 초당 6자*60초로 계산하여 총 360자에 해당하는 영상 원고가 필요하다고 계산할 수 있습니다. 따라서 10분짜리 영상을 제작한다면 총 3600자의 원고가 필요합니다.

물론 이는 초당 쉬지 않고 말을 한다고 가정했을 때이므로 제작할 영상의 성격에 따라 원고 분량을 조절하는 것도 필요합니다. 만약 영상의 톤이 느리거나 감정 표현이 많은 경우, 속도가 줄어들 수 있습니다. 반대로 정보 전달이 빠르게 이뤄지는 뉴스 스타일의 영상은 속도가 빨라질 수 있으니 상황에 맞게 초당 글자 수를 조정해야 합니다. 말하지 않는 장면(영상 컷, 비주얼 중심의 설명 등)이 있으면, 실제 원고는 더 짧아질 수 있습니다. 따라서 10분 영상이라도 3600자보다는 적은 글자 수가 필요할 수 있습니다.

원고의 분량을 고려할 때는 다음과 같은 요소들을 고려하는 것이 좋습니다.

영상의 성격에 따른 원고 분량 조정

- 교육 영상: 정보 전달이 핵심이므로, 천천히 설명하면서도 시각 자료를 함께 사용하는 경우가 많습니다. 따라서 한 번에 많은 정보를 전달하지 않도록, 말의 속도와 원고 분량을 줄이는 것이 좋습니다. 시청자가 이해할 수 있도록 잠시 멈추거나 자료를 충분히 보여줄 시간을 고려해야 합니다.
- 홍보 영상: 빠른 템포와 간결한 메시지가 중요한 경우, 더 짧고 임팩트 있는 문장을 사용해야 합니다. 시각적 효과와 함께 중요한 키워드 중심으로 구성해도 좋습니다.
- 스토리텔링 영상: 감정 표현이 중요하거나 드라마틱한 전개가 필요한 경우, 말의 속도가 더 느려질 수 있으며, 배경 음악이나 장면 전환 등을 고려해 원고 분량을 조정해야 합니다.

시간과 메시지의 적합성

- **핵심 메시지 집중**: 영상의 길이에 맞춰 핵심 메시지를 중복 없이 전달할 수 있도록 분량을 맞추는 것이 중요합니다. 1분짜리 숏폼 영상은 메시지가 한두 가지로 제한되며, 길이가 길수록 메시지 전달 방식이 더 풍부해질 수 있습니다.
- **시청자 집중력**: 짧은 영상에서는 시청자 집중력이 높기 때문에, 빠르고 강렬하게 메시지를 전달하는 것이 중요합니다. 반면, 긴 영상에서는 메시지를 여러 번 반복하거나 다양한 예시를 제공해 이해를 돕는 전략이 필요합니다.

비주얼 요소와의 균형

- **시각 자료 활용**: 영상에서 보여주는 자료나 장면 전환의 길이를 고려하여, 말이 이어지지 않는 시간도 생각해야 합니다. 비주얼이 주된 요소라면, 원고의 분량은 줄어도 무방합니다.
- **텍스트 및 그래픽 효과**: 자막이나 그래픽을 함께 사용할 경우, 시청자가 그 내용을 읽을 시간을 고려해 원고의 속도와 분량을 조절하는 것이 좋습니다.

자연스러운 흐름 고려

- **대화체와 문어체 구분**: 영상에서는 너무 딱딱한 문어체보다는 자연스럽게 들릴 수 있는 대화체가 선호되며, 원고 분량은 조금 더 짧게 느껴질 수 있습니다.
- **페이싱(속도 조절)**: 말이 너무 빠르거나 느리지 않게, 그리고 장면과 어우러지도록 페이싱을 조절하는 것도 중요합니다.

효율성을 높이는 AI 영상 원고 템플릿 가이드

AI를 활용해 영상을 제작할 때 효율성을 극대화하려면 영상 원고 템플릿을 활용하는 것이 좋습니다. 템플릿이란 미리 만들어진 기본 구조로, 미리 만들어 두면 매번 처음부터 원고를 작성하는 대신 일관성 있는 구조를 유지하면서 필요한 부분만 빠르게 수정할 수 있어 시간과 에너지를 절약할 수 있습니다. 예를 들어, 챗GPT에 특정한 프롬프트를 설정해 두면 반복적으로 사용할 수 있는 기본 틀을 제공받아 다양한 영상 주제에 맞는 원고를 빠르게 생성할 수 있습니다. 템플릿의 각 부분에는 영상의 도입, 주요 메시지, 결론 등 기본적인 요소들이 포함되어 있으며 이를 통해 반복 작업을 최소화할 수 있습니다. 이처럼 전문가 수준의 영상 원고 템플릿을 활용하면, 복잡한 시나리오 작성이 훨씬 더 간편해지고, 다양한 콘텐츠 주제에 맞춰 빠르게 대응할 수 있는 장점을 갖게 됩니다.

다음 프롬프트는 AI를 활용한 영상 콘텐츠 제작을 위한 원고 작성 템플릿입니다. 크게 기본 지침, 제약 조건, 입력문, 출력문으로 구성되어 있습니다. 기본 지침에는 역할을 설정하고 요청 사항을 작성했습니다. 원하는 영상 주제에 따라 [ ] 안의 내용을 수정해서 활용할 수 있습니다.

영상 원고 작성을 위한 프롬프트 템플릿

 아래 영상 제작 규칙에 맞게 영상 원고를 작성해 주세요.
1) 기본 지침:
    - 당신은 [ ]입니다.
    - 아래 제약 조건과 입력문을 기반으로 최상의 콘텐츠를 작성해 주세요.

2) 제약 조건:
    - 영상에 담을 메시지는 [ ]해야 합니다.
    - 영상은 [ ] 구성합니다.
    - 영상 플레이 시간은 [ ]입니다.
    - [ ]을 반영해 주세요.

3) 입력문: 영상의 주제입니다.
    - 글의 주제는 [ ]입니다.
    - 세부 주제(1): [ ]
    - 세부 주제(2): [ ]
    - 세부 주제(3): [ ]
    - 목적과 타깃: [ ]

4) 출력문:
    - 영상 제목을 작성 후 앞부분은 [ ]에 대해 작성해 주고, 이후 3가지 문제점이나 해결책 그리고 결론으로 구성해 주세요.
    - 이후 3가지 핵심 포인트를 소제목과 상세 내용(첫째, 둘째, 셋째)으로 구성해 주세요.
    - 영상 시나리오 작성 후 추가로 원고만 다시 출력해 주세요.

예시로 템플릿에 '일상에서 쉽게 실천할 수 있는 스트레스 해소법'이라는 주제를 적용하면 다음과 같습니다.

원고 작성 템플릿 활용 예시

 아래 영상 제작 규칙에 맞게 영상 원고를 작성해 주세요.

1) 기본 지침:
   - 당신은 영상을 전문으로 하는 크리에이터이자 기획자입니다.
   - 아래의 제약 조건과 입력문을 기반으로 최상의 콘텐츠를 작성해 주세요.

2) 제약 조건:
   - 영상에 담겨질 메시지는 짧고 명확해야 합니다.
   - 영상은 촬영이 아닌 AI로 만들거나 온라인의 이미지 사용하도록 구성합니다.
   - 최신 트렌드에 맞춰 주제를 반영해 주세요(예: 웰빙, 심리적 안정, 일상 관리 등).
   - 영상 플레이 시간은 1분 미만입니다.
   - 3초 안에 이목을 끌 수 있는 요소들을 반영해 주세요.

3) 입력문: 영상의 주제입니다.
   - 일상에서 쉽게 실천할 수 있는 스트레스 해소법을 소개합니다.
   - 명상, 요가, 산책 등 간단한 활동을 통해 스트레스를 줄이는 방법을 알려줍니다.
   - 글의 주제는 "일상 속 스트레스 해소법"입니다.
   - 세부 주제(1): 명상과 요가를 통해 마음의 안정을 찾는 방법 소개
   - 세부 주제(2): 짧은 산책이나 가벼운 운동으로 스트레스를 해소하는 방법 제안
   - 세부 주제(3): 스트레스 해소를 위한 일상 속 작은 변화와 습관의 중요성 강조
   - 목적과 타깃: 일상에서 쉽게 스트레스를 줄이고 싶은 사람들에게 효과적인 방법 제공하기

4) 출력문:
   - 영상 제목을 작성한 이후 3가지 문제점이나 해결책 그리고 결론으로 구성해 주세요.
   - 이후 3가지 핵심 포인트를 소제목과 상세 내용으로 구성해 주세요 (첫째, 둘째, 셋째).
   - 영상 시나리오 작성 후 추가로 원고만 다시 출력해 주세요.

"일상 속 스트레스 해소법: 간단하지만 효과적인 3가지 방법!"

영상 시나리오

[인트로] (0:00 – 0:03)
(빠르게 전환되는 평화로운 자연 이미지나 명상하는 사람의 이미지로 시작)
"일상 속 스트레스를 줄이는 방법을 찾고 계신가요? 오늘, 1분 안에 간단한 3가지 방법을 알려드릴게요!"

[첫째] 명상과 요가로 마음의 안정을 찾기 (0:04 – 0:20)
(명상하는 이미지 또는 요가 자세를 취하는 사람의 이미지와 함께)
"첫째, 명상과 요가입니다. 짧은 시간이라도 명상을 통해 마음을 집중시키고, 요가로 몸과 마음을 이완시키세요. 과학적으로도 입증된 스트레스 해소법입니다."

[둘째] 짧은 산책이나 가벼운 운동 (0:21 – 0:35)
(공원에서 산책하는 사람 또는 가볍게 운동하는 사람의 이미지)
"둘째, 짧은 산책이나 가벼운 운동이 효과적입니다. 10분만 걸어도 스트레스가 확 줄어드는 것을 느낄 수 있어요. 자연과 함께 걷는 것은 특히 더 좋습니다."

[셋째] 일상 속 작은 변화와 습관 (0:36 – 0:50)
(책 읽는 모습이나 차를 마시는 장면)
"셋째, 일상 속 작은 변화와 습관을 만들어보세요. 매일 아침 차 한 잔을 마시거나, 좋아하는 책을 읽는 시간을 가져보세요. 작은 습관이 큰 변화를 만듭니다."

[결론] (0:51 – 0:58)
(마무리 이미지와 함께)
"이 세 가지 방법, 명상과 요가, 산책, 그리고 작은 습관을 통해 일상 속 스트레스를 줄이세요. 꾸준히 실천하면 마음의 평화가 찾아올 것입니다."

영상 원고

영상 제목: 일상 속 스트레스 해소법: 간단하지만 효과적인 3가지 방법!
인트로: 일상 속 스트레스를 줄이는 방법을 찾고 계신가요? 오늘, 1분 안에 간단한 3가지 방법을 알려드릴게요!

첫째: 명상과 요가로 마음의 안정을 찾기
짧은 시간이라도 명상을 통해 마음을 집중시키고, 요가로 몸과 마음을 이완시키세요. 과학적으로도 입증된 스트레스 해소법입니다.

둘째: 짧은 산책이나 가벼운 운동
짧은 산책이나 가벼운 운동이 효과적입니다. 10분만 걸어도 스트레스가 확 줄어드는 것을 느낄 수 있어요. 자연과 함께 걷는 것은 특히 더 좋습니다.

셋째: 일상 속 작은 변화와 습관
일상 속 작은 변화와 습관을 만들어보세요. 매일 아침 차 한 잔을 마시거나, 좋아하는 책을 읽는 시간을 가져보세요. 작은 습관이 큰 변화를 만듭니다.

결론: 이 세 가지 방법, 명상과 요가, 산책, 그리고 작은 습관을 통해 일상 속 스트레스를 줄이세요. 꾸준히 실천하면 마음의 평화가 찾아올 것입니다.

앞에서 작성한 내용으로 영상 시나리오 작업을 하려고 합니다. 이를 위해 영상 원고에 맞게 상세하게 장면 묘사와 함께 영상 원고(내레이션)도 함께 제공해 주세요.

영상 제목
"일상 속 스트레스 해소법: 간단하지만 효과적인 3가지 방법!"

영상 시나리오와 원고
[인트로] (0:00 – 0:03)
장면 묘사: 영상은 빠르게 전환되는 세 가지 이미지로 시작합니다. 첫 번째 이미지로 고요한 호숫가의 풍경이 나타나고, 두 번째로는 명상하는 사람이 고요히 앉아있는 장면으로 전환되며, 마지막으로는 요가 매트 위에서 요가 자세를 취하는 사람의 모습이 보여집니다. 이 장면들 위로 부드럽고 편안한 음악이 깔리며, 화면 중앙에 영상 제목이 나타납니다.
내레이션: "일상 속 스트레스를 줄이는 방법을 찾고 계신가요? 오늘, 1분 안에 간단한 3가지 방법을 알려드릴게요!"

[첫째] 명상과 요가로 마음의 안정을 찾기 (0:04 – 0:20)

장면 묘사:

0:04 – 0:08: 명상하는 사람의 클로즈업이 보여집니다. 눈을 감고 편안한 표정으로 앉아있는 모습입니다. 배경에는 조용한 방 안의 따뜻한 햇살이 비추고 있습니다.

0:09 – 0:14: 카메라가 서서히 줌아웃되며, 요가 매트 위에서 천천히 요가 동작을 수행하는 사람의 모습으로 전환됩니다. 배경은 조용한 거실이나 깔끔한 요가 스튜디오입니다.

0:15 – 0:20: 영상은 명상과 요가를 통해 마음의 안정을 찾은 후, 깊은 숨을 들이쉬는 장면으로 마무리됩니다. 이 장면은 자연 속에서 요가를 마친 후 깊은 호흡을 하는 장면으로 설정할 수도 있습니다.

내레이션: "첫째, 명상과 요가입니다. 짧은 시간이라도 명상을 통해 마음을 집중시키고, 요가로 몸과 마음을 이완시키세요. 과학적으로도 입증된 스트레스 해소법입니다."

[둘째] 짧은 산책이나 가벼운 운동 (0:21 – 0:35)

장면 묘사:

0:21 – 0:25: 초록이 가득한 공원에서 천천히 걷는 사람의 발걸음이 클로즈업됩니다. 잔디와 나무가 배경을 이루며, 잔잔한 바람 소리와 새소리가 배경음으로 깔립니다.

0:26 – 0:30: 카메라가 위로 올라가면서 산책하는 사람의 전신이 보이게 됩니다. 이 장면에서는 여유롭게 걷는 모습과 함께 자연의 소리를 강조합니다.

0:31 – 0:35: 마지막으로, 가벼운 운동을 하는 모습이 나타납니다. 예를 들어, 공원에서 스트레칭을 하거나, 간단한 조깅을 하는 장면으로 구성될 수 있습니다.

내레이션: "둘째, 짧은 산책이나 가벼운 운동이 효과적입니다. 10분만 걸어도 스트레스가 확 줄어드는 것을 느낄 수 있어요. 자연과 함께 걷는 것은 특히 더 좋습니다."

[셋째] 일상 속 작은 변화와 습관 (0:36 – 0:50)

장면 묘사:

0:36 – 0:40: 아침에 차를 끓이는 장면으로 시작합니다. 컵에 차를 따르는 손이 클로즈업되며, 차의 향기가 퍼지는 듯한 연출을 합니다. 배경에는 조용한 아침의 소리가 깔립니다.

0:41 – 0:45: 이후 장면은 독서하는 사람의 모습으로 전환됩니다. 편안한 의자에 앉아 책을 읽는 장면입니다. 따뜻한 조명이 비치는 방 안에서의 차분한 분위기가 느껴집니다.

0:46 – 0:50: 마지막으로, 작은 화초에 물을 주는 모습이나, 간단한 일기를 쓰는 장면으로 마무리됩니다. 일상 속에서의 작은 습관들이 강조됩니다.

내레이션: "셋째, 일상 속 작은 변화와 습관을 만들어보세요. 매일 아침 차 한 잔을 마시거나, 좋아하는 책을 읽는 시간을 가져보세요. 작은 습관이 큰 변화를 만듭니다."

[결론] (0:51 – 0:58)
장면 묘사:

0:51 – 0:55: 세 가지 방법을 실천하는 다양한 사람들의 짧은 클립들이 빠르게 전환됩니다. 명상, 산책, 차 마시기 등 각 활동의 클로즈업이 자연스럽게 연결됩니다.

0:56 – 0:58: 마지막으로 평온한 미소를 짓는 사람의 얼굴이 클로즈업되며, 화면 중앙에 "작은 변화가 큰 평화를 가져옵니다."라는 문구가 나타납니다.

내레이션:
"이 세 가지 방법, 명상과 요가, 산책, 그리고 작은 습관을 통해 일상 속 스트레스를 줄이세요. 꾸준히 실천하면 마음의 평화가 찾아올 것입니다."

이 영상 시나리오와 원고를 기반으로 짧고 명확한 메시지를 전달하면서 시청자의 이목을 끌 수 있는 숏폼 영상을 제작할 수 있습니다.

해당 내용을 영상으로 만들려고 합니다. 각각 장면 묘사에 대해 적합한 내용으로 DALL-E 이미지 프롬프트 생성해 주세요. 기본적으로 이미지 프롬프트는 하나씩 생성하며, 첫째, 둘째, 셋째 설명에 대해서는 각각 2개씩 이미지 프롬프트 생성해 주고 영어와 한글을 함께 제공해 주세요.

인트로
프롬프트 1
한글: 고요한 호숫가에서의 일출, 잔잔한 물이 아침 빛을 반사하며 평화롭고 고요한 분위기를 연출합니다.

영어: A peaceful lakeside at sunrise, with calm water reflecting the morning light. The scene is serene and tranquil, perfect for setting a calming mood.

첫째: 명상과 요가로 마음의 안정을 찾기

프롬프트 1

한글: 조용한 방에서 부드러운 햇살이 창문을 통해 들어오는 가운데 명상을 하는 사람의 클로즈업. 사람은 다리를 꼬고 앉아 평온한 표정을 짓고 있습니다.

영어: A close-up of a person meditating in a quiet room with soft sunlight streaming through the window. The person is sitting cross-legged with a calm expression.

프롬프트 2

한글: 자연광이 비추는 밝고 미니멀한 방에서 요가를 연습하는 사람. 요가 매트는 나무 바닥에 놓여 있고, 사람은 편안한 요가 자세를 취하고 있습니다.

영어: A person practicing yoga in a bright, minimalist room with natural light. The yoga mat is placed on a wooden floor, and the person is in a relaxing yoga pose.

둘째: 짧은 산책이나 가벼운 운동

프롬프트 1

한글: 초록이 가득한 공원에서 길을 걷고 있는 사람의 발 클로즈업. 길은 잔디와 나무로 둘러싸여 있어 상쾌하고 자연스러운 분위기를 연출합니다.

영어: A close-up of someone's feet walking on a path in a green park. The path is surrounded by grass and trees, creating a refreshing and natural atmosphere.

프롬프트 2

한글: 공원에서 가볍게 조깅하는 사람, 초록의 자연과 맑은 하늘로 둘러싸인 장면. 밝고 활기찬 분위기가 건강한 생활을 촉진합니다.

영어: A person jogging lightly in a park, surrounded by greenery and a clear blue sky. The scene is bright and energetic, promoting a healthy lifestyle.

셋째: 일상 속 작은 변화와 습관

프롬프트 1

한글: 아늑한 아침, 손이 컵에 차를 따르고 있는 장면. 배경은 부드럽게 조명을 받아 따뜻하고 초대하는 분위기를 만듭니다.

영어: A cozy morning scene with a hand pouring tea into a cup. The background is softly lit, creating a warm and inviting atmosphere.

프롬프트 2

한글: 편안한 의자에 앉아 책을 읽고 있는 사람, 따뜻한 조명과 평화로운 환경이 조화를 이룹니다. 휴식과 조용한 순간을 즐기는 데 초점을 맞추고 있습니다.

영어: A person reading a book in a comfortable chair, with warm lighting and a peaceful environment. The focus is on relaxation and enjoying a quiet moment.

앞에서 생성한 이미지 프롬프트의 인트로 이미지를 16:9 비율로 생성해 주세요.
"A peaceful lakeside at sunrise, with calm water reflecting the morning light. The scene is serene and tranquil, perfect for setting a calming mood"

> 앞에서 생성한 이미지 프롬프트의 첫 번째 이미지를 16:9 비율로 생성해 주세요.
> "A close-up of a person meditating in a quiet room with soft sunlight streaming through the window. The person is sitting cross-legged with a calm expression."

이와 같은 방식으로 DALL-E를 활용해 순차적으로 모든 이미지를 생성할 수 있습니다. 이를 통해 각 장면을 시각화하고 영상의 완성도를 높일 수 있습니다.

인터뷰 AI 시대 경쟁력은 기본으로 돌아가 '기획력'
황상현_코칭온에어 대표 코치

Q. 현재 어떤 일을 하고 계신가요?

저는 코칭온에어의 대표 코치로서 기업, 정부부처, 공기업을 대상으로 온오프라인 PR 및 마케팅 컨설팅과 강의를 진행하고 있습니다. 그동안 기업과 정부부처의 SNS 영상 콘텐츠 제작을 맡아왔기에 자연스럽게 AI 영상 제작에 대한 관심이 높아졌습니다.

최근에는 다양한 AI 기술을 테스트 중입니다. 특히 커머셜 광고, 뮤직비디오, 브랜드 홍보 영상 등 여러 분야에서 실험을 진행하고 있습니다. 최근에는 영화 〈노량〉의 예고편 영상을 뮤지컬 버전으로 재구성한 〈노량의 맹세〉를 제작했습니다.

〈웰라 커머셜 콘텐츠〉

〈노량의 맹세〉

Q. AI로 영상을 만들 때 어떤 도구를, 어떤 순서로 작업하시나요?

AI 기반의 영상 제작은 클로드, 미드저니, 런웨이 등의 도구를 단계별로 활용하여 진행합니다. 각 단계에서는 프롬프트 생성부터 최종 편집까지 체계적인 절차를 따릅니다. 먼저 클로드를 사용해 맞춤형 프롬프트를 생성합니다. 그 다음 영상의 소재와 주제, 표현 방식을 명확히 설정하고 미드저니, Suno, Gen-3 등 여러 AI에 맞춘 가이드라인을 사전에 학습시키고, 원하는 영상 스타일과 분위기를 설명합니다. 이렇게 사전 학습한 뒤 클로드에게 각 AI에 맞는 프롬프트 생성을 요청합니다. 이제 이 프롬프트로 이미지, 음악, 영상 등을 생성하죠. 생성 과정에서도 원하는 결과물이 나올 때까지 끊임없이 프롬프트를 수정하는 과정을 반복합니다.

이러한 과정을 거쳐 영상, 음악, 음성 등 모두 준비되면 모든 요소를 캡컷에서 조합하고 편집해서 하나의 영상으로 완성합니다.

Q. 여러 AI 중에서 현재 사용하는 AI를 선택한 이유는 무엇인가요?

이미지 도구로는 미드저니를 사용하고 있습니다. 스테이블 디퓨전과 같은 로컬 환경 기반 도구를 초반에 테스트해 보았지만, 디바이스의 성능 한계와 시간 리소스를 고려했을 때 가장 효율적으로 이미지 처리가 가능한 미드저니를 선택하게 되었습니다.

가장 중요하다고 생각하는 도구는 클로드입니다. 프롬프트가 영상 제작의 핵심이기 때문입니다. 영상 기획의 첫 단추를 잘못 끼우면 시간과 리소스가 훨씬 더 많이 소모되기 때문에 클로드(혹은 챗GPT) 없이 작업을 진행하는 것은 효율성이 떨어집니다. 또한, 미드저니나 Gen-3 같은 AI의 가이드라인(혹은 매뉴얼)은 주로 영문을 기준으로 작동하고 있기 때문에 한글로 입력한 내용을 적합한 영문 프롬프트로 변환해 주는 클로드의 역할이 매우 중요합니다. 따라서 클로드 없이 영상을 제작하는 것은 상상하기 어렵습니다.

Q. AI가 영상 제작 분야에서 어떤 역할을 하게 될까요?

AI는 영화의 특수 효과처럼 거대한 자본이 필요했던 영상 구현을 누구나 손쉽게 제작할 수 있다는 새로운 시장을 열었습니다. 덕분에 개인이 만든 영상에서 더욱 창의적인 아이디어가 많이 나타날 것으로 기대됩니다. 결국 핵심은 다시 기본으로 돌아가 '기획력'이 중요해질 것입니다. 기획력은 챗GPT와 클로드와 같은 AI를 만나 더욱 빛을 발할 것입니다.

3부

시각적 매력을 더하는 이미지 만들기

05장

이미지 생성 AI의 역할

이미지 생성 AI는 텍스트를 바탕으로 고품질 이미지를 즉시 생성하여, 시각적 일관성을 유지하면서 제작 시간을 크게 단축시킵니다. 특히 DALL-E와 미드저니는 영상의 분위기와 메시지를 효과적으로 전달하는 핵심 요소인 이미지를 만드는 역할을 합니다. 5장에서는 이미지 생성 AI들의 주요 기능과 활용 방법을 구체적으로 살펴보겠습니다.

▶ 비주얼 콘텐츠를 위한 이미지 생성 AI

이미지 생성 AI는 챗GPT, 클로드, 퍼플렉시티 같은 텍스트 생성 AI와는 또 다른 특징을 가지고 있습니다. 텍스트를 기반으로 이미지를 생성하거나 이미지를 변형 및 확장하는 AI로, 컴퓨터 비전과 딥러닝 기술을 활용합니다. 대표적인 모델로 오픈 AI의 DALL-E와 미드저니가 있습니다.

이미지 생성 AI는 마케팅, 광고 디자인, 게임, 제품 디자인 등 여러 분야에 쓰이고 있으며 특히 영상 제작 분야에서는 영상의 메시지와 분위기를 명확하게 전달하기 위한 비주얼 콘텐츠를 제작하는 데 활발하게 쓰이고 있습니다. DALL-E와 미드저니는 사용자가 원하는 스타일과 세세한 요청 사항에 맞춰 이미지를 즉시 생성할 수 있어 빠르게 변화하는 트렌드에 맞는 콘텐츠를 신속하게 제작할 수 있습니다. 이러한 도구들은 영상 내에서 시각적 흐름과 일관성을 유지하면서도 창의적 아이디어를 실현하는 데 강력한 지원을 제공합니다.

이미지 생성 AI는 비주얼 콘텐츠 전문가가 아니어도 간단히 텍스트를 입력하는 것만으로 고품질 이미지를 만들어낼 수 있는 강력한 기능을 제공합니다. 예를 들어, "황혼의 바닷가에서 고요하게 노을이 지는 풍경"이라는 문구를 입력하면 DALL-E나 미드저니는 이를 바탕으로 복잡하고 아름다운 이미지를 신속하게 생성합니다.

DALL-E로 생성한 이미지

 황혼의 바닷가에서 고요하게 노을이 지는 풍경

미드저니로 생성한 이미지

 황혼의 바닷가에서 고요하게 노을이 지는 풍경

이처럼 간단하게 다양한 스타일과 효과를 쉽게 적용할 수 있어 창의적인 비주얼 콘텐츠 제작에 큰 도움이 됩니다.

이미지 생성 AI 역시 앞서 텍스트 AI처럼 모델에 따라 특징과 장단점이 있습니다. 이 책에서 중점적으로 사용할 DALL-E, 미드저니 외에도 이미지 생성 AI로 스테이블 디퓨전, Imagen 3, Flux.1 등이 있습니다. 먼저 스테이블 디퓨전Stable Diffusion은 스태빌리티 AIStability AI에서 개발한 오픈소스 이미지 생성 모델로, 텍스트만 입력하면 고해상도의 이미지를 생성할 수 있는 강력한 도구입니다. 사용자는 텍스트 기반 명령으로 세밀하고 사실적인 이미지를 손쉽게 생성할 수 있어 디자이너나 영상 제작자들이 창의적이고 신속하게 비주얼 콘텐츠를 제작하는 데 매우 유용합니다.

스테이블 디퓨전 웹 버전(출처: stability.ai)

스테이블 디퓨전은 누구나 무료로 모델을 다운로드하고 커스터마이징할 수 있어 다양한 산업에서 맞춤형 이미지 생성에 널리 활용합니다. 뿐만 아니라 이미지 편집, 합성 기능도 함께 제공하여, 기존 이미지에 원하는 요소를 추가하거나 제거하는 등 세밀한 조정이 가능해 창의적 프로젝트에 적용할 수 있습니다. 예를 들어, 기존에 생성한 이미지에 "SF 도시의 야경"이라는 프롬프트를 입력하면 바로 영상 제작에 활용할 수 있는 수준의 고품질의 배경 이미지가 생성됩니다.

구글의 Imagen 3는 텍스트 기반 이미지 생성 기술로, 사용자의 프롬프트를 보다 정교하게 해석하며, 복잡한 장면의 디테일과 세부 사항을 정확하게 표현할 수 있습니다. 특히 텍스트 렌더링 능력이 개선되어 생일 카드, 프레젠테이션 등 다양한 용도로 스타일화된 이미지를 손쉽게 제작할 수 있습니다. 또, 사실적인 풍경부터 독특한 예술적 스타일까지 폭넓은 이미지를 생성할 수 있는 것은 물론이고 구글의 제미나이Gemini 앱, ImageFX, Vertex AI 플랫폼을 통해 높은 접근성까지 갖췄습니다.

Imagen 3 (출처: deepmind.google/technologies/imagen-3)

Flux.1은 오픈소스 기반 AI 이미지 생성 모델로, 다른 이미지 생성 모델과 마찬가지로 텍스트로 고품질 이미지를 생성할 수 있는 모델입니다. Flux.1은 최고 성능을 자랑하는 pro 버전, 비상업적 용도의 dev 버전 그리고 속도에 최적화된 schnell 버전으로 총 3가지를 제공합니다. 특히 schnell 버전은 누구나 자유롭게 사용할 수 있는 Apache 2.0 라이선스로 공개되었습니다.

Flux AI (출처: flux-ai.io)

Flux.1은 텍스트 렌더링의 정확성, 복잡한 구성에 대한 처리 그리고 향상된 해부학적 표현이 강점입니다. 덕분에 콘텐츠 제작자들 사이에서 활발하게 이용하는 생성 AI 모델 중 하나로 자리잡았습니다.

이처럼 이미지 생성 AI마다 특징이 있어 적합한 모델을 고르는 것도 무척 중요합니다. 이 중에서도 우리가 주요하게 다룰 이미지 생성 AI인 DALL-E와 미드저니를 지금부터 살펴보겠습니다.

06장

DALL-E 사용 가이드

6장에서는 오픈AI의 이미지 생성 도구인 DALL-E를 효과적으로 활용하는 방법을 다룹니다. DALL-E는 사용자가 입력한 텍스트를 바탕으로 고품질 이미지를 생성하여, 영상 제작에 필요한 시각적 콘텐츠를 빠르게 만들어 줍니다. 특히 텍스트를 이미지로 변환하는 과정에서 프롬프트 작성의 중요성을 살펴보고, 원하는 스타일과 세부 사항을 반영한 이미지를 효과적으로 생성하는 방법을 소개합니다. 6장을 통해 DALL-E의 주요 기능을 이해하고, 이를 활용해 영상 기획과 제작에 필요한 이미지를 생성할 수 있습니다.

DALL-E 시작하기

DALL-E의 주요 특징 중 하나는 텍스트 프롬프트를 정확히 이해하고 이를 시각화하는 능력입니다. 사용자가 입력한 텍스트를 분석해 주제에 맞는 이미지를 생성할 수 있어 누구나 자신의 아이디어를 시각적으로 표현하는 데 큰 도움을 받을 수 있습니다. 특히 언어 처리에 뛰어난 챗GPT와 연동되어 있어 챗GPT 채팅 창에 한글로 원하는 이미지를 입력만 해도 이미지를 쉽게 생성할 수 있다는 뛰어난 사용성을 가지고 있습니다.

 파란 하늘 아래 꽃밭에 있는 오두막집

이 기술은 자연어 처리와 이미지 생성 알고리즘을 결합하여 작동합니다. 덕분에 예술, 디자인뿐만 아니라 교육 자료를 생성하는 데도 매우 유용합니다. 예를 들어, "1800년대 프랑스 혁명 당시의 광장"이라는 프롬프트를 입력하면, DALL-E는 역사적 사건을 재현한 이미지뿐 아니라 창의적인 이미지도 생성할 수 있습니다. 사용자가 특정 상황, 대상 또는 풍경에 대한 설명을 입력하면 DALL-E가 그에 맞는 이미지를 생성합니다.

 1800년대 프랑스 혁명 당시의 광장

DALL-E의 주요 기능을 정리하면 다음과 같습니다.

DALL-E의 주요 기능 소개

- **뛰어난 프롬프트 이해력**: DALL-E는 챗GPT의 대규모 언어 모델(LLM)을 탑재하여 사용자의 프롬프트를 매우 정확하게 이해하고 반영합니다. 이를 통해 사용자가 원하는 이미지를 더욱 정확하게 생성할 수 있습니다.
- **고품질 이미지 생성**: 높은 해상도와 더욱 사실적인 이미지를 제공합니다. 세부적인 디테일과 다양한 스타일을 구현할 수 있어 높은 품질의 이미지를 생성합니다.

- **다국어 지원**: 영어뿐만 아니라 한국어를 포함한 다양한 언어로 프롬프트를 입력할 수 있습니다. 이는 언어 장벽을 낮추고 더 많은 사용자가 AI 이미지 생성 기술을 활용할 수 있게 합니다.
- **인페인팅**Inpainting **기능**: 생성된 이미지의 특정 부분을 선택하여 수정할 수 있습니다.

DALL-E는 챗GPT 또는 빙 이미지 크리에이터Bing Image Creator에서 채팅 창을 통해 바로 이용할 수 있습니다. 특히 챗GPT의 유료 플랜을 사용한다면 퀄리티 높은 이미지를 생성하는 데에 DALL-E를 사용할 수 있습니다. 챗GPT의 채팅 창에서 곧장 이미지 생성을 요청하거나 [GPT 탐색]에서 DALL-E GPT를 검색해 사용할 수 있습니다.

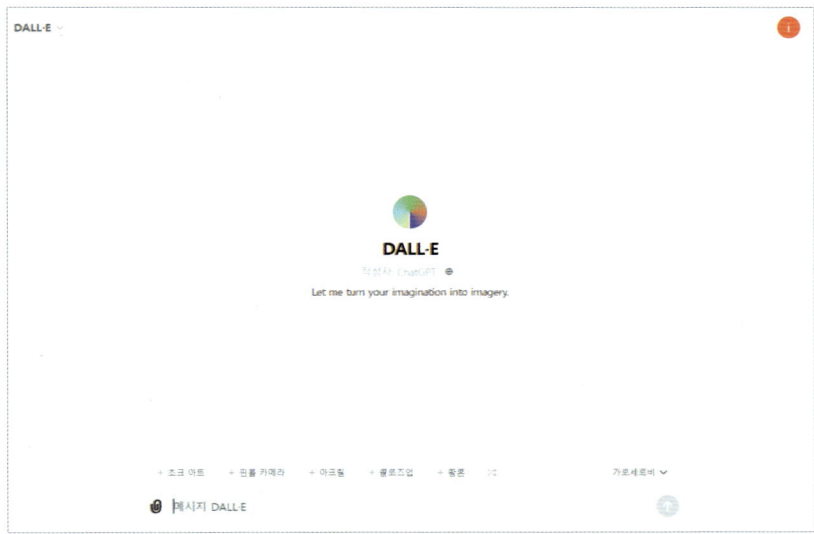

챗GPT에서 실행한 DALL-E GPT (출처: chatgpt.com/g/g-2fkFE8rbu-dall-e)

빙 이미지 크리에이터(출처: bing.com/images/create)

DALL-E는 고품질 이미지 생성이 가능하며 생성된 이미지의 특정 부분을 수정할 수 있는 인페인팅 기능을 활용해 보다 정교한 작업이 가능합니다. 또, 챗GPT Plus 플랜으로 생성한 이미지는 상업적으로도 사용할 수 있습니다.

이미지 스타일 선택하기

대부분의 사용자는 몇 가지 스타일을 자주 사용하는 경향이 있어, 여러 스타일을 조합하여 새로운 시도를 할 수 있도록 스타일 단축 메뉴를 제공합니다. 스타일은 DALL-E가 이미지를 생성하는 방식에 큰 영향을 미칩니다.

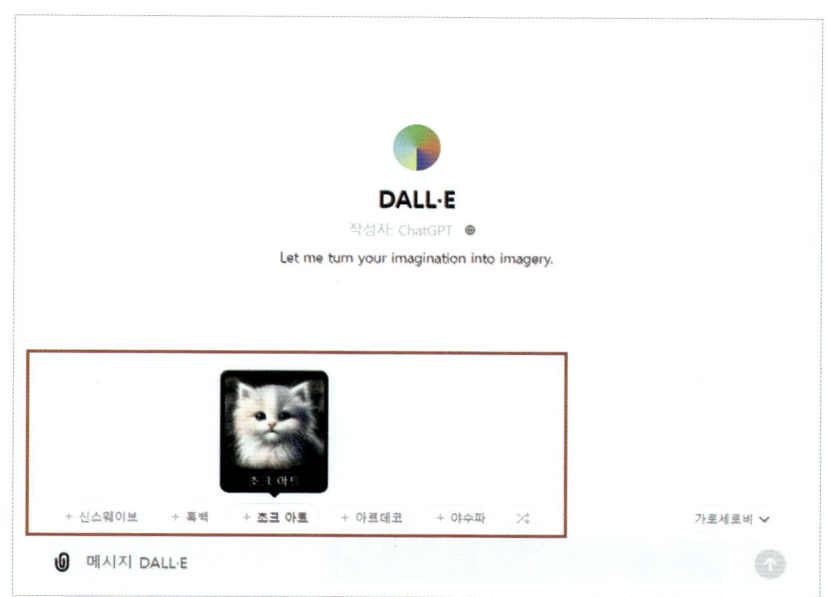

DALL-E는 무척 다양한 스타일을 제공하기 때문에 해당 단축 메뉴는 그중 일부를 보여주고 있습니다. 스타일 단축 메뉴 오른쪽 [재생성 ✕] 아이콘을 클릭해 새로운 스타일 단축 메뉴를 생성하거나 원하는 스타일을 채팅 창에 입력할 수 있습니다. 예를 들어 수채화 스타일의 풍경화나 특정 작가의 스타일로 새로운 작품 생성을 요청할 수 있습니다.

수채화 스타일의 풍경화

 밝고 화사한 수채화 스타일로 그린 꽃밭

특정 예술가 스타일의 풍경화

 고흐의 '별이 빛나는 밤'처럼 강렬한 붓 터치와 푸른색과 노란색 대비가 특징인 시골 풍경

스타일을 더 세부적으로 표현하려면 색 대비, 붓질, 선명도와 같은 요소들을 언급하여 보다 정확한 결과를 얻을 수 있습니다. 스타일을 따로 지정하지 않을 경우 기본값으로 '사진 스타일'이 설정됩니다. DALL-E에서 설정할 수 있는 대표적인 스타일로 다음과 같은 것들이 있습니다.

DALL-E에서 제공하는 스타일의 종류

- **포토 리얼리즘**: 사진처럼 매우 사실적이고 세밀하게 묘사된 그림 스타일로, 실제와 거의 구분되지 않는 섬세한 표현이 특징입니다.
- **수채화 스타일**: 부드럽고 투명한 색감, 물이 번진 듯한 경계가 특징인 예술적 표현입니다.
- **유화 스타일**: 굵고 두꺼운 붓 터치, 강렬한 색채와 텍스처가 강조된 고전적 회화 스타일입니다.
- **펜 드로잉**: 얇은 선을 사용하여 정밀하고 섬세한 세부 묘사에 중점을 둔 스타일입니다.
- **만화 스타일**: 굵은 윤곽선과 밝은 색상, 생동감 있는 캐릭터로 표현되는 만화적 느낌의 일러스트입니다.
- **초현실주의**: 현실과 상상, 환상을 뒤섞어 꿈과 같은 분위기를 표현하는 독창적이고 기이한 스타일입니다.
- **3D 스타일**: 입체감과 사실적인 질감이 강하게 표현된 디지털 아트 스타일입니다.
- **로우 폴리곤 스타일**: 간단한 다각형으로 이루어진 도형을 이용해 입체적이고 추상적인 느낌을 주는 스타일입니다.
- **스케치 스타일**: 연필이나 석탄으로 거칠고 빠르게 그린 듯한 드로잉 스타일로, 디테일보다는 윤곽을 강조합니다.
- **팝아트 스타일**: 대담한 색상과 단순한 형태, 대중문화 요소를 사용한 독특하고 생동감 있는 예술 스타일입니다.

이외에도 원하는 스타일을 채팅 창으로 입력할 수 있으며 여러 가지 스타일을 섞어서 표현하는 것도 가능합니다. 스타일을 지정한 후 다음 예시와 같이 원하는 풍경 또는 상황을 텍스트로 요청해서 이미지를 간단하게 생성할 수 있습니다.

일러스트, 한국인 여성 디자이너가 카페 테라스에서 노트북을 켜고 작업 중 실수로 저장하지 않은 디자인 파일을 닫아 당황스러운 표정을 짓고 있습니다.

이미지 사이즈 선택하기

이미지의 사이즈는 영상이나 마케팅 자료 제작에 중요한 요소로, 다양한 출력 형식에 맞춰 이미지를 커스터마이징하는 데 큰 도움이 됩니다. 생성할 이미지의 사이즈를 프롬프트에 직접 입력하거나 DALL-E 앱 채팅 창 오른쪽의 단축 메뉴를 통해 선택할 수 있습니다.

단축 메뉴에서 제공하는 사이즈 옵션은 3가지로 다음과 같습니다.

- **정사각형(1024×1024)**: 대부분의 일반적인 용도에 적합한 표준 사이즈입니다.
- **와이드 스크린(1792×1024)**: 웹 사이트 배너나 소셜 미디어 포스트에 적합한 와이드 사이즈입니다.
- **수직(1024×1792)**: 모바일 기기의 화면 비율에 최적화된 사이즈로, 스토리 콘텐츠 제작에 유용합니다.

종종 와이드 스크린(16:9 비율)으로 이미지를 생성할 경우 이미지가 액자처럼 보이는 현상이 나타날 수 있습니다. 이는 이미지 생성 알고리즘이 주요 내용을 중앙에 배치하고 주변을 배경으로 채우는 방식으로 작동하기 때문입니다. 결과적으로 중앙에 있는 핵심 요소가 강조되고 주변 여백이 마치 액자 속 그림 같은 효과를 줍니다.

와이드 스크린에서 발생하는 액자 효과

이를 해결하기 위해 와이드 스크린으로 이미지를 생성할 때는 "전경과 배경이 모두 포함된", "좌우로 넓게 펼쳐진 장면", "파노라마 와이드" 등 구체적인 설명을 추가하는 것이 좋습니다. 이미지 생성 후에는 편집 도구를 사용해 불필요한 여백을 제거하거나 원하는 방식으로 이미지를 조정할 수 있습니다. 해당 이미지가 생성된 후 스타일이나 사이즈를 변경하는 작업은 프롬프트로 가능합니다.

DALL-E의 기본 이미지는 해상도가 높지 않아서, 더 큰 이미지가 필요할 경우 StockPhotos Upscaler, iloveimg와 같은 외부 프로그램을 이용해 이미지 품질을 유지하면서 업스케일링을 할 수 있습니다.

- StockPhotos Upscaler: upscaler.stockphotos.com
- iloveimg: iloveimg.com/ko/upscale-image

▶ 세부적인 프롬프트 작성하기

DALL-E에서 이미지를 생성하는 방법은 무척 간단합니다. 사용자 머릿속에 있는 이미지를 글로 풀어내기만 하면 AI는 그 이미지를 시각적으로 구현합니다. 이를 이미지 프롬프트_{Image Prompt}라고 합니다. 이미지 프롬프트란 이미지를 생성하기 위한 텍스트 지시문으로, 사용자가 원하는 스타일, 주제, 세부 설명 등을 입력해 이미지를 요청하는 방식입니다. 이미지 프롬프트 작성은 DALL-E를 통한 이미지 생성의 핵심 단계로, 텍스트와 이미지의 결합 방식을 정확히 이해하는 것이 중요합니다. 이를 통해 사용자는 자신이 원하는 결과물을 더욱 구체적이고 정확하게 얻을 수 있습니다. 이번에는 DALL-E에서 영상의 주제에 맞는 이미지를 생성하는 프롬프트 작성 방법을 살펴보겠습니다.

이미지 생성의 첫 단계는 명확하고 직관적인 프롬프트 작성입니다. 예를 들어, "빨간 우산을 들고 비 내리는 거리에서 뛰어다니는 어린 한국인 소녀"라는 간단한 문장도 충분히 이미지 생성을 시작할 수 있습니다. 그러나 더 구체적이고 세부적인 프롬프트를 작성하면 이미지의 품질을 높이고, 원하는 결과에 빠르게 도달할 수 있습니다. 특히 스타일, 주제, 세부 묘사를 포함하면 프롬프트를 반복 수정하는 시간을 줄일 수 있습니다.

다음 예시 프롬프트는 접근 방식에 따라 생성되는 이미지의 차이를 보여줍니다.

간단한 문장으로 구성한 이미지 프롬프트

 어린 한국인 소녀가 빨간 우산을 들고 비 내리는 거리에서 물웅덩이를 신나게 밟으며 뛰어다닙니다.

세부적인 묘사를 포함한 이미지 프롬프트

 아래 이미지 프롬프트 규칙에 맞게 이미지를 생성해 주세요.
이미지 스타일: 동화책 삽화
주제: 비 내리는 거리에서 뛰어다니는 어린 한국인 소녀
세부 설명: 소녀가 빨간 우산을 들고 웃으며 물웅덩이를 밟고 있음
감정과 분위기: 즐거운 표정과 신나는 분위기

먼저 단순히 "어린 한국인 소녀가 빨간 우산을 들고 비 내리는 거리에서 물웅덩이를 신나게 밟으며 뛰어다닙니다."와 같은 프롬프트만 작성한 경우 DALL-E는 기본적으로 사진 스타일의 이미지를 생성합니다. 스타일, 세부 묘사, 감정 표현 등이 명시되지 않았기 때문에 생성되는 이미지의 세부 요소들이 무작위로 결정될 가능성이 큽니다. 예를 들어, 소녀의 의상이나 표정, 주변 환경 등이 사용자가 의도한 것과 다르게 표현될 수 있습니다. 따라서 빠르게 이미지를 생성하거나 특정한 세부적 요소가 필요하지 않을 때 적합합니다.

간단한 프롬프트로 이미지를 생성한 다음 수정할 때는 추가 설명을 더하는 방식으로 세부적으로 맞춤화된 이미지를 만들 수 있습니다. 예를 들어 "파란 장화를 신은 소녀가 비 내리는 날 신나게 물웅덩이를 밟고 있습니다."라는 식으로 생성된 이미지를 바탕으로 점차 원하는 형태로 설명을 추가함으로써 이미지를 정교하게 조정하는 방법도 있습니다.

반면 두 번째 프롬프트 예시에는 이미지의 스타일, 주제, 세부 설명, 감정과 분위기까지 구체적으로 명시했습니다. 이렇게 구체화한 요청은 사용자가 원하는 스타일과 감정을 반영한 이미지를 생성할 확률을 높입니다. 이러한 접근 방식은 일관된 스타일이나 특정 감정을 표현할 때 특히 유용합니다. 예를 들어, 동화책 삽화 스타일을 요청할 경우 주변 환경이 더 과장되고 밝은 색감으로 표현되며, 표정에서 드러나는 감정도 극대화됩니다. 이는 사용자가 의도한 장면의 느낌과 분위기를 더 효과적으로 전달할 수 있어 더욱 구체적이고 맞춤화된 이미지를 생성할 수 있습니다.

이외에도 이미지의 중심 주제를 지정하거나 앞서 살펴봤던 스타일과 사이즈를 명확하게 알려 주는 것도 원하는 결과에 부합하면서 일관성 있는 이미지를 생성하는 데 중요한 요소입니다. 지금까지 살펴본 이미지 생성을 위한 최적의 프롬프트 작성을 위한 3가지 요소를 정리하면 다음과 같습니다.

> **원하는 이미지 생성을 위한 프롬프트 작성 팁 3가지**
>
> ① **스타일 및 크기**: 원하는 이미지 스타일과 사이즈를 명확히 설명하는 것이 중요합니다. 예를 들어, "수채화 스타일의 세로형 이미지"와 같이 구체적으로 요구 사항을 명시하면, 원하는 결과물을 얻는 데 도움이 됩니다.
>
> ② **중심 주제**: 중심 주제를 명확하게 설정하세요. 예를 들어, "푸른 바다 위를 나는 갈매기"와 같이 이미지에서 가장 중요한 요소를 명확히 제시하면 일관성 있는 이미지를 생성할 수 있습니다.
>
> ③ **세부 사항**: 색감, 구도, 분위기 등의 세부 사항을 추가로 설명하여 더 정교하고 정확한 이미지를 생성할 수 있습니다. 예를 들어, "따뜻한 색감의 일몰 배경과 역동적인 구도"처럼 구체적인 지시를 추가합니다.

이 3가지 요소를 모두 포함해 이미지 프롬프트를 명확하게 작성하면 시각적 완성도가 높은 이미지를 빠르게 생성할 수 있습니다. 다음은 이 3가지 요소를 모두 포함해 작성한 이미지 프롬프트의 예시입니다.

최적화된 프롬프트 예시 ①

다음 규칙에 맞게 이미지를 생성해 주세요.

1) 이미지 스타일: 따뜻한 색조의 인상주의 스타일
2) 중심 주제: 해변에서 일몰을 즐기는 가족
3) 상세 설명: 가족은 해변의 모래 위에 앉아 일몰을 감상하고 있다. 하늘은 황금색과 주황색으로 물들어 있으며, 부드러운 파도가 해변을 적신다.

최적화된 프롬프트 예시 ②

다음 규칙에 맞게 이미지를 생성해 주세요.

1) 이미지 사이즈: 와이드 화면
2) 이미지 스타일: 일러스트
3) 기본 주제: 빨강, 주황, 파랑으로 채색된 두 로봇이 회색 배경에서 책을 읽고 그림을 그리는 장면
4) 상세 설명:
   - 한 로봇은 책을 읽고 있고, 다른 로봇은 그림을 그리고 있음
   - 로봇들은 빨강, 주황, 파랑과 같은 활기찬 색상으로 표현되어 회색 배경과 강렬한 대비를 이룸

- 배경은 스마트폰에 몰두한 사람들로, 이들은 모두 회색으로 표현됨
- 색상 대비를 통해 로봇이 중심이 되며 장면의 주제를 강조함

와이드 화면의 일러스트 장면을 묘사하십시오. 이 장면은 빨강, 주황, 파랑으로 채색된 두 로봇이 주요 캐릭터고, 나머지는 회색조로 유지합니다. 한 로봇은 책을 읽고 있고, 다른 로봇은 그림을 그리고 있습니다. 이 로봇들은 활기찬 색상으로 중심 초점에 있고, 회색조 배경과 스마트폰에 몰두한 사람들과 대비되는 선명한 대조를 이룹니다. 이러한 색상의 선택적 사용은 로봇의 창의성과 생명력을 강조하며, 주변의 단색에 빠진 인간 형상과 극명하게 대조됩니다.

최적화된 프롬프트 예시 ③

다음 규칙에 맞게 이미지를 생성해 주세요.

1) 이미지 스타일: 일러스트
2) 중심 주제: 한국 도시 배경에서 서로 반대 방향으로 걷는 두 명의 사무직 근로자
3) 상세 설명:
   - 두 사무직 근로자 중 남성은 걸으면서 스마트폰을 보고 있음
   - 여성은 현대적인 사무실 복장으로, 분홍색 상의와 검은색 바지, 신발을 착용하고 있음

- 두 사람 모두 스마트폰에 집중하며 걷고 있음
- 전체 배경은 노란색으로, 활기찬 한국 도시의 삶과 기술 의존성을 강조함

한국 도시 환경을 배경으로, 서로 반대 방향으로 걷고 있는 두 명의 사무직원을 묘사한 일러스트레이션입니다. 남성은 걸으면서 스마트폰을 보고 있고, 여성은 핑크색 상의와 검은색 바지, 신발을 착용한 현대적인 한국 사무실 복장을 하고 있습니다. 두 사람 모두 스마트폰에 집중하고 있으며, 노란색 배경은 한국의 활기찬 도시 생활과 기술 의존성을 강조합니다. 남성과 여성이 각기 다른 방향으로 걷는 모습은 개인의 다양한 경로와 생활 방식을 상징합니다.

DALL-E에서 이미지 편집하기

DALL-E는 사용자가 생성한 이미지를 원하는 형태로 편집할 수 있도록 이미지 편집 기능을 제공합니다. 이미지를 편집하는 방법은 프롬프트로 편집을 요청하거나 이미지 에디터 도구를 사용하는 방법 2가지가 있습니다.

첫 번째, 프롬프트로 편집을 요청하는 방법은 선택 도구를 사용하지 않고 채팅 창에 텍스트로 수정 내용을 직접 설명하는 방법입니다. 예를 들어, "이 이미지의 하늘을 더 어둡게 해주세요." 또는 "나무를 추가해 주세요."와 같은 방식으로 구체적인 요청을 입력하면, DALL-E가 그에 맞춰 이미지를 수정합니다. 단, 이 경우 편집되는 모든 이미지는 재생성되므로 원하는 대로 수정하려면 매우 세심한 프롬프트가 필요합니다.

두 번째, 에디터 도구를 사용하는 방법입니다. 플랜을 업그레이드하고 생성한 이미지를 클릭하면 자동으로 에디터 화면으로 이동합니다.

오른쪽 상단의 [선택 ⊗] 도구 아이콘을 클릭하면 이미지의 특정 부분을 선택해 새로운 색상을 추가하거나 특정 물체를 다른 것으로 교체할 수 있습니다. 또, 오른쪽 사이드바에서 채팅 창에 프롬프트를 입력해 이미지 편집을 요청할 수 있습니다. 그렇다면 이미지 편집 기능을 활용해 앞서 생성한 이미지를 수정하는 과정을 단계별로 살펴보겠습니다.

① 이미지 재생성하기

먼저 생성한 이미지를 클릭해 에디터 화면으로 이동합니다. 오른쪽 채팅 창에 다음과 같이 프롬프트를 입력해 원하는 이미지를 세부적으로 요청합니다.

이미지 생성 프롬프트

 다음 규칙에 맞게 이미지 생성해 주세요.

규칙
1) 이미지 스타일: 동화책 삽화
2) 주제: 비 내리는 거리에서 엄마와 만난 어린 한국인 소녀
3) 세부 설명: 소녀가 빨간 우산을 들고 길가에서 엄마를 만나 기뻐하고 있다. 엄마는 파란색 우산을 쓰고 소녀를 반갑게 맞이하며 미소를 짓고 있다. 배경에는 빗방울이 떨어지고, 물웅덩이 위로 작은 파동이 일고 있다.
4) 감정과 분위기: 따뜻하고 사랑스러운 분위기, 기뻐하는 소녀와 엄마의 행복한 표정

② 특정 영역 편집하기

생성된 이미지에서 특정 부분을 편집하겠습니다. 오른쪽 상단의 [선택 ✥] 아이콘을 클릭하면 마우스 포인터가 영역을 지정할 수 있도록 바뀝니다. 변경할 영역을 선택한 다음 오른쪽 채팅 창에 해당 영역을 어떻게 변경할지 요청합니다.

06장 DALL-E 사용 가이드　147

엄마의 장화를 파란색으로 바꿔 주세요.

③ 특정 요소 제거하기

이미지에서 특정 요소를 제거하고 싶을 때 마찬가지로 [선택 ⊘] 도구를 이용해 해당 위치를 선택합니다. 그런 다음 오른쪽 채팅 창에 제거를 요청하는 프롬프트를 작성하면 간단하게 요소를 제거할 수 있습니다.

오른쪽의 문을 제거해 주세요.

이렇게 DALL-E에서 제공하는 이미지 편집 기능을 활용하면 정교하게 원하는 영역을 편집할 수 있습니다. 이 기능은 챗GPT 모바일 버전에서도 사용할 수 있습니다. PC 버전과 동일하게 이미지를 선택하고, 특정 영역을 지정해 편집할 수 있습니다.

스토리보드 제작하기

DALL-E의 주요 장점은 챗GPT와 연동되어 하나의 채팅 창에서 텍스트와 이미지 작업을 동시에 수행할 수 있다는 점입니다. 이 통합된 환경은 사용자가 챗GPT와 대화를 하면서 영상 원고를 작성하는 중에도 그에 맞는 이미지를 즉시 생성할 수 있도록 도와줍니다. 별도의 웹 페이지를 열거나 새로운 채팅 창에서 시작할 필요도 없으며, 원고의 흐름에 따라 필요한 이미지를 실시간으로 생성해 즉각적인 피드백을 받을 수 있습니다.

예를 들어, 영상 원고에 주인공 캐릭터가 아침에 일어나는 장면을 작성하면서 DALL-E를 통해 해당 장면에 적합한 이미지를 즉시 생성할 수 있습니다. 단순히 '침대에서 일어나는 주인공'이라는 설명만 입력하는 것이 아니라 캐릭터의 스타일이나 배경 분위기를 추가하여 보다 구체적이고 일관된 이미지를 만들 수 있습니다. "아침 햇살이 부드럽게 비치는 방에서 주인공 진호가 스마트폰 알람 소리에 잠에서 깨어나 눈을 비비며 일어나는 장면"이라는 식으로 세부적인 감정 표현을 더하면 더욱 사실감 있고 원하는 장면에 부합하는 이미지를 생성할 수 있습니다.

스토리보드 제작을 위한 구체적인 묘사

 파노라마 와이드, 아침 햇살이 부드럽게 비치는 방에서 주인공 진호가 스마트폰 알람 소리에 잠에서 깨어나 눈을 비비며 일어나는 장면. 한국인 젊은 남성.

이처럼 영상 원고와 이미지 생성을 동시에 함으로써 더 생동감 있고 일관된 분위기를 만드는 것은 물론이고 자연스럽게 스토리보드를 완성하게 됩니다. 스토리보드란, 영상에서 각 장면을 순차적으로 그림이나 스케치로 표현하여 전체 영상이 어떻게 전개될지 미리 구상하는 것으로, 이 과정 덕분에 영상 제작 시간을 크게 단축할 수 있습니다. 뿐만 아니라 이미지와 원고가 조화를 이루어 콘텐츠의 품질을 더욱 향상시킬 수 있습니다.

챗GPT와 DALL-E를 활용해 스토리보드를 제작하는 과정은 크게 3단계로 나눌 수 있습니다.

스토리보드 제작 단계
① 구체적인 영상 원고 작성하기
② 이미지 프롬프트 요청하기
③ 이미지 생성하기

앞서 "스마트폰으로 만드는 완벽한 기상 루틴!" 원고를 활용해 각 단계에 따라 원고를 작성하고 이미지를 생성해 스토리보드 초안을 완성하는 과정을 살펴보겠습니다.

구체적인 영상 원고 작성하기

영상 원고에서 주인공 캐릭터의 이름을 설정하면, 이미지 생성 시 이름을 프롬프트에 반영해 캐릭터로 인식하게 함으로써 일관된 이미지 제작에 유리합니다. 예를 들어, '진호'가 아침에 스마트폰으로 일어나는 장면, '진호'가 운동을 시작하는 장면, '진호'가 아침 식사를 준비하는 장면 등 이름으로 일련의 이미지를 일관되고 순차적으로 생성할 수 있습니다. 이를 통해 캐릭터 중심의 스토리텔링을 강화하고, 시청자에게 더 깊은 몰입감을 제공합니다.

이 과정에서 중요한 것은 프롬프트를 명확하고 구체적으로 작성하는 것입니다. 예를 들어, "아침 햇살이 비치는 방에서 스마트폰 알람 소리에 잠에서 깨어난 진호"와 같이 구체적인 프롬프트 작성은 영상의 시각적 표현을 풍부하게 하고, 전달하고자 하는 메시지가 명확해집니다. 다음과 같이 작성할 원고의 주제와 대략적인 흐름을 작성한 다음 더 구체적인 묘사를 요청합니다.

구체적인 원고 작성 요청하기

 아래 영상 원고를 숏폼 영상으로 만들려고 합니다. 각 장면을 좀 더 자세하게 묘사해 주세요.

[영상 원고]
주제: 스마트폰으로 만드는 완벽한 기상 루틴!

[알람 소리에 괴로워하는 진호의 모습]
안녕하세요, 저는 진호입니다. 저도 여러분처럼 아침마다 일어나기 힘들었어요.
[스마트폰을 들고 있는 진호의 손]
그런데 스마트폰으로 효과적인 기상 루틴을 만들어 보니 아침이 달라졌어요! 제 비법을 알려드릴게요.
[알람 앱 설정 화면]
1. 저는 여러 개의 알람을 5분 간격으로 설정했어요.

[알람 소리 선택 화면]
2. 그리고 점점 커지는 부드러운 소리로 알람음을 바꿨죠.
[스마트폰을 멀리 두는 진호의 모습]
3. 가장 중요한 건 스마트폰을 침대에서 멀리 두는 거예요. 이러면 일어나야만 알람을 끌 수 있거든요!
[밝기 자동 조절 설정 화면]
4. 기상 시간에 맞춰 화면 밝기가 서서히 밝아지도록 설정했어요.
[아침 루틴 앱 화면]
5. 아침 루틴 앱으로 할 일 목록도 만들었죠.
[물 한 잔을 마시는 진호]
6. 제 첫 번째 할 일은 '물 한 잔 마시기'예요.
[스트레칭하는 진호]
7. 그 다음엔 간단한 스트레칭으로 몸을 깨워요.
[상쾌한 표정의 진호]
이렇게 하니까 정말 상쾌하게 아침을 시작할 수 있더라고요!
[카메라를 향해 밝게 웃는 진호]
여러분도 내일 아침부터 한 번 시작해 보세요!
더 많은 제 일상 꿀팁이 궁금하다면 팔로우해 주세요~

 이 콘텐츠를 숏폼 영상으로 만들 때 시각적 요소와 진호의 표정, 몸짓 등을 통해 메시지를 더욱 효과적으로 전달할 수 있습니다. 아래는 각각의 장면을 자세히 묘사한 내용입니다.

[알람 소리에 괴로워하는 진호의 모습]
장면: 침대에 누워 있는 진호가 이불을 얼굴까지 덮고 알람 소리에 눈을 찡그리며 불편해하는 모습. 얼굴에 짜증과 피로가 묻어 있고, 손으로 알람을 끄려고 스마트폰을 더듬거리는 장면
배경: 어두운 침실, 창문 사이로 약간의 아침 햇살이 비쳐 들어옴
사운드: 거슬리는 알람 소리와 함께 진호의 피곤한 신음 소리

[스마트폰을 들고 있는 진호의 손]
장면: 밝은 조명이 비치는 테이블 위에 놓인 스마트폰을 들고 있는 진호의 손 클로즈업. 진호가 미소를 지으며 스마트폰 화면을 밀어내며 자신의 설정을 자랑스럽게 보여주려는 손짓

배경: 깔끔한 책상 위, 스마트폰, 커피잔과 몇 개의 작은 소품이 놓여 있음
사운드: 진호의 상쾌한 목소리로 "그런데 스마트폰으로 효과적인 기상 루틴을 만들어 보니 정말 아침이 확 달라졌어요! 제 비법을 알려드릴게요."

[알람 앱 설정 화면]
장면: 스마트폰 화면을 직접 보여주며 여러 개의 알람이 5분 간격으로 설정된 장면. 알람 리스트가 나열되어 있고, 시간 간격이 정확하게 5분씩 다른 것을 강조
배경: 스마트폰 화면이 강조되어 배경은 흐릿하게 처리됨
사운드: 진호의 설명 "저는 여러 개의 알람을 5분 간격으로 설정했어요."

[알람 소리 선택 화면]
장면: 알람 소리 설정 화면에서 "점점 커지는 부드러운 소리" 옵션을 선택하는 장면. 진호의 손이 '소리' 항목을 스크롤하며 적절한 소리를 고르는 모습이 보임
배경: 진호의 손과 스마트폰 화면이 주요 초점
사운드: "그리고 점점 커지는 부드러운 소리로 알람음을 바꿨죠."라는 진호의 목소리와 배경에서 부드럽게 울리는 알람 소리

[스마트폰을 멀리 두는 진호의 모습]
장면: 진호가 침대에서 일어나 스마트폰을 침대에서 멀리 떨어진 책상 위에 놓는 모습. 이때 진호가 일어나기 위해 억지로 눈을 비비며 잠에서 깨어나는 모습을 보여줌
배경: 침대에서 멀리 떨어진 책상. 깔끔하게 정리된 공간
사운드: "가장 중요한 건 스마트폰을 침대에서 멀리 두는 거예요. 이러면 일어나야만 알람을 끌 수 있거든요!"라고 설명하는 진호의 목소리

[밝기 자동 조절 설정 화면]
장면: 스마트폰의 설정 화면에서 "밝기 자동 조절" 옵션을 켜는 장면. 설정된 시간이 기상 시간에 맞춰져 있는 것을 보여줌
배경: 스마트폰 화면에 초점을 맞춰 배경은 흐릿하게 처리됨
사운드: 진호의 설명 "기상 시간에 맞춰 화면 밝기가 서서히 밝아지도록 설정했어요."

[아침 루틴 앱 화면]
장면: 아침 루틴 앱에서 '할 일 목록'이 표시된 화면. '물 한 잔 마시기', '스트레칭하기' 등이 순서대로 나열됨. 체크 박스가 있는 목록에서 첫 번째 할 일이 선택된 상태

배경: 스마트폰 화면에 집중, 배경은 흐릿하게 처리됨
사운드: "아침 루틴 앱으로 할 일 목록도 만들었죠."라는 진호의 목소리

[물 한 잔을 마시는 진호]
장면: 진호가 아침에 물 한 잔을 마시는 모습. 투명한 유리잔에 물이 가득 차 있고, 진호가 물을 마시며 상쾌한 표정을 짓는 모습을 클로즈업으로 보여줌
배경: 밝은 아침 햇살이 비치는 주방 혹은 거실
사운드: 물을 마시는 소리와 함께 "제 첫 번째 할 일은 '물 한 잔 마시기'예요."라고 말하는 진호의 목소리

[스트레칭하는 진호]
장면: 진호가 거실에서 간단한 스트레칭을 하는 장면. 팔을 위로 뻗고 몸을 좌우로 기울이며 아침의 개운함을 느끼는 모습
배경: 깔끔한 거실, 창문 밖으로 햇살이 들어옴
사운드: "그 다음엔 간단한 스트레칭으로 몸을 깨워요."라는 진호의 설명, 스트레칭하면서 살짝 신음하는 소리

[상쾌한 표정의 진호]
장면: 스트레칭 후 기지개를 켜며 상쾌한 표정을 짓는 진호의 얼굴을 클로즈업
배경: 밝은 아침, 침실이나 거실의 편안한 배경
사운드: 진호가 활기찬 목소리로 "이렇게 하니까 정말 상쾌하게 아침을 시작할 수 있더라고요!"라고 말함

[카메라를 향해 밝게 웃는 진호]
장면: 카메라를 향해 밝게 웃으며 손을 흔드는 진호. 그의 표정에서 자신감과 만족감이 드러나며 시청자들에게 긍정적인 에너지를 전달
배경: 깔끔하고 밝은 공간, 진호가 서 있는 배경에는 그가 사용하는 소품들이 살짝 보임
사운드: 진호의 마지막 인사 "여러분도 내일 아침부터 한번 시작해 보세요! 더 많은 제 일상 꿀팁이 궁금하다면 팔로우해 주세요~"

이렇게 대사와 장면을 묘사하는 것만으로 각 장면의 배경, 인물의 동작, 사운드까지 구체적으로 스토리보드를 작성할 수 있습니다.

각 장면에 맞는 이미지 프롬프트 요청하기

각 장면마다 적합한 이미지를 생성하기 위해서는 이미지 스타일, 사이즈, 구도 등을 고려해야 합니다. 특히 세로 이미지를 생성할 때는 장면의 구도를 설정하기가 쉽지 않습니다. 이때 DALL-E와 연동된 챗GPT의 장점이 큰 역할을 합니다. 앞서 작성한 영상 원고에 맞춰 이미지 생성을 위한 프롬프트를 요청할 수 있기 때문입니다. 챗GPT에 이미지 프롬프트를 요청하면 각 장면에 적합한 이미지 형태와 구도를 정확히 이해하고, 그에 맞는 결과물을 생성할 가능성이 높아집니다.

앞서 생성한 원고 작성 응답에 이어 다음 프롬프트를 작성합니다. 이때 생성할 이미지의 사이즈나 스타일 등 원하는 요소가 있다면 구체적으로 언급합니다.

각 장면에 맞는 이미지 프롬프트 요청하기

각 장면에 해당하는 DALL-E 이미지 프롬프트를 작성해 주세요. 이미지 생성 시 'Vertical image of a tall skyscraper'로 세로 모드로 제공해 주세요.

다음은 각 장면을 위한 시나리오와 그에 해당하는 DALL-E 이미지 프롬프트입니다. 모든 이미지 프롬프트는 세로 모드(1024x1792)로 생성됩니다.

1. 알람 소리에 괴로워하는 진호의 모습
시나리오: 진호가 어두운 침실에서 침대에 누워 이불을 얼굴까지 덮고 있으며, 알람 소리에 찡그리며 불편해하는 모습
이미지 프롬프트: "Vertical image of a person lying in bed under the covers with a frustrated expression, in a dimly lit bedroom. An alarm clock shows early morning time, and soft morning light seeps through the window."

2. 스마트폰을 들고 있는 진호의 손

시나리오: 밝은 책상 위에 놓인 스마트폰을 들고 있는 진호의 손 클로즈업. 진호가 미소를 지으며 스마트폰 화면을 보여주는 장면

이미지 프롬프트: "Vertical image of a hand holding a smartphone over a tidy desk with morning light, showing a close-up of the hand and the phone screen. The hand is making a swiping motion, and the scene is bright and welcoming."

3. 알람 앱 설정 화면

시나리오: 스마트폰 화면에 여러 개의 알람이 5분 간격으로 설정된 화면이 보이는 장면

이미지 프롬프트: "Vertical image of a smartphone screen displaying multiple alarm settings with 5-minute intervals, held by a hand. The screen is clear and the focus is on the alarm list, with a blurred background."

4. 알람 소리 선택 화면

시나리오: 스마트폰 화면에서 부드럽게 점점 커지는 알람 소리를 선택하는 장면

이미지 프롬프트: "Vertical image of a smartphone screen showing an alarm sound selection menu, with a hand selecting a gentle, gradually increasing sound. The phone is held in a relaxed, bright environment."

5. 스마트폰을 멀리 두는 진호의 모습

시나리오: 진호가 침대에서 일어나 스마트폰을 멀리 떨어진 책상 위에 놓는 모습

이미지 프롬프트: "Vertical image of a person placing a smartphone on a distant table away from a bed. The scene shows a tidy bedroom with natural morning light, emphasizing the distance between the bed and the phone."

6. 밝기 자동 조절 설정 화면

시나리오: 스마트폰의 밝기 자동 조절 옵션을 켜는 장면

이미지 프롬프트: "Vertical image of a smartphone screen showing a brightness adjustment setting, with a hand enabling an automatic brightness increase. The screen is the main focus, with a softly lit background."

7. 아침 루틴 앱 화면
시나리오: 아침 루틴 앱에서 '할 일 목록'이 표시된 화면. '물 한 잔 마시기' 등이 순서대로 나열된 화면
이미지 프롬프트: "Vertical image of a smartphone screen displaying a morning routine app with a to-do list. The list includes tasks like 'Drink a glass of water' and the hand is holding the phone steadily, with a clear focus on the screen."

8. 물 한 잔을 마시는 진호
시나리오: 진호가 아침에 물 한 잔을 마시며 상쾌한 표정을 짓는 모습
이미지 프롬프트: "Vertical image of a person drinking a glass of water in a bright, morning-lit kitchen. The person has a refreshed expression, and the scene is calm and clean with a focus on the glass and the person's face."

9. 스트레칭하는 진호
시나리오: 진호가 거실에서 간단한 스트레칭을 하는 모습. 팔을 위로 뻗고 몸을 좌우로 기울이는 장면
이미지 프롬프트: "Vertical image of a person stretching in a bright living room, with arms extended upwards and body leaning to the side. The scene is spacious and well-lit, showing the morning routine in a peaceful environment."

10. 상쾌한 표정의 진호
시나리오: 스트레칭 후 상쾌한 표정을 짓는 진호의 얼굴 클로즈업
이미지 프롬프트: "Vertical image of a close-up of a person's face with a refreshed and happy expression after stretching. The background is softly lit, emphasizing the person's positive mood."

> **11. 카메라를 향해 밝게 웃는 진호**
> 시나리오: 카메라를 향해 밝게 웃으며 손을 흔드는 진호의 모습
> 이미지 프롬프트: "Vertical image of a person smiling brightly at the camera, waving their hand in a friendly gesture. The background is bright and simple, focusing on the person's joyful expression."

이미지 프롬프트에서 공통적으로 들어가는 "Vertical image of"라는 단어는 모든 이미지를 세로 모드로 생성하기 위한 옵션입니다.

이미지 생성하기

이제 챗GPT가 작성해 준 구체적인 영상 원고와 이미지 프롬프트를 바탕으로 순차적으로 이미지를 생성하면 됩니다. 기본적으로 한 장 또는 두 장의 이미지를 생성하지만, 여러 장을 한 번에 요청할 수도 있습니다. 단, 여러 장을 한 번에 생성하면 프롬프트 제한이 발생할 수 있습니다.

인물 위주 이미지를 생성할 때는 앞서 설정한 주인공의 이름을 활용해 캐릭터를 더 구체적으로 묘사하는 작업이 필요합니다. 이를 통해 이미지 생성 시 주인공의 외모와 스타일을 일관되게 표현하고, 각 장면마다 일정한 패턴을 유지할 수 있습니다. 예를 들어, "진호는 동양인 남성으로, 흐트러진 밝은 갈색의 컬이 들어간 머리 스타일이 특징입니다."와 같이 캐릭터의 외적인 요소를 세부적으로 작성하면 여러 장의 이미지에 등장하는 캐릭터를 동일 인물처럼 일관되게 생성합니다.

 DALL-E로 영상 원고의 각 장면을 9:16 비율의 이미지로 각각 생성해 주세요. 이미지 생성 시 아래 세부 사항을 반영해 주세요.

[세부 사항]
1. 이미지는 일러스트로 표현하고, 스타일의 일관성을 유지하는 것이 중요합니다.
2. 다음 정보에 따라 주인공의 외모를 일관되게 표현해 주세요. 외모 외의 프롬프트는 자유롭게 작성해도 좋습니다.
   - 주인공의 외모: '진호'는 동양인 남성으로 흐트러진 밝은 갈색의 컬이 들어간 머리 스타일입니다. 의상 스타일은 기능성과 스타일을 모두 중시하며, 대체로 캐주얼한 편입니다.

카툰 스타일로 이미지 생성·편집하기

카툰 스타일이란, 만화나 애니메이션에서 흔히 사용되는 시각적 스타일로, 단순하고 과장된 형태와 생동감 있는 색채가 특징입니다. 캐릭터와 배경을 현실보다 단순하게 표현하며 큰 눈, 두꺼운 윤곽선, 비율이 과장된 신체나 표정 등을 자주 사용하여 감정과 행동을 극대화하는 효과가 있습니다.

DALL-E에서는 카툰 스타일도 지원합니다. 예를 들어, "카툰 스타일로 표현한 중세 왕국의 마법사가 주문을 외우는 장면" 또는 "웹툰 스타일의 고양이 캐릭터가 모험을 떠나는 판타지 배경"과 같은 프롬프트를 입력하는 것만으로 카툰 스타일을 쉽게 구현할 수 있습니다. 또, 이미지의 크기, 질감, 색감을 조정할 수 있어 더 세밀하고 정교한 카툰 스타일 이미지를 만들 수 있습니다. 캐릭터의 표정, 자세, 배경 등 구체적으로 이미지를 설명함으로써 만화책, 웹툰, 애니메이션 등 다양한 비주얼 콘텐츠를 제작할 수 있습니다. 이러한 기능은 특히 창의적이고 직관적인 작업을 가능하게 합니다.

다음은 픽사 스타일의 3D 애니메이션 캐릭터를 만들어 스토리를 구성하는 예시입니다. 일관된 스토리 전개를 위해 캐릭터를 구체적으로 설정하는 것이 중요합니다. "픽사 스타일의 3D 애니메이션 캐릭터, 큰 눈을 가진 어린 소년이 모험을 떠나는 장면"과 같은 프롬프트로 캐릭터를 생성해 자연스럽게 스토리와 캐릭터 간의 연결성을 높일 수 있습니다.

픽사 스타일의 3D 애니메이션 캐릭터, 비 오는 날 밝은 노란색 우비를 입고, 우산을 쓴 소년. 신나는 표정에 활기찬 몸동작을 하고 있습니다. 캐릭터 주변에 빗방울이 튀는 장면, 도시 거리를 배경으로 따뜻한 조명이 반짝입니다.

이렇게 생성한 이미지를 클릭해 DALL-E 이미지 채팅 창 오른쪽에서 추가 프롬프트를 입력하는 방식으로 이미지를 추가 생성하고 편집할 수 있습니다. 이때 기존 이미지의 스타일과 캐릭터를 유지하기 위해 이전에 작성한 프롬프트를 재사용하여 캐릭터 설정과 이미지 사이즈까지 구체적으로 작성하는 것이 중요합니다.

 동일한 프롬프트와 캐릭터 유지합니다.
이미지 사이즈: 16:9
어린 소년이 길가에서 고양이를 만나 대화를 합니다.

 동일한 프롬프트와 캐릭터 유지합니다.
이미지 사이즈: 16:9
어린 소년과 고양이가 함께 걸어갑니다.

사진을 카툰으로 재생성하기

실제 사진을 카툰화하기 위해서는 'Cartoonize Yourself'라는 GPT를 활용할 수 있습니다. 챗GPT 웹 페이지 왼쪽 상단의 [GPT 탐색]에서 "Cartoonize Yourself"를 검색해 간단하게 채팅을 시작할 수 있습니다.

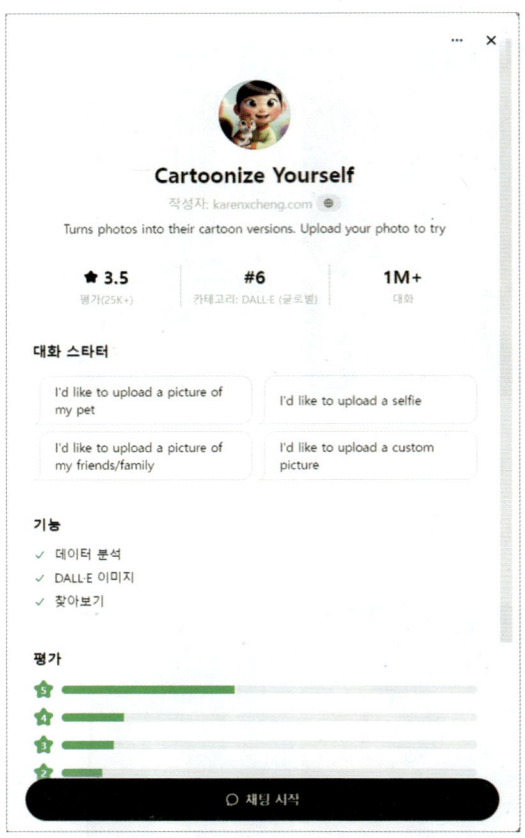

이 GPT는 고급 AI 기술을 활용하여 사용자가 제공한 사진을 애니메이션 스타일의 이미지로 생성할 수 있습니다. 애니메이션 스타일은 클래식 만화, 현대 만화, 3D 애니메이션 등 여러 가지 중 선택할 수 있습니다.

사용 방법은 간단합니다. 먼저 변환하고 싶은 사진을 업로드합니다. 얼굴과 특징이 명확하게 보이는 사진을 선택하는 것이 좋습니다. 그런 다음 변환할 사진의 인물에 대한 세부 정보(인종, 성별 등)와 특별히 강조하고 싶은 요소, 변환하고자 하는 애니메이션 스타일을 알려 줍니다.

사진을 카툰화하기

 다음 사진은 동양인 중년 남성입니다. 이 사진 속 인물을 픽사 스타일의 애니메이션 인물로 그려 주세요.

더욱 세밀한 조정을 원한다면 프롬프트를 통해 구체적인 수정을 요청할 수 있습니다. 예를 들, "양복 대신 캐주얼한 옷차림으로 바꿔 주세요." 또는 "전신을 그려 주세요."와 같이 세부 요청을 통해 원하는 이미지를 얻을 수 있습니다.

세부 요청으로 이미지 수정하기

 양복 대신 캐주얼한 옷차림으로 바꿔 주고, 전신을 그려 주세요.

이외에도 카페에서 일하는 모습, 여자친구와 차 한 잔하는 모습, 길거리를 걷는 모습, 셀카를 찍는 모습 등 다양한 구도와 배경의 이미지를 비슷한 스타일로 생성할 수 있습니다.

'Cartoonize Yourself'로 생성한 이미지

07장

미드저니 사용 가이드

7장에서는 AI 기반 이미지 생성 도구인 미드저니를 효과적으로 활용하는 방법을 다룹니다. 미드저니는 간단한 텍스트 입력만으로 고품질 이미지를 생성할 수 있는 강력한 도구로, 창의적인 작업에 큰 도움을 줍니다. 웹 버전의 직관적인 인터페이스로 손쉽게 이미지를 생성하고 수정할 수 있는 것은 물론이고, 다양한 시각적 요구를 빠르게 충족할 수 있습니다. 이 과정을 통해 미드저니의 주요 기능과 설정 방법을 익히고, 다양한 프롬프트를 활용하여 자신만의 창의적인 비주얼 콘텐츠를 제작하는 방법을 배울 수 있습니다.

미드저니 시작하기

미드저니Midjourney는 2022년 3월에 출시한 AI 기반 이미지 생성 서비스로, 사용자의 프롬프트를 바탕으로 고품질의 이미지를 생성합니다. 버전을 거듭할수록 자연어 처리 능력이 향상되어 복잡한 명령어나 매개변수 설정 없이 간단한 대화식 문장만으로도 정교한 이미지를 생성할 수 있습니다. 덕분에 디지털 콘텐츠 제작자, 마케터, 디자이너 등 다양한 분야에서 창의적인 작업을 지원하는 강력한 도구로 자리잡았습니다. 특히 손, 얼굴, 팔, 다리 같은 인체 부위와 식물이나 동물을 자연스럽고 사실적으로 표현합니다.

이전에는 디스코드Discord라는 플랫폼을 통해 이미지를 생성했으나 최근 웹 기반 인터페이스 서비스를 제공하기 시작해 별도 플랫폼을 통하지 않고 간편하게 미드저니를 이용할 수 있어 접근성 역시 크게 향상되었습니다.

미드저니의 웹 인터페이스

미드저니의 주요 기능과 특징을 다음과 같이 정리할 수 있습니다.

① 뛰어난 자연어 처리 능력

미드저니는 뛰어난 자연어 처리 능력을 갖추고 있어 일상에서 쓰는 문장으로 이미지 프롬프트를 작성해도 정확하고 일관된 결과를 제공합니다. 전문적인 용어 없이 간단한 대화형 문장만으로도 높은 품질의 이미지를 생성할 수 있습니다. 이를 통해 사용자는 더 직관적으로 이미지를 생성할 수 있으며, 텍스처와 세부 묘사에서 더 자연스럽고 정교한 결과를 얻을 수 있습니다.

② 웹 페이지를 통한 높은 접근성

2024년 8월 미드저니는 웹 버전을 공개했습니다. 이제 더 이상 디스코드에 의존하지 않고, 웹에서 직접 미드저니를 사용할 수 있게 되어 접근성이 대폭 개선되었습니다. 웹 버전에서는 이미지 재구성Reframe, 리페인팅Repainting 같은 기능을 프롬프트가 아닌 사용자 인터페이스 형태로 제공하여 작업 효율성이 증가했습니다. 특히 슬라이더로 비율 조정이나 스타일 같은 설정을 간편하게 변경할 수 있어 기존에 프롬프트로 일일이 수정 요청을 해야 했던 부분을 간편하게 버튼으로 수정할 수 있게 되었습니다.

③ 정교한 이미지 생성 기능

최근 미드저니는 픽셀 아티팩트를 줄이고, 업스케일 기능을 통해 고해상도 이미지를 빠르게 생성할 수 있게 되었습니다. 특히 텍스처와 세부 묘사 표현이 크게 개선되어 전문가 수준의 이미지 생성이 가능해졌으며, 텍스트 표현의 정확성도 함께 향상되었습니다. 이러한 기능들은 특히 책 일러스트레이션, 영화 및 게임의 콘셉트 아트, 마케팅 비주얼, 개인 프로젝트 등에서 창의적인 아이디어를 신속히 시각화하고자 하는 디자이너와 아티스트들에게 매우 유용합니다.

미드저니에서 예정한 v7 버전은 영상 기능을 도입하여, 텍스트 프롬프트로 만든 이미지를 기반으로 손쉽게 영상 콘텐츠를 제작할 수 있게 될 것입니다. 이는 영상 제작자, 마케팅, 광고 등 다양한 분야에서 새로운 기회를 열어줄 것입니다. AI 기반 창작 도구로서 미드저니의 진화를 한층 더 이끌 것으로 보입니다.

▶ 미드저니 가입하기

미드저니 계정 가입은 미드저니 웹 페이지(midjourney.com)를 방문해서 진행합니다. 웹 페이지 하단의 [Sign Up]을 클릭합니다.

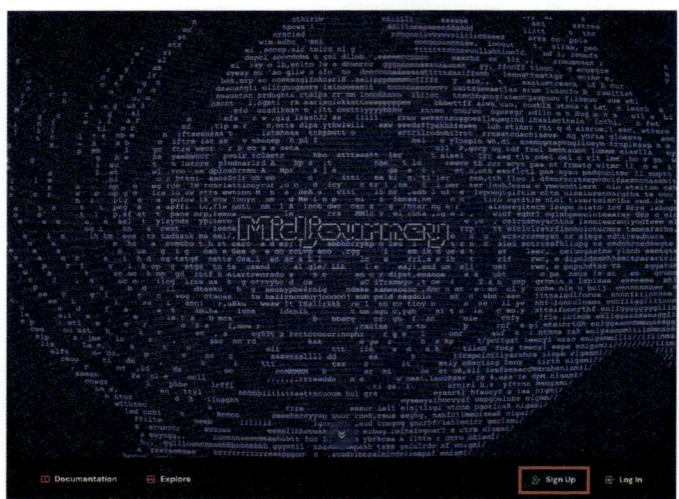

디스코드 또는 구글 계정으로 가입을 진행합니다.

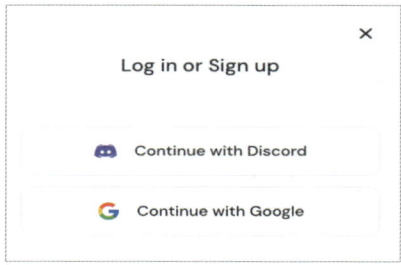

가입을 완료하면 미드저니 웹 버전으로 로그인됩니다.

미드저니는 유료 플랜으로 운영됩니다. 왼쪽 사이드바에서 [Create]를 클릭하고 [Join now]를 클릭하면 사용량과 원하는 기능에 따라 선택할 수 있는 플랜 페이지로 이동합니다.

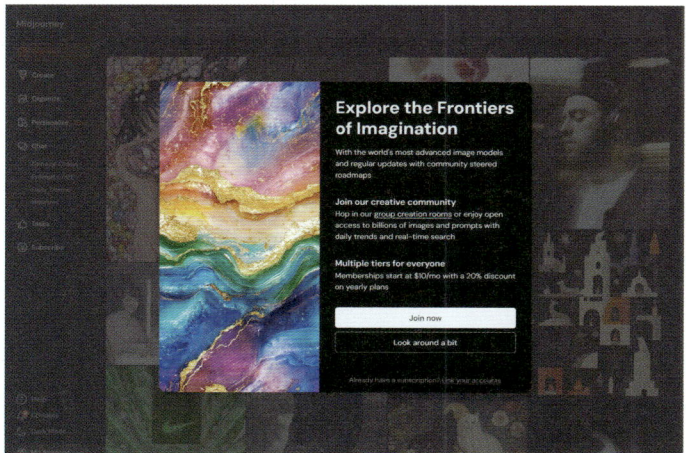

구독 플랜은 Basic, Standard, Pro, Mega로 구성되어 있으며 각 플랜은 이미지 생성 빈도와 기능에 차이가 있습니다.

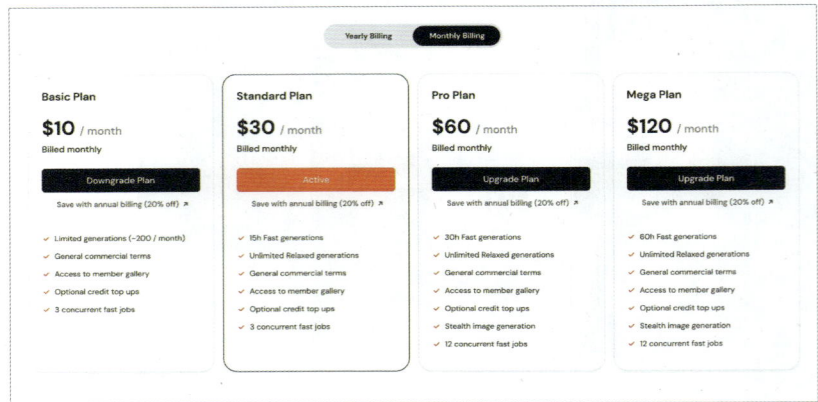

미드저니 유료 플랜

Basic Plan (월 $10/연 $96)

- 제한된 생성량(약 200회/월)
- 일반 상업적 이용약관
- 회원 갤러리 접근
- 추가 크레딧 충전 옵션
- 3개의 동시 빠른 작업 실행
- 특징: 베이직 플랜은 이미지 생성 수가 많지 않은 가벼운 사용자나 초보자에게 적합합니다.

Standard Plan (월 $30/연 $288)

- 15시간 빠른 생성
- 무제한 느린 생성
- 일반 상업적 이용약관
- 회원 갤러리 접근

- 추가 크레딧 충전 옵션
- 3개의 동시 빠른 작업 실행

Pro Plan (월 $60 / 연 $576)
- 30시간 빠른 생성
- 무제한 느린 생성
- 일반 상업적 이용약관
- 회원 갤러리 접근
- 추가 크레딧 충전 옵션
- 비밀 이미지 생성 기능
- 12개의 동시 빠른 작업 실행

Mega Plan (월 $120 / 연 $1152)
- 60시간 빠른 생성
- 무제한 느린 생성
- 일반 상업적 이용약관
- 회원 갤러리 접근
- 추가 크레딧 충전 옵션
- 비밀 이미지 생성 기능
- 12개의 동시 빠른 작업 실행

모든 구독 플랜은 언제든지 변경하거나 취소할 수 있습니다. 변경 즉시 적용되거나 현재 청구 주기 종료 시점에 사용량에 따라 변경된 요금을 적용해 반영됩니다. 추가 시간이 필요하다면 시간당 $4에 구매할 수 있어 유연하게 활용할 수 있습니다.

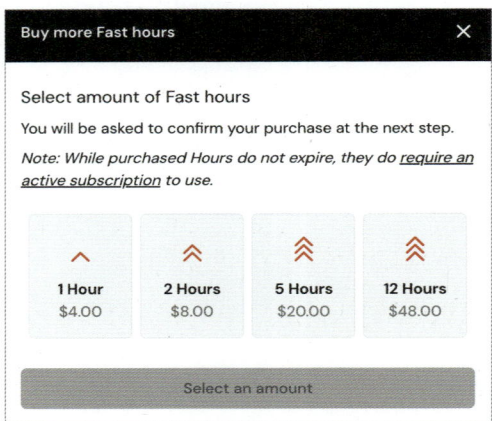

추가 시간 구매 가격

미드저니를 무료로 사용하는 방법도 있습니다. 미드저니 웹 페이지 왼쪽 사이드바에서 [Tasks]를 클릭해 이미지 개선이나 설문 조사 참여를 통해 무료 시간을 제공받을 수 있습니다. 단, 무료 사용자가 생성한 이미지는 비상업적 용도로만 활용할 수 있습니다.

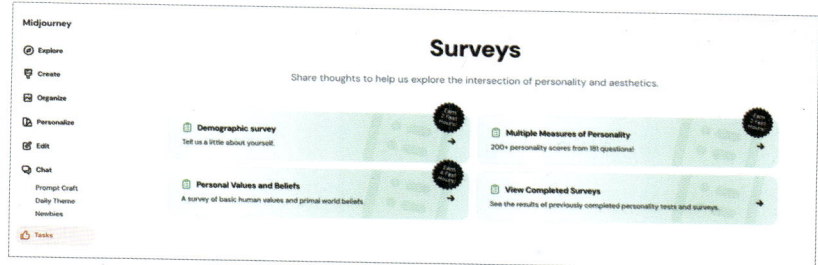

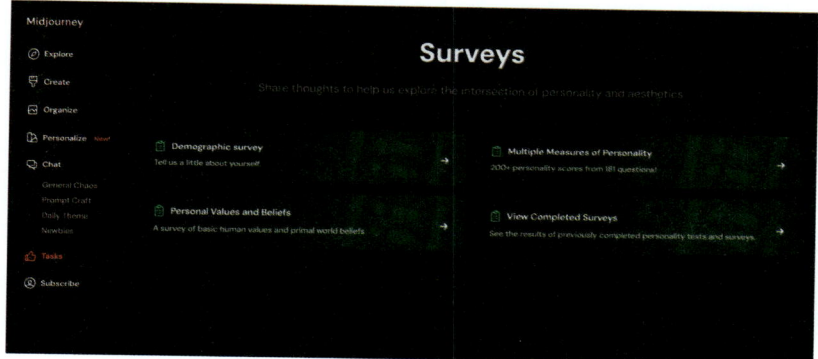

설문 조사를 통해 무료 시간 제공

미드저니 웹 버전 기능 살펴보기

미드저니 웹 버전은 사용자에게 간편하고 직관적인 이미지 생성 및 편집 환경을 제공합니다. 프롬프트로 이미지를 생성할 수 있는 대화형 AI 특징인 프롬프트 창과 대부분 이미지 편집 프로그램에서 제공하는 지우기Eraser, 확대/축소Zoom&Scale 기능 등을 활용해 특정 부분의 색상, 구성, 개체 등을 수정할 수 있습니다. 특히 Remix 모드를 통해 설정, 조명, 구도를 변경하여 이미지의 완성도를 높일 수 있습니다. 덕분에 사용자는 미드저니에서 프롬프트로 이미지를 생성하고 그 화면에서 바로 특정 부분의 색상이나 크기를 바꾸는 등 더욱 정밀하게 조정할 수 있습니다.

이를 통해 텍스트 프롬프트 기반으로 만든 이미지도 반복적인 수정을 통해 더욱 완성도 높은 결과물을 얻을 수 있으며, 창의적인 작업을 지원하는 도구로서 사용자에게 많은 가능성을 제공합니다.

🔗 미드저니 웹 에디터 가이드: docs.midjourney.com/docs/the-web-editor

구체적으로 웹 에디터의 화면을 영역별로 나누어 자세히 살펴보겠습니다. 웹 에디터는 크게 5가지 영역으로 나눌 수 있으며 각 영역의 역할과 기능은 다음과 같이 정리할 수 있습니다.

① 탐색 및 생성 메뉴

다양한 이미지 생성 옵션과 탐색 기능을 제공합니다. 이 곳에서 이전에 생성한 이미지를 찾거나 새로운 프로젝트를 시작할 수 있으며, 미드저니 커뮤니티에서 다른 사용자들이 공유한 이미지들을 탐색할 수도 있습니다.

- **Explore(탐색)**: 이 메뉴는 다른 사용자가 생성한 이미지를 탐색하고 영감을 얻을 수 있는 공간입니다. 커뮤니티에서 인기 있는 이미지나 다양한 스타일의 예시를 확인할 수 있으며, 'Use' 기능을 통해 이러한 스타일을 자신의 이미지 생성에 적용할 수 있습니다. 이를 통해 창의적인 아이디어를 확장하고 다양한 비주얼을 탐구할 수 있습니다.

- **Create(생성)**: 새로운 이미지를 생성하는 메뉴로, 프롬프트를 입력하고 이미지 사이즈, 비율, 스타일과 같은 설정을 조정하여 사용자 맞춤형 이미지를 만들 수 있습니다. 사용자는 기본 옵션을 활용하거나 세부적인 매개변수를 직접 설정하여 더욱 맞춤화된 결과를 얻을 수 있습니다.

- **Organize(정리)**: 사용자가 생성한 이미지를 체계적으로 관리할 수 있는 메뉴입니다. 'Smart Folders' 기능을 사용하면 특정 키워드나 조건에 따라 이미지가 자동으로 분류되어 갤러리를 편리하게 정리할 수 있습니다.

- **Chat(채팅)**: 미드저니 커뮤니티와 소통할 수 있는 공간입니다. 이곳에서는 다른 사용자들과 프롬프트에 대해 논의하고 이미지를 함께 생성할 수 있으며, 비공개 방에서 친구들과 협

업할 수도 있습니다.

- **Tasks(작업)**: 진행 중인 작업을 관리하고 이미지 평가를 할 수 있는 메뉴입니다. 여기서 작업 상태를 확인하고, 평가 기능으로 무료 GPU 시간을 얻어 추가 이미지를 생성할 수 있습니다.

② 프롬프트 입력 창

이미지를 생성하기 위해 텍스트 프롬프트를 입력하는 창입니다. 텍스트로 원하는 이미지를 설명을 작성하면, 미드저니가 이를 바탕으로 이미지를 생성합니다. 입력 창 오른쪽의 설정 조정 기능 아이콘을 클릭하면 이미지 사이즈, 스타일(예술적 표현, 독창성, 다양성), 모델 버전 등 이미지의 세부 사항을 더 정밀하게 조정할 수 있는 다양한 옵션을 제공합니다.

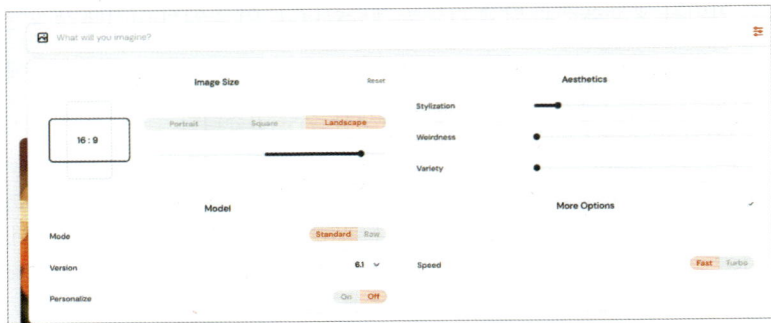

제공하는 옵션을 자세히 살펴보겠습니다.

- **Image Size(이미지 사이즈)**: 이미지 사이즈를 설정합니다. 비율을 선택하고 슬라이더로 조절할 수 있습니다.
- **Aesthetics(시각적 스타일)**: 이미지의 시각적 스타일을 정의하는 3가지 주요 슬라이더가 있습니다.
    - **Stylization(스타일화)**: 이미지의 예술적 표현 정도를 조절하는 슬라이더입니다. 낮은 값은 프롬프트와 일치하는 이미지를 생성하지만 예술적 요소가 적습니다. 반대로 높은 값

은 더 예술적이지만 프롬프트와의 일치도가 낮아질 수 있습니다. 설정 값은 0에서 1000 까지며 기본값은 100입니다.

- **Weirdness(독창성)**: 이미지에 독특한 요소를 추가하여 더 창의적인 결과를 도출하는 슬라이더입니다. 값이 높을수록 이미지는 더 비정형적이고 실험적인 스타일로 생성됩니다. 설정 값은 0에서 3000까지며 기본값은 0입니다.
- **Variety(다양성)**: 동일한 프롬프트로 생성한 이미지의 변화 정도를 설정합니다. 값이 높을수록 이미지 간의 차이가 커지고, 값이 낮을수록 이미지 간 유사성을 높입니다. 이 설정은 한 이미지로 여러 스타일을 시도하거나 접근 방식을 탐색하는 데 유용합니다.

- **Model(모델 선택)**: 미드저니에서 제공하는 여러 모델 중 원하는 버전을 선택할 수 있습니다. 기본값은 최신 버전입니다. 'Raw' 모드를 선택하면 기본 미드저니 스타일을 줄여 보다 현실적이고 덜 과장된 이미지를 생성할 수 있습니다. 개인화 옵션을 통해 자신에게 맞는 모델을 선택하거나 변경할 수 있습니다.
- **More Options(추가 설정)**: 추가 설정을 위한 메뉴입니다. 이미지 생성 속도 등을 선택할 수 있습니다.

이처럼 미드저니는 하나의 이미지로 여러 가지 스타일을 시도할 수 있도록 다양한 옵션이 준비되어 있습니다. 특히 Aesthetics 옵션의 3가지 슬라이드를 잘 활용하면 제품 사진과 같은 사실적인 이미지를 생성할 때 세부 설정을 통해 원하는 스타일과 품질을 정밀하게 조정할 수 있습니다. 예시 프롬프트와 그 결과는 다음과 같습니다.

다양한 각도에서 촬영한 스마트폰을 사실적인 제품 사진 스타일로 만들어 주세요.
1. 설정: Stylization을 낮게(100%), Weirdness를 매우 낮게(0), Variety 슬라이더를 중간에서 높게 설정(예: 50% – 70%)
2. 결과: 스마트폰의 전면, 후면, 측면 등 다양한 각도에서 찍은 사실적인 이미지. 각도에 따라 반사광, 그림자 등이 자연스럽게 표현되어 더욱 현실감 있게 표현됩니다.
3. 활용 상황: 스마트폰 리뷰 영상, 온라인 스토어의 제품 갤러리, 전자기기 광고 콘텐츠 등 다양한 시각적 자료가 필요한 경우에 유용합니다.

유리병에 담긴 고급 화장품을 사실적인 제품 사진 스타일로 만들어 주세요.
1. 설정: Stylization을 낮게(100%), Weirdness를 매우 낮게(0), Variety를 중간 (40-50%)`
2. 결과: 투명한 유리병에 담긴 화장품이 빛을 반사하며, 고급스러운 텍스처와 색감이 그대로 표현된 사실적인 이미지. 유리의 반사 효과, 제품 라벨의 세부적인 디자인, 화장품의 질감을 모두 정밀하게 묘사합니다.
3. 활용 상황: 화장품 브랜드의 마케팅 자료, 제품 패키지 디자인, 전자상거래 사이트의 제품 상세 페이지 등에 사용할 수 있습니다.

③ 이미지 프롬프트 및 설정

생성된 이미지의 세부 설정과 설명을 확인할 수 있는 공간입니다. 예를 들어, 이미지 생성에 사용된 프롬프트, 카메라 설정, 색상 톤 등의 정보가 표시됩니다.

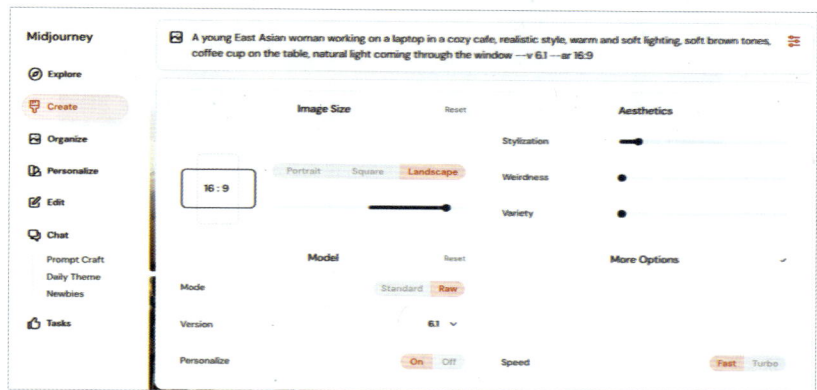

- **주제 또는 대상**: 이미지의 주요 대상이나 장면을 설명합니다.
  예: "카페에서 동양계 젊은 여성이 노트북으로 작업하는 모습"

- **스타일 또는 분위기**: 이미지의 스타일이나 분위기를 추가로 설명합니다.
  예: "현실적인 스타일", "따뜻하고 편안한 분위기"

- **색상 또는 톤**: 이미지에서 원하는 색상이나 톤을 지정합니다.
  예: "따뜻한 조명 아래", "소프트 브라운 톤"

- **기타 세부 요소**: 이미지에 포함하고 싶은 구체적인 디테일을 추가합니다.
  예: "테이블 위에 커피잔이 놓여 있음", "카페 창문으로 자연광이 들어옴"

④ 이미지 작업 옵션

이 영역에서는 이미지 편집, 재생성, 업스케일링 등 사용자가 생성한 이미지에 대해 다양한 후속 작업을 수행할 수 있는 도구와 기능을 제공합니다.

- **Vary(이미지 변형)**: 이미지의 특정 부분을 선택하여 변형하는 기능입니다.
    - Subtle: 이미지에 작은 변화를 주어 원본과 유사한 새로운 이미지를 생성합니다.
    - Strong: 이미지에 큰 변화를 주어 원본과 다른 느낌의 새로운 이미지를 생성합니다.
- **Upscale(업스케일)**: 이미지의 해상도를 높이는 기능입니다.
    - Subtle: 이미지의 해상도를 높이면서 원본의 느낌을 유지합니다.
    - Creative: 해상도를 높이면서 창의적인 변화를 추가합니다.
- **Remix(재구성)**: 원본 이미지를 기반으로 새로운 프롬프트를 적용하여 부분적으로 이미지를 재구성합니다.
    - Subtle: 원본 이미지를 유지하면서 작은 변화를 줍니다.
    - Strong: 원본 이미지에 큰 변화를 주어 완전히 새로운 느낌을 줍니다.
- **Pan(확장)**: 이미지의 캔버스를 선택한 방향으로 확장하는 기능입니다. 예를 들어, 위쪽 화살표를 선택하면 이미지가 위로 확장되고, 확장된 영역에 새로운 배경이나 요소를 추가할 수 있습니다.

- **Zoom(확대)**: 이미지를 확대하여 더 많은 세부 사항을 볼 수 있게 합니다.
- **More(추가 옵션)**
  - Rerun: 동일한 프롬프트로 이미지를 다시 생성합니다.
  - Editor: 이미지 편집기를 열어 추가 편집을 할 수 있는 기능으로, 이미지의 특정 부분을 선택하여 변경하거나 새로운 프롬프트를 추가할 수 있습니다.

이러한 옵션들을 활용해 하나의 이미지를 요구 사항에 맞게 수정할 수 있습니다. 다음은 앞서 생성한 스마트폰 제품 사진에 Zoom, Remix-Strong, Vary-Subtle, Very-Strong, Pan 옵션을 각기 적용한 결과 이미지입니다.

⑤ 도움말 및 설정 메뉴

도움말, 테마 설정, 업데이트 등을 관리할 수 있는 메뉴입니다. [Help]에서 미드저니의 기능이나 사용 방법을 확인할 수 있고 [Updates]에서는 미드저니의 최신 정보나 사용 가이드를 확인할 수 있으며 [My Account]에서 개인화된 설정을 적용할 수 있습니다.

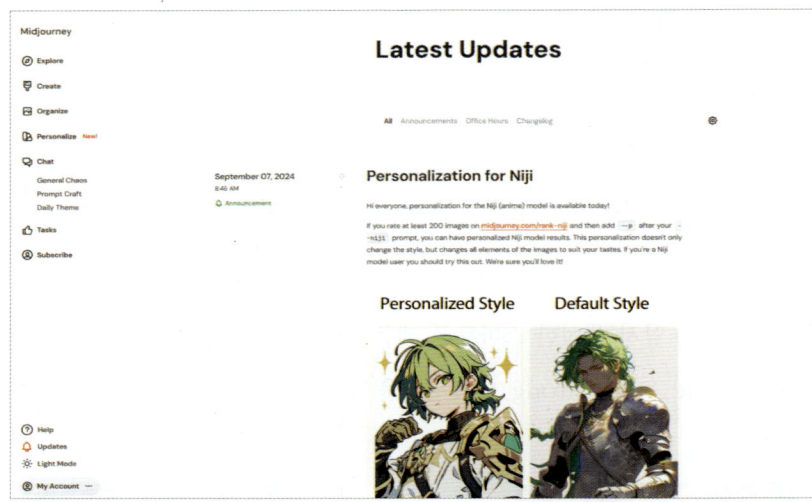

미드저니의 [Updates] 페이지

미드저니 이미지 에디터 사용 가이드

미드저니의 이미지 에디터는 생성된 이미지를 더 정밀하게 편집할 수 있는 다양한 도구와 기능을 제공합니다. 이 에디터를 활용해 AI로 생성한 이미지를 더욱 세밀하게 조정하고 창의적인 결과물을 만들 수 있습니다. 이미지 에디터에서 제공하는 기능은 다음과 같습니다.

① **지우기 및 복원 도구**: 이 영역에서는 이미지를 편집할 때 지우기와 복원 기능을 사용할 수 있습니다. 사용자가 이미지의 특정 부분을 지우거나 이전 상태로 복원할 수 있게 해줍니다.

- **지우기/복원(Erase/Restore)**: 지우기 기능을 통해 이미지의 특정 요소를 제거하거나 변경할 수 있습니다. 예를 들어, 이미지의 특정 부분(예: 사람의 얼굴 또는 배경의 일부)을 선택해 지운 후, 새로운 프롬프트를 입력하여 해당 영역에 새로운 요소를 추가할 수 있습니다. 복원 기능은 삭제된 부분을 원래 상태로 되돌려 실수를 수정하거나 편집 작업을 다시 시작할 수 있게 해줍니다.

- **브러시 도구**: 이미지의 특정 부분을 선택하거나 지울 수 있습니다. 브러시 크기를 조절하여 정밀한 작업이 가능합니다.

② **이미지 편집 영역**: 이 영역은 사용자가 편집하고 있는 이미지가 표시되는 곳입니다. 사용자는 이미지를 확대하거나 축소하고, 위치를 조정할 수 있습니다.

- **이미지 재배치(Reposition)**: 생성된 이미지의 요소들을 이동시키거나 이미지의 비율을 변경할 수 있습니다. 이를 통해 이미지를 다양한 형태로 재구성할 수 있으며, 각기 다른 레이아웃이나 비율에 맞게 이미지를 조정할 수 있습니다.

- **아웃페인팅**: 이미지의 외부 영역을 확장하여 새로운 요소를 추가하고, 이미지의 범위를 넓힐 수 있습니다.

③ **프롬프트 편집 창**: 이 영역에서는 이미지 생성에 사용된 프롬프트를 보여줍니다. 사용자는 프롬프트를 수정하여 원하는 결과를 얻을 수 있습니다.

- **프롬프트 편집**: 이미 생성된 이미지의 일부를 새로운 방식으로 변경하고 싶을 때 유용한 기능입니다. 사용자는 지우기 도구로 변경하고 싶은 부분을 선택한 후, 새로운 프롬프트를 입력하여 이미지의 일부를 업데이트할 수 있습니다. 이를 통해 기존 이미지의 일부만 수정하여 새로운 버전을 만들 수 있습니다.

④ **완료**: 편집을 완료했다면 [Submit] 버튼을 눌러 변경 사항을 저장하고 생성할 수 있습니다. "Open in Full Editor" 옵션도 있어 더 자세한 편집이 가능합니다.

이미지 에디터 기능 살펴보기

앞서 생성한 스마트폰 제품 사진을 이미지 편집기를 활용해 편집하는 과정을 살펴보겠습니다. 먼저 편집할 이미지를 선택한 다음 오른쪽 하단의 'More' 옵션에서 [Editor]를 클릭합니다.

에디터 화면이 열리면 다양한 도구와 슬라이더를 사용하여 이미지를 세부적으로 수정할 수 있습니다. 브러시 도구를 사용해 이미지를 부분적으로 수정하거나 이미지 전체 크기를 조절하는 작업을 할 수 있습니다.

이미지 사이즈를 조절하기 위해 먼저 [Scale] 옵션을 선택해야 합니다. Scale은 이미지의 크기를 조정할 수 있는 기능으로, 사용자 필요에 따라 이미지의 크기를 축소하거나 확장할 수 있습니다. 기본 이미지의 캔버스 크기를 확장하여 더 넓은 배경이나 추가 요소를 포함하는 작업이 가능합니다. 크기 조정을 마쳤다면 오른쪽 아래 [Submit] 버튼을 클릭하여 변경 사항을 적용합니다.

변경된 이미지는 'Create' 메뉴에서 확인할 수 있습니다.

만약 새로운 요소를 추가하거나 일부 요소를 변경하고 싶다면 에디터에서 변경하려는 부분을 [Erase]로 문질러 영역을 구성한 다음 새로운 내용을 추가할 수 있습니다. 그런 다음 프롬프트를 변경한 후 [Submit]을 클릭해 변경한 내용을 반영합니다. 이때 선택 영역을 넓게 설정한 후 지우거나 변경 작업을 진행해야 의도한 이미지를 생성할 수 있습니다.

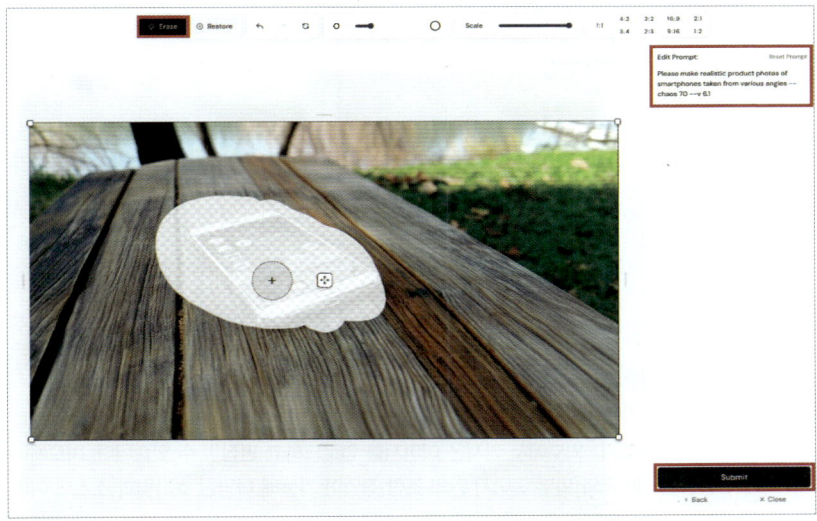

편집을 완료하면 [Close] 버튼을 눌러 에디터를 종료합니다. 변경된 이미지는 다시 'Create' 메뉴에서 확인할 수 있습니다.

미드저니 외부 이미지 에디터 사용 가이드

미드저니의 외부 이미지 에디터는 미드저니에서 생성한 이미지뿐만 아니라 외부에서 가져온 이미지도 편집할 수 있는 기능입니다. 최신 업데이트로 이 기능이 추가되면서 더욱 다양한 소스의 이미지를 자유롭게 통합하여 작업할 수 있게 되었습니다. 외부 이미지 편집기와 이미지 리텍스처링 모드라는 2가지 주요 기능을 포함하고 있습니다.

1. **외부 이미지 편집기**: 외부에서 가져온 이미지를 업로드하고 편집할 수 있습니다. 미드저니에서 생성한 이미지와 외부 이미지 간의 조합 작업이 가능해 다양한 스타일과 소스의 이미지를 통합하여 창의적인 결과물을 제작할 수 있습니다.
2. **이미지 리텍스처링 모드**: 이미지의 조명과 재질 효과를 개선하여 더욱 생동감 있는 이미지를 만들어 줍니다. AI 기술을 활용해 장면의 형태를 자동으로 식별하고 조명, 재질, 표면을 재정의하여 이미지의 입체감을 높이고 디테일을 강화합니다.
3. **세밀한 수정 기능**: 특정 영역을 선택하여 얼굴 표정 변경, 배경 교체 등의 세밀한 수정을 할 수 있습니다. 이 기능은 미드저니의 개인화 모델, 스타일 참조 기능과 통합되어 사용자가 원하는 스타일과 맞춤형 이미지 수정을 쉽게 지원합니다.

외부 이미지 에디터 페이지는 크게 4개의 영역으로 나눌 수 있습니다. 각 영역에서 제공하는 기능을 정리하면 다음과 같습니다.

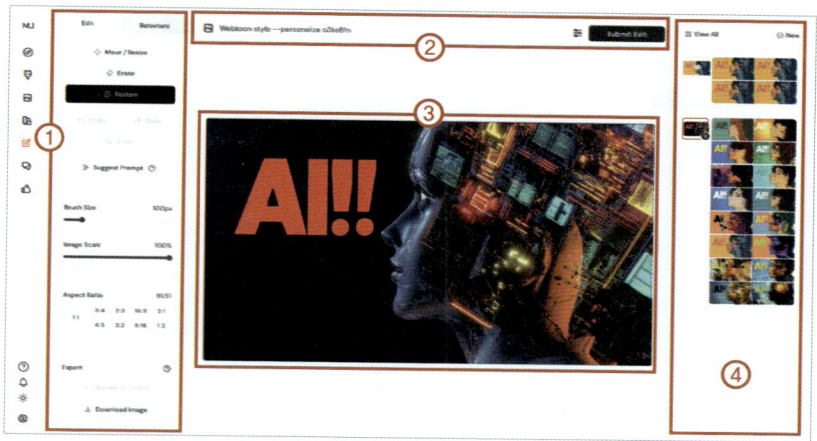

① **편집 도구 패널**: 이미지 이동/크기 조정, 지우기, 복원 기능을 제공합니다. 브러시 크기와 이미지 스케일을 조절할 수 있으며, 다양한 비율로 이미지를 조정할 수 있습니다. 또한 이미지 리텍스처링 모드 선택해서 작업이 가능합니다.

② **프롬프트 입력 창**: 이미지 생성에 사용된 프롬프트를 보여줍니다. 사용자는 프롬프트를 수정하여 원하는 결과를 얻을 수 있습니다.

③ **이미지 편집 영역**: 현재 편집 중인 이미지가 표시됩니다. 사용자는 이 영역에서 이미지를 직접 수정할 수 있습니다.

④ **이미지 갤러리**: 생성된 다양한 이미지 버전을 볼 수 있는 영역입니다. 새로운 이미지를 생성하거나 기존 이미지를 비교할 수 있습니다.

편집 기능과 작업 흐름, 도구 사용법 등 기본 에디터와 동일합니다. 주요 차이점은 외부에서 파일을 업로드하여 편집할 수 있다는 점입니다.

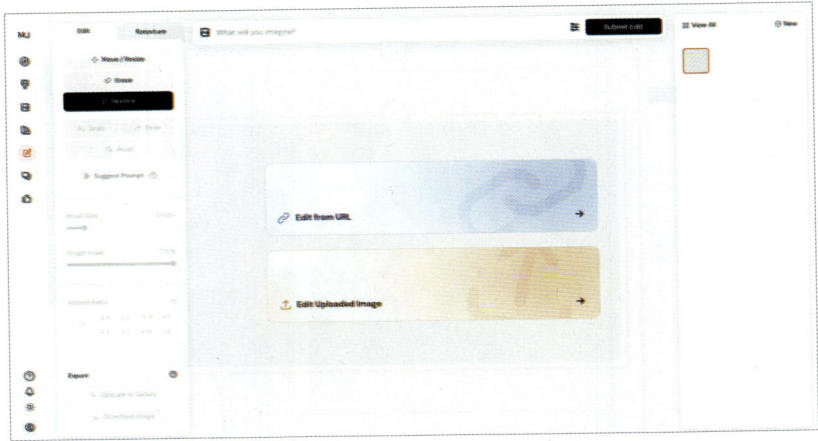

이미지 리텍스처링 모드는 AI 기술로 조명, 재질, 표면 질감을 자동으로 식별하여 원래 형태를 유지하면서도 프롬프트에 따라 새롭게 그려냅니다. 이 모드는 조명 각도, 강도, 색온도를 최적화하여 이미지의 입체감을 높이고, 금속, 유리, 나무 등의 재질을 더욱 현실감 있게 표현할 수 있습니다.

사용 방법은 간단합니다. 편집기에 이미지를 업로드하고 변경할 내용을 프롬프트로 입력하면, AI가 형태를 자동으로 파악하여 필요한 조정을 수행합니다. 이 기능은 외부 이미지 편집기와 통합되어 있어 이미지를 확장하거나 자르고, 새로운 요소를 추가하는 등의 작업이 가능하며, 얼굴 표정 변경, 배경 교체 등 세밀한 수정 작업도 지원합니다.

예를 들어, 이미지 리텍스처링 모드를 선택한 후 원본 이미지를 업로드하고 프롬프트에 "Webtoon style"을 입력해 새로운 스타일을 적용할 수 있습니다. 이후 프롬프트에 옵션을 추가하는 방식으로 원하는 스타일을 더욱 세밀하게 조정할 수 있습니다.

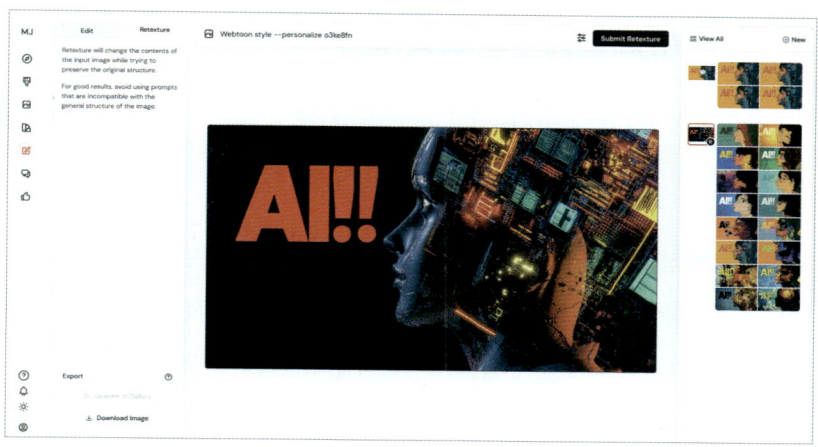

원본에 웹툰 스타일을 적용한 이미지

이외에도 이미지 리텍스처링 모드는 기존 이미지를 그대로 활용해 일러스트, 카툰, 반 고흐 등 원하는 대로 새로운 스타일로 재생성할 수 있어 다채로운 작업이 가능합니다.

이미지 프롬프트 작성하기

이미지를 생성하는 과정의 핵심은 프롬프트입니다. 프롬프트를 통해 원하는 이미지의 스타일, 구도, 분위기와 같은 요소를 설명하여 원하는 이미지를 생성할 수 있습니다. 의도에 맞는 세밀한 이미지를 생성하려면 프롬프트를 작성할 때는 다음과 같은 요소들을 포함해야 합니다.

- **스타일**: 원하는 이미지의 시각적, 미적 특징을 설명합니다. 예를 들어, "수채화 스타일", "고전적 유화", "픽셀 아트", "사진 리얼리즘"과 같은 구체적인 스타일을 지정할 수 있습니다. 스타일을 명확히 정의하면 미드저니는 해당 스타일에 맞춰 이미지를 생성합니다.
- **구도**: 이미지에 등장할 인물이나 사물의 배치와 시점을 설명합니다. 예를 들어, "낮은 각도에서 본 도시의 풍경", "중앙에 배치된 인물", "넓은 배경을 가진 산의 경치" 등과 같은 구체적인 구도가 필요합니다. 구도는 이미지의 분위기와 시각적 효과에 큰 영향을 미치는 중요한 요소입니다.
- **분위기**: 이미지의 감정적 톤이나 느낌을 표현하는 요소로, "어두운", "따뜻한", "몽환적인", "차가운" 등의 단어로 설명합니다. 분위기는 색상, 조명 그리고 전반적인 이미지의 감각적 요소를 결정하는 중요한 부분입니다.

이처럼 스타일, 구도, 분위기 3가지 요소를 모두 포함해 프롬프트를 작성하면 다음과 같은 고품질 이미지를 생성할 수 있습니다.

 한글: 활기찬 도시 거리에서 그래피티로 덮인 벽에 기대어 서 있는 20세 여성을 묘사하고 있습니다. 이미지의 분위기를 살리기 위해, 밝고 따뜻한 황금빛이 더해진 생생한 색조로 촬영된 여성의 표정은 편안하면서도 자신감이 넘치는 모습입니다.

영어: A 20-year-old woman standing on a vibrant city street, leaning against a wall covered in graffiti. Her expression, shot in vivid colors with warm golden shades, is comfortable and confident.

이미지 옵션: --ar 16:9 --style raw --v 6.1

이미지 옵션으로 추가한 "--ar 16:9 --style raw --v 6.1"은 이미지 비율을 16:9로 지정하고, --style raw와 --v 6.1 옵션을 사용하여 보다 정밀하고 사실적인 이미지를 원한다는 뜻입니다. --style raw 옵션은 미드저니가 과도하게 예술적이거나 과장된 스타일을 적용하는 대신, 현실에 가까운 디테일과 텍스처를 표현하도록 합니다.

프롬프트 옵션 작업은 원하는 이미지에 따라 매번 다르게 설정해야 하기 때문에, 다양한 설정 방법을 익히는 과정이 필요합니다. 처음에는 기본 설정으로 시작하고, 이후 조금씩 값을 변경해가며 이미지를 생성하면서 경험을 쌓는 것이 중요합니다. 특히 프롬프트에 따라 정확한 이미지가 생성되는지 확인하며 노하우를 축적한 후, 점차 고급 설정으로 나아가면 효과적입니다.

동적인 표현을 정적인 표현으로 바꾸기

미드저니 이미지 프롬프트의 핵심은 한 장의 이미지로 전달할 내용을 정확하고 구체적으로 설명하는 것입니다. AI가 이를 정확하게 해석하고 원하는 결과를 생성하려면 프롬프트가 단순하고 명확해야 하며 한 장의 이미지로 충분히 표현 가능한 정보만을 포함해야 합니다. 프롬프트 작성 시에는 복잡하거나 모호한 표현을 피하고 AI가 쉽게 이해할 수 있는 직관적인 단어를 사용하는 것이 중요합니다.

프롬프트 작성에서 자주 발생하는 실수 중 하나는 AI가 한 장의 이미지로 표현하기 어려운 복잡하거나 동적인 내용을 포함하는 것입니다. AI는 정적인 이미지를 생성하므로, 동작이나 움직임을 표현하는 것은 해석을 어렵게 만들어 원하는 결과와 다른 이미지가 생성될 가능성이 높아집니다.

예를 들어, "남자는 노트북 앞에서 글쓰기를 하고 있다."라는 문장은 '글쓰기'라는 동작을 포함하고 있어 AI가 이를 정적인 이미지로 표현하기 어렵습니다. AI는 글쓰기와 같은 동적인 활동을 고정된 순간으로만 표현할 수 있기 때문에, 원하는 결과가 나오지 않을 수 있습니다. 문제는 남자가 글쓰기를 위해 손에 펜을 들고 노트북에 글을 쓰고 있는 모습이 함께 생성되는 것입니다.

동적인 표현으로 잘못 생성된 이미지

이러한 경우에는 "남자는 노트북 앞에 앉아 있다." 또는 "남자는 노트북 화면을 응시하고 있다."와 같이 상태를 정적으로 묘사하는 것이 효과적입니다. 추가로 "남자의 손은 키보드 위에 놓여 있고, 얼굴에는 환한 미소가 있다. 남자는 측면에서 보인다."와 같은 세부 묘사를 덧붙이면 더욱 구체적이고 명확한 이미지를 생성할 수 있습니다.

남자는 노트북 앞에 앉아 화면을 응시하고 있다. 남자의 손은 키보드 위에 놓여 있고, 얼굴에는 환한 미소가 있다. 그는 측면에서 보인다. 현대적인 사무실, 따뜻한 조명 속에서 작업 중

또한, "나뭇잎이 바람에 흔들리고 있다."와 같은 표현도 AI가 해석하기 어려운 동적인 요소를 포함하고 있습니다. 이 경우 "나뭇잎이 나무에 간신히 매달려 있다."와 같은 정적인 묘사로 바꾸면 AI가 더욱 명확하게 이미지를 생성할 수 있습니다. 동적인 표현을 정적인 설명으로 바꾸는 것은 프롬프트 작성 시 필수입니다. 다음 예시를 통해 흔히 사용하기 쉬운 동적인 표현을 정적인 표현으로 수정하는 방법을 파악할 수 있습니다.

동적인 표현을 정적인 표현으로 바꾸기

예시 ①
- 동적: "여자의 머리카락이 바람에 휘날리고 있다."
- 정적: "여자의 머리카락은 바람에 자연스럽게 흩어진 모습이다."

예시 ②
- 동적: "아이들이 잔디 위에서 공을 차며 놀고 있다."
- 정적: "아이들이 잔디 위에서 공과 함께 서 있다. 공을 차려 한 발을 들어 올린 모습이다."

예시 ③
- 동적: "강아지가 공을 쫓아 잔디 위를 달리고 있다."
- 정적: "강아지가 잔디 위에 서서 공을 바라보고 있다. 신난 표정이다."

챗GPT를 활용한 이미지 프롬프트 작성하기

프롬프트는 사용자가 직접 작성할 수도 있지만 챗GPT, 클로드와 같은 텍스트 생성 AI의 도움을 받아 더 구체적이고 세부적으로 작성하는 방법도 있습니다. 텍스트 생성 AI를 활용하면 이미지의 디테일과 품질을 높일 뿐만 아니라 긴 프롬프트를 작성하는 대신 간단하게 주제만 던져도 완성된 프롬프트를 받을 수 있습니다. 특히 미드저니와 같이 주로 영어 데이터세트를 기반으로 훈련된 AI는 영어로 프롬프트를 입력했을 때 더 자연스럽게 해석하여 적합한 이미지를 생성하는 경향이 있습니다. 따라서 챗GPT와 같은 텍스트 생성 AI에서 미드저니에 입력할 이미지 프롬프트를 요청하면 한글과 영어를 자유자재로 출력할 수 있어 언어의 장벽을 낮추는 역할도 합니다.

예를 들어 챗GPT로 "활기찬 도시 거리의 낙서로 뒤덮인 벽에 기대어 서 있는 20세 여성"이라는 주제를 입력하고 미드저니에 사용할 이미지 프롬프트 생성을 요청하면 다음과 같이 구체적인 프롬프트를 영어로 작성해 줍니다.

챗GPT에 이미지 프롬프트 요청하기

"활기찬 도시 거리의 낙서로 뒤덮인 벽에 기대어 서 있는 20세 여성"을 주제로, 미드저니 버전 6.1에 사용할 이미지 프롬프트를 작성해 주세요.

한글: 활기찬 도시 거리에서 20세 여성이 그래피티로 덮인 벽에 기대어 있습니다. 그녀는 루즈 핏 재킷, 찢어진 청바지, 멋진 스니커즈 등 캐주얼한 도시 스트리트웨어를 입고 있습니다. 그녀의 표정은 자신감 있고 여유로우며, 한 손은 주머니에 넣고 다른 손으로는 커피 컵을 들고 있습니다. 그녀 뒤의 벽은 추상적인 형태와 생동감 넘치는 색상, 그리고 거리 예술 모티프가 어우러진 화려한 그래피티로 가득 차 있습니다. 배경에는 사람들이 걷고 차들이 지나가는 도시의 분주한 일상이 흐릿하게 보이며, 역동적이고 활기찬 분위기를 자아냅니다.

영어: A vibrant city street with a 20-year-old woman leaning against a graffiti-covered wall. She is casually dressed in urban streetwear – a loose-fitting jacket, ripped jeans, and stylish sneakers. Her expression is confident and relaxed, with one hand in her pocket and the other holding a coffee cup. The wall behind her is filled with colorful graffiti art, featuring abstract shapes, vibrant colors, and street art motifs. The background shows blurred motion of city life with people walking and cars passing by, creating a dynamic and bustling atmosphere. —v 6.1

이처럼 챗GPT를 활용하면 구도, 색감, 분위기 등을 세밀하게 설명해 주어 초보자는 물론 전문가도 다양하고 창의적인 결과물을 얻는 데 큰 도움이 됩니다. 이렇게 챗GPT가 작성한 이미지 프롬프트를 미드저니에 입력하면 다음과 같은 이미지를 생성합니다.

챗GPT가 작성한 프롬프트로 이미지 생성하기

 vibrant city street with a 20-year-old woman leaning against a graffiti-covered wall. She is casually dressed in urban streetwear - a loose-fitting jacket, ripped jeans, and stylish sneakers. Her expression is confident and relaxed, with one hand in her pocket and the other holding a coffee cup. The wall behind her is filled with colorful graffiti art, featuring abstract shapes, vibrant colors, and street art motifs. The background shows blurred motion of city life with people walking and cars passing by, creating a dynamic and bustling atmosphere. —v 6.1

GPT 앱을 활용한 이미지 프롬프트 작성하기

챗GPT가 제공하는 다양한 GPT 앱에는 미드저니 프롬프트를 작성해 주는 미드저니 전용 GPT 앱도 존재합니다. 이러한 앱을 사용하면 기본적인 주제만 입력해도 전문적인 프롬프트를 생성할 수 있어 카메라, 앵글, 색감, 조명 등 이미지에 대한 깊은 이해가 없어도 고품질 이미지 생성을 위한 프롬프트를 쉽게 작성할 수 있습니다.

특히 미드저니 6.1 버전에 특화된 'Midjourney V6.1 − Photorealistic Image Prompts'는 높은 평점과 좋은 피드백을 받은 프롬프트를 참고하여 간단한 키워드 몇 개만으로도 고품질 프롬프트를 생성해 줍니다.

미드저니 V6.1 버전 특화된 GPT 'Midjourney V6.1 − Photorealistic Image Prompts'

이 GPT는 사용자가 원하는 장면이나 이미지를 간단히 설명하면 이를 기반으로 이미지 프롬프트를 생성합니다. 사용자는 프롬프트의 길이와 구체적인 정도를 자유롭게 조정할 수 있고, GPT는 사용자의 의도를 분석해 세부 사항을 자동으로 추가합니다.

예를 들어, 사용자가 "활기찬 도시 거리의 낙서로 뒤덮인 벽에 기대어 서 있는 20세 여성"이라는 설명을 입력하면 GPT는 다음과 같은 프롬프트를 생성합니다.

GPT 앱에 이미지 프롬프트 요청하기

 "활기찬 도시 거리의 낙서로 뒤덮인 벽에 기대어 서 있는 20세 여성"을 주제로 미드저니 버전 6.1에 사용할 이미지 프롬프트를 작성해 주세요.

 한글: 활기찬 도시 거리에서 서 있는 20세 여성을 중간 거리에서 촬영한 장면입니다. 그녀는 그래피티로 뒤덮인 벽에 기대어 있으며, 표정은 걱정 없이 자신감이 넘칩니다. 부드러운 저녁 햇빛이 긴 그림자를 드리우고 있으며, Canon EOS-1D X Mark III 카메라와 50mm f/1.4 렌즈로 촬영되었습니다. 생동감 있는 색감에 따뜻한 황금빛이 살짝 더해져 있습니다.

영어: A medium shot of a 20-year-old woman standing in a vibrant urban street, her expression is carefree and confident as she leans against a graffiti-covered wall, soft evening light casting long shadows, shot with a Canon EOS-1D X Mark III, 50mm f/1.4 lens, vibrant colors with a touch of warm golden hues.

사용자가 명시하지 않은 부분도 자동으로 추가한 것은 물론이고 챗GPT보다 촬영 앵글, 카메라, 색감 등에 대한 요소가 더욱 구체적이고 전문적인 것을 확인할 수 있습니다. 이 프롬프트를 미드저니에 입력하고 생성한 이미지는 다음과 같습니다.

GPT가 작성한 프롬프트로 이미지 생성하기

A medium shot of a 20-year-old woman standing in a vibrant urban street, her expression is carefree and confident as she leans against a graffiti-covered wall, soft evening light casting long shadows, shot with a Canon EOS-1D X Mark III, 50mm f/1.4 lens, vibrant colors with a touch of warm golden hues.

이 예시를 통해 프롬프트의 세부 조정이 얼마나 효과적으로 이미지의 질을 높이는지를 알 수 있습니다. 또 다른 예시로, 이번에는 주제 설정부터 배경, 앵글 샷까지 포함해 좀 더 세부적으로 작성한 프롬프트를 요청해 보겠습니다.

다음 내용을 미드저니 버전 6.1에 사용할 이미지 프롬프트로 작성해 주세요.

"와이드 샷, 도심 속 세련된 스타일 카페, 카페는 전체적으로 큰 유리창으로 구성되어 있고, 유리창 너머에는 도로가 보인다. 카페 공간 왼쪽에는 커피 주문을 할 수 있으며 담당 직원이 서 있다. 오른쪽에 하나의 테이블이 있고 한명의 젊은 여성이 앉아 있고, 전체적으로 공간이 넓으며 한적하다. 전체적인 색상은 분위기가 좋다."

한글: 큰 유리창을 통해 도시 도로가 보이는 세련된 도시 카페를 넓게 촬영한 장면입니다. 카페 내부는 넓고 고요하며, 스타일리시한 디자인으로 꾸며져 있습니다. 왼쪽에는 주문을 받을 준비를 하고 있는 직원이 서 있는 커피 카운터가 있고, 오른쪽에는 한 여성이 앉아 여유로운 시간을 즐기고 있는 테이블이 하나 있습니다. 전체적인 분위기는 차분하고 아늑하며, 균형 잡힌 색상으로 따뜻하고 편안한 느낌을 강조하고 있습니다. 유리창을 통해 들어오는 자연광이 부드러운 하이라이트와 그림자를 만들어 장면에 깊이를 더해줍니다. Canon EOS-1D X Mark III와 24mm 렌즈로 촬영되었으며, 풍부하고 따뜻한 톤으로 표현되었습니다.

영어: A wide shot of a sophisticated urban café with large glass windows, revealing a view of a city road outside. The interior of the café is spacious and serene, with a stylish design. On the left side, there is a coffee counter where a staff member is standing, ready to take orders. On the right, a single table with a young woman seated, enjoying her time. The overall ambiance is calm and inviting, with well-balanced colors that enhance the warm and cozy atmosphere. The natural light filtering through the glass creates soft highlights and shadows, adding depth to the scene. Shot with a Canon EOS-1D X Mark III, 24mm lens, in rich, warm tones.

이 프롬프트로 미드저니에서 생성한 이미지는 다음과 같습니다.

 A wide shot of a sophisticated urban café with large glass windows, revealing a view of a city road outside. The interior of the café is spacious and serene, with a stylish design. On the left side, there is a coffee counter where a staff member is standing, ready to take orders. On the right, a single table with a young woman seated, enjoying her time. The overall ambiance is calm and inviting, with well-balanced colors that enhance the warm and cozy atmosphere. The natural light filtering through the glass creates soft highlights and shadows, adding depth to the scene. Shot with a Canon EOS-1D X Mark III, 24mm lens, in rich, warm tones.

이 예시는 프롬프트를 작성할 때 구체적인 세부 사항을 추가하여 보다 정밀하고 생동감 있는 이미지를 생성하는 방법을 보여줍니다.

정교한 프롬프트를 위한 샷 & 앵글 용어

카메라 샷과 앵글은 이미지나 영상에서 장면을 어떻게 표현할지 결정하는 중요한 요소입니다. 적절한 샷과 앵글을 활용하면 감정, 분위기, 스토리를 더 효과적으로 전달할 수 있고, 샷과 앵글을 다양하게 조합해 장면에 깊이와 몰입감을 더해 창작자의 의도와 메시지를 강렬하게 표현할 수 있습니다.

이미지를 생성할 때는 주제와 세부 내용을 명확하게 표현하는 것만으로도 원하는 이미지를 효과적으로 만들 수 있지만 카메라 샷과 앵글을 이해하고 적절한 용어로 반영한다면 더 높은 퀄리티의 이미지를 얻을 수 있습니다. 따라서 이미지나 장면 구성에 도움이 될 카메라 샷과 다양한 앵글의 종류를 살펴보겠습니다.

먼저 샷Shot이란 특정 시간 동안 촬영한 영상의 단위로, 주로 카메라와 피사체의 거리 또는 담기는 피사체의 범위로 나뉩니다.

7가지 기본 카메라 샷

- **와이드 샷**Wide Shot : 피사체보다 장소를 강조하는 샷으로, 장소와 사건을 객관적으로 보여줄 때 사용합니다(예: 영화 도입부나 전환점에서 사용).
- **익스트림 와이드 샷**Extreme Wide Shot : 피사체가 거의 보이지 않을 정도로 멀리서 촬영하여 장면의 분위기를 강조합니다. 프롬프트에서 피사체 묘사를 줄이면 효과적입니다.
- **풀 샷**Full Shot : 피사체의 전신이 프레임에 담기는 샷으로, 인물의 전체적인 동작과 주변 환경을 설명하는 데 적합합니다(예: 액션 영화의 액션 장면).
- **미디엄 샷**Medium Shot : 피사체의 머리부터 허리까지 노출하는 샷으로, 대화 장면에서 자연스럽게 인물의 감정을 잘 표현합니다.

- **미디엄 클로즈업 샷**Medium Close-Up Shot : 머리부터 어깨까지 노출하는 샷으로, 인물의 얼굴과 감정을 더 세밀하게 보여줍니다.
- **클로즈업 샷**Close-Up Shot : 얼굴을 기준으로 목까지 노출하는 샷으로, 강한 감정을 드러내는 장면에서 효과적입니다.
- **익스트림 클로즈업 샷**Extreme Close-Up Shot : 눈이나 특정 부위를 강조하는 샷으로, 중요한 정보를 전달하거나 강렬한 감정을 표현합니다.

이처럼 카메라 샷의 종류를 알면 사용자의 의도를 보다 정확하게 전달할 수 있습니다. 단, 샷을 제대로 표현하는 프롬프트를 작성하기 위해서는 주의할 점이 있습니다. 예를 들어, 머리부터 발끝까지 전신을 표현하는 풀 샷 이미지를 생성할 때는 특히 프롬프트에 충분한 세부 정보가 필요합니다. 이미지 생성 AI는 프롬프트에 제공된 정보를 바탕으로 이미지를 해석하기 때문에 전신 표현에 대한 명확한 지시가 프롬프트에 포함되어야 합니다. "도시 거리에서 서 있는 여성"이라고만 입력하면 배경과 인물의 상반신에 초점을 맞춘 이미지를 생성할 가능성이 높습니다. 풀 샷을 정확하게 표현하려면 프롬프트에 "머리부터 발끝까지" 또는 "전체 몸이 보이는"과 같은 구체적인 설명을 포함해야 합니다.

한글: 머리부터 발끝까지 전신이 보이는 여성의 풀 샷. 활기찬 도시 거리를 걷고 있음. 가로등과 벤치가 있는 배경. 전체적인 몸의 비율이 잘 맞도록 촬영한 모습.

영어: A full-body shot of a woman, seen from head to toe, walking through a vibrant city street. The background includes streetlights and benches. The proportions of her body are well-balanced in the shot.

앵글Angle이란 카메라가 피사체를 바라보는 각도를 뜻합니다. 각도에 따라 피사체가 전달하는 느낌과 분위기를 다르게 만들 수 있습니다. 다음은 8가지 주요 카메라 앵글과 설명입니다.

8가지 주요 카메라 앵글 용어

- **하이 앵글**High Angle : 피사체보다 위에서 촬영하여 무력함과 작음을 표현합니다.
- **익스트림 하이 앵글**Extreme High Angle : 드론샷이나 버드아이뷰로 배경과 상황을 더 광범위하게 보여줍니다. 드론 촬영으로 도시의 전체적인 모습을 포착하여 배경을 넓게 보여주는 것이 대표적인 익스트림 하이 앵글입니다.
- **로우 앵글**Low Angle : 피사체보다 아래에서 촬영하여 강함과 위압감을 표현합니다.
- **익스트림 로우 앵글**Extreme Low Angle : 거의 발 밑에서 촬영하여 피사체를 더 위협적으로 보이게 합니다. 이 앵글은 극단적인 시각적 효과를 통해 인물의 존재감을 극대화합니다.
- **정면 샷**Front Shot : 피사체를 정면에서 촬영하여 감정을 직접 전달합니다. 인물의 표정과 감정이 화면을 통해 강렬하게 전달됩니다.

- **측면 샷**Side Shot : 피사체와의 거리를 표현해 상황을 객관적으로 보여줍니다. 이 샷은 인물 간의 거리감과 상황을 균형 있게 보여줍니다.
- **후면 샷**Rear Shot : 피사체의 뒷모습을 촬영하여 외로움이나 희생 등을 표현합니다. 피사체의 뒷모습이 주는 외로움과 거리감을 강조할 수 있습니다.
- **더치 앵글**Dutch Angle : 카메라를 기울여 촬영해 불안정함과 혼란스러움을 전달합니다. 이 앵글은 긴장감과 불안감을 시각적으로 표현하는 데 효과적입니다.

이러한 카메라 앵글을 잘 활용하면 시각적으로 더욱 다채롭게 만들고, 장면에 감정적 깊이를 더할 수 있습니다.

▶ 일관성 있는 이미지 생성하기

미드저니의 이미지 에디터 오른쪽 하단에는 기존에 생성한 이미지나 업로드한 이미지를 재사용할 수 있는 'Use' 기능이 있습니다. 이 기능은 이미지 스타일이나 캐릭터의 일관성을 가져가면서 여러 가지 이미지를 생성할 수 있어 반복 작업에 드는 시간을 절약하고 일관된 비주얼 스타일을 유지할 수 있습니다.

Use에는 [Image], [Style], [Prompt]라는 3가지 주요 옵션이 있습니다. 각 옵션의 자세한 기능은 다음과 같습니다.

- **Image**: 미드저니에서 생성한 이미지를 다양한 작업에 재사용하는 기능입니다. 특정 프로젝트에서 사용한 이미지를 다른 프로젝트에 활용하거나, 추가 편집 작업의 기초 이미지로 사용할 수 있습니다. 동일한 이미지를 여러 목적에 맞게 활용할 수 있으며 이미지의 구도, 색

감, 스타일을 새로 생성하는 이미지에 반영할 수 있습니다. 이를 통해 광고 배너나 소셜 미디어 게시물에서도 일관된 비주얼 스타일을 유지하여 브랜드 이미지의 통일성을 높이는 데 매우 효과적입니다.

- **Style**: 특정 이미지의 스타일을 저장해 다른 이미지 생성 시 재사용할 수 있는 기능으로, 동일한 예술적 표현, 시대적 분위기 또는 시각적 효과를 새로 생성되는 이미지에 일관되게 적용할 수 있습니다. 이는 브랜드나 프로젝트에서 일관된 비주얼 아이덴티티를 제작하는 데 매우 유용합니다. 다양한 시각적 스타일을 저장하고 재사용하면 회화, 사진, 일러스트, 3D 렌더링 등 다양한 스타일을 반영할 수 있으며, 특정 시대의 예술 스타일도 적용할 수 있습니다. 뿐만 아니라 수채화, 유화, 디지털 아트 등 다양한 특성을 이미지에 부여하여 풍부하고 다채롭게 표현할 수 있습니다.

- **Prompt**: 생성된 이미지의 프롬프트를 저장하여 유사한 주제나 스타일의 이미지를 반복적으로 생성할 때 다시 사용할 수 있습니다. 동일한 프롬프트를 여러 번 입력하는 번거로움을 줄이고 프로젝트 전반에 걸쳐 일관된 스타일을 유지할 수 있습니다.

이 3가지 기능은 Use 외에도 웹 버전 이미지 에디터의 프롬프트 입력 창에 이미지를 업로드하면 이미지 하단의 아이콘으로 이용할 수 있습니다. 아이콘은 왼쪽부터 캐릭터 레퍼런스, 스타일 레퍼런스, 이미지 레퍼런스 기능입니다.

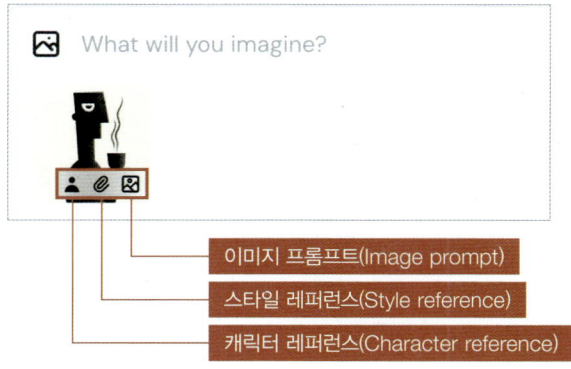

캐릭터 레퍼런스Character Reference는 일관성 있는 캐릭터 이미지를 쉽게 만들 수 있는 기능으로, 특정 캐릭터의 기본 이미지와 스타일을 설정하면 이를 유지한 채 여러 상황이나 포즈로 이미지를 생성할 수 있어 매우 유용합니다. 이 기능은 스토리텔링, 게임 디자인, 만화 작업 등에서 동일한 인물의 여러 표정, 동작, 배경을 일관되게 표현할 때 활용할 수 있습니다.

이미지 재사용 기능을 사용하는 또 다른 경로는 미드저니 웹 사이트의 'Create' 페이지에 이미지를 업로드하는 방법입니다. 프롬프트 창 왼쪽에 있는 이미지 아이콘에 이미지를 드래그하여 이미지를 업로드하거나 자주 사용하는 이미지를 사용자 계정의 [Manage Uploads]에 등록하여 관리할 수 있습니다.

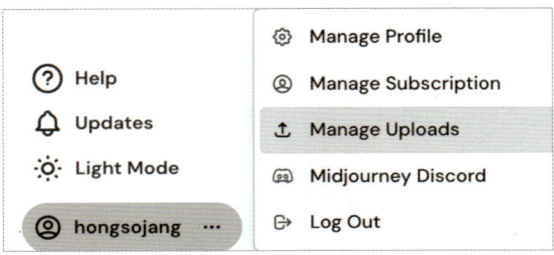

자주 사용하는 이미지를 관리하는 [Manage Uploads] 기능

그렇다면 이 기능을 활용하여 일관성 있는 분위기, 캐릭터 그리고 동일 인물의 다양한 연령대를 표현한 이미지들을 생성해 보겠습니다.

일관성 있는 분위기 만들기

레퍼런스 기능을 사용해 일관성 있는 분위기의 이미지를 여러 장 생성하는 과정을 소개합니다. 먼저 미드저니에서 작업할 기본 이미지를 선택합니다. 생성 AI의 특성상 동일한 프롬프트를 사용하더라도 완전히 같은 결과가 나오지 않을 수 있으므로 원하는 결과에 맞게 추가적인 설정이 필요할 수 있습니다. 이 단계에서는 참고할 이미지의 스타일과 구성을 잘 파악하고, 이를 기반으로 사용할 이미지를 선택합니다.

이미지를 선택했다면 [Image]와 [Style] 옵션을 추가합니다. 이 옵션을 지정하면 동일한 프롬프트로 유사한 스타일의 이미지를 생성할 수 있습니다. 앞서 선택한 이미지를 참조하여 프롬프트에 추가하면 해당 이미지의 스타일과 구성이 반영된 새로운 이미지를 생성할 수 있습니다. 이때 색감, 질감, 구도 등을 고려하여 최적의 스타일링을 설정합니다.

참고할 이미지를 활용해 새로운 이미지 생성하기

이미지와 스타일 옵션을 추가한 다음 결과물을 더욱 세밀하게 조정하기 위해 프롬프트를 수정합니다. 이 단계에서는 배경이나 조명 효과, 특정 개체의 위치 등 원하는 세부 사항이나 추가 요소를 프롬프트에 반영해 더 구체적인 결과를 얻습니다.

프롬프트로 새롭게 생성한 이미지

이미지를 사용하지 않고 프롬프트에서 설정한 스타일에 맞춰 새로운 이미지를 생성할 수도 있습니다. 이 방법은 기존 스타일을 유지하면서 각도나 구도, 질감 등 다양한 변형을 시도할 수 있어 유연한 결과물을 얻는 데 유용합니다.

프롬프트에서 설정한 스타일로 생성한 이미지

또는 외부에서 가져온 이미지를 활용해 스타일을 재현하거나 참고하여 마케팅 자료를 만들거나 일관된 비주얼 스타일을 유지하면서 새로운 이미지를 생성할 수 있습니다. 이 과정 역시 앞서 설명한 이미지 업로드 방법을 참조하여 작업이 가능합니다.

일관성 있는 캐릭터 만들기

많은 기업에서 브랜딩 스토리를 효과적으로 전달하기 위해 캐릭터를 활용합니다. 이를 위해 미드저니는 앞서 살펴본 '캐릭터 레퍼런스'라는 기능을 제공합니다. 이 기능을 활용해 동일한 캐릭터의 비주얼을 유지하면서도 다양한 표정, 포즈, 배경을 유지할 수 있습니다.

일관성의 정도는 캐릭터 가중치 Character Weight로 --cw 매개변수를 사용하여 조절할 수 있습니다 매개변수는 0에서 100 사이 값을 사용합니다. 0은 얼굴만 유지하고 의상이나 헤어스타일 등을 변경할 때, 100은 얼굴, 머리카락, 의상을 유지하고 그 외 배경을 변경할 때 사용합니다.

다음은 캐릭터를 생성한 후 캐릭터 레퍼런스와 스타일 레퍼런스를 이용한 다양한 프롬프트 수정으로 일관성 있는 이미지를 생성한 예입니다.

캐릭터 레퍼런스로 캐릭터를 유지하고 다양한 장면을 생성한 예시

캐릭터 레퍼런스를 활용해 일관성 있게 생성한 이미지의 활용 사례는 다음과 같습니다.

- **제품 모델 촬영 시 일관성 유지**: 제품 이미지나 마케팅 자료의 일관성을 유지할 수 있습니다. 동일한 모델이 다양한 배경에서 여러 제품을 들고 있는 이미지를 생성하되 모델의 얼굴과 스타일을 일관되게 유지할 수 있습니다.
- **브랜딩 스토리텔링에서 캐릭터의 연속성 유지**: 브랜드 스토리텔링에서 동일한 캐릭터가 여러 스토리라인에 등장할 때 캐릭터의 일관된 비주얼을 유지하면서 표정과 행동을 다양하게 표현할 수 있습니다.
- **일러스트에서 캐릭터의 일관성 유지**: 동화책이나 일러스트레이션 시리즈에서 주인공 캐릭터의 얼굴과 스타일을 유지하면서도 다양한 배경과 포즈로 스토리를 이어갈 수 있습니다.

이처럼 미드저니의 일관성 있는 캐릭터 이미지 생성 기능은 브랜딩, 마케팅, 스토리텔링, 출판 등 다양한 분야에서 유용하게 활용할 수 있습니다. 일관성 있는 이미지 생성은 캐릭터뿐만 아니라 앞서 언급한 스타일 레퍼런스와도 함께 사용해 전체적인 비주얼 통일성을 유지하면서도, 필요한 경우 변화를 줄 수 있는 유연성을 확보할 수 있습니다. 예를 들어, 브랜드 아이덴티티를 유지하는 동시에 다양한 시나리오와 콘셉트에 맞는 이미지를 생성할 때 어느 정도의 일관성을 가질지를 결정하여 작업을 진행할 수 있습니다.

그렇다면 앞서 생성한 20세 여성 이미지를 활용하여 캐릭터를 유지하되 표정, 배경을 다양하게 설정하는 방법을 소개합니다. 먼저 캐릭터를 유지하면서 새로운 이미지를 생성하기 위해 챗GPT에게 이미지 프롬프트를 요청합니다.

카페에서 책을 읽는 20세 여성의 이미지 생성을 위한 미드저니 프롬프트를 작성해 주세요.

한글: 창가에 앉아 책을 읽고 있는 20세 여성의 미디엄 샷입니다. 긴 갈색 머리를 가진 그녀는 집중한 듯 차분한 표정을 짓고 있으며, 따뜻한 햇살이 창문을 통해 비추는 아늑한 카페에 있습니다. 빈티지 장식이 주변의 부드러운 분위기를 더하고 있으며, 니콘 Z7 II 카메라와 85mm f/1.8 렌즈로 촬영되었습니다. 전체적인 색감은 따뜻하고, 은은한 앰버 톤이 가미된 muted 컬러로 표현되었습니다.

영어: A medium shot of a 20-year-old woman with long brown hair reading a book in a cozy café, her expression is focused and calm as she sits by a window with warm sunlight streaming in, the soft ambiance enhanced by vintage decor around her, shot with a Nikon Z7 II, 85mm f/1.8 lens, warm, muted colors with hints of amber tones.

이 프롬프트를 미드저니에 입력하고 캐릭터 레퍼런스 기능을 활용하겠습니다. 앞서 생성한 이미지를 프롬프트에 붙여 넣거나 이미지 URL을 복사해 창에 붙여 넣습니다. 이미지 URL은 생성한 이미지에 마우스 커서를 얹고 오른쪽 버튼을 클릭한 다음 [Copy image URL]을 클릭하면 자동 복사됩니다.

프롬프트 창에 이미지가 첨부되면 "Use as Character Ref [—cref]" 옵션이 나타납니다. [Shift] 키를 누른 상태에서 이미지를 선택하면 캐릭터 레퍼런스가 설정됩니다. 추가 스타일 레퍼런스도 함께 선택할 수 있습니다.

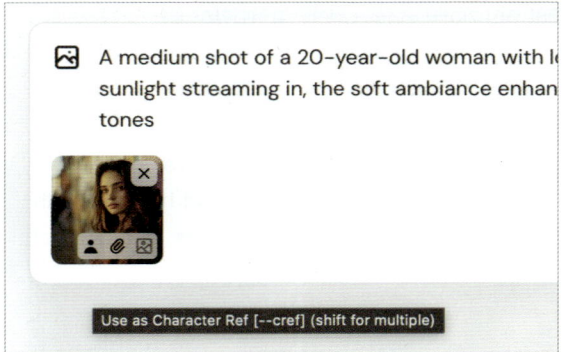

캐릭터 레퍼런스와 스타일 레퍼런스를 함께 선택하면 첨부한 이미지 하단의 아이콘이 다음과 같이 2개가 뜨는 것을 확인할 수 있습니다.

이미지 프롬프트와 레퍼런스 이미지, 캐릭터 레퍼런스와 스타일 레퍼런스 설정을 마쳤다면 –cw 매개변수는 100으로 설정하고 프롬프트를 실행해 이미지 생성을 요청합니다. 다음과 같이 레퍼런스 이미지의 캐릭터를 유지하면서 배경이 바뀐 것을 확인할 수 있습니다.

 A medium shot of a 20-year-old woman with long brown hair reading a book in a cozy café, her expression is focused and calm as she sits by a window with warm sunlight streaming in, the soft ambiance enhanced by vintage decor around her, shot with a Nikon Z7 II, 85mm f/1.8 lens, warm, muted colors with hints of amber tones.
—cw 100

이번에는 캐릭터 레퍼런스 방법을 사용하여 길거리에서 남자와 대화하는 장면을 추가했습니다. 대화 장면의 효과를 극대화하기 위해 "Over the Shoulder Conversation Shot" 카메라 샷을 함께 적용했습니다.

한글: 붐비는 도시 거리에서 한 남성과 활발하게 대화를 나누는 20세 여성의 오버 더 숄더 샷입니다. 그녀의 표정은 생동감 넘치고 대화에 몰입한 듯하며, 도시의 저녁 불빛들이 배경에서 부드럽게 흐릿하게 보입니다. 소니 A7S III 카메라와 50mm f/1.4 렌즈로 촬영되었으며, 색감은 선명하고 보케 효과가 두 사람의 상호작용을 돋보이게 합니다.

영어: An over-the-shoulder shot of a 20-year-old woman engaged in a lively conversation with a man on a bustling city street, her expression is animated and engaging, the city's evening lights blur softly in the background, shot with a Sony A7S III, 50mm f/1.4 lens, vibrant colors with a bokeh effect highlighting their interaction.

이렇게 캐릭터 레퍼런스와 스타일 레퍼런스를 활용해 캐릭터의 일관성을 유지하면서 다양한 장면을 연출할 수 있습니다.

같은 캐릭터의 다른 연령대 이미지 만들기

이번에는 20대 여성이 50대와 70대로 나이가 들어가는 과정을 동일한 구도로 표현한 이미지를 생성해 보겠습니다. 이 과정에서 동일 인물의 고유한 특징과 스타일을 유지하면서도 각 연령대에 맞게 자연스러운 변화가 반영되어 나이 들어가는 모습을 구현했습니다. 이 작업은 미드저니에서 이미지와 스타일 옵션을 설정한 후 연령에 따른 얼굴 변화를 표현하기 위해 프롬프트를 조정하는 방식 그리고 Remix 모드와 시드 번호로 이미지를 변경하는 방식 2가지가 있습니다. 각 방식으로 이미지를 생성하는 과정을 소개하겠습니다.

프롬프트로 이미지 변경하기

프롬프트로 이미지를 변경하는 방법은 동일한 인물이 나이 들어가는 과정을 시각적으로 자연스럽고 명확하게 보여주는 데 매우 효과적입니다.

먼저 레퍼런스 이미지가 될 20대 여성의 이미지를 프롬프트로 생성합니다.

20대 여성 이미지 생성하기

 한글: 매끈한 피부와 긴 갈색 머리를 가진 20세 여성이 활기찬 도심 거리에서 그래피티로 덮인 벽에 기대어 서 있는 미디엄 샷입니다. 그녀의 표정은 차분하면서도 결연하며, 부드러운 저녁 햇살이 얼굴 윤곽을 강조하는 은은한 그림자를 드리우고 있습니다. 캐논 EOS-1D X Mark III 카메라와 50mm f/1.4 렌즈로 촬영되었으며, 생동감 있는 색감에 따뜻한 황금빛이 살짝 가미되어 있습니다.

 영어: A medium shot of a 20-year-old woman with smooth skin and long brown hair standing in a vibrant urban street, her expression is calm yet determined as she leans against a graffiti-covered wall, soft evening light casting gentle shadows that highlight the contours of her face, shot with a Canon EOS-1D X Mark III, 50mm f/1.4 lens, vibrant colors with a touch of warm golden hues.

이제 이 이미지의 스타일 레퍼런스를 유지하면서 프롬프트를 조금씩 수정해 50대와 70대 여성 이미지를 생성하면 됩니다. 이 작업에서 중요한 점은 각 연령대에 맞는 특징을 정확히 표현하는 것입니다.

50대 여성 이미지 생성하기

 한글: 주름이 뚜렷하고 반백 머리를 가진 50세 여성이 활기찬 도심 거리에서 그래피티가 가득한 벽에 기대어 서 있는 미디엄 샷입니다. 그녀의 표정은 지혜로우면서도 자신감이 넘치고, 부드러운 저녁 햇살이 얼굴의 주름을 강조하는 긴 그림자를 드리우고 있습니다. 캐논 EOS-1D X Mark III 카메라와 50mm f/1.4 렌즈로 촬영되었으며, 색감은 생동감 넘치고 따뜻한 황금빛이 살짝 가미되어 있습니다.

영어: A medium shot of a 50-year-old woman with noticeable wrinkles and salt-and-pepper hair standing in a vibrant urban street, her expression is wise yet confident as she leans against a graffiti-covered wall, the soft evening light casting long shadows that highlight the lines of her face, shot with a Canon EOS-1D X Mark III, 50mm f/1.4 lens, vibrant colors with a touch of warm golden hues.

70대 여성 이미지 생성하기

 한글: 주름이 깊고 흰 머리를 가진 70세 여성이 활기찬 도심 거리에서 그래피티로 덮인 벽에 기대어 서 있는 미디엄 샷입니다. 그녀의 표정은 차분하면서도 강인하며, 부드러운 저녁 햇살이 얼굴의 주름을 강조하는 긴 그림자를 드리우고 있습니다. 캐논 EOS-1D X Mark III 카메라와 50mm f/1.4 렌즈로 촬영되었으며, 생동감 있는 색감에 따뜻한 황금빛이 살짝 가미되어 있습니다.

영어: A medium shot of a 70-year-old woman with deep wrinkles and white hair standing in a vibrant urban street, her expression is calm yet resilient as she leans against a graffiti-covered wall, soft evening light casting long shadows that accentuate the lines on her face, shot with a Canon EOS-1D X Mark III, 50mm f/1.4 lens, vibrant colors with a touch of warm golden hues.

Remix 모드와 시드 번호로 이미지 변경하기

미드저니의 Remix 모드는 이미 생성된 이미지의 프롬프트와 매개변수를 수정하여 원본 이미지를 유지하면서 새로운 이미지를 생성하는 기능입니다. 옵션으로 Subtle(미세한 변화) 또는 Strong(큰 변화)을 선택해 새로운 느낌의 이미지를 생성할 수 있습니다. 이미지 생성 메뉴에서 [Remix → Strong]을 선택합니다.

이 과정에서 원본 이미지의 시드 번호를 활용하면 생성하는 이미지 간 일관성을 유지할 수 있습니다. 시드Seed 번호란 생성하는 이미지의 무작위성을 제어하기 위한 숫자로, 같은 시드 번호를 활용하면 동일한 이미지를 생성하거나 레퍼런스 이미지를 지정할 수 있습니다.

시드 번호는 이미지 생성 화면의 프롬프트 창에서 [더보기 ≡] 아이콘을 클릭한 다음 [Imagine → Copy → Seed]를 클릭하면 확인할 수 있습니다.

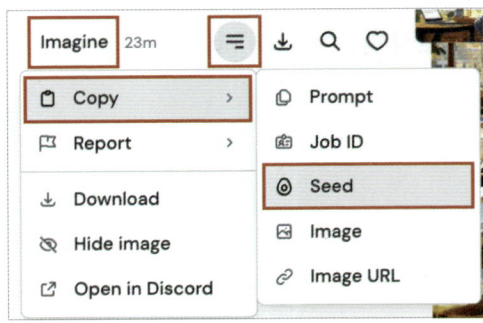

설정을 마쳤으면 이미지 프롬프트를 입력합니다. 프롬프트에서 생성할 캐릭터의 연령대는 "{50, 70}"이라 입력합니다. 이는 퍼뮤테이션 프롬프트Permutation Prompt라는 기법으로, 프롬프트 변형을 만들어내는 방식입니다. 예를 들어, {red, blue, yellow}와 같이 중괄호에 여러 옵션을 입력하면 각 색상에 대해 별도의 이미지를 생성합니다. 기본적으로 최대 4개의 옵션을 지정할 수 있습니다. 이 프롬프트에서는 변형할 연령대인 50, 70을 옵션으로 입력합니다.

마지막으로 앞서 복사한 시드 번호와 이미지 사이즈(ar 16:9), 스타일(style raw), 미드저니 버전(v 6.1)을 입력합니다. 프롬프트 입력을 마치고 이미지를 생성하면 프롬프트에서 지정한 퍼뮤테이션 프롬프트 옵션에 따라 2개의 연령대별 이미지가 생성됩니다.

 한글: 활기찬 도심 거리에서 그래피티가 가득한 벽에 기대어 서 있는 {50, 70}세 여성의 미디엄 샷입니다. 그녀의 표정은 자유롭고 자신감 넘치며, 부드러운 저녁 햇살이 긴 그림자를 드리우고 있습니다. 캐논 EOS-1D X Mark III 카메라와 50mm f/1.4 렌즈로 촬영되었으며, 생동감 있는 색감에 따뜻한 황금빛이 살짝 가미되어 있습니다.

영어: A medium shot of a {50, 70}-year-old woman standing in a vibrant urban street, her expression is carefree and confident as she leans against a graffiti-covered wall, soft evening light casting long shadows, shot with a Canon EOS-1D X Mark III, 50mm f/1.4 lens, vibrant colors with a touch of warm golden hues.
　—seed 4032063014
　—ar 16:9
　—style raw
　—v 6.1

이처럼 미드저니의 여러 기능을 활용해 동일한 캐릭터를 다양한 형태로 재생성할 수 있습니다. 이렇게 생성한 이미지는 브랜드 스토리텔링, 광고, 마케팅, 도서 등 여러 매체에서 유용하게 활용할 수 있습니다.

인터뷰 전시회로 나온 미드저니

조남경_미드저니 강사, 저서 『미드저니 프롬프트 마스터 가이드』

Q. 현재 어떤 일을 하고 계신가요?

안녕하세요. 저는 전직 IT 웹 기획자이자 프로그래머였다가 현재는 미드저니 커뮤니티를 운영하고 강의를 하고 있는 조남경이라고 합니다. 2024년 1월에 출간한 『미드저니 프롬프트 마스터 가이드』의 저자이기도 합니다.

Q. 미드저니로 이미지 만들게 된 계기는 무엇인가요? 어떤 이미지를 만드셨나요?

단순히 취미로 시작하게 되었어요. 미드저니와 스테이블 디퓨전 중 어떤 도구를 사용할지 고민하다 미드저니가 하드웨어 요구 사항이나 복잡성 면에서 간편하다는 점에서 미드저니로 시작해 점차 깊이 있게 공부하다 보니 책도 쓰고 강의도 하게 되었습니다. 지금까지도 미드저니는 이미지 생성 AI 중 품질 면에서 선두에 서 있는 도구죠. 사용자가 원하는 만큼의 퀄리티로 이미지를 생성해 낼 수 있어요. 다음은 제가 전시회에 출품했던 작품입니다.

a cup of coffee, oil painting, abstract —ar 3:4 —v 6

a cup of coffee, pop art style, simple —ar 3:4 —niji 6

Q. 이미지 프롬프트를 작성할 때 꼭 알아 두면 좋은 팁이 있다면?

프롬프트는 핵심만 간단히 쓰는 것이 중요합니다. 최근에는 AI의 자연어(영어) 처리 능력이 많이 개선되었지만, 여전히 복잡한 관계성을 설명할 때는 명확한 단어와 최소한의 문법으로 이루어진 간결한 프롬프트가 더 나은 결과를 냅니다.

이미지 프롬프트의 목적은 한 장의 이미지에 대한 설명을 정확하고 구체적으로 전달하는 것입니다. 즉, 한 장으로 표현할 수 없는 복잡한 서사나, 과하게 동적인 내용을 포함하면 AI가 제대로 이해하지 못해 원하는 결과물을 얻기 어렵습니다. 따라서 이미지로 표현할 수 있는 핵심 주제에 집중하고, 시각적 요소를 명확한 단어로 표현하는 것이 중요합니다. 예를 들어, 색상, 질감, 배경 등을 명확히 설명하면 결과물의 품질을 한층 더 높일 수 있습니다.

Q. 2024년 8월, 미드저니가 웹 사이트 서비스를 확장했습니다. 어떤 부분이 달라졌고 앞으로 어떤 부분이 달라질 거라 기대하시나요?

이미지 생성 AI의 기능이 점차 고도화되면서 미드저니 역시 디스코드라는 기존 플랫폼의 인터페이스로는 모든 기능을 지원하기가 어려워졌기 때문에 웹 서비스로 확장될 수밖에 없었다고 봅니다. 여전히 디스코드를 활용할 수도 있지만 앞으로 추가될 새로운 기능은 대부분 웹에서 구현될 것입니다. 거처를 웹으로 옮긴 미드저니의 확장성은 더 빨라질 것으로 예상됩니다. 더 정교한 이미지 생성과 편집은 물론이고 3D 이미지, 동영상 등 이미지가 필요한 더 넓은 분야로 뻗어갈 것이라는 기대가 있습니다.

Q. 현재 생성 AI의 수준은 어느 정도라고 보시나요?

전문가들에겐 아직까지 생성 AI의 결과물이 기존 작업 방식의 100%를 만족시키기는 어렵습니다. 대략 80% 정도의 완성도를 기대하는 것이 초기 서비스 개발 목적과도 맞습니다. 이런 AI의 한계를 인정하고, 나머지 20%를 채워 나갈 방법을 따로 개발하는 것이 AI의 생산성을 극대화하는 올바른 사용 방식입니다. 그러나 비전공자나 비전문가에겐 어떤 영역이든 AI를 활용해 기대하는 만큼의 결과물을 얻을 수 있으리라 생각합니다.

비록 현재는 100%를 만족시키진 못하지만, AI 성능은 매우 빠른 속도로 발전하고 있습니다. AI의 역할은 사용하는 사람들에 따라 다양하게 발전할 것이지만, 머지 않아 그 이상의 성능을 가지게 될 것입니다. 분명한 점은 거품이 꺼지고 갑자기 사라지는 한때의 기술이 아닐 것이라는 점입니다.

4부

영상의 완성도를 높이는 사운드 제작하기

08장

Suno로 배경 음악 제작하기

8장에서는 AI 기반 음악 생성 도구인 Suno를 사용해 배경 음악을 제작하는 방법을 다룹니다. Suno는 음악 이론이나 악기 연주에 대한 지식이 없어도, 텍스트 프롬프트만으로 다양한 장르와 스타일을 선택해 고유한 음악을 제작할 수 있습니다. 이 장을 통해 Suno의 주요 기능을 익히고, 이를 활용해 영상이나 콘텐츠에 맞는 배경 음악을 효율적으로 제작하는 방법을 배우게 될 것입니다.

Suno 시작하기

Suno는 사용자가 원하는 음악의 분위기나 가사 또는 콘셉트만 텍스트로 입력하면 간단하게 음악을 제작할 수 있는 음악 생성 AI입니다. 작곡 이론이나 악기, 작사 지식이 없어도 누구나 다양한 장르에서 고품질 음악을 창작할 수 있습니다.

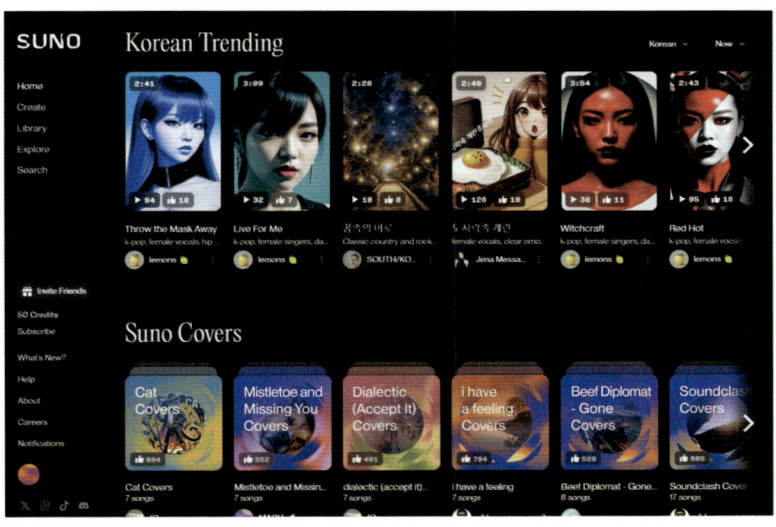

음악 생성 AI, Suno (출처: suno.com)

2024년 대한민국 글로컬 미래교육박람회에서 열린 주제가 공모전에서 Suno로 생성한 음원이 최우수상을 수상하기도 했습니다. 심사위원들은 심사 과정에서 이 곡이 AI가 만들었다는 사실을 전혀 알아채지 못했고, 공모 조건에 부합하는 박람회 주제를 잘 담고 있어서 선정되었다고 합니다.

2024 대한민국 글로컬 미래교육박람회 주제가(출처: 전남교육TV-전라남도교육청 유튜브 채널)

Suno는 아마추어 음악가뿐만 아니라 그래미상을 수상한 전문 아티스트들에게도 유용한 작곡 도구로 활용되고 있습니다. 이는 생성 AI가 단순한 보조 도구를 넘어 창작 과정에도 깊이 관여하고 있음을 시사합니다. 이러한 활동이 가능한 이유는 Suno로 작곡한 음악의 저작권이 보호되고 상업적 사용도 가능하기 때문입니다.

Suno의 핵심 특징 중 하나는 사용자 친화적인 인터페이스입니다. 직관적인 디자인 덕분에 초보자도 쉽게 음악 제작 과정을 이해하고 활용할 수 있어 보다 창의적인 결과물을 얻을 수 있습니다. 또, 텍스트 프롬프트로 원하는 음악의 장르와 분위기뿐만 아니라 악기, 리듬, 멜로디 등의 세부 요소까지 세밀하게 조정하여 자신만의 독창적인 음악을 창작할 수 있습니다.

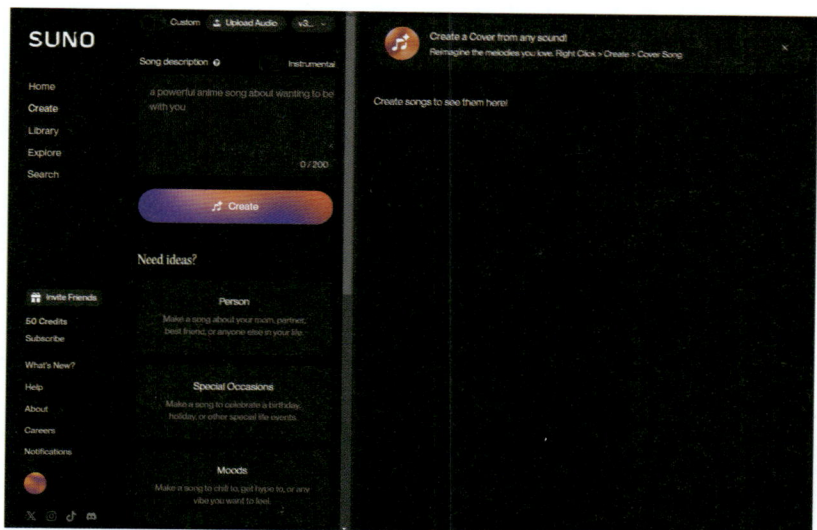

Suno의 [Create] 화면

사용자들의 원활한 사용을 돕기 위해 Suno Wiki도 공개되어 있습니다. 이 페이지에서 Suno로 원하는 장르의 음악을 생성하기 위한 프롬프트 작성 방법, 특정 보컬 스타일을 얻는 방법, 곡 확장하기 등 도움을 받을 수 있습니다.

🔗 Suno Wiki: Sunoaiwiki.com/ko/

Suno의 주요 기능을 정리하면 다음과 같습니다.

- **AI 기반 음악 생성**: 사용자가 입력한 텍스트 프롬프트를 바탕으로 다양한 스타일과 분위기의 음악을 자동으로 생성합니다. 음악 이론을 몰라도, 악기 연주를 하지 못해도 누구나 쉽게 음악을 제작할 수 있습니다.
- **다양한 장르 및 스타일 지원**: 클래식, 재즈, 팝, 힙합 등 여러 장르와 스타일을 지원하여 사용자가 원하는 감정과 주제를 정확히 표현하는 음악을 생성할 수 있습니다.
- **사용자 정의 음악 설정**: 악기 선택, 리듬 패턴, 멜로디 라인 등 세부 요소를 사용자가 직접 설정할 수 있어 세부적인 제작이 가능합니다.

- **저작권 보호 및 상업적 사용 지원**: 생성된 음악의 저작권을 보호하며 이를 상업적으로 사용할 수 있도록 허용하여 다양한 프로젝트에 활용할 수 있습니다.

Suno 가입하기

먼저 Suno 웹 사이트로 이동하면 다음과 같은 화면을 볼 수 있습니다. 왼쪽 하단의 [Sign In]을 클릭합니다.

🔗 Suno: suno.com

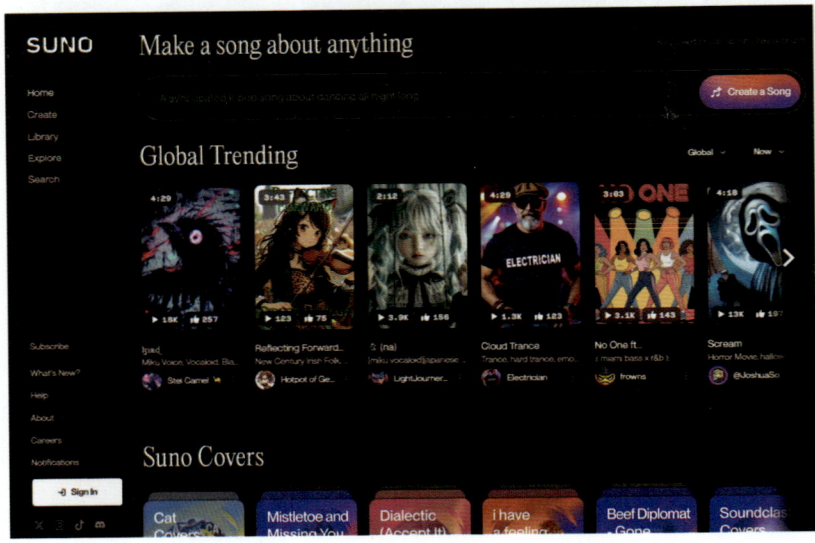

구글, 디스코드, 애플, 마이크로소프트 계정을 연동하거나 휴대폰 번호로 가입을 진행합니다.

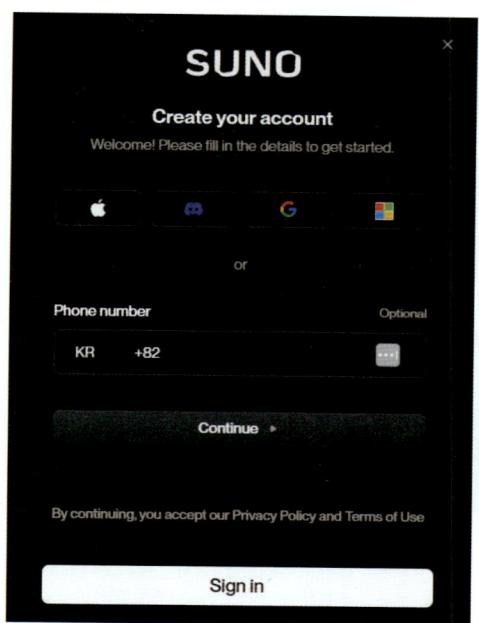

회원 가입을 완료하면 즉시 로그인이 되고, 기본으로 50 크레딧이 제공됩니다. 크레딧이란 Suno에서 음원을 생성할 때 사용하는 재화로, 10곡을 생성할 수 있을 정도의 양입니다. 회원 가입만 해도 매일 50 크레딧을 받을 수 있지만 무료 크레딧으로 생성한 곡은 상업적으로 이용할 수 없습니다. 상업적으로 이용할 음원이나 10곡 이상 생성이 필요하다면 유료 플랜 구독이 필요합니다. Suno는 무료인 Basic 플랜을 비롯해 Pro, Premier 플랜까지 3가지 플랜을 운영합니다.

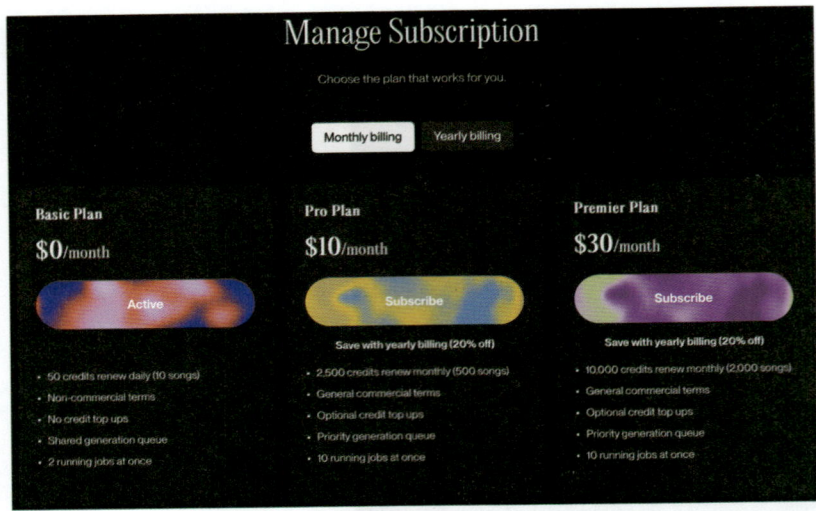

Basic Plan (무료)

- 매일 50 크레딧 갱신(10곡)
- 비상업적 이용 조건
- 크레딧 추가 충전 불가
- 공유된 생성 대기열
- 동시에 2개의 작업 실행 가능

Pro Plan (월 $10)

- 매월 2500 크레딧 갱신(500곡)
- 새로운 베타 기능에 대한 조기 접근
- 일반 상업적 이용 조건
- 크레딧 추가 충전 옵션
- 우선 생성 대기열
- 동시에 10개의 작업 실행 가능

Premier Plan (월 $30)

- 매월 10000 크레딧 갱신 (2000곡)
- 새로운 베타 기능에 대한 조기 접근
- 일반 상업적 이용 조건
- 크레딧 추가 충전 옵션
- 우선 생성 대기열
- 동시에 10개의 작업 실행 가능

만약 제작하려는 음악을 상업적 용도의 영상에 삽입하거나, 매달 생성해야 할 음원의 수가 많다면 상황에 적합한 플랜을 구매하는 것이 좋습니다.

 **Suno 사용 가이드**

Suno는 사용 방법이 매우 직관적입니다. 사용자가 원하는 가사, 장르, 분위기, 리듬 등을 선택하면 이를 바탕으로 음악을 생성합니다. 생성된 음악은 즉시 확인할 수 있으며 추가로 악기나 멜로디의 흐름 같은 세부적인 조정도 가능합니다.

다음은 Suno를 활용한 영상 배경 음악 제작의 3단계 과정입니다.

- ① **영상 원고 분석 및 음악 스타일 결정**: 영상의 내용과 분위기에 맞는 음악 스타일과 장르를 결정합니다.
- ② **Suno에서 음악 생성**: Suno의 음악 생성 페이지에 텍스트 프롬프트를 입력하고, 원하는 모드를 선택해 음악을 생성합니다.
- ③ **음악 편집 및 영상 삽입**: 생성된 음악을 편집 프로그램에서 필요한 대로 조정한 후 영상에 삽입하여 완성합니다.

먼저 Suno에 어떤 기능이 있는지 살펴보겠습니다. Suno 웹 사이트 메인 페이지에서 왼쪽 상단 사이드바의 [Create]를 클릭합니다.

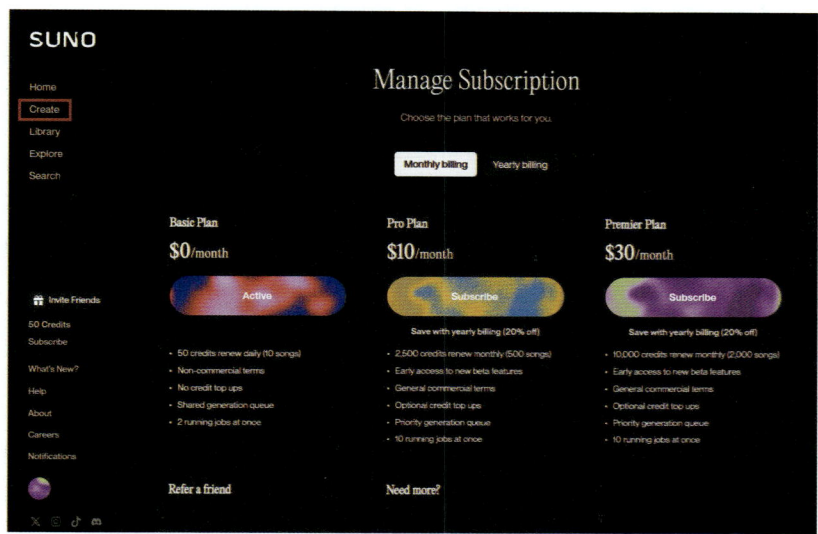

Create 페이지로 이동하면 다음과 같이 왼쪽에는 사용자가 원하는 음악을 설정하는 공간, 오른쪽은 생성한 음악을 듣고 가사를 볼 수 있는 공간으로 나뉩니다.

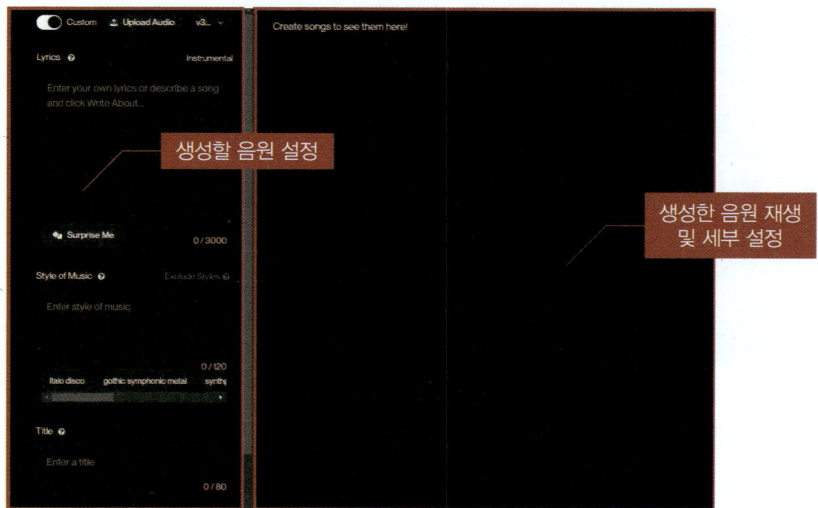

왼쪽 상단의 [Custom] 토글 버튼은 음악 생성 모드를 변경할 수 있는 기능입니다. 음악 생성 모드는 자동 생성 모드와 커스텀 모드 2가지가 있습니다.

- **자동 생성 모드**: AI가 주어진 설명을 바탕으로 가사와 멜로디를 모두 생성합니다.
- **커스텀 모드**: 사용자가 직접 가사를 입력하고 AI가 이에 맞는 음악을 생성합니다.

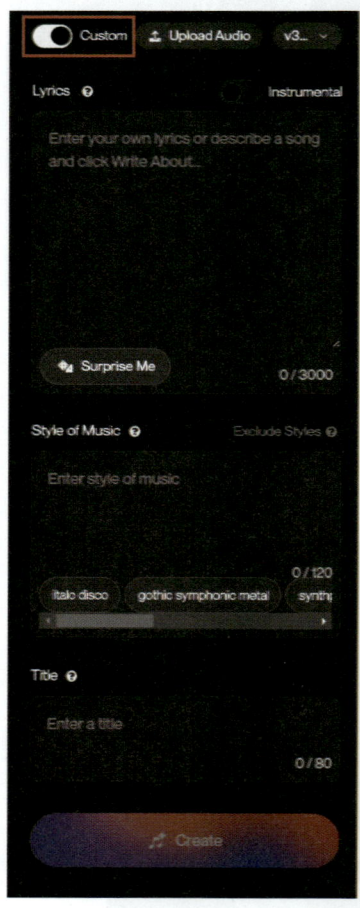 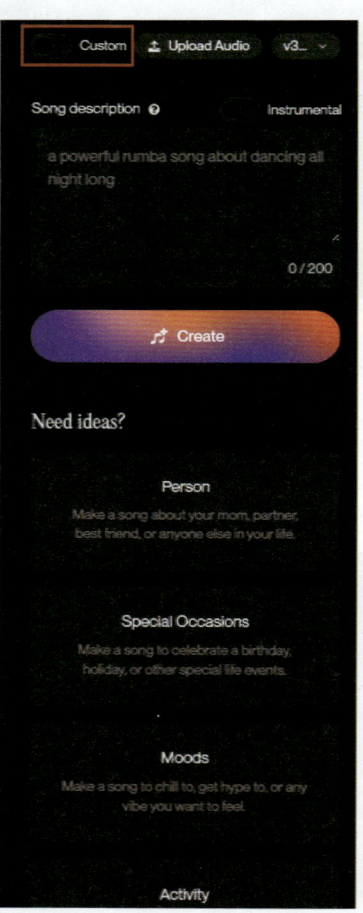

커스텀 모드에서는 'Lyrics'에 가사를 직접 입력하고 'Style of Music'에는 원하는 음악 장르, 분위기를 입력합니다. 자동 생성 모드에서는 간단하게 원하는

곡에 대한 설명을 입력하는 것으로 음악을 생성할 수 있습니다. 이 2가지 모드 중 커스텀 모드를 활용해 음악을 생성해 보겠습니다.

챗GPT로 가사 생성하기

Suno에서 커스텀 모드로 음악을 생성하려면 가사가 필요합니다. 직접 작성할 수도 있지만, 챗GPT나 클로드 같은 텍스트 생성 AI를 활용하면 노래의 주제를 간단하게 알려 주는 것만으로 빠르고 창의적인 가사를 제안해 줍니다. 이렇게 챗GPT로 가사를 만들고 Suno에서 커스텀 모드로 음악을 생성해 보겠습니다.

먼저 챗GPT에 주제와 스타일만 간단하게 입력하고 전체 가사 생성을 요청해 보겠습니다. 이는 기본적인 프롬프트 사용으로, 추가적인 세부 사항 없이 빠르고 간편하게 결과를 얻고자 할 때 유용합니다.

주제와 스타일만으로 가사 요청하기

"오후에는 달달한 커피믹스 한 잔으로 달래요."라는 주제로 재미있는 노래 가사를 작성해 주세요. 이에 적합한 노래 스타일도 함께 추천해 주세요.

"오후에는 달달한 커피믹스 한 잔으로 달래요."라는 주제로 재미있는 노래 가사를 작성해 보겠습니다. 가사는 약간의 재치와 일상적인 느낌을 살려 경쾌하게 표현하고, 귀여운 멜로디에 어울리도록 합니다.

가사: "달달한 오후"
1절:
바쁜 아침 지나고 나른해질 때
눈꺼풀은 자꾸만 내려가고
오후의 태양은 날 부르네
잠깐 쉬어갈까, 커피믹스 한 잔

(후렴)
오후에는 달달한 커피믹스 한 잔
나의 피곤함 달래 줄 작은 기적
하루 한 번, 이 순간을 즐기자
커피믹스 한 잔, 아ㅡ 행복해져

2절:
종일 일에 치여 정신 없을 때
톡 쏘는 에너지가 필요해
커피숍은 너무 멀고 돈도 아까워
책상 구석에서 믹스 한 봉지를 찾아!

(후렴)
오후에는 달달한 커피믹스 한 잔
나의 피곤함 달래 줄 작은 기적
하루 한 번, 이 순간을 즐기자
커피믹스 한 잔, 아ㅡ 행복해져

브릿지:
한 모금에 퍼지는 달콤한 여유
작은 컵 안에 담긴 나의 비밀 무기
오늘도 나는 웃을 수 있어
커피믹스 덕분에, 예!

(후렴 반복)
오후에는 달달한 커피믹스 한 잔
나의 피곤함 달래 줄 작은 기적
하루 한 번, 이 순간을 즐기자
커피믹스 한 잔, 아ㅡ 행복해져

(아웃트로)
커피믹스 한 잔으로 마무리해요,
오늘도 괜찮아, 잘했어 우리!

노래 스타일 추천
이 가사에 어울리는 노래 스타일로는 다음과 같은 것이 좋습니다:
장르: 팝(funky pop) 또는 어쿠스틱 포크 팝
템포: 밝고 경쾌한 템포(약 100–120 BPM)
느낌: 경쾌한 멜로디에 귀여운 편곡을 더하여 재치 있는 가사와 잘 어우러지게 합니

다. 기타, 신디사이저, 가벼운 드럼 비트가 들어간 리드미컬한 반주.
예시 아티스트: IU(아이유)의 "Good Day" 같은 밝고 경쾌한 곡. 혹은 볼빨간사춘기의 "우주를 줄게"와 같은 어쿠스틱 기반의 상큼한 스타일.

이 스타일은 가사의 귀엽고 일상적인 분위기와 잘 맞아, 듣는 이들이 가벼운 마음으로 따라 부를 수 있게 합니다.

두 번째는 주제, 분위기, 포함할 요소를 구체적으로 지시하여 원하는 가사를 세밀하게 요청하는 방식입니다. 이 방법은 가사의 세부적인 구성과 느낌을 정확히 전달하고 싶을 때 적합합니다.

구체적인 지시 사항을 포함해 가사 요청하기

다음 내용을 참고해 노래 가사를 작성해 주세요.
1) 주제: 오후의 나른함을 달래 주는 달달한 커피믹스
2) 분위기: 일상적인 오후의 피곤함과 이를 달래 주는 달달한 휴식의 느낌
3) 포함할 요소:
    – 바쁜 아침과 나른한 오후의 대비
    – 달달한 커피믹스를 찾는 순간의 기쁨
    – 커피믹스 한 잔으로 기분이 좋아지는 모습
4) 구조:
    – 2개의 절
    – 반복되는 후렴구
    – 브릿지 포함
5) 추가 요청 사항:
    – 밝고 경쾌한 느낌으로 스타일을 제공해 주고 재미있게 마무리해 주세요.
    – 쉬운 단어를 사용해 누구나 따라 부르기 쉽게 만들어 주세요.

노래 가사를 요청하신 주제와 분위기에 맞춰, 오후의 나른함을 달래 주는 달달한 커피믹스에 대한 경쾌하고 재미있는 가사를 작성해 보겠습니다. 가사는 누구나 따라 부를 수 있도록 쉽고 재미있게 구성하겠습니다.

노래 가사: "커피믹스 한 잔의 마법"
1절:
아침부터 정신없이 바쁘게 달려왔어
회의도 하고, 이메일도 끝없이 쏟아져
이제야 한숨 돌릴까, 시계는 두 시
졸음이 몰려와, 고개가 끄덕여
(후렴)
오후에는 달달한 커피믹스 한 잔
나른함을 싹 달아나게 해주는
달콤한 향기, 이 작은 컵 안에
마법 같은 순간, 우- 행복해
2절:
눈치 보며 책상 서랍을 슬쩍 열어 봐
커피믹스 한 봉지 찾는 이 순간의 기쁨
뜨거운 물을 붓고, 휘휘 저어 마시면
피곤함은 안녕, 기분이 Up Up Up!
(후렴 반복)
오후에는 달달한 커피믹스 한 잔
나른함을 싹 달아나게 해주는
달콤한 향기, 이 작은 컵 안에
마법 같은 순간, 우- 행복해
(브릿지)
한 모금에 퍼지는 달콤한 여유
사무실은 잠시 잊고
눈을 감아 느껴봐, 이 작은 쉼표
오늘 하루도 괜찮아, 충분해!
(후렴 반복)
오후에는 달달한 커피믹스 한 잔
나른함을 싹 달아나게 해주는
달콤한 향기, 이 작은 컵 안에
마법 같은 순간, 우- 행복해
(아웃트로)
커피믹스 한 잔으로 마무리해요,
오늘도 괜찮아, 잘했어 우리!

> 노래 스타일 : 팝(funky pop) 또는 어쿠스틱 팝
> 밝고 경쾌한 리듬이 돋보이는 팝 스타일을 추천합니다. 특히, Funky Pop은 리듬
> 감 있고 경쾌한 베이스 라인과 기타 리프가 특징으로, 듣는 이들에게 신나는 느낌
> 을 줍니다.
> 어쿠스틱 팝 스타일의 경우, 어쿠스틱 기타와 피아노, 간단한 리듬 악기들(예: 드럼,
> 카혼)을 활용하여 소박하지만 생동감 있는 느낌을 줄 수 있습니다.
> 경쾌하고 귀여운 분위기로, 듣는 사람이 편안하게 웃으면서 즐길 수 있는 스타일을
> 지향합니다. 일상적인 가사와 밝은 멜로디의 조화가 강조됩니다.
> 후렴구에서 약간의 콜 앤 리스폰스(Call and Response) 느낌을 넣어도 좋습니
> 다. 예를 들어, "커피믹스 한 잔"에 이어 "아— 행복해!"라는 코러스가 따라오는 식으
> 로, 청중이 함께 참여할 수 있는 재미를 더할 수 있습니다.
>
> 이 가사는 일상 속 작은 행복을 주제로 한, 밝고 경쾌한 멜로디와 어울리는 구성이
> 며, 듣는 사람 누구나 따라 부르기 쉬운 친근한 느낌으로 마무리되었습니다.

다음은 가사의 구조뿐만 아니라 각 부분의 음악적 변화와 분위기까지 구체적으로 요청하는 방식입니다. 가사뿐만 아니라 음악의 흐름과 분위기까지 원하는 구성이 뚜렷한 고급 사용자에게 적합한 방식입니다

세부 설명과 음악적 분위기까지 요청하기

 발라드 스타일의 노래 가사를 작성해 주세요. 주제는 '오후의 나른함을 달래 주는 달달한 커피믹스'에 관한 것으로, 경쾌하고 재미있는 분위기를 담아주세요. 가사는 누구나 쉽게 따라 부를 수 있도록 쉽고 재미있게 구성해 주세요.
각 절(Verse), 프리코러스(Pre-Chorus), 코러스(Chorus), 브릿지(Bridge) 등 각 부분마다 음악의 전반적인 분위기에 맞추어 설명하는 텍스트를 함께 제공해 주세요. 예를 들어, 부드럽고 달달한 멜로디가 흐르거나, 경쾌하고 유쾌한 리듬이 나오는 등 각 부분의 음악적 변화와 분위기를 구체적으로 설명해 주세요.
마지막으로, 전체적인 분위기에 맞는 음악 스타일 3가지를 추천해 주세요.

노래 가사 작성 및 분위기 설명을 위해 아래와 같은 내용을 제공할 수 있습니다:

가사: "달달한 커피믹스"

Verse 1
(부드럽고 가벼운 피아노 선율이 시작되며 나른한 오후의 분위기를 묘사)
오후 두 시, 눈꺼풀이 무거워
하늘도 흐리고, 마음도 한숨만
커피믹스 한 잔이면 딱 좋아
달콤한 향기, 내 맘을 깨우네

Pre-Chorus
(기타와 피아노가 살짝 어우러지며 리듬이 조금씩 경쾌해짐)
뜨거운 물을 부어 한 스푼, 두 스푼
마법 같은 순간, 기분이 좋아져

Chorus
(리듬이 더 경쾌해지고, 밝은 멜로디로 전환)
달달한 커피믹스, 나를 깨우는 마법
한 모금에 피어나는 미소
모든 고민도 잠시 잊고, 한 잔 더
이 순간을 즐겨봐, 커피믹스의 매력

Verse 2
(멜로디가 다시 잔잔해지며, 노래는 일상의 평범함을 묘사)
일상 속에 작은 행복 찾기
커피 한 잔, 그 속에 숨겨진 기쁨
친구와의 수다, 달달한 한 모금
작은 순간들이 모여 빛나는 하루

Bridge
(조용한 순간이 지나고, 다시 분위기가 고조되기 시작하며 감정이 깊어짐)
따뜻한 손길, 달콤한 위로
이 작은 컵 속에 담긴 이야기

Final Chorus
(마지막 클라이맥스, 리듬이 더욱 밝고 경쾌하게 바뀌며 마무리)
달달한 커피믹스, 나를 깨우는 마법
한 모금에 피어나는 미소
모든 고민도 잠시 잊고, 한 잔 더

> 이 순간을 즐겨봐, 커피믹스의 매력
>
> 추천 음악 스타일:
> 어쿠스틱 팝 발라드: 잔잔한 기타와 피아노 중심의 연주로, 감성적이면서도 따뜻한 분위기를 연출할 수 있습니다.
> 재즈 발라드: 경쾌하면서도 편안한 느낌을 주는 재즈 스타일로, 커피와 잘 어울리는 세련된 분위기를 제공합니다.
> 소프트 록 발라드: 약간의 드럼과 전자 기타를 가미해, 발라드의 부드러움에 조금 더 활기찬 느낌을 더할 수 있습니다.
>
> 이렇게 작성된 프롬프트와 추천 스타일을 통해, 듣는 이들에게 친근하고 즐거운 발라드 곡이 탄생할 수 있습니다.

음악 스타일 정하기

가사까지 완성했다면 이번에는 원하는 음악의 스타일을 지정할 차례입니다. Suno는 수백 가지의 음악 장르와 스타일을 지원합니다. 사용자는 이를 활용하여 다양한 음악을 생성할 수 있습니다. 다음은 Suno에서 제공하는 음악 장르와 장르별 스타일입니다.

- **EDM**: acid techno, drum and bass, psybient, future bass, synthwave, chillwave, dubstep
- **팝과 댄스**: dancepop, dream pop, bubblegum bass, synthpop, disco, new wave
- **재즈와 블루스**: acid jazz, soulful boogie, afro-cuban jazz, texas blues, avant-garde jazz, jazz soul
- **세계 음악**: afrobeat, bossa nova, cumbia, reggaeton, salsa, samba, dembow
- **고전 음악**: classical, barbershop, symphonic metal, klezmer, harpsichord
- **록과 메탈**: alternative rock, metal opera, psychedelic rock, grunge, punk rock, blues rock

- **힙합과 R&B**: lo-fi hip hop, g-funk, crunk, trap, cloud rap, motown
- **포크와 컨트리**: alt-country, appalachian folk, anti-folk, americana, folk
- **기타**: k-pop, electro-classical, chillstep, math rock, afro house, liquid drum and bass, city pop

원하는 장르에 맞는 음악 스타일을 'Style of Music'에 입력합니다. 스타일은 쉼표(,)로 구분해 몇 가지를 동시에 입력할 수 있습니다.

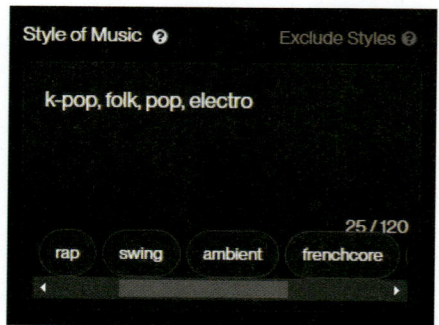

또는 입력 창 아래에 뜨는 자동 완성 키워드를 활용할 수도 있습니다. 키워드 하나를 선택하면 연관된 새로운 키워드로 변경되므로 원하는 키워드를 여러 개 선택합니다.

가사 프롬프트 입력하기

이렇게 작성한 가사를 Suno의 음악 제작 페이지에서 'Lyrics'에 입력해 사용할 수 있습니다. 노래 가사를 입력할 때 메타태그와 스타일 프롬프트를 활용하면 보컬, 악기, 음악 스타일 등 다양한 요소를 세밀하게 조정하여 더욱 전문적인 음악을 만들 수 있습니다.

메타태그는 노래 가사에 적용되어 특정 부분에 대한 지시 사항을 제공하는 역할을 합니다. 대괄호([ ])를 사용하여 가사와 구분합니다. 메타태그를 크게 3가지로 구분하면 다음과 같이 정리할 수 있습니다.

메타태그의 종류

- **구조적 태그**: [Intro], [Verse], [Chorus], [Outro]와 같은 태그를 사용해 노래의 구조를 명확히 지정할 수 있습니다. 이를 통해 AI는 각 부분의 역할을 이해하고 음악을 구성합니다.
- **보컬 및 악기 태그**: [Female Vocal], [Guitar Solo] 등의 태그를 통해 특정 보컬 스타일이나 악기를 지정할 수 있습니다. 이는 AI가 특정 구간에서 어떤 요소를 도입해야 하는지 지시하는 역할을 합니다.
- **동적 요소 태그**: [Catchy Hook], [Emotional Bridge] 같은 태그를 사용하여 곡의 특정 부분을 강조할 수 있으며 음악의 분위기를 만드는 데 유용합니다.

메타태그를 적절히 활용하면 Suno를 통해 원하는 스타일과 구조의 음악을 보다 정확하게 생성할 수 있습니다.

스타일 프롬프트는 Suno가 생성할 음악의 장르, 분위기, 보컬 스타일 등을 지정할 수 있습니다. 이를 통해 사용자는 다양한 스타일과 분위기를 조합하여 AI가 생성할 음악의 특성을 더욱 세밀하게 조정할 수 있습니다. 예를 들어, "Jazz, upbeat, female vocal"과 같은 프롬프트를 입력하면, Suno는 해당 지시에 맞춰 음악을 생성합니다. 스타일 프롬프트의 특징을 정리하면 다음과 같습니다.

스타일 프롬프트의 특징

- **장르 및 보컬 스타일**: "Rock, female vocal"과 같은 형식으로 장르와 보컬 스타일을 지정하여 AI가 특정 스타일의 음악을 생성하도록 유도할 수 있습니다.
- **상세한 설명**: "Jazz, upbeat, female vocal with a smooth tone"과 같은 구체적인 설명을 통해 AI가 보다 명확하게 음악 스타일을 이해하도록 할 수 있습니다.
- **쉼표로 구분**: 여러 속성을 결합할 때는 쉼표를 사용해 명확성을 높입니다. 예를 들어, "Pop, energetic, female vocal, electronic instruments"와 같이 입력할 수 있습니다.

예를 들어, [male vocal] [Guitar Solo]와 같은 메타태그를 추가해 원하는 요소를 반영하고 전체 음악의 스타일을 구체적으로 설정하려면 "부드러운 음색의 여성 보컬(female vocal with a smooth tone)"과 같은 스타일 프롬프트를 추가해 원하는 음악의 분위기를 만들 수 있습니다. 스타일 프롬프트 기능을 활용하면 각 노래 파트에 대해 세부적으로 커스터마이징할 수 있어 다양한 스타일을 적용한 음악을 제작할 수 있습니다.

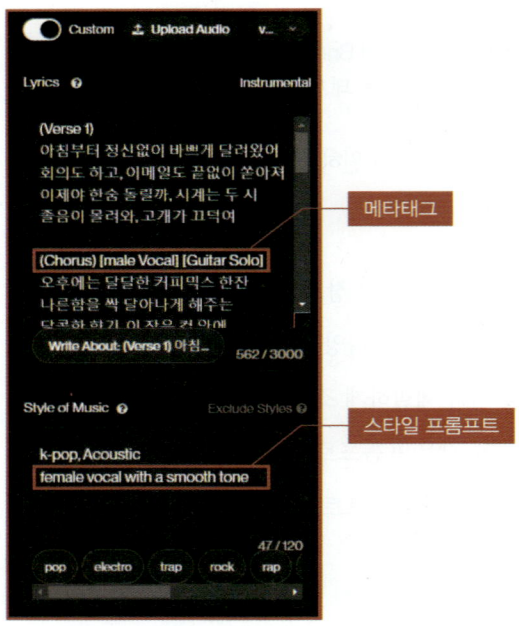

원하는 스타일의 음악을 정확히 구현하려면 여러 번의 시도와 조정이 필요할 수 있습니다. 만약 노래의 각 부분에 서로 다른 스타일을 적용하려면 프롬프트에 구체적인 스타일과 보컬 특성을 작성하는 것이 중요합니다. 예를 들어 "매혹적인 남성 보컬(sultry male singer)"이나 "저음의 남성 보컬(bass male vocal)"과 같은 구체적인 지시어를 사용해 원하는 보컬 스타일을 지정할 수 있습니다. 이러한 세부 지시어는 AI가 더욱 정확하게 원하는 보컬 느낌을 구현하는 데 도움을 줍니다.

이러한 방식은 한 곡 안에서 다양한 감정과 분위기를 표현할 수 있어, 창의적이고 개성 있는 음악을 제작하는 데 큰 도움이 됩니다.

음원 생성 및 편집하기

노래 가사, 스타일을 모두 입력했다면 마지막으로 'Title'에 노래 제목을 입력하고 [Create] 버튼을 눌러 음원을 생성합니다.

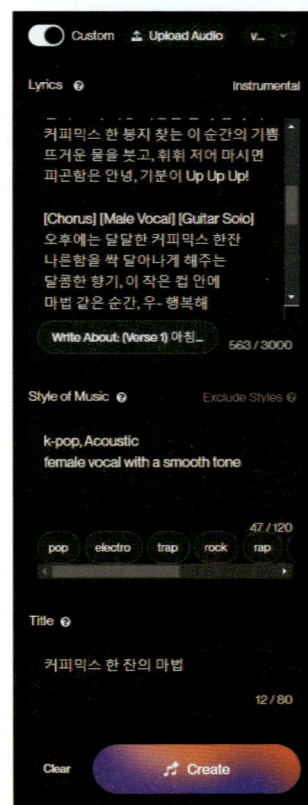

QR | 〈커피믹스 한 잔의 마법〉

생성된 음원은 오른쪽 화면에서 확인할 수 있습니다. 이미지를 클릭하면 음원을 재생할 수 있고 [Public]을 눌러 Suno에 공개하거나 링크 공유, 음원 편집 등의 작업도 모두 여기서 할 수 있습니다.

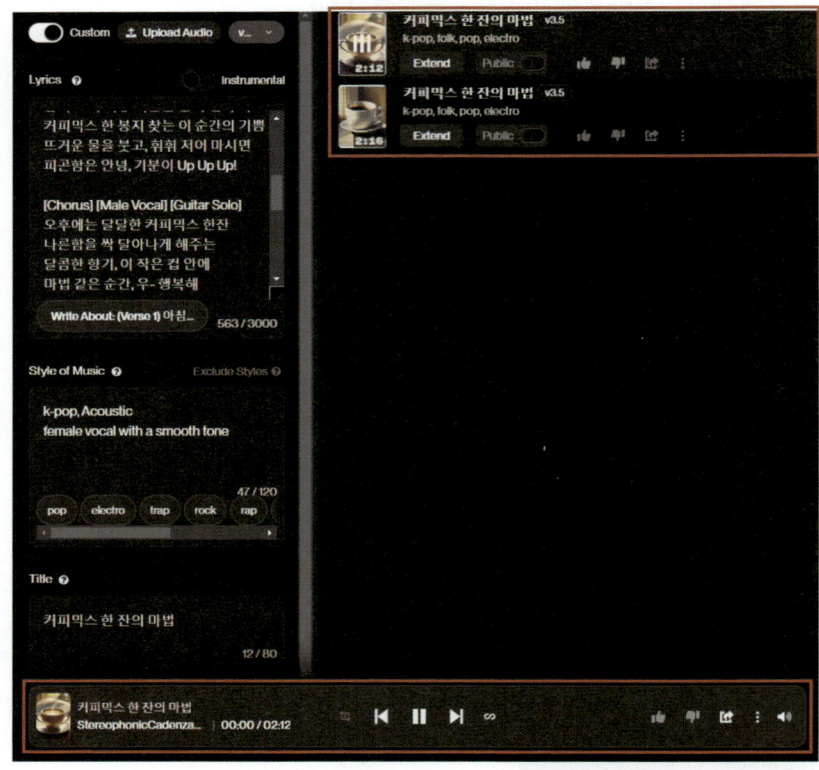

음원의 제목, 이미지, 가사를 수정하려면 [더보기 ▌] 아이콘을 클릭한 다음 [Edit → Song Details]를 클릭합니다.

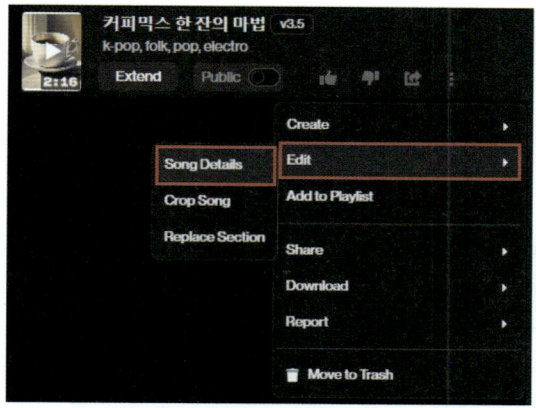

'Edit Song Details' 창에서 제목이나 원하는 이미지, 가사를 수정한 다음 [Submit]를 눌러 적용할 수 있습니다.

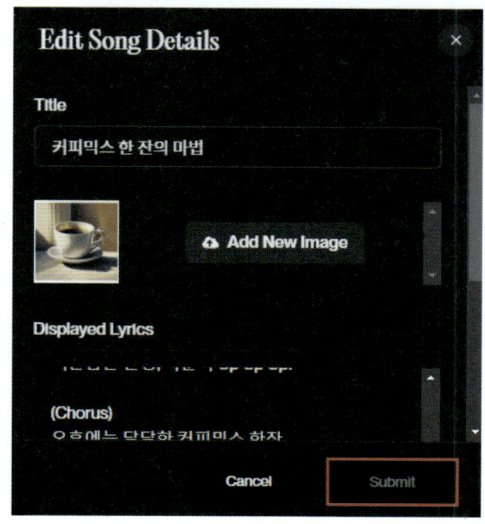

음원을 편집하려면 [Crop Song]을 클릭해 'Crop' 페이지에서 음원을 재생하면서 원하는 부분을 제거하는 등의 세부 편집 작업이 가능합니다.

09장

AI 성우 고용하기

9장에서는 AI 성우를 활용해 영상 및 오디오 콘텐츠에 적합한 내레이션과 음성을 제작하는 방법을 다룹니다. AI 성우는 비용 절감과 작업 시간 단축에 효과적입니다. 타입캐스트, 일레븐랩스, 헤드라와 같은 음성 생성 AI를 활용하면 원하는 톤과 스타일에 맞춘 음성을 제작할 수 있습니다. 9장을 통해 AI 성우의 주요 기능과 활용법을 익히고, 자신만의 창의적이고 효율적인 음성 콘텐츠를 제작하는 방법을 배우게 될 것입니다.

타입캐스트로 AI 성우 만들기

타입캐스트Typecast는 텍스트를 음성으로 변환하는 AI 성우 생성 도구로, 단순히 텍스트를 읽는 것이 아니라, 텍스트의 맥락과 감정에 맞춰 자연스럽고 생동감 있는 음성을 제공합니다. 500개 이상의 개성 있는 캐릭터를 제공해 콘텐츠의 개성과 매력을 극대화할 수 있습니다. 각 캐릭터는 콘텐츠의 주제나 청중에 맞게 선택할 수 있어, 더욱 풍성한 표현이 가능합니다. 덕분에 사용자는 광고, 교육 콘텐츠, 영화 등에서 필요한 내레이션을 손쉽게 생성할 수 있습니다.

또, 타입캐스트는 다양한 언어를 지원하여 글로벌 시장을 타깃으로 한 콘텐츠 제작에 매우 유용합니다. 이를 통해 기업이나 개인은 다양한 문화권의 청중에게 효과적으로 메시지를 전달할 수 있으며, 다국적 콘텐츠 제작에 필요한 도구로서 큰 장점을 제공합니다.

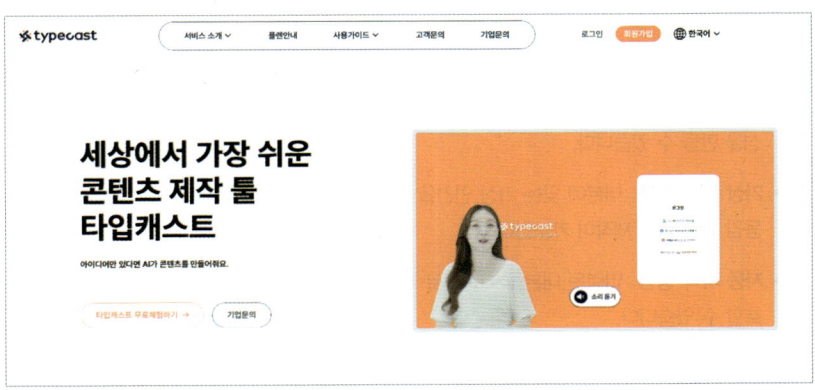

타입캐스트(출처: typecast.ai)

타입캐스트는 다양한 기업과 콘텐츠 제작자들이 활용하고 있습니다. SK브로드밴드는 '우리동네 광고' 서비스에 타입캐스트 API를 적용해 소상공인들이 저렴한 비용으로 TV 광고를 제작할 수 있도록 지원하여 광고 이용률이 전년 대비 3배 증가하는 성과를 달성했습니다. KT는 AI 셀프 통화연결음 제작 서비스에서 타입캐스트를 활용해 소상공인들이 간편하게 음성을 제작할 수 있게 했습니다. 또, 천명앤컴퍼니와 슬로그업은 각각 타로점 서비스와 챗봇 서비스에서 타입캐스트 음성을 적용해 실시간 자동화된 결과를 제공하고 유튜브 쇼츠와 콜봇 서비스 등 다양한 분야에 타입캐스트를 활용하고 있습니다.

이처럼 타입캐스트는 개인, 기업, 교육 기관 등에서 쉽고 효과적으로 콘텐츠를 제작할 수 있는 강력한 도구입니다. 기업에는 비용 절감과 제작 시간 단축에 도움을 주어, 효율적인 마케팅과 비즈니스 커뮤니케이션을 위한 솔루션으로 널리 활용하고 있습니다. 미디어 분야에서도 광고, 오디오 콘텐츠, 영상 제작 등 다양한 방식으로 타입캐스트의 기능을 최대한 활용할 수 있습니다.

타입캐스트의 주요 기능과 활용 분야는 다음과 같습니다.

타입캐스트의 주요 기능

- **AI 보이스 생성**: 타입캐스트는 딥러닝 기술로 성우의 개성과 감성을 학습하여 구현한 다양한 AI 성우의 목소리를 제공합니다. 사용자는 원하는 감정과 톤을 선택하여 자연스러운 음성을 만들 수 있습니다.
- **가상 인간 활용**: 대본에 맞는 가상 인간을 캐스팅하여 영상 콘텐츠에 활용함으로써 더욱 생동감 있는 영상 제작이 가능합니다.
- **자동 자막 생성**: 입력된 대본을 기반으로 자동으로 자막을 생성하여 콘텐츠 제작 시간을 단축할 수 있습니다.

타입캐스트 활용 분야

- **오디오 콘텐츠**: 타입캐스트의 AI 보이스 생성 기능을 통해 자연스러운 감정 표현이 가능한

음성을 생성할 수 있습니다. 팟캐스트, 오디오북, 광고 음성 등 다양한 오디오 콘텐츠를 제작할 수 있습니다.

- **영상 콘텐츠**: 타입캐스트는 가상 인간과 AI 아바타를 활용하여 영상 콘텐츠를 제작할 수 있습니다. 입력된 대본에 맞춰 가상 인간이 대사를 전달하는 형태의 영상이나, 다양한 캐릭터를 활용한 동영상을 만들 수 있습니다.
- **교육 콘텐츠**: 교육용 영상이나 오디오 콘텐츠를 제작할 때 타입캐스트의 자연스러운 AI 보이스를 활용하여 학습자의 몰입도를 높일 수 있습니다. 자동 자막 생성 기능도 제공되어 교육 콘텐츠 제작 시간을 단축할 수 있습니다.
- **마케팅 및 광고 콘텐츠**: 톤과 스타일을 조절할 수 있는 기능을 활용해 브랜드 메시지를 효과적으로 전달하는 매력적인 마케팅 콘텐츠를 제작할 수 있습니다.

타입캐스트 시작하기

먼저 타입캐스트 웹 사이트(typecast.ai)로 이동합니다. 회원 가입은 이메일 주소, 구글 계정 또는 페이스북 계정을 통해 빠르게 가입할 수 있습니다.

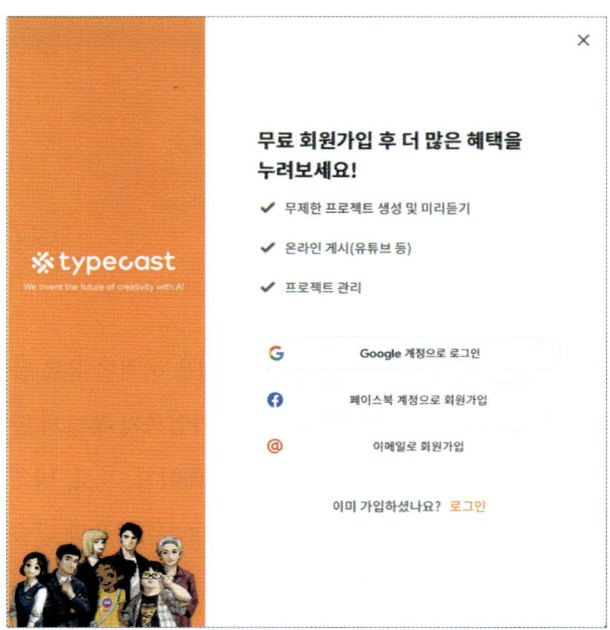

타입캐스트는 회원 가입 없이도 서비스를 무료로 체험할 수 있어 계정을 생성하거나 유료 서비스를 결제하기 전에 서비스의 품질과 기능을 직접 경험해 볼 수 있습니다. 무료 체험 기능은 AI 성우의 목소리 샘플을 들어보거나 간단한 텍스트를 음성으로 변환해 보는 등의 기본적인 기능을 포함하고 있어, 서비스의 핵심 가치를 미리 파악할 수 있습니다.

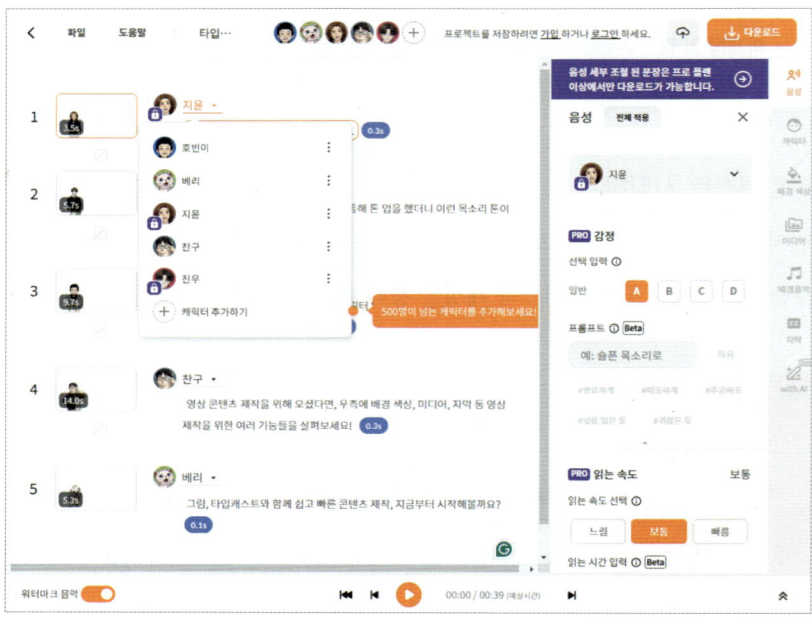

타입캐스트 무료 체험 화면

더 많은 캐릭터를 활용하거나 읽는 속도, 감정 등 세부 조절을 하려면 유료 플랜이 필요합니다. 타입캐스트는 다양한 개인 사용자부터 기업까지 폭넓게 활용할 수 있도록 다양한 기능과 가격대를 갖추고 있습니다. 베이직, 프로, 비즈니스까지 3가지 플랜으로 구성되어 있으며 플랜별 주요 기능은 다음과 같습니다.

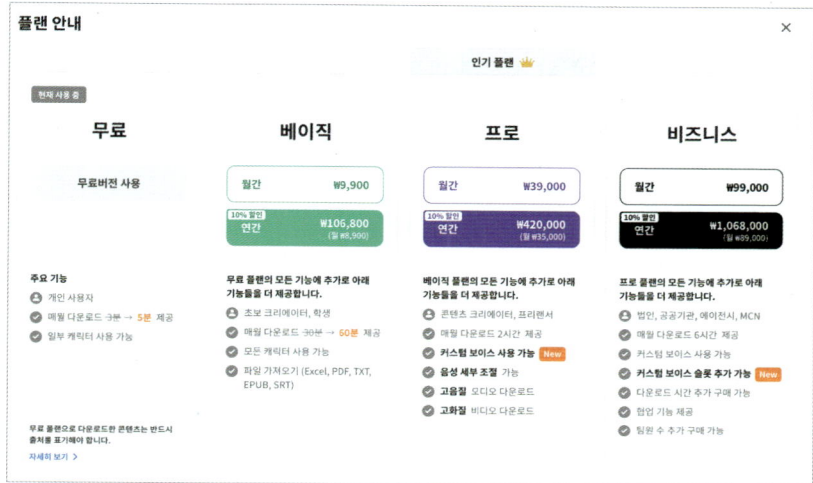

- **무료**

  타입캐스트의 무료 플랜은 기본적인 기능을 제공하며, 개인 사용자에게 적합합니다. 이 플랜에서는 매월 5분의 다운로드 시간을 제공하고 제한된 수의 음성 캐릭터를 사용할 수 있습니다. 무료 플랜을 통해 사용자는 타입캐스트의 기본 기능을 체험해볼 수 있으며, 출처 표기가 필요합니다.

- **베이직(월 9900원)**

  매월 최대 60분의 다운로드 시간을 제공합니다. 이 플랜은 주로 새로운 콘텐츠 제작자나 학생들에게 적합하며, 기본적인 AI 음성 생성 기능을 활용하여 소규모 프로젝트를 진행할 수 있습니다.

- **프로(월 39000원)**

  매월 최대 2시간의 다운로드 시간을 제공합니다. 이 플랜은 콘텐츠 제작자와 프리랜서에게 적합하며, 무제한 음성 캐릭터와 고품질 오디오 다운로드가 가능합니다. 또한, "마이 보이스 메이커" 기능을 통해 커스텀 보이스 1개를 무료로 제작할 수 있어, 사용자 맞춤형 음성 콘텐츠 제작이 가능합니다.

- **비즈니스(월 99000원)**

  이름 그대로 단체에서 사용하기 적합한 플랜으로, 프로 플랜의 모든 기능을 활용할 수 있고 추가로 커스텀 보이스 슬롯을 추가할 수 있습니다.

타입캐스트로 AI 성우 만들기

타입캐스트를 사용하여 AI 성우를 만들고 콘텐츠를 제작하는 과정은 매우 간단합니다. 먼저 새 프로젝트를 생성합니다. 타입캐스트 웹 사이트에 로그인한 후 왼쪽 상단의 [새로 만들기 → 새 프로젝트]를 클릭합니다.

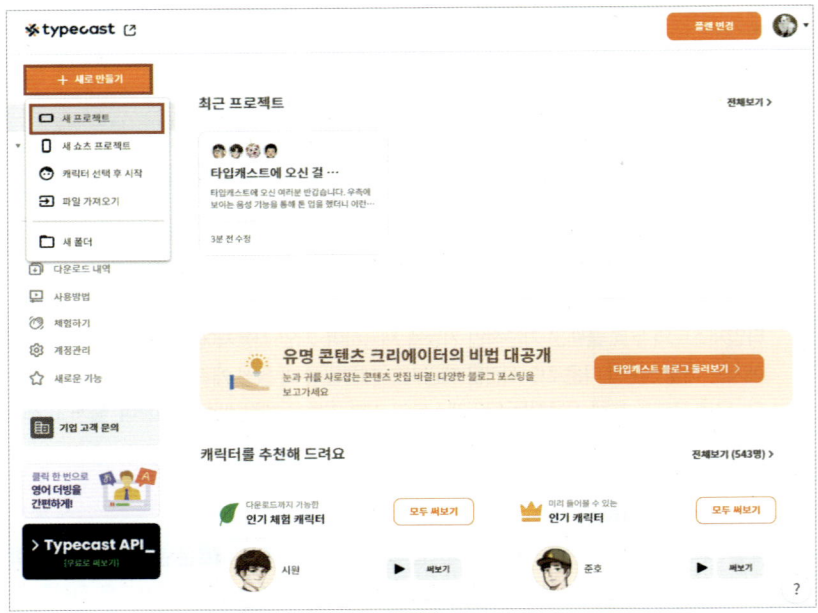

프로젝트 에디터 페이지로 이동하면 다음과 같은 화면을 볼 수 있습니다. 이곳에서 성우를 선택하고 대본을 입력한 다음 음성의 세부 사항을 조정하는 기능을 활용할 수 있습니다.

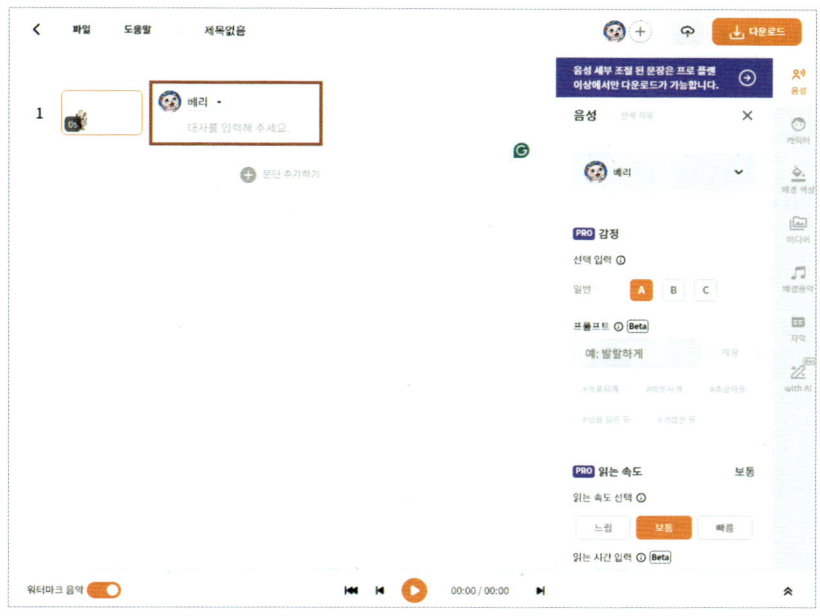

성우를 변경하려면 캐릭터를 클릭한 다음 [캐릭터 추가하기]를 선택합니다.

캐릭터 캐스팅 페이지로 이동하면 원하는 캐릭터를 선택해 프로젝트에 추가할 수 있습니다. 왼쪽의 카테고리, 비주얼 타입, 음성 세부 조절, 언어, 성별 등을 선택하고 마음에 드는 성우 캐릭터를 클릭한 다음 하단 [프로젝트 추가]를 클릭합니다.

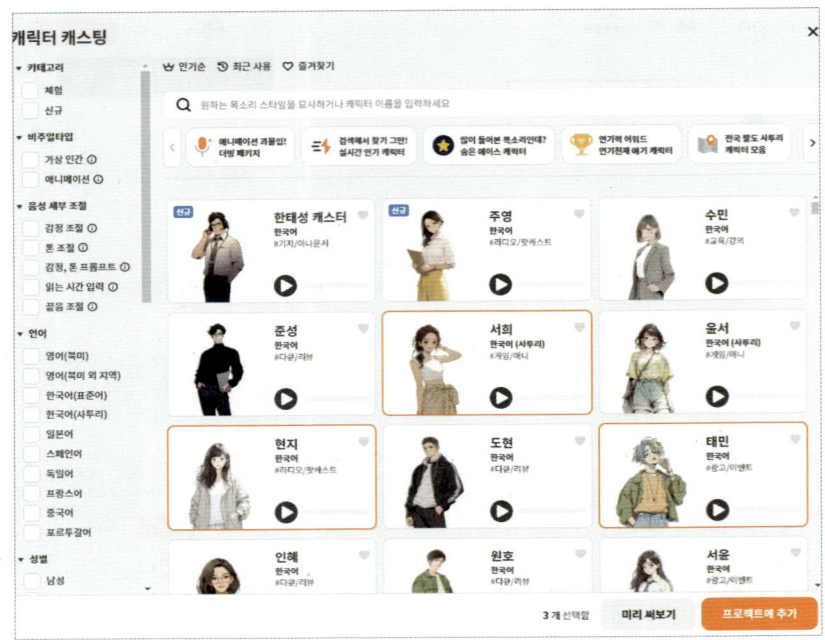

다시 에디터 화면으로 돌아와서 캐릭터를 클릭하면 추가한 캐릭터들을 확인할 수 있습니다. 캐릭터 오른쪽의 [더보기 ⋮] 아이콘을 클릭하면 캐릭터를 변경하거나 삭제할 수 있습니다.

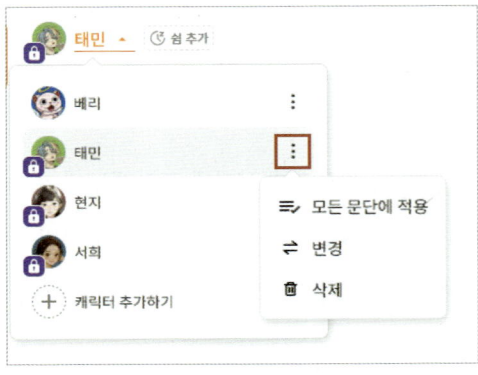

캐릭터를 설정했다면 이제 성우가 읽을 대본을 입력합니다. 하단의 재생 또는 정지 아이콘을 클릭해 음성을 들으면서 오른쪽 사이드바에서 감정, 읽는 속도, 끝음 조절, 재생 속도, 피치 등을 조정할 수 있습니다. 단, 이 기능들은 미리 듣기는 가능하지만 다운로드는 프로 플랜부터 가능하므로 활용하기 위해선 플랜 구독이 필요합니다.

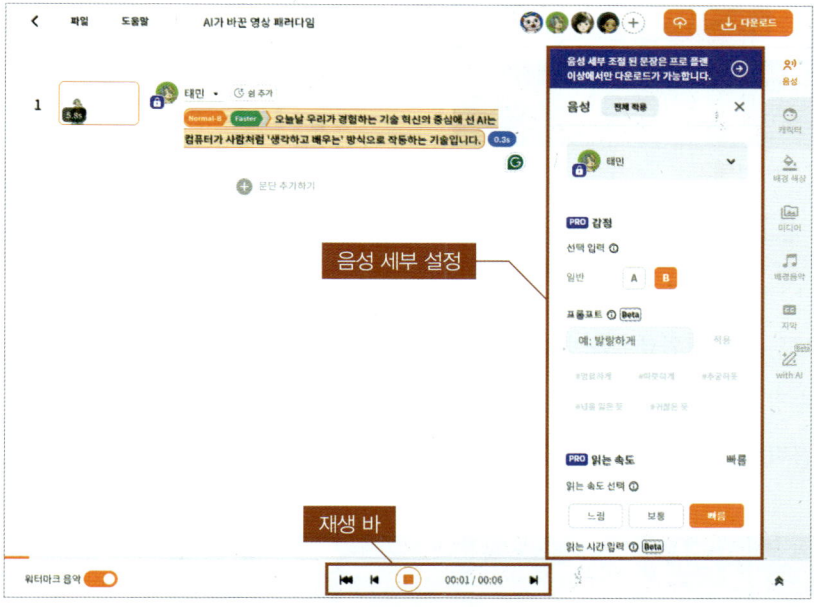

성우 캐릭터를 클릭하면 영상 편집 기능을 열 수 있습니다. 선택한 성우 캐릭터와 입력한 대본으로 쉽게 영상을 제작할 수 있는 기능으로, 배경 음악, 배경 이미지 등을 추가할 수 있습니다.

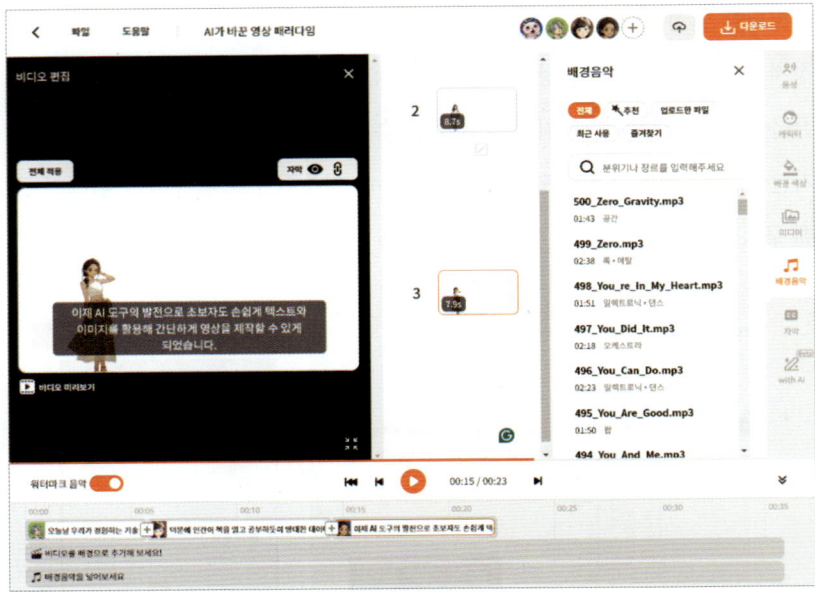

모든 설정을 완료했다면 [미리 보기]를 통해 결과물을 확인하고 이를 기반으로 수정 작업을 계속할 수 있습니다. 최종 콘텐츠가 만족스러우면 [다운로드]를 클릭해 영상을 파일로 다운로드받습니다.

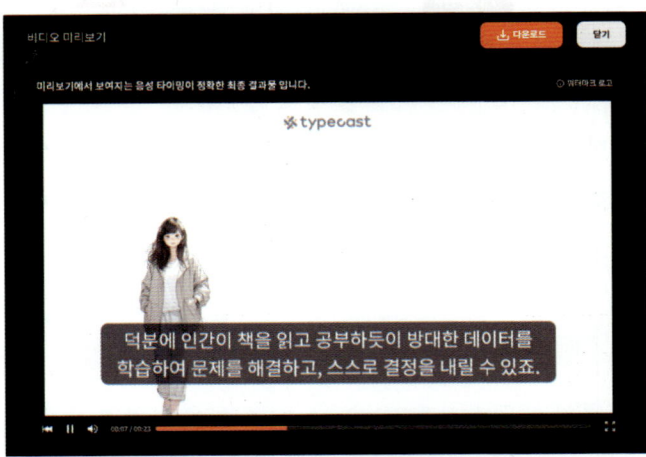

이처럼 타입캐스트를 사용해 손쉽게 고품질의 오디오는 물론이고 영상 콘텐츠를 제작할 수 있습니다. 타입캐스트에 대한 더 자세한 사용 방법은 타입캐스트 공식 채널에서 확인할 수 있습니다.

QR | 타입캐스트 시작하기

일레브랩스로 AI 성우 및 효과음 만들기

일레브랩스ElevenLabs는 AI 기반 음성 및 음향 생성 서비스를 제공하는 기업으로, 자연스럽고 감정 표현이 풍부한 음성 생성에 강점을 두고 있어 음성 기술의 새로운 가능성을 제시하고 있습니다. 일레브랩스의 핵심 기능은 다음 4가지입니다.

1. 텍스트를 자연스러운 음성으로 변환하는 'Text-to-Speech' 기능
2. 단 1분의 음성 샘플만으로 특정 인물의 목소리를 학습하고 복제하는 '보이스 클로닝' 기능
3. 사용자가 설명한 소리를 AI가 실시간으로 생성해 주는 '사운드 이펙트' 기능
4. 원본 영상의 음성을 다른 언어로 더빙하는 '다국어 음성 더빙' 기능

이 기술들은 출판, 게임 개발, 콘텐츠 제작 등 다양한 분야에서 활용되고 있습니다. 스웨덴의 오디오북 및 전자책 구독 서비스인 스토리텔Storytel과의 파트너십으로, 오디오북 내레이터 목소리를 자유롭게 변경할 수 있는 VoiceSwitcher 기능도 제공합니다. 또, 영국의 대형 출판사 하퍼콜린스HarperCollins는 오디오북 제작 과정에 일레브랩스의 기술을 도입해 혁신을 이루고 있습니다. 게임 분야에서는 캐릭터 음성 생성에 이 기술을 사용하여 게임의 몰입도를 높이고 있으며, 유튜브 크리에이터들은 영상 내레이션과 음성 더빙에 이를 활용해 제작 시간을 단축하고, 다양한 언어로 콘텐츠를 제공합니다. 팟캐스트 제작에도 AI 음성을 통해 더욱 풍부한 콘텐츠를 만들고 있습니다.

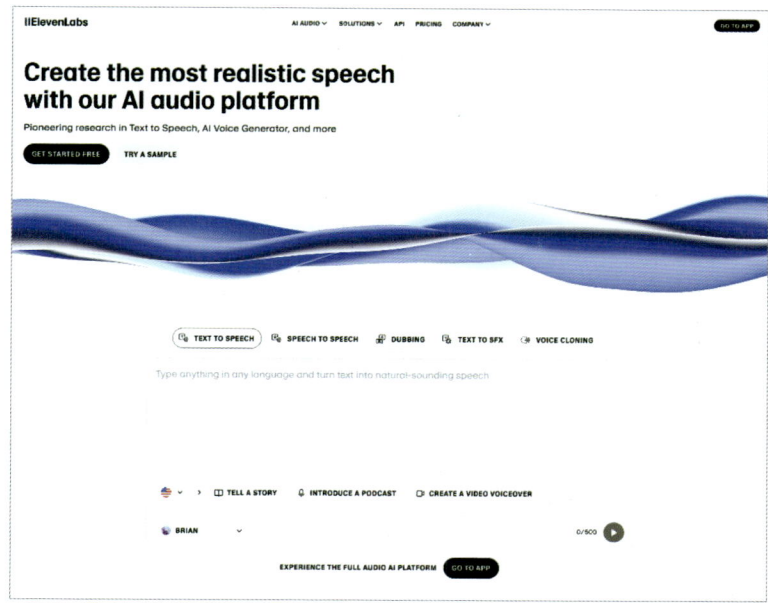

일레븐랩스(elevenlabs.io)

일레븐랩스의 고품질 음성 합성 기술은 사람의 목소리와 거의 구분할 수 없을 정도로 자연스러운 음성을 생성합니다. 딥러닝 기술을 기반으로 텍스트에 맞춰 억양과 감정을 자동으로 조절해, 생동감 있는 음성 표현을 제공합니다. 뿐만 아니라 29개 이상의 언어(한국어 포함)로 제공, 짧은 목소리 샘플만으로 AI 음성으로 복제할 수 있는 보이스 클로닝 기능, 실시간 스트리밍 기능을 활용해 API를 통해 실시간 보이스 생성과 스트리밍도 문제없이 처리합니다.

직관적이고 간편한 인터페이스로 어렵고 복잡한 지식 없이도 누구나 쉽게 음성 AI 기술을 활용할 수 있다는 것 역시 일레븐랩스의 큰 강점입니다. 덕분에 일레븐랩스의 기술은 오디오북, 팟캐스트, 내레이션 등 다양한 콘텐츠 제작 분야에서 폭넓게 사용되며, 창작자들에게 빠르고 효율적인 음성 솔루션을 제공합니다. 이를 통해 제작자들은 시간과 비용을 절감하면서도 고품질 콘텐츠를 생산할 수 있습니다.

일레븐랩스 시작하기

일레븐랩스 공식 웹 페이지(elevenlabs.io)에 접속합니다. 오른쪽 상단에 있는 [Try For Free] 또는 화면 가운데 [GET STARTED FREE] 버튼을 클릭합니다.

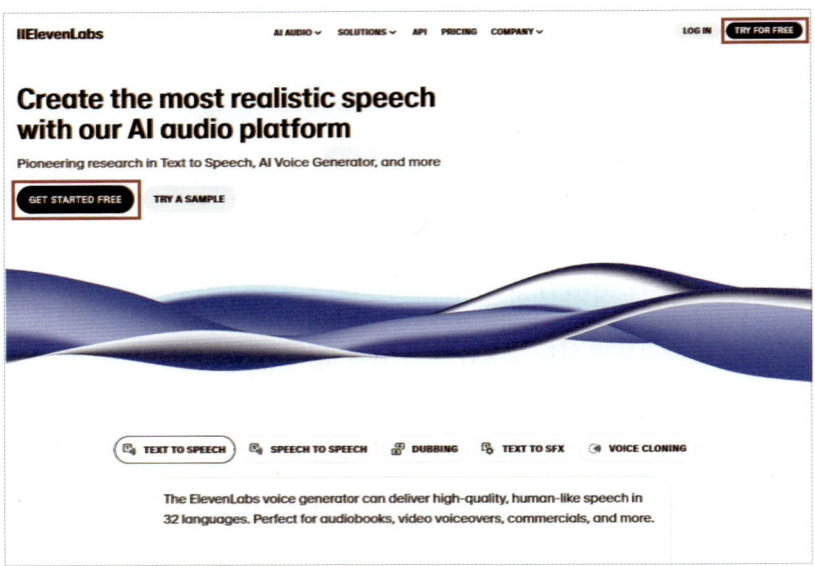

구글 또는 이메일 주소로 가입을 진행합니다.

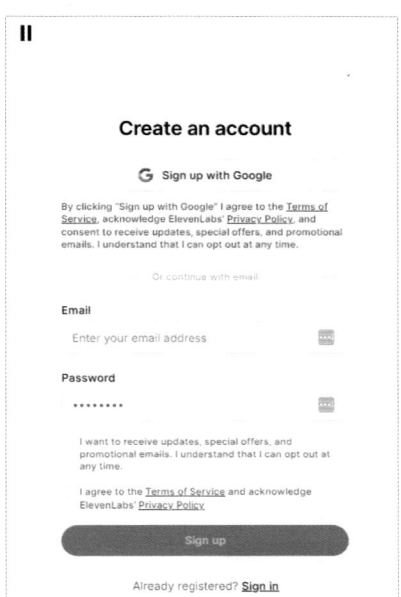

이름, 직업을 선택하면 간단하게 회원 가입을 완료하고 바로 음성 생성 페이지로 이동합니다.

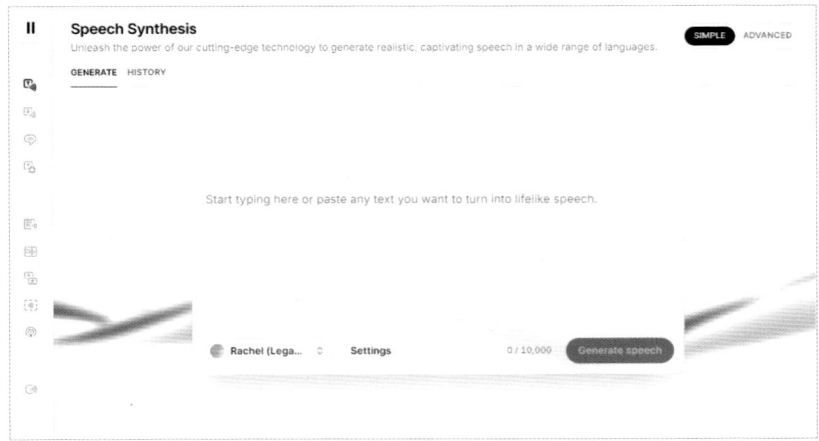

일레븐랩스는 기본 기능을 무료로 제공하여 사용자들이 다양한 음성 생성 기능을 체험할 수 있습니다. 단, 무료 요금제에서 생성한 음성은 개인적인 용도나 테스트 목적으로만 사용할 수 있고 상업적으로 사용할 수 없습니다. 따라서 무료 요금제에서 서비스를 충분히 체험한 후 필요에 따라 유료 플랜으로 업그레이드할 수 있습니다. 일레븐랩스에서 제공하는 유료 플랜은 다음과 같습니다.

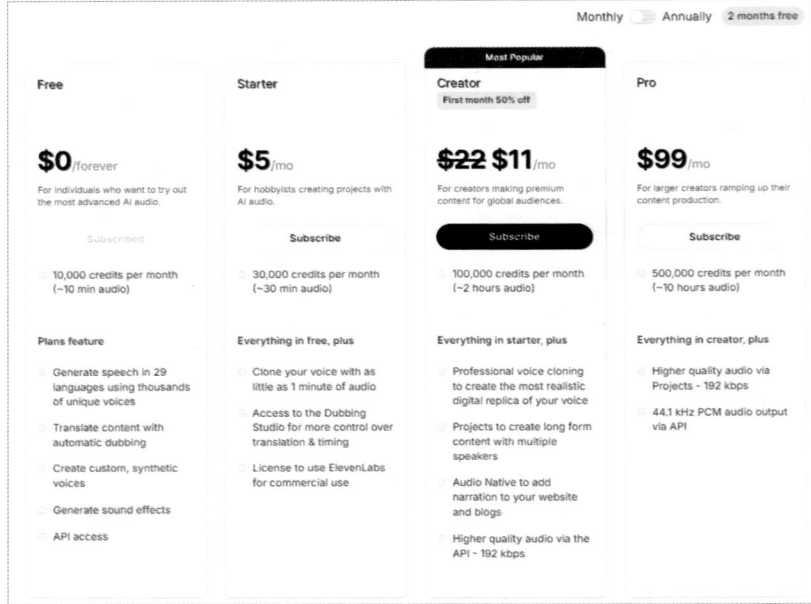

Free

- 기본적인 Text to Speech 기능 사용 가능
- 제한된 문자 수 생성(월간 한도 있음)
- 일부 기본 음성 선택 가능
- 일레븐랩스 워터마크 포함
- 상업적 사용 불가

Starter(월 $5)
- 더 많은 문자 수 생성 가능
- 추가 음성 옵션

Creater(월 $22)
- 월 10만 자 생성 가능
- 고품질 음성 출력
- 최대 30개의 맞춤형 음성 제공

Pro(월 $99)
- 월 50만 자 생성 가능
- 음량 기반 할인
- 최대 160개의 맞춤형 음성 제공

이외에도 매달 2백 만 크레딧을 제공하는 Scale, 1100만 크레딧을 제공하는 Business 그리고 원하는 기능을 선택할 수 있는 Custom pricing 요금제가 있습니다. 무료 플랜에서는 10분 정도의 오디오 생성이 가능한 1만 개의 크레딧이 매달 제공됩니다. 충분히 기능을 시험해 보고 필요한 기능과 분량에 따라 플랜을 구매할 수 있습니다.

일레븐랩스로 AI 성우 만들기

일레븐랩스의 Text to Speech 기능은 텍스트를 자연스러운 음성으로 변환하며, 29개 언어를 지원해 다양한 억양과 감정을 표현할 수 있습니다. 무료 사용자는 텍스트를 다양한 음성 스타일로 변환할 수 있으며, 유료 사용자는 추가로 커스텀 보이스 생성 기능을 활용할 수 있습니다. 이 기능을 활용해 AI 성우를 만들어 보겠습니다.

먼저 일레븐랩스 왼쪽 사이드바에서 [Text to Speech]를 클릭하면 다음과 같이 음성을 생성할 텍스트를 입력하는 창이 뜹니다.

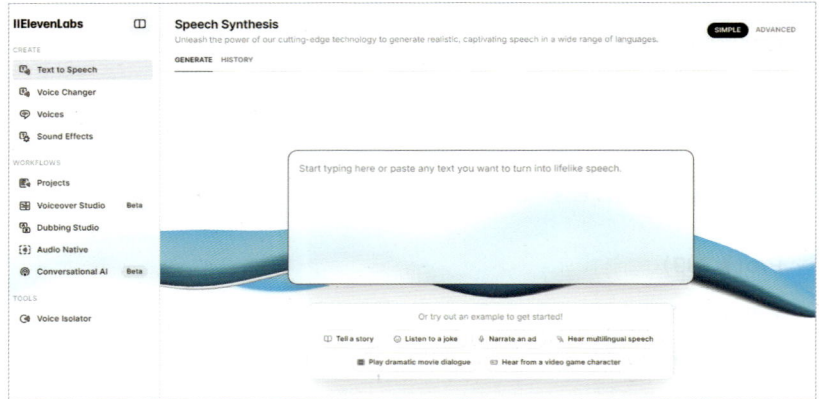

원고를 입력하고 [Generate Speech]를 클릭하면 하단에 재생 바가 활성화되고 원고를 읽는 AI의 목소리를 들을 수 있습니다.

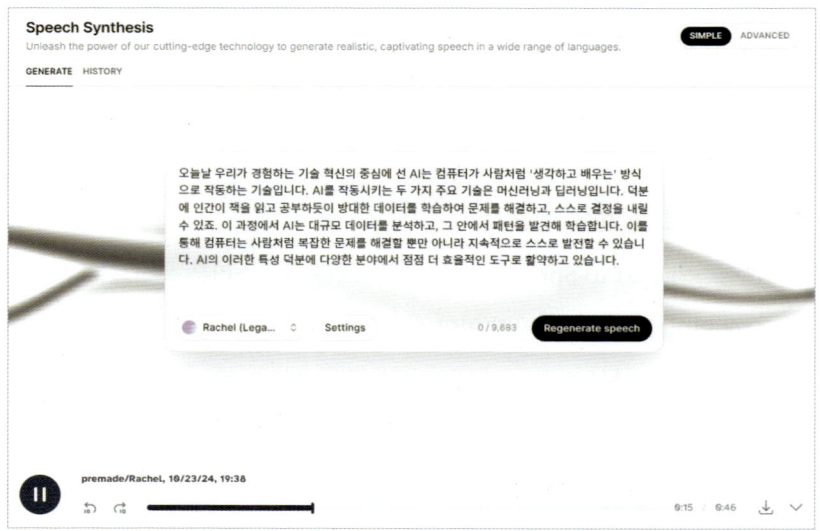

보이스를 변경하려면 텍스트 입력 창 왼쪽 하단의 성우 이름 버튼을 클릭합니다. 보이스는 남성, 여성이 있으며 각각 미리 듣기를 통해서 들어본 후 적합한 보이스를 선택합니다. 더 다양한 목소리를 원한다면 아래 [Find more voices]를 클릭합니다.

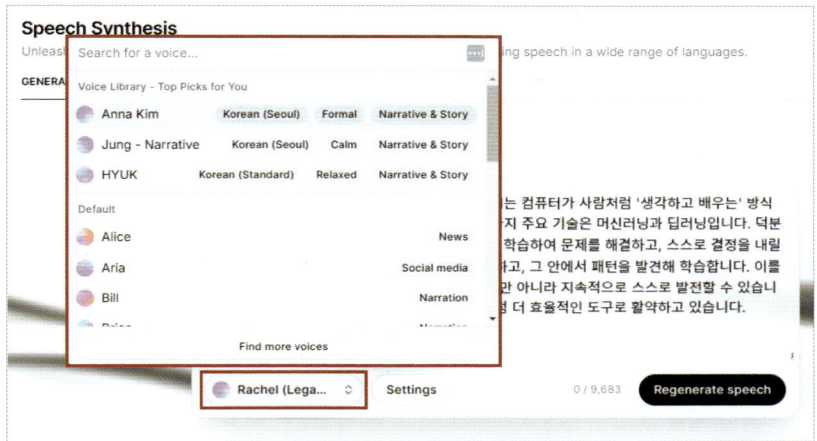

'Voice library' 창에서 내레이션, 소셜 미디어, 애니메이션 등 용도에 맞는 다양한 목소리를 선택할 수 있습니다. 단, 무료 플랜에서는 일부 보이스만 선택할 수 있습니다.

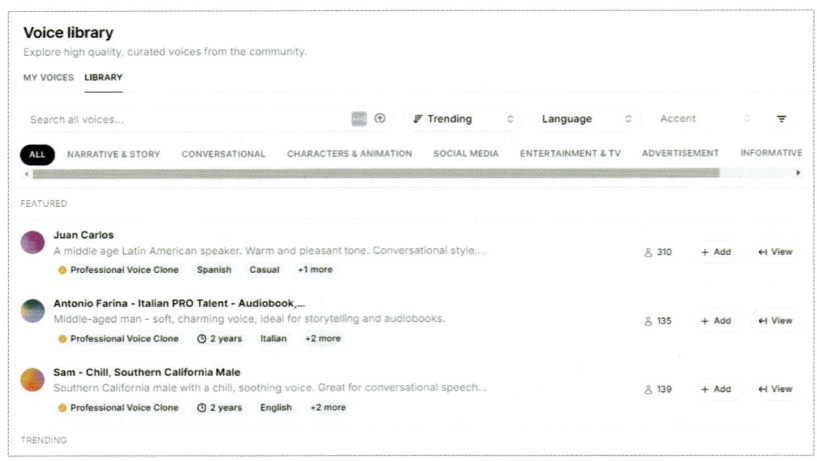

생성한 음성의 세부 설정이 필요하다면 텍스트 입력 창 아래 [Settings]를 클릭합니다.

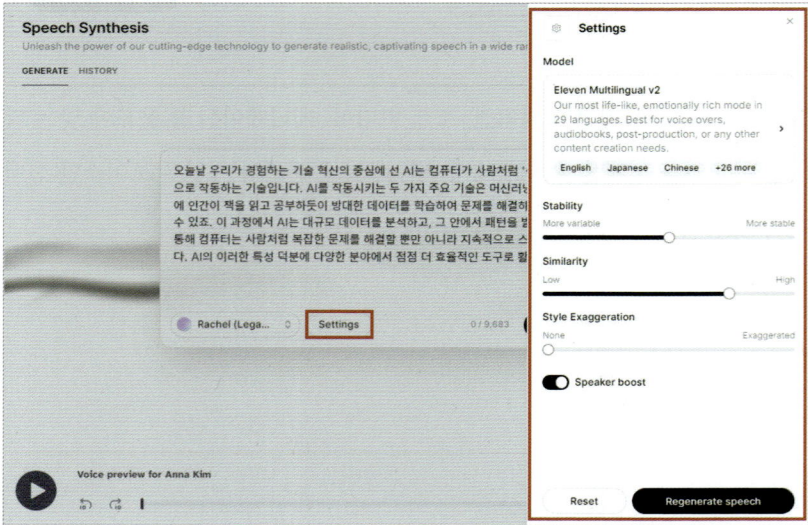

[Settings] 메뉴에서는 다음과 같이 5가지 메인 기능을 제공합니다.

- **Model(모델 선택)**: 일레븐랩스에서는 다양한 언어를 지원하는 음성 모델을 선택할 수 있습니다. Eleven Multilingual v2 모델은 29개 언어로, 다양한 음성을 제공합니다.
- **Stability(안정성)**: 원하는 수준에 맞게 음성의 안정성을 슬라이더로 조정할 수 있습니다. 음성의 흐름이 더 안정적이길 원한다면 'More stable'로, 역동적이길 원한다면 'More variable'로 슬라이더를 이동시켜 안정적인 음성을 생성할 수 있습니다.
- **Similarity(유사성)**: 생성된 음성과 원본 음성의 유사한 정도를 조절할 수 있는 기능입니다. 유사성을 높이면 원본과 거의 구분하기 어려운 음성을 생성합니다.
- **Style Exaggeration(스타일 과장)**: 음성의 표현력을 조절하는 기능으로, 슬라이더를 통해 음성의 스타일을 과장하거나 부드럽게 할 수 있습니다. 과장된 스타일의 음성을 원할 경우 'Exaggerated'로 슬라이더를 이동해 보다 극적인 음성 표현을 얻을 수 있습니다.
- **Speaker Boost(스피커 부스트)**: 이 기능을 활성화하면 음량이 증가하여 보다 강력하고 선명한 음성을 제공합니다. 스피커 부스트는 음성의 전달력을 강화하고, 특히 더 명확한 음성이 필요할 때 유용합니다.

모든 설정을 마쳤다면 하단 재생 바 오른쪽의 다운로드 아이콘을 클릭해 간단하게 음성 파일을 다운로드받을 수 있습니다.

내 목소리로 AI 성우 만들기

일레븐랩스는 최소 1분 분량의 음성 샘플을 넣으면 AI가 음성의 특성, 억양, 발음을 분석한 후 이를 바탕으로 유사한 음성을 생성하는 보이스 클로닝 기능을 제공합니다. 이를 통해 사용자나 특정 캐릭터의 목소리로 맞춤형 콘텐츠를 제작할 수 있으며 음성 비서, 게임, 애니메이션 캐릭터 등 다양한 분야에서 활용이 가능합니다. 이 기능은 크리에이터, 마케터, 교육자 등 다양한 전문가들이 고품질 음성 콘텐츠를 더 효율적으로 제작하는 데 큰 도움이 됩니다. 단, 이 기능은 유료 플랜에서 제작할 수 있으므로 자신의 목소리로 콘텐츠를 제작해야 한다면 구독 후 사용할 수 있습니다.

사이드바에서 [Voices]를 클릭해 'My voices' 페이지로 이동한 다음 [Add a new voice]를 클릭합니다.

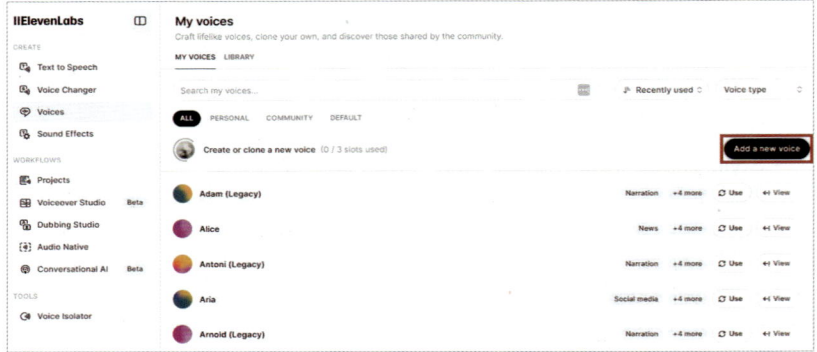

[Professional Voice Clone]을 선택합니다. 이때 개인의 이름을 입력해 자신만의 커스텀 보이스를 만들 수 있습니다.

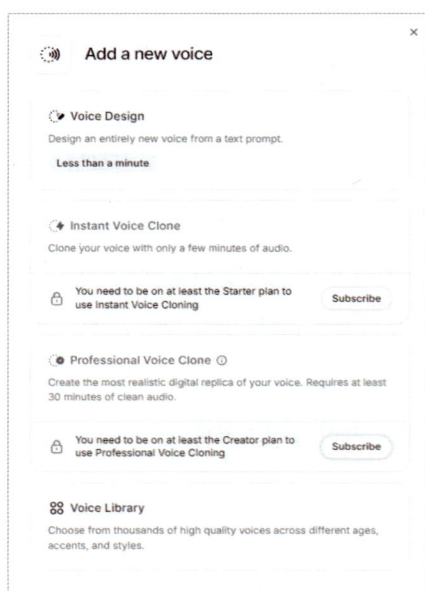

이후에는 Text-to-Speech 작업과 동일합니다. [Text-to-Speech] 옵션을 선택하고 텍스트를 입력한 후 하단의 보이스 설정에서 미리 생성해 둔 자신의 이름으로 된 보이스를 선택하여 작업을 진행합니다.

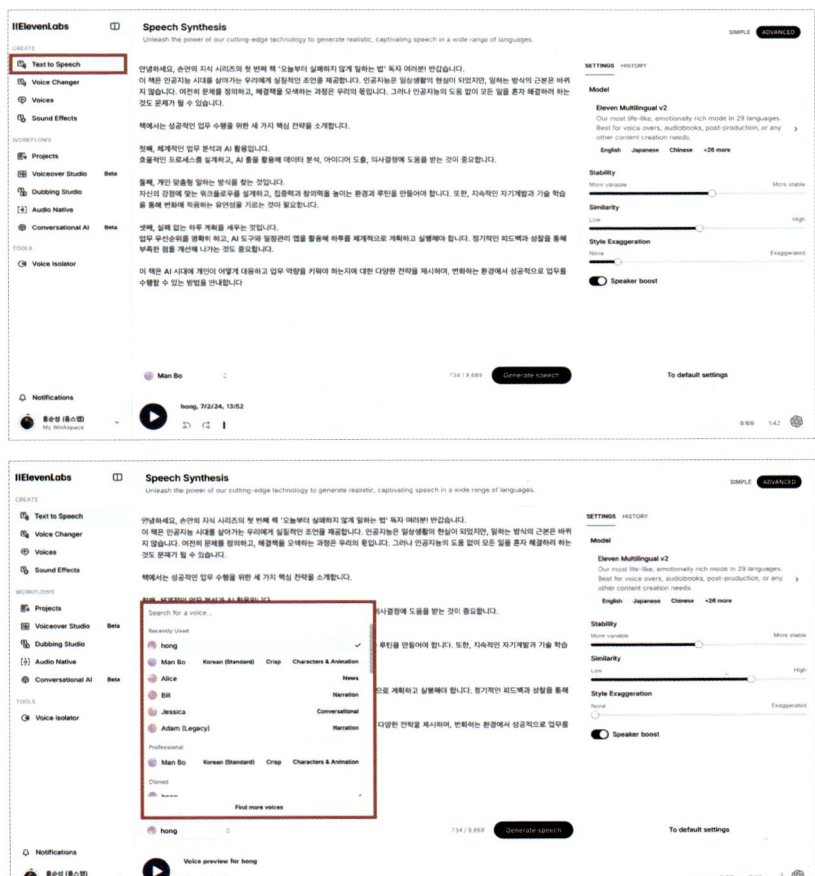

이렇게 제작한 음성은 제품 소개 영상이나 광고 내레이션 등 다양한 마케팅 자료에 사용할 수 있습니다. 또한, 온라인 강의나 교육용 영상 등 교육 자료에도 적용하여 학습 효과를 높일 수 있습니다.

음향 효과 만들기

일레븐랩스의 Sound Effects는 사용자가 원하는 음향 효과를 텍스트 프롬프트로 생성할 수 있는 기능입니다. 사용자가 원하는 소리를 텍스트로 설명하면, AI가 이를 기반으로 최대 22초 길이의 음향 효과를 생성합니다. 예를 들어, "성공적인 공연 후 환호하는 관객"이나 "사무실에서 키보드를 두드리는 소리"와 같은 상황을 텍스트로 입력하면, AI가 해당 음향을 자동으로 만들어냅니다.

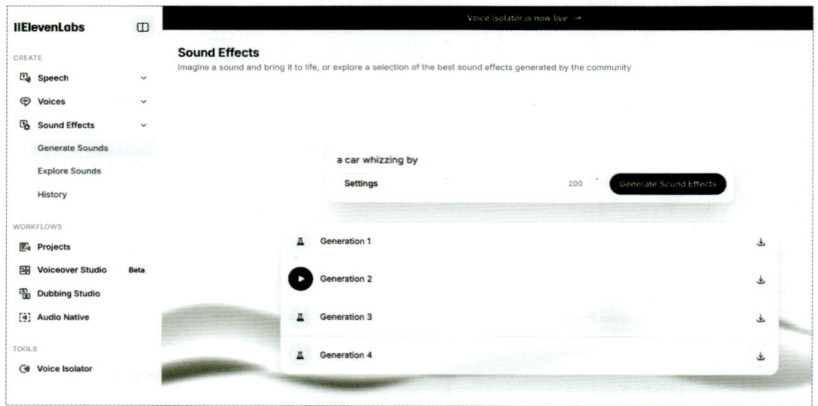

Sound Effects 기능

생성할 수 있는 음향 효과의 범위는 매우 다양합니다. '파도 소리', '금속 충돌 소리', '새 지저귀는 소리' 등 자연적인 소리나 인공적인 소리 모두 생성할 수 있습니다.

- Cheering crowd after a successful concert (성공적인 공연 후 환호하는 관객 소리)
- Typing on a mechanical keyboard in an office (사무실에서 기계식 키보드를 두드리는 소리)
- Ocean waves crashing against the shore (해변에 부딪히는 파도 소리)

- Birds chirping in a forest at dawn(이른 아침 숲에서 지저귀는 새들의 소리)
- Heavy rain hitting a metal roof(금속 지붕에 떨어지는 폭우 소리)

이렇게 제작한 효과음은 영상뿐만 아니라 게임, 라디오, 팟캐스트, 오디오북 등 여러 매체에 유용하게 활용할 수 있습니다. 단, 일레븐랩스에서는 프롬프트를 영어로 작성해야 하므로 챗GPT나 클로드의 도움을 받아 간단하게 번역을 거친 다음 진행하는 것이 좋습니다.

헤드라로 가상 인간 만들기

헤드라Hedra는 이미지와 오디오를 AI 기술로 결합해 자연스러운 립싱크 비디오를 생성하는 플랫폼입니다. 특히 노래, 대화, 발표 등 다양한 형태의 오디오 파일을 지원하여 교육 콘텐츠, 마케팅 영상, 개인 창작물 등 다양한 콘텐츠 제작에 적합합니다. 사용자는 이미지 속 캐릭터가 말하거나 노래하는 영상을 손쉽게 제작할 수 있으며, 복잡한 기술 지식 없이도 누구나 직관적으로 이용할 수 있습니다. 헤드라의 가장 큰 장점은 누구에게나 다양한 가능성을 제공한다는 점입니다. 사용자는 콘텐츠의 질을 높이면서도 복잡한 영상 편집 과정 없이 창의적인 결과물을 간단하게 만들어낼 수 있습니다.

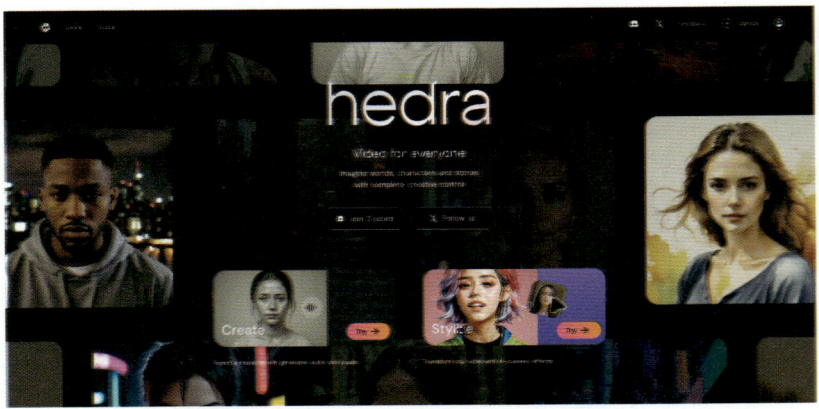

헤드라(출처: hedra.com)

무료 사용자는 일부 기능을 제한적으로 이용할 수 있고 영어, 한국어를 포함해 여러 언어를 지원해 유튜브 크리에이터와 디지털 콘텐츠 제작자들 사이에서 큰 주목을 받고 있습니다. AI 기반 캐릭터 애니메이션을 통해 복잡한 립싱크 작업을 간소화할 수 있고, 자연스럽고 다채로운 표정, 몸짓과 말하기 기능으로 콘텐츠의 질을 높입니다. 이를 통해 사용자는 시간과 비용을 절감하면서 높은 퀄리티의 영상을 효율적으로 제작할 수 있습니다.

헤드라에서 제공하는 주요 기능은 다음과 같습니다.

- **AI 기반 캐릭터 생성**: 사용자가 텍스트 프롬프트를 입력하거나 이미지를 업로드하여 가상 인간을 생성하도록 돕습니다. Character-1 모델을 통해 다양한 외모, 나이, 성별의 캐릭터를 만들 수 있으며, 세부 조정도 가능합니다.

- **텍스트 기반 오디오 및 립싱크 생성**: 입력된 텍스트를 바탕으로 자연스러운 음성을 생성하고 이를 캐릭터의 입 모양과 동기화하는 고급 립싱크 기술을 제공합니다. 다양한 언어와 억양을 지원하여 전문 성우나 복잡한 녹음 장비 없이도 고품질 음성 콘텐츠를 쉽고 빠르게 제작할 수 있습니다.

- **직관적인 영상 편집 도구**: 사용하기 쉬운 타임라인 기반의 영상 편집 도구를 제공합니다. 드래그 앤 드롭으로 간편하게 장면을 구성하거나 대화를 추가하고 효과를 적용할 수 있습니다. 복잡한 기술 지식 없이도 전문가 수준의 영상을 제작할 수 있는 것은 물론이고 AI 기반 효과를 적용해 영상의 시각적 매력을 높이고, 스토리텔링 도구를 사용해 일관된 내러티브를 구성할 수 있습니다. 덕분에 초보자부터 전문가까지 모든 수준의 사용자가 효율적으로 영상 제작과 편집 작업을 할 수 있습니다.

헤드라 시작하기

헤드라를 이용하려면 먼저 간단한 회원 가입 절차를 거쳐야 합니다. 헤드라 웹사이트(hedra.com)에서 오른쪽 상단의 [Sign in]을 클릭합니다.

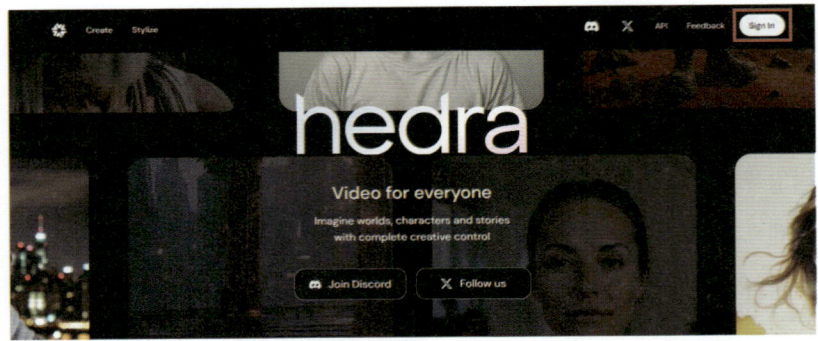

구글 또는 이메일을 입력하고 가입 시 간단한 동의 절차만 거치면 빠르게 회원 가입을 완료할 수 있습니다.

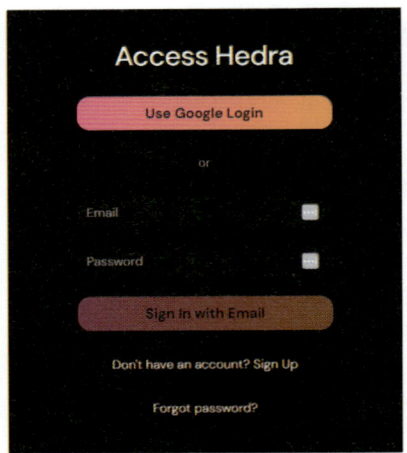

가입을 완료하면 메인 페이지로 돌아갑니다. 메인 화면에는 [Create]와 [Stylize] 2개의 기능이 있습니다. [Create]는 텍스트나 이미지를 입력해 AI로 가상 인간을 만들고 입력한 대사를 음성으로 만들어 영상을 제작하는 기능, [Stylize]는 영상이나 이미지를 다양한 예술적 스타일로 변환해 독창적인 효과를 적용하고, 시각적 매력을 높일 수 있는 기능입니다.

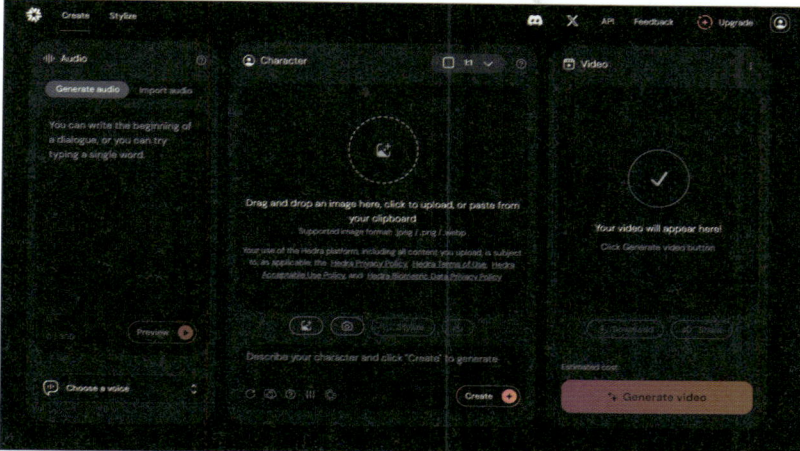

Create 화면

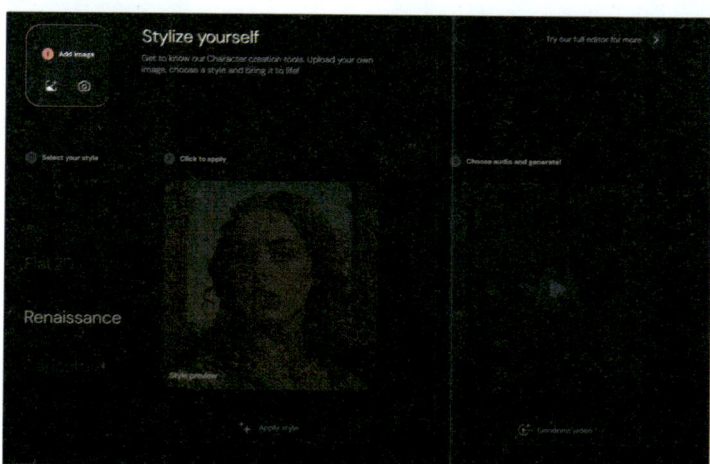

Stylize 화면

가입만 해도 매일 30초 길이의 영상 5개를 생성할 수 있지만 상업적 사용과 속도, 영상 길이 등의 제한이 있습니다. 유료 플랜을 선택하면 상업적 용도 및 생성 속도 등의 추가 기능을 이용할 수 있습니다. 헤드라의 Character-1 앱에서 제공하는 유료 플랜은 다음과 같이 5가지입니다.

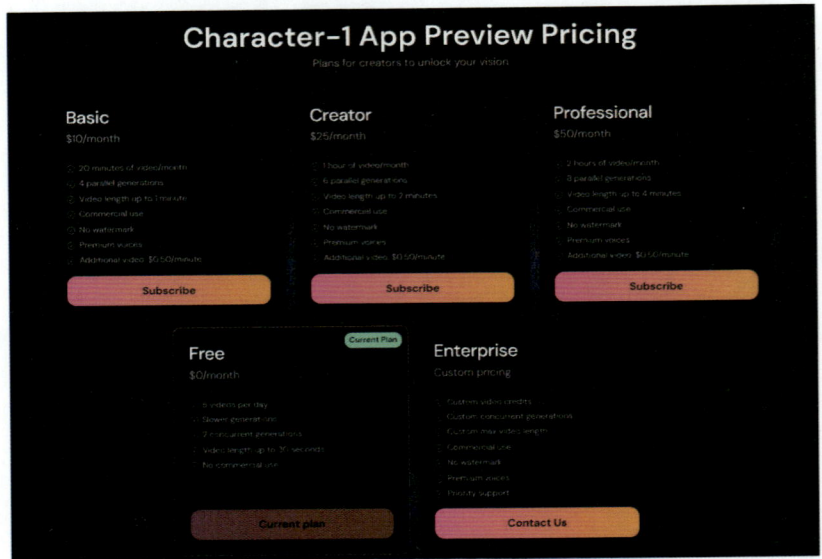

Free

- 하루 최대 5개의 비디오
- 더 느린 생성 속도
- 동시 생성 2개
- 최대 비디오 길이 30초
- 상업적 사용 불가

Basic(월 $10)

- 월 20분 비디오 생성
- 동시 생성 4개
- 최대 비디오 길이 1분
- 상업적 사용 가능
- 워터마크 없음
- 프리미엄 음성
- 추가 비디오: $0.50/분

Creator (월 $25)

- 월 1시간 비디오 생성
- 동시 생성 6개
- 최대 비디오 길이 2분
- 상업적 사용 가능
- 워터마크 없음
- 프리미엄 음성
- 추가 비디오: $0.50/분

Professional (월 $50)

- 월 2시간 비디오 생성
- 동시 생성 8개
- 최대 비디오 길이 4분
- 상업적 사용 가능
- 워터마크 없음
- 프리미엄 음성
- 추가 비디오: $0.50/분

Enterprise (맞춤형 가격)

- 맞춤형 비디오 생성 크레딧
- 맞춤형 동시 생성 수
- 맞춤형 최대 비디오 길이
- 상업적 사용 가능
- 워터마크 없음
- 프리미엄 음성
- 우선 지원

무료 버전에서 짧은 영상을 생성할 수 있으므로 헤드라의 여러 기능을 체험해 보고 필요에 따라 적합한 플랜을 구독하는 것이 좋습니다.

헤드라로 가상 인간 만들기

헤드라는 앞서 설명했듯이 Create와 Stylize 2가지 주요 기능이 있습니다. Create 기능으로 가상의 캐릭터를 만들고 직접 입력한 대사를 캐릭터의 음성으로 녹음해 영상을 제작하는 과정을 살펴보겠습니다. 먼저 메인 페이지에서 왼쪽 상단 또는 화면 가운데에서 [Create]를 클릭합니다.

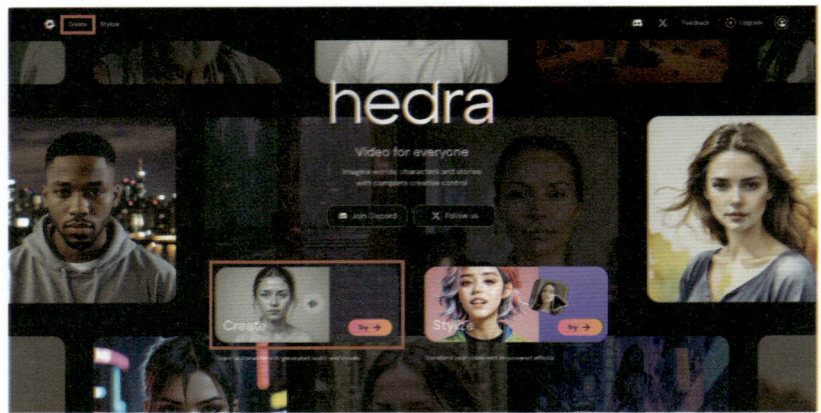

Create 페이지로 이동하면 다음과 같이 화면이 3개로 분할되어 있습니다. 왼쪽부터 오디오 생성, 캐릭터 생성 그리고 영상을 생성하도록 구성되어 있습니다.

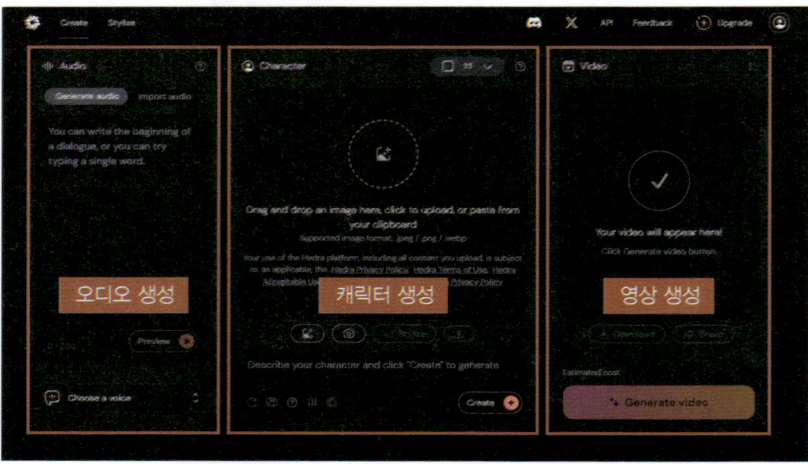

먼저 가상 인간의 목소리가 될 오디오를 생성합니다. 오디오 생성 방식은 [Generate audio]와 [Import audio] 그리고 [Start Recording] 3가지 방식이 있습니다.

[Generate audio]는 헤드라에서 제공하는 보이스를 선택하는 방식입니다. 입력창에는 시작하는 문장 또는 키워드를 입력하고 아래 [Choose a voice]를 클릭해 원하는 음성을 선택합니다.

[Import audio]는 오디오 파일을 업로드해 목소리를 사용하는 방식입니다. MP3, WAV, AAC 등과 같은 일반적인 오디오 파일 형식을 지원하며, 사용자는 이러한 파일을 업로드해 캐릭터가 말하거나 노래, 랩을 하는 영상을 손쉽게 제작할 수 있습니다.

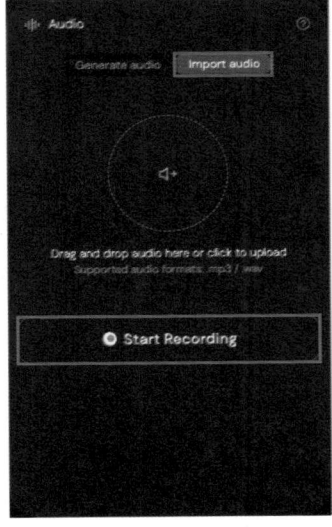

[Start Recording]은 사용자가 직접 자신의 목소리를 녹음하여 영상에 활용할 수 있는 기능입니다. 음질이 좋을수록 좋은 결과를 얻을 수 있으며 캐릭터의 성별, 나이, 감정 상태 등을 세밀하게 조정해 더욱 생동감 있는 표현이 가능합니다.

캐릭터 생성 영역에서는 원하는 캐릭터의 이미지를 업로드하거나 헤드라의 도구를 사용해 캐릭터를 생성할 수 있습니다. 이미지 설명은 영어로 작성하는 것이 좋습니다. 작성한 다음 [Create]를 버튼을 클릭합니다.

이렇게 생성한 캐릭터를 수정하려면 하단의 [Stylize]를 클릭하거나, 새로운 캐릭터를 만들려면 [Randomize seed ■] 아이콘을 클릭해 재생성할 수 있습니다.

오디오와 캐릭터 설정을 모두 마쳤다면 이제 캐릭터가 입력한 대사를 말하는 자연스러운 영상을 생성할 수 있습니다. 'Video' 영역에서 [Generate Video]를 클릭합니다. AI가 모든 요소를 결합하여 최종 영상을 만들어냅니다.

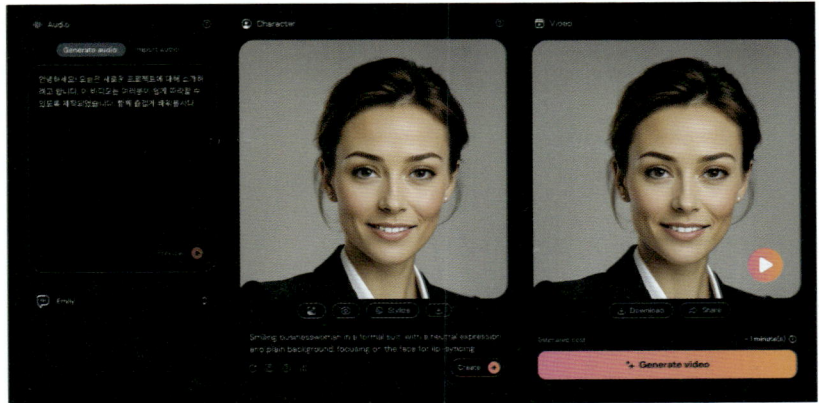

이렇게 생성한 영상은 다운로드하거나 다양한 플랫폼에 공유해 쉽게 배포할 수 있습니다.

이러한 단계들을 통해 간단하고 효과적으로 립싱크 영상을 제작할 수 있습니다. 사용자는 텍스트를 입력하거나 노래 또는 랩이 포함된 오디오 파일을 업로드하여, 캐릭터가 해당 오디오에 맞춰 노래하거나 랩을 하는 영상을 생성할 수 있습니다. 이 기능은 콘텐츠 제작자들이 다양한 영상을 제작하는 데 큰 도움을 줍니다.

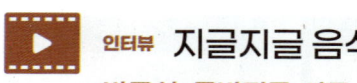

인터뷰 지글지글 음식 연출도 AI로
박준상_톱밥필름 감독

Q. 현재 어떤 일을 하고 계신가요?

현재 저는 톱밥필름TOPBOB FILM 대표 감독으로, LG전자, 쉐보레, 현대자동차, 넷마블, 바디프랜드 등 국내외 TV 광고와 온라인 광고, 글로벌 CM을 연출하고 제작하고 있습니다. 2024년부터는 국내 최대 생성 AI 커뮤니티인 Stable Diffusion Korea의 운영진, Creative IDA(크리에이티브 이다)에서 디렉터이자 AI 아티스트로도 활동하고 있습니다.

Q. 최근 AI로 작업하신 영상에 대해 소개해 주세요.

광고 분야에서 AI 영상 제작은 제작자의 자유로운 표현도 중요하지만, 클라이언트와 타인의 의견을 충실히 반영하는 것이 더 중요합니다. 광고는 파인 아트가 아니기 때문입니다. 즉, 기존 광고 영상을 얼마나 잘 구현할 수 있느냐는 매우 중요한 논점이자 도전 과제입니다. 이를 위해 아웃백 스테이크하우스의 '블랙 라벨 스테이크' 제품 홍보 영상을 AI로 최대한 비슷하게 구현해 보았습니다. 첫 번째는 기존 광고 영상이고, 두 번째는 AI로 리메이크한 영상입니다. 사운드와 내레이션 목소리는 그대로 삽입했습니다.

블랙 라벨 스테이크(출처: 아웃백 스테이크하우스 채널)

Outback Steakhouse(AI Film)(출처: youtube.com/@박디-h6v)

이 영상 작업은 현업 CF 연출자로서 기존 광고에 대한 도전이었습니다. 광고 영상에서 가장 많은 비용과 인력이 투입되는 분야가 바로 음식의 생동감을 표현하는 씨즐sizzle 장면입니다. 겉보기에는 간단해 보이지만, 실제로는 푸드 아티스트, 정교한 조명, 특수 렌즈와 카메라, 특수 촬영 전문가 등 많은 자원이 투입됩니다. 그리고 OK가 나올 때까지 반복 촬영을 해야 하기 때문에 밤샘 촬영은 필수입니다. '이 소모적인 과정을 AI로 자연스럽게 대체할 수 있다면, 다른 장면에 더 많은 집중을 할 수 있지 않을까?'라는 생각이 작업의 시작이었습니다.

작업 방식은 먼저 광고 컷에 대한 디테일한 프롬프트를 구성하는 것으로 시작했습니다. 그 다음 미드저니를 활용해 스타일 레퍼런스 코드를 혼합하여 CF에 근접한 톤과 텍스처를 구현합니다. 스테이블 디퓨전이 아닌 미드저니를 사용하는 이유는, 변화무쌍한 스타일 적용이 더 빠르고 용이하기 때문입니다. 각 컷에 해당하는 기본 이미지를 완성한 후 스테이크의 질감을 더욱 풍부하게 하기 위해 SDXL에서 I2I(Image to Image) 기능을 사용해 디테일과 스케일을 향상시킵니다.

이렇게 완성된 각 컷을 Gen-3와 클링 AI로 가져와 카메라 무빙과 형태의 일관성이 유지될 때까지 프롬프트를 조정하며 무비 클립을 생성합니다. 동영상 생성 서비스들은 각각 고유한 장점이 있기 때문에 2~3개 서비스를 사용해 가장 좋은 클립을 선별합니다. 마지막으로 편집된 클립들은 다빈치 리졸브에서 색 보정을 거쳐 최종 완성됩니다.

Q. 이 영상을 제작하면서 가장 어려웠던 점이나 한계는 무엇이었나요?

광고 영상은 다른 아트 장르와는 달리 내가 원하는 영상을 만드는 것이 아니라 기업이나 브랜드가 필요로 하는 영상을 제작하다 보니 데드라인도 명확히 정해져 있습니다. 그래서 실제로 의뢰를 받은 것처럼 상황을 가정하고 영상을 제작했습니다. 제작 기간을 6일로 설정하고, 그 시간을 지키기 위해 노력했습니다.

이 과정에서 여러 가지 문제가 발생했습니다. 베이스 이미지를 생성하는 것 자체도 쉽지 않았지만, 특히 영상 생성은 더욱 어려웠습니다. 예를 들어, 카메라 무빙에서 퍼스펙티브(Perspective)가 변하면서 피사체가 변형되거나, 학습되지 않은 카메라 무빙을 구현하지 못한다거나, 초근접샷에서 피사체를 잘못 인식해 다른 물체로 바뀌는 등 AI 기술의 한계로 여러 문제가 발생했습니다. 이런 경우 대체 컷을 다시 만들어야 했기 때문에 시간이 많이 지체되기도 했습니다. 또, 라이팅의 디테일한 설계가 어려워 후반 작업에서 억지로 맞춰야 하는 경우도 있었습니다.

이런 이유로 만약 최종 영상에 클라이언트의 수정 사항이 영상 촬영 기술(무빙, 라이팅 등)과 관련된 것이라면 일반 촬영보다 AI로 대응하는 것이 훨씬 더 어려울 것이라고 생각했습니다.

Q. AI로 영상 제작을 할 때 가장 중점적으로 배워야 할 요소는 무엇이라고 생각하시나요?

AI로 이미지를 생성할 때 여러 기술을 습득하는 것도 중요하지만, 무엇보다 중요한 것은 '선별 능력'입니다. 이 능력은 스틸 이미지와 영상 모두에 적용되는 중요한 요소입니다. 선별 능력은 다양한 작품을 내용적, 기술적으로 깊이 연구하고 분석함으로써 체득되는 것입니다. 이는 긴 시간과 애정이 필요한 과정입니다.

같은 프롬프트로 생성된 여러 이미지 중에서 가장 빛나는 한 조각을 발견할 수 있는 눈을 갖는 것, 이것이야말로 영상을 제작할 때 AI를 가장 잘 활용하는 핵심 요소입니다. 어쩌면 AI를 효과적으로 활용하기 위한 가장 중요한 능력은 가장 아날로그적인 방법으로 습득된 인간의 감각일지도 모릅니다.

Q. 앞으로 AI는 영상 제작에서 어떤 역할을 할 거라 생각하시나요?

이미 카메라에 대해 전혀 모르는 사람뿐만 아니라 초등학생조차 AI로 영상을 만들고 있습니다. 누구나 쉽게 영상을 제작할 수 있는 시대는 더 이상 미래의 일이 아닙니다. 그러나 '쉽게' 영상을 만드는 것과 '좋은' 영상을 만드는 것에는 큰 차이가 있습니다. 영상 제작이 폭발적으로 증가할수록 사람들은 더욱 양질의 영상에 갈증을 느낄 것입니다. 영상을 제작하는 과정 자체는 점점 쉬워지겠지만, 좋은 영상을 만드는 것은 여전히 어려운 과제일 것입니다.

AI 영상의 역할을 조심스럽게 예상해 본다면 비용이 많이 드는 '머니샷'을 중심으로 대체가 이루어질 가능성이 큽니다. 위험하거나 변수가 많은 특수 촬영, 예측하기 어려운 자연물, 3D CG, 애니메이션 등이 그 대상이 될 것입니다.

마지막으로 AI 영상 기술을 통해 세상의 수많은 숨겨진 이야기들이 빛을 보게 되기를 바랍니다.

5부

자연스러운
영상 생성 & 편집하기

10장

안정적인 영상 AI, Gen-3

10장에서는 런웨이의 Gen-3 모델을 중심으로, 텍스트와 이미지 기반의 비디오 생성 기능 및 기존 영상의 스타일을 새롭게 변형하는 다양한 기능들을 소개합니다. 영상 생성 AI의 주요 기능에는 텍스트 기반 비디오 생성 기능인 Text to Video, 이미지 기반 비디오 생성 기능인 Image to Video, 비디오 변환 기능인 Video to Video가 있습니다. 이들 기능은 창작자가 복잡한 동작과 세밀한 장면 변화를 포함한 영상을 더 빠르고 간편하게 제작할 수 있도록 지원합니다.

Gen-3 시작하기

Gen-3는 런웨이에서 개발한 혁신적인 영상 생성 모델로, 텍스트(Text to Video) 또는 이미지(Image to Video)를 입력하여 최대 10초 길이의 실제와 유사한 영상을 제작할 수 있습니다. 특히 엔터테인먼트와 미디어 창작 분야에서 주목받고 있습니다. 주요 기능은 텍스트 또는 이미지에 기반한 영상 생성입니다. 텍스트 프롬프트를 사용하면 상상 속 장면을 구체적으로 구현할 수 있고, 이미지를 사용하면 주어진 이미지를 바탕으로 자연스러운 영상을 만들어냅니다. 이 기술은 복잡한 움직임이나 장면도 정교하게 표현하여 창작자들의 작업 효율성을 크게 높여줍니다. 또, 영상(Video to Video)을 기반으로 새로운 영상을 생성하는 기능도 제공하여 기존 영상을 새로운 스타일로 변환할 수 있습니다.

모션 브러시(Motion Brush)와 같은 정밀한 영상 편집 도구를 도입해 인물의 표정 변화나 배경의 미세한 움직임까지 손쉽게 편집할 수 있습니다. 이러한 세밀한 조정 기능은 영상의 흐름을 유지하면서도 창작자의 의도에 맞춰 디테일한 연출을 가능하게 하여 영상의 수준을 한층 더 높여줄 것입니다.

Gen-3의 주요 특징은 다음과 같습니다.

Gen-3의 주요 특징

- **고품질 영상 생성**: 10초 길이의 복잡한 장면 구성이 가능한 영상을 단 90초 만에 생성할 수 있습니다.
- **향상된 영상 품질**: 이전 버전에 비해 더욱 사실적이고 매끄러운 영상 제작이 가능해졌습니다.

- **시드 번호를 통한 연속성**: 일관된 캐릭터나 배경을 유지하면서 더 긴 내러티브를 구성할 수 있습니다.
- **다양한 카메라 앵글과 움직임**: 정교한 인물 표현과 다양한 카메라 앵글을 활용하여 더욱 역동적인 영상 제작이 가능합니다. 카메라 컨트롤 기능을 통해 정밀한 시네마틱 효과를 추가하고, 원하는 대로 카메라 움직임을 조정할 수 있습니다.
- **Act-One**: 캐릭터의 현실감 있는 표정과 움직임을 간단한 영상으로 구현하는 기능을 제공합니다.
- **확장 모드**Extend Mode: 기존 영상을 기반으로 새로운 콘텐츠를 생성하는 기능입니다. 이 기능을 활용하면 전체 영상을 처음부터 다시 제작하지 않고도 특정 부분을 최대 40초까지 확장할 수 있습니다.

이러한 기능들을 바탕으로 Gen-3는 영화, 마케팅, 콘텐츠 제작, 학계, 게임, 몰입형 현실 디자인 등 다양한 분야에서 혁신적인 변화를 가져올 것으로 예상됩니다. Gen-3의 또 다른 장점은 높은 접근성입니다. 회원 가입만 하면 일정량의 크레딧이 제공되어 무료로 일부 기능을 체험해 볼 수 있습니다.

먼저 Gen-3 웹 페이지(runwayml.com)로 이동합니다. 왼쪽 상단의 [Get Started] 또는 가운데 [Try Gen-3 Alpha]를 클릭합니다.

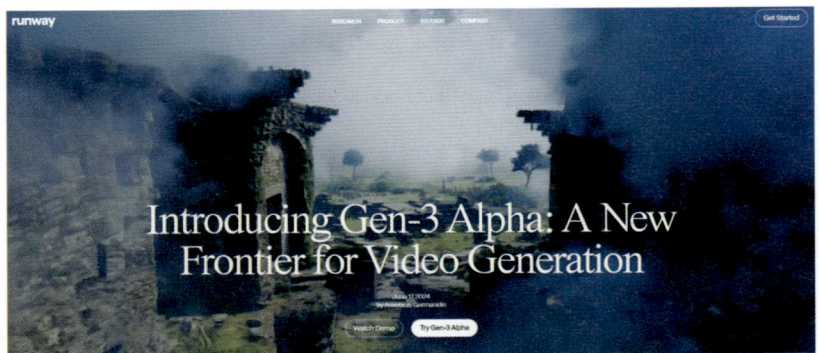

구글, 애플 또는 이메일 주소로 회원 가입 및 로그인을 진행합니다.

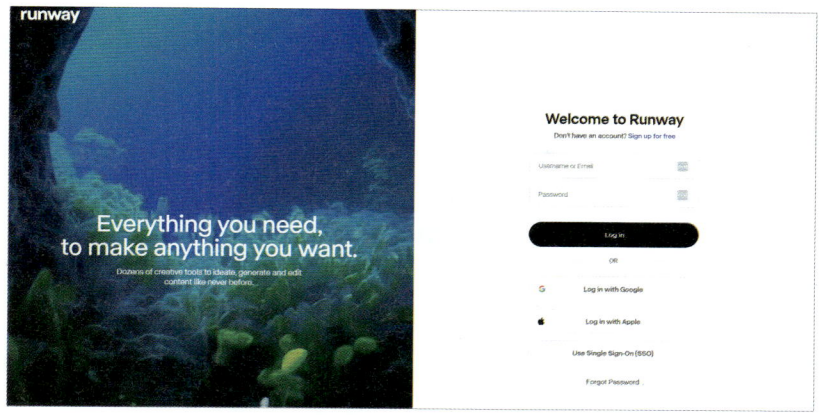

로그인을 하면 곧장 영상 생성 페이지로 이동합니다. 런웨이에 가입 시 기본으로 125 크레딧이 제공되며, 이를 활용해 Gen-2와 Gen-3 Alpha Turbo 모델을 모두 사용할 수 있습니다. 사용자는 이미지를 기반으로 영상 작업을 진행할 수 있으며, 한 번에 최대 10초 길이의 영상을 생성할 수 있습니다(서비스 제공 조건 및 세부 사항은 추후 변경될 수 있습니다.).

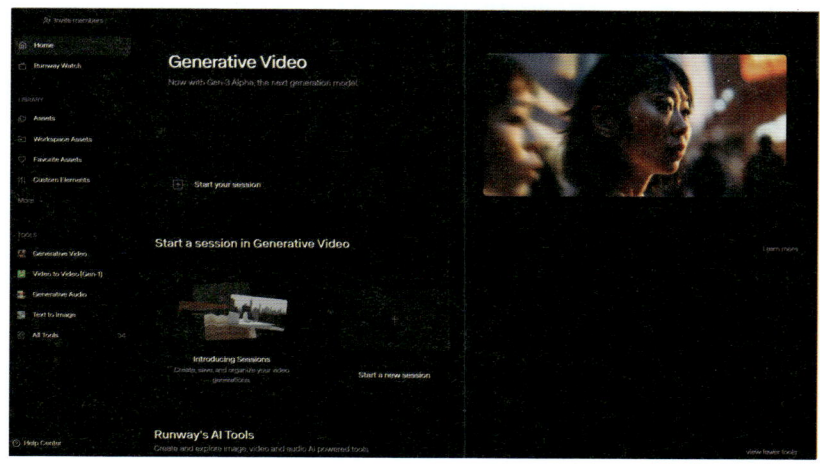

단, 무료로 생성한 영상에는 저작권 보호를 위한 워터마크가 표시되어 상업적으로 사용할 수 없으며 일부 기능은 제한적입니다. 추가 기능이 필요하다면 유료 플랜 구독을 하는 것이 좋습니다. 런웨이에서 제공하는 유료 플랜은 다음과 같습니다.

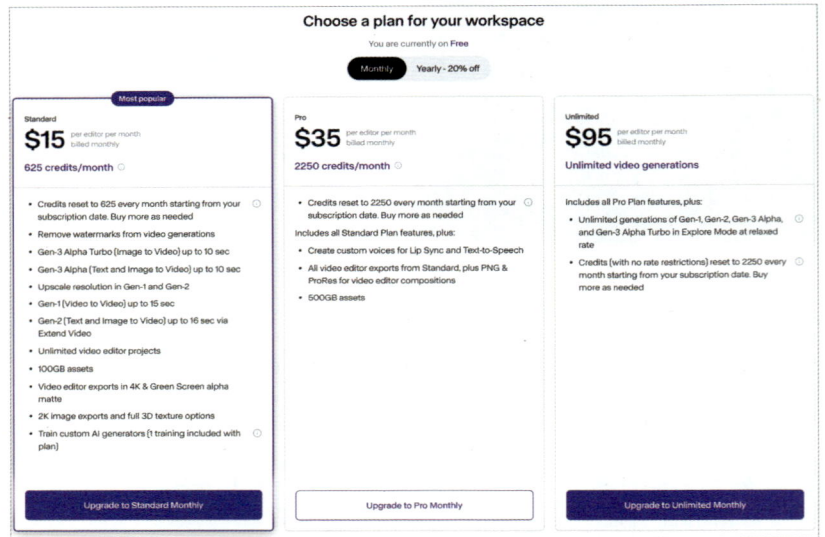

Standard (월 $15/매월 625 크레딧 포함)

- 생성형 비디오/Gen-3 Alpha

- 해상도 업스케일/Gen-1, Gen-2

- 워터마크 제거/Gen-1, Gen-2, Gen-3 Alpha

- 크레딧 매월 갱신

- 속도 제한 없음

- 추가 크레딧 구매 가능

- 사용자 맞춤 AI 학습 가능/1회 무료 학습

- 100GB 자산 저장소

- 무제한 비디오 프로젝트
- 720p/4K/Alpha Matte 비디오 프로젝트 내보내기
- 런웨이 대시보드를 통한 기술 지원

Pro (월 $35/매월 2250 크레딧 포함)

- Standard의 모든 기능 포함
- 맞춤형 음성 생성
- 500GB 자산 저장소
- PNG/ProRes 비디오 프로젝트 내보내기
- 2K/3D/PNG/ProRes 텍스처 이미지 내보내기 옵션

Unlimited (월 $95/매월 2250 크레딧 포함)

- Pro의 모든 기능 포함
- Explore 모드
- 크레딧 사용 없이 느린 속도로 무제한 생성 가능

영상 생성 시 1초당 10 크레딧이 소요되며, 5초 영상은 50 크레딧, 10초 영상은 100 크레딧이 필요합니다. 퀄리티 높은 영상을 다양하게 제작하려면 특정 기능을 제공하는 플랜을 구독해야 합니다. 따라서 제작할 영상의 길이와 필요한 기능을 살펴보고 구독하는 것이 좋습니다.

Gen-3로 영상 생성하기

이제 본격적으로 Gen-3 모델로 영상을 생성해 보겠습니다. 왼쪽 메뉴에서 [Generative Video]를 선택합니다.

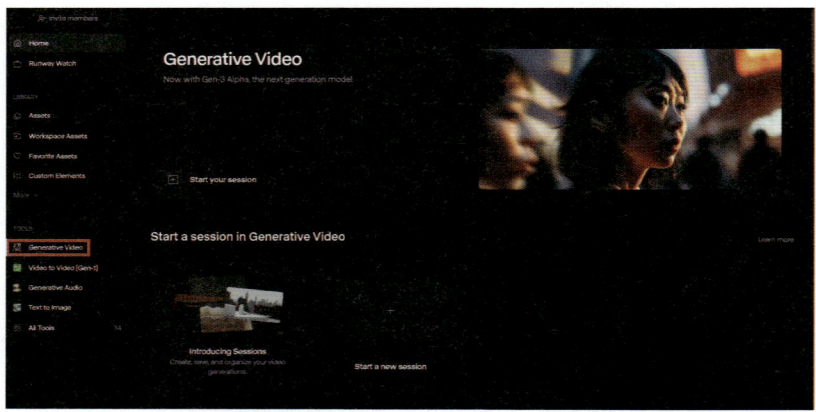

영상 생성 페이지로 이동합니다. 영상 생성 페이지에서는 원하는 모델을 선택하고 영상 제작을 시작합니다. 이 페이지에서는 텍스트, 이미지, 또는 영상을 기반으로 다양한 옵션을 통해 영상을 제작할 수 있습니다. 이 메뉴에서는 사용자가 영상의 스타일과 전환 효과를 자유롭게 설정할 수 있으며, 세부 조정 기능도 함께 제공됩니다. 예를 들어, 텍스트 프롬프트를 통해 특정 장면의 분위기를 설정하거나 이미지를 사용해 자연스러운 전환 효과를 적용함으로써 더욱 사실적이고 창의적인 영상을 제작할 수 있습니다. 어떤 기능들을 제공하는지 자세히 살펴보겠습니다.

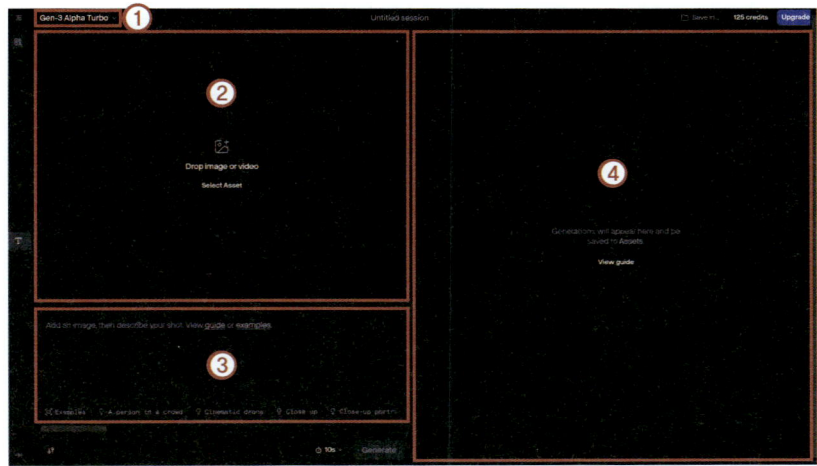

① **모델 선택**: 사용할 AI 모델을 선택하는 영역입니다. 현재 지원하는 모델은 Gen-3 Alpha Turbo, Gen-3 Alpha, Gen-2가 있습니다.

② **이미지 업로드**: 작업할 이미지를 드래그하거나 [Select from Assets] 버튼을 클릭하여 이미지를 업로드할 수 있습니다. 이 과정에서 영상으로 제작할 이미지 사이즈를 16:9 또는 9:16으로 조절할 수 있습니다.

③ **프롬프트 입력 및 설정**: 생성할 영상의 프롬프트를 입력하는 곳입니다. 예시 프롬프트를 참고하거나 직접 입력하여 원하는 영상을 생성할 수 있습니다. 영상 길이와 같은 추가 설정도 이곳에서 조정할 수 있습니다.

④ **영상 미리 보기**: 생성된 영상이 표시되는 영역입니다. 여기서 결과물을 확인하고 수정하거나 저장할 수 있습니다.

런웨이에서 제공하는 3가지 모델은 각기 고유한 강점을 가지고 있어 필요에 따라 적절하게 선택하는 것이 좋습니다. 각 모델의 특징은 다음과 같습니다.

Gen-3 Alpha Turbo: 무료 평가판을 포함한 모든 구독 플랜에서 사용 가능하며 이미지를 통한 영상 서비스를 제공합니다.

- 최고 속도: 이미지에서 비디오 생성 속도가 가장 빠릅니다.
- 비용 효율성: Gen-3 Alpha보다 50% 저렴한 가격으로 제공됩니다.
- 처리 속도: 기존 Gen-3 Alpha보다 7배 빠른 속도입니다.

Gen-3 Alpha: 고품질 비디오를 생성할 수 있습니다. 현재 텍스트 프롬프트를 사용하기 위해서는 Gen-3 Alpha 서비스를 사용해야 합니다.

- 복잡한 장면 변화: 상세한 장면 변화와 다양한 영화적 선택이 가능합니다.
- 정교한 프롬프트 이해: 직관적이고 효과적인 생성이 가능합니다.
- 인물 표현 강화: 다양한 동작, 제스처, 감정을 가진 표현력 있는 인물 캐릭터 생성이 가능합니다

Gen-2: 다양한 도구로 이미지 생성이 가능한 유일한 서비스로 모션 브러시, 고급 카메라 조정 등 다양한 편집 도구를 제공합니다.

- 다중 모달 비디오 생성: 텍스트, 이미지, 비디오 등 다양한 입력을 사용한 비디오 생성이 가능합니다.
- 상세한 제어 기능: Gen-3 Alpha보다 더 세밀한 영상 컨트롤이 가능합니다.
- 이미지에서 비디오 생성: 정지 이미지를 움직이는 영상으로 변환할 수 있습니다.

이 책에서 영상 제작 과정에 사용할 주요 모델은 Gen-3 Alpha입니다. Gen-3 Alpha에서 제공하는 핵심 기능 Text to Video, Image to Video, Video to Video를 하나씩 살펴보겠습니다.

Text to Video

이미지를 생성할 때 이미지 프롬프트를 입력하듯이 영상 또한 장면 묘사, 주제, 카메라 움직임과 같은 세부 사항을 프롬프트로 입력해 생성할 수 있습니다. 공간의 분위기, 색감, 조명 상태 등 장면 묘사가 상세할수록 영상의 전체적인 톤과 무드를 설정할 수 있고, 등장 인물의 동작, 표정, 감정 상태를 세밀하게 묘사하여 영상에 생동감을 더할 수 있습니다. 특히 카메라 움직임은 영상을 더욱 입체적으로 만드는 중요한 요소입니다. 카메라의 각도, 줌 인/줌 아웃, 팬, 틸트 등 세밀한 움직임을 지정할 수 있어 연출 효과를 극대화할 수 있습니다.

프롬프트를 얼마나 정교하고 구체적으로 작성하느냐에 따라 실사 영상부터 애니메이션, VFX 모드의 다양한 카메라 앵글을 적용한 영상까지 제작할 수 있습니다. 런웨이는 사용자들이 더욱 정교하고 창의적인 영상을 제작할 수 있도록 프롬프트 Gen-3 Alpha 프롬프트 가이드를 제공합니다. 이 가이드에는 카메라 스타일, 조명, 움직임 속도와 유형, 텍스트 스타일 등 세부적인 프롬프트 예시가 포함되어 있어, 사용자가 원하는 영상 연출을 보다 구체적으로 계획하고 구현할 수 있습니다. 초보자부터 전문가까지 누구나 쉽게 참고할 수 있으며, 영상 제작의 범위를 넓히는 데 큰 도움이 됩니다.

🔗 Gen-3 Alpha 프롬프트 가이드: bit.ly/4dU7QUU

런웨이에서 제공하는 프롬프트 가이드(출처: runway Help Center)

프롬프트는 "[카메라 움직임]: [장면 설정]. [추가 세부 사항]." 형태로, 카메라 움직임과 장면에 대한 세부 사항을 명확히 나눠 입력하면 원하는 스타일의 영상을 더 정밀하게 연출할 수 있습니다. 다음은 프롬프트 가이드에서 제안한 구조에 따라 프롬프트를 작성해 생성한 영상입니다.

 낮은 각도의 고정 샷: 카메라는 열대 우림의 화려한 식물들 사이에 서 있는 오렌지색 옷을 입은 여성을 아래에서 위로 비추고 있습니다. 하늘은 흐리고 회색입니다.

이 프롬프트는 '낮은 각도의 고정 샷'이라는 카메라 움직임을 명시하고, 열대 우림과 여성이라는 장면을 묘사하고 있습니다. 추가 세부 사항으로 하늘의 흐린 날씨를 강조하여 영상의 분위기를 더합니다.

Image to Video

Image to Video 기능은 이미지를 활용해 영상을 제작하는 방식으로, 미드저니와 같은 고퀄리티 이미지 생성 플랫폼에서 만든 이미지를 첨부하면 빠르게 영상을 생성할 수 있습니다. Text to Video와 달리, Image to Video 방식은 프롬프트 사용이 더욱 직관적이고 간결하여 작업이 용이합니다. 이는 기본 이미지를 기반으로 움직임을 추가할 수 있기 때문에 복잡한 설명 없이도 이미지의 요소가 자연스럽게 동적 요소로 표현됩니다. 사용자는 간단한 지시만으로도 창의적이고 몰입감 높은 영상을 손쉽게 제작할 수 있습니다.

미드저니로 생성한 이미지를 영상으로 제작하는 Image to Video 기능

Image to Video를 활용해 영상 제작 시 이미지 자체의 내용보다 출력 영상에서 기대하는 움직임에 집중해서 프롬프트를 작성해야 합니다. 이를 명확히 설명할수록 원하는 영상을 생성할 확률이 높아집니다. Text to Video에서 입력했던 프롬프트를 활용해 카메라 움직임, 인물의 동작, 장면 전환 등을 세밀하게 설정하는 것도 효과적입니다. 카메라가 이미지 속 인물을 천천히 줌 인하거나 특정 각도에서 회전하도록 지시하여 역동적인 영상을 제작할 수 있어 광고, 영화 트레일러, 소셜 미디어 콘텐츠 제작에 적합하며 다양한 창작 가능성을 제공합니다.

복잡한 장면 전환에는 여러 번의 반복 작업이 필요할 수 있습니다. 이때 프롬프트는 입력한 이미지와 일관성을 유지하면서 원하는 움직임이나 연출을 구체적으로 설명하는 것이 중요합니다. 입력 이미지와 프롬프트가 다르면 AI가 이를 잘못 해석해 의도하지 않은 출력을 생성할 수 있습니다.

프롬프트와 이미지가 일치하지 않을 경우

프롬프트와 이미지가 일치하지 않아도 새로운 연출을 추가할 수 있습니다. 예를 들어 이미지에 사물을 추가하거나 배경을 바꾸는 등의 연출이 가능합니다. 단, 이미지에 대한 프롬프트는 첨부한 이미지와 동일해야 합니다. 이미지 사이즈는 16:9와 9:16으로 생성할 수 있으며 큰 사이즈는 크롭 기능으로 축소가 가능합니다.

크롭으로 사이즈 조절

[First]와 [Last] 기능으로 2장의 이미지를 첫 번째 프레임, 마지막 프레임으로 활용하면 중간 프레임을 AI가 자동으로 생성해 자연스러운 시퀀스를 완성합니다. 이 기능은 영상의 흐름을 원활하게 하고 전환을 매끄럽게 만들어 줍니다.

2장의 이미지로 하나의 시퀀스를 만드는 [First], [Last] 기능

QR | 'First/Last' 기능 매뉴얼

Video to Video

Video to Video는 Gen-3 Alpha 버전에서 사용할 수 있는 기능으로, 기존 영상의 스타일, 배경 요소, 조명 조건, 날씨 효과 등을 변경해 새로운 영상을 생성하는 강력한 도구입니다. 앞서 살펴본 기능들과 마찬가지로 간단한 텍스트 프롬프트로 원본 영상과의 일관성을 유지하면서도 새로운 연출이 가능합니다.

Image to Video와 마찬가지로 원본 영상을 첨부한 다음 화면 비율(현재 16:9 지원)을 선택하고 영상에 적용할 시각적 스타일이나 변환을 설명하는 텍스트 프롬프트를 입력합니다. 그러면 AI가 영상을 분석하고 배경을 자동으로 바꿔주되 주요 객체와 동작은 그대로 유지한 영상을 생성합니다. 단, Video to Video는 Gen-3 Alpha 모델에서 사용할 수 있으므로 버전까지 확인합니다. 이 기능을 활용해 실사 영상에 일러스트레이션 효과를 넣어 애니메이션 영상을 만들 수도 있습니다.

실사 영상을 일러스트레이션으로 변환한 영상

QR | 'illustration mode' 기능 매뉴얼

이 기능은 다양한 산업 분야에 폭넓게 활용할 수 있습니다. 영화 제작 및 미디어 산업에서는 기존에 촬영한 영상을 재활용해 새로운 시각적 효과를 추가하거나 특정한 분위기를 구현하는 데 유용합니다. 이렇게 변형한 영상은 다시 촬

영할 필요 없이 빠르게 원하는 스타일로 변환할 수 있어 애니메이션이나 예술적인 효과도 손쉽게 적용할 수 있습니다. 또, 광고 및 마케팅 분야에서는 다양한 캠페인에 맞춰 동일한 영상을 여러 버전으로 재구성할 수 있습니다. 광고주는 하나의 영상을 여러 타깃층에 맞게 수정하여 다양한 스타일의 콘텐츠를 제공할 수 있습니다. 교육 분야에서도 기존 강의 영상을 애니메이션화하거나 스타일링하여 학습자의 집중도를 높일 수 있습니다.

Act-One

Act-One은 Gen-3 Alpha 모델에서 캐릭터의 사실적인 퍼포먼스를 생성하는 기능으로, 사용자가 제공한 영상과 음성 입력을 통해 AI로 생성한 캐릭터에 현실감 있는 표정과 움직임을 부여합니다. 복잡한 모션 캡처 장비나 수작업 없이 간단한 영상 촬영만으로도 캐릭터의 미세한 표정 변화와 시선을 정확하게 재현할 수 있어 애니메이션 제작 과정을 크게 줄일 수 있습니다.

Act-One은 다양한 각도와 비율의 캐릭터에 적용할 수 있습니다. 실제 인물뿐만 아니라 애니메이션 캐릭터에도 활용할 수 있습니다. 또, 사용자 친화적인 인터페이스 덕분에 복잡한 기술 지식 없이도 쉽게, 최대 30초 길이의 영상을 생성할 수 있습니다.

Act-One으로 생성한 캐릭터(출처: Runway)

Act-One의 사양을 정리하면 다음과 같습니다.

모델	Gen-3 Alpha
비용	1초당 10 크레딧, 최소 50 크레딧
최대 출력 길이	최대 30초
Unlimited 플랜의 Explore 모드	가능
플랫폼 지원	웹
기본 프롬프트 입력 필요	영상, 이미지
출력 해상도	1280x768
프레임 속도(FPS)	24fps

런웨이는 사용자가 Act-One을 제대로 활용할 수 있도록 사용 가이드를 제공합니다. 자세한 내용은 다음 링크를 참고하세요.

🔗 Act-One 사용 가이드: bit.ly/4fdn1tK

Camera Control

Camera Control은 AI가 생성하는 영상에 정교한 시네마틱 효과를 부여하는 기능으로, 사용자는 AI가 생성한 영상에서 카메라 움직임을 세밀하게 조정해 더욱 사실적이고 감각적인 장면을 연출할 수 있습니다. Camera Control은 다양한 카메라 움직임을 지원하여 단 역동적인 촬영 기법을 영상에 적용할 수 있습니다.

예를 들어, 특정 장면에서 카메라가 좌우로 이동하거나 상하로 움직이는 수평 및 수직 이동 효과를 추가하여 장면을 보다 드라마틱하게 구성하거나 카메라가 장면의 특정 요소를 중심으로 회전하거나 위아래로 기울어지는 패닝 및 틸팅 효과를 적용하여 몰입감 있는 연출을 할 수 있습니다. 줌인과 줌아웃으로 특정 피사체에 집중하거나 장면의 전체 구도를 보여줌으로써 시청자의 시선을 효과적으로 유도할 수도 있습니다. Camera Control의 주요 기능을 정리하면 다음과 같습니다.

Camera Control의 주요 기능

- **다양한 카메라 움직임 지원**: 수평 이동(좌우), 수직 이동(상하), 패닝(좌우 회전), 틸팅(상하 회전), 줌인/줌아웃, 롤링(회전) 등 총 6가지의 카메라 움직임을 제공합니다. 이러한 움직임을 조합하여 복잡하고 역동적인 카메라 워크를 구현할 수 있습니다.
- **강도 조절 기능**: 각 움직임의 강도를 미세하게 조절할 수 있어 부드러운 움직임부터 극적인 변화까지 다양한 효과를 연출할 수 있습니다.
- **텍스트 프롬프트 연동**: 카메라 움직임과 함께 텍스트 프롬프트를 사용하여 장면의 내용과 분위기를 더욱 정확하게 제어할 수 있습니다.

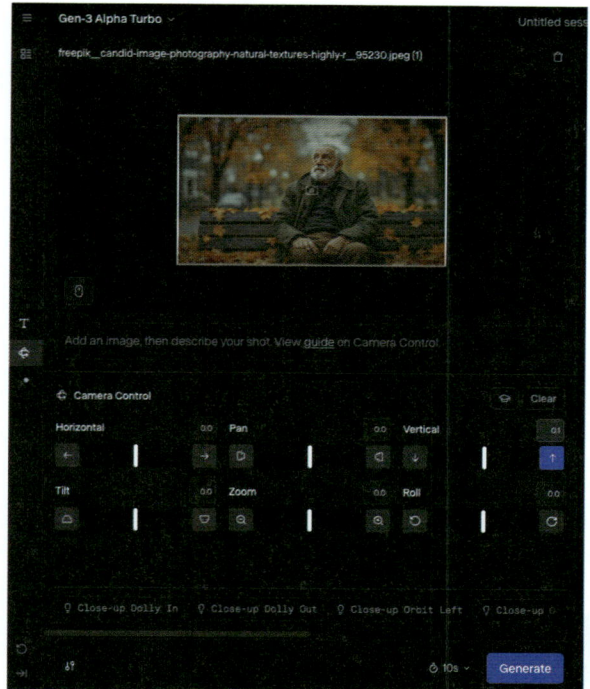

Camera Control에서 지원하는 기능들

몰입감 넘치는 프롬프트 작성법

프롬프트는 AI로 영상을 제작할 때 매우 중요한 역할을 합니다. 구체적이고 명확한 것은 물론이고 순차적인 설명, 전문 용어 사용 등 잘 작성한 프롬프트를 작성해야 더 자연스럽고 몰입감 넘치는 영상을 생성할 수 있습니다. 영상을 잘 생성하는 프롬프트 팁을 4가지로 정리하면 다음과 같습니다.

- **구체적이고 명확하게**: 카메라 각도, 인물 위치, 배경 색감 등 장면의 중요한 요소를 구체적으로 설명합니다. 특히 명확한 묘사는 AI가 장면을 이해하고 시각화하는 데 필수입니다.
- **순차적 설명**: 장면의 변화나 동작을 순서대로 설명하면 영상의 흐름이 자연스럽게 이어집니다. 인물의 움직임이나 장면 전환을 차례대로 설명하여 AI가 각 단계를 명확히 구현할 수 있게 합니다.

- **전문 용어 사용**: "로우 앵글", "슬로우 모션" 등의 촬영 용어를 사용하면 AI가 영상의 스타일과 기술적 요소를 정확하게 이해하고 반영할 수 있습니다.
- **반복과 강조**: 중요한 장면이나 아이디어는 반복과 강조를 통해 AI가 놓치지 않고 일관성 있게 출력할 수 있도록 합니다.

이 4가지 팁을 바탕으로 작성한 3가지 프롬프트 예시와 생성한 영상은 다음과 같습니다.

한글: 연속적인 초고속 FPV 영상: 카메라가 빙하 협곡을 매끄럽게 비행하며 몽환적인 구름 풍경으로 이어집니다.

영어: Continuous hyperspeed FPV footage: The camera seamlessly flies through a glacial canyon to a dreamy cloudscape.

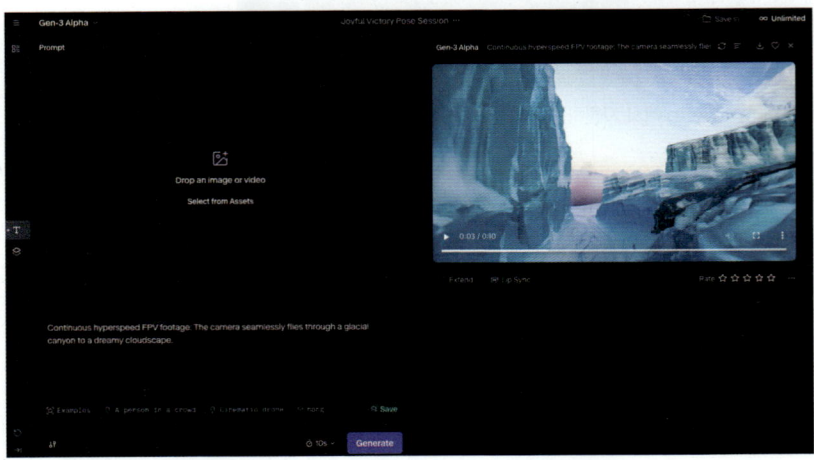

QR | 예시 영상

한글: 저각 추적 샷: 날렵한 스포츠카가 네온으로 빛나는 밤의 도시를 질주하며, 젖은 도로 위에서 교통을 요리조리 피해 다닙니다. 높은 마천루와 디지털 광고판의 반사광이 자동차의 차체에 번쩍입니다. 카메라는 낮은 위치에서 스포츠카를 뒤따르며 추격의 긴장감과 속도를 생생하게 포착합니다.

영어: Low-angle tracking shot: A sleek sports car speeds through a neon-lit city at night, weaving through traffic on wet streets. Reflections from towering skyscrapers and digital billboards flash across the car's body. The camera stays low, following closely from behind, capturing the intensity and speed of the chase.

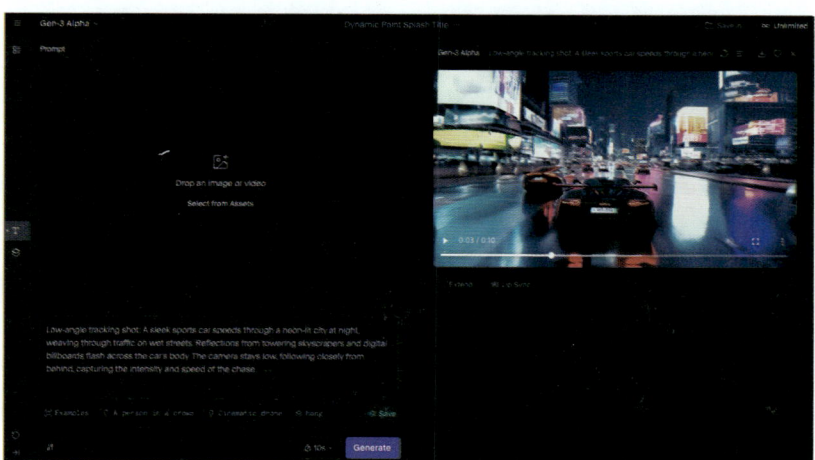

QR | 예시 영상

한글: 다이나믹한 움직임이 있는 타이틀 화면. 장면은 색색의 페인트로 덮인 벽에서 시작됩니다. 갑자기 검은 페인트가 벽 위로 쏟아져 내려 "Runway"라는 단어를 형성합니다. 흘러내리는 페인트는 세밀하고 질감이 살아 있으며, 중심에 위치하고 뛰어난 시네마틱 조명이 더해집니다.

영어: A title screen with dynamic movement. The scene starts at a colorful paint-covered wall. Suddenly, black paint pours on the wall to form the word "Runway". The dripping paint is detailed and textured, centered, with superb cinematic lighting.

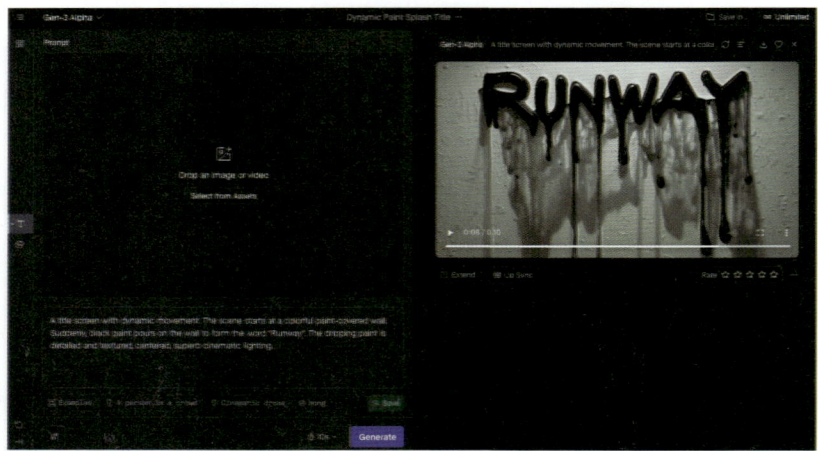

QR | 예시 영상

3개의 예시 프롬프트 모두 카메라 샷과 같은 전문 용어를 사용해 구도를 잡은 다음 구체적인 묘사, 장면 흐름 그리고 강조할 부분을 명시한 것을 확인할 수 있습니다.

정교한 프롬프트를 위한 카메라·조명 용어

장면의 분위기, 카메라 각도, 인물의 동작 등을 상세히 기술하기 위해서는 먼저 영상 제작 및 촬영 분야에서 어떤 키워드를 사용하고 어떤 전문 용어가 있는지 알아 두는 것이 좋습니다. 그런 다음 원하는 다양한 시도를 통해 여러 영상을 제작해 보면 자연스럽게 카메라 앵글, 조명, 인물의 동작 등이 어떻게 분위기에 영향을 미치는지, 어떤 연출이 효과적인지, 어떤 부분이 개선이 필요한지 구체적으로 파악할 수 있습니다. 예를 들어, "로우 앵글"이나 "슬로우 모션"과 같은 키워드는 영상의 전반적인 느낌을 크게 변화시키므로 사용자가 의도한 분위기를 정확하게 전달하는 데 필수적입니다.

다음은 영상 촬영에서 자주 쓰이는 카메라, 조명, 움직임, 분위기와 관련된 용어들입니다.

카메라 스타일 Camera Style

- Low angle: 낮은 각도에서 피사체를 촬영해 더 위엄 있게 보이게 합니다.
- High angle: 높은 각도에서 내려다보며 피사체를 작고 약하게 보이게 합니다.
- Overhead: 피사체를 완전히 위에서 촬영합니다.
- FPV(First Person View): 1인칭 시점에서 장면을 보여줍니다.
- Hand held: 흔들리는 카메라로 자연스럽고 생생한 효과 연출합니다.
- Wide angle: 넓은 시야를 포착하여 배경과 인물을 함께 강조합니다.
- Close up: 피사체를 가까이서 촬영해 디테일을 강조합니다.
- Macro cinematography: 매우 가까운 거리에서 미세한 디테일을 포착합니다.
- Over the shoulder: 인물의 어깨 너머로 시점 포착합니다.
- Tracking: 피사체를 따라가는 움직임을 표현합니다.
- Establishing wide: 넓은 장면으로 배경이나 공간을 설정합니다.
- 50mm lens: 자연스러운 인물 표현과 현실적인 장면 구현합니다.

- SnorriCam: 피사체에 고정된 카메라로 독특한 시점을 제공합니다.
- Realistic documentary: 사실적인 다큐멘터리 스타일입니다.
- Camcorder: 오래된 비디오 카메라 느낌으로 촬영합니다.

조명 스타일 Lighting Style

- Diffused lighting: 부드럽고 확산된 조명
- Silhouette: 피사체를 어둡게 하여 윤곽만 강조
- Lens flare: 렌즈에 빛이 들어와 빛번짐 현상 연출
- Back lit: 피사체 뒤에서 비추는 조명
- Side lit: 측면에서 비추는 조명으로 깊이감을 더함
- [Color] gel lighting: 특정 색상의 조명으로 분위기 설정
- Venetian lighting: 블라인드를 통과한 빛으로 극적인 효과

영상의 속도 Movement Speed

- Dynamic motion: 빠르고 강렬한 움직임
- Slow motion: 느리게 보여주는 동작
- Fast motion: 빠르게 진행되는 움직임
- Timelapse: 시간 경과를 압축하여 빠르게 보여줌

영상 속 움직임 유형 Movement Types

- Grows: 피사체가 점점 커짐
- Emerges: 피사체가 나타남
- Explodes: 피사체가 폭발
- Ascends: 피사체가 위로 올라감
- Undulates: 물결치는 움직임
- Warps: 왜곡되는 동작
- Transforms: 형태가 변형

- Ripples: 잔물결처럼 퍼짐
- Shatters: 산산이 부서짐
- Unfolds: 피사체가 펼쳐짐
- Vortex: 소용돌이치는 움직임

영상의 스타일과 미적 분위기 Style and Aesthetic

- Moody: 어두운 감정적인 분위기
- Cinematic: 영화 같은 연출
- Iridescent: 무지갯빛 효과
- Home video VHS: 옛날 VHS 스타일
- Glitchcore: 글리치 아트 스타일

텍스트 스타일 Text Styles

- Bold: 굵고 선명한 텍스트
- Graffiti: 그래피티 스타일의 텍스트
- Neon: 네온사인 같은 텍스트
- Varsity: 대학 스포츠팀 로고 같은 텍스트
- Embroidery: 자수처럼 보이는 텍스트

이 키워드를 활용해 카메라의 속도와 이동 경로를 명확히 설정하면 단순히 장면을 묘사한 영상보다 몰입감 높고 역동적인 영상을 생성할 수 있습니다.

챗GPT를 활용한 영상 프롬프트 작성하기

영상 퀄리티를 높이기 위해서는 프롬프트 작성 가이드부터 전문 용어까지 익혀야 할 요소들이 많습니다. 그러나 비전문가가 처음부터 모든 내용을 이해하고 활용하는 것은 쉽지 않습니다. 프롬프트를 작성하는 과정이 어렵고 전문 용어에 익숙하지 않다면 챗GPT의 GPT 앱을 활용하는 것을 추천합니다. GPT 앱을 함께 활용하면, 복잡한 프롬프트 작성 과정을 간소화하여 보다 손쉽게 원하는 스타일의 영상을 만들어낼 수 있습니다.

이미지 프롬프트 작성을 지원하는 여러 GPT 중에서 특히 'Gen-3 Alpha Prompt Generator'는 다양한 프롬프트 예시와 템플릿을 제공해 사용자가 보다 쉽게 영상 프롬프트를 작성할 수 있도록 도와줍니다. 또, 입력된 정보에 기반하여 최적화된 프롬프트를 생성하여 영상 제작 과정에 드는 시간과 노력을 절약하고 더욱 높은 퀄리티의 결과물을 얻을 수 있습니다.

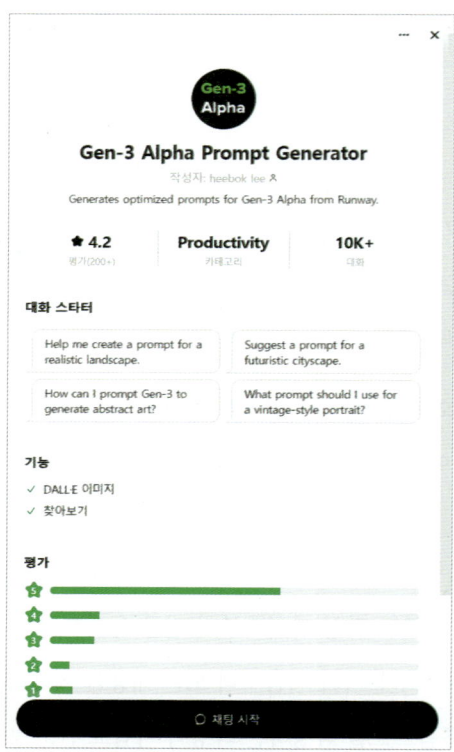

Gen-3 Alpha Prompt Generator

GPT: chatgpt.com/g/g-edFzz4M4d-gen-3-alpha-prompt-generator

[채팅 시작]을 클릭하고 챗GPT와 마찬가지로 대화형으로 진행할 수 있습니다. "이 앱의 사용 방법을 소개해 주세요."라는 프롬프트로 시작하면 원하는 정보를 얻을 수 있습니다.

프롬프트 작성 과정을 설명하는 Gen-3 Alpha Prompt Generator

이제 영상 프롬프트 작성을 요청해 보겠습니다. 먼저 원하는 동작이나 장면을 텍스트로 명확히 설명하는 것이 중요합니다.

영상 프롬프트 작성 요청하기

 고대 도시 유적지를 탐험하는 고고학자가 느린 카메라 무빙으로 주변을 살펴보는 장면을 Gen-3로 제작하려고 합니다. 영상 프롬프트를 영어와 한글로 작성해 주세요.

 한글: 느린 추적 샷: 고고학자가 덩굴로 뒤덮인 무너진 석조 구조물 사이를 천천히 걸으며 고대 도시의 유적을 신중하게 탐사합니다. 카메라는 세심한 속도로 움직이며, 풍화된 벽과 쓰러진 기둥 위의 정교한 조각들을 팬으로 담습니다. 부서진 건물 사이로 부드럽고 확산된 햇빛이 스며들어 고요하고 거의 신비로운 분위기를 자아냅니다.

영어: Slow tracking shot: An archaeologist carefully explores the ruins of an ancient city, slowly walking through crumbling stone structures covered in vines. The camera moves at a deliberate pace, panning across intricate carvings on weathered walls and fallen pillars. Soft, diffused sunlight filters through gaps in the broken buildings, casting a serene, almost mystical atmosphere.

이렇게 챗GPT로 생성한 영상 프롬프트를 Gen-3 Alpha에 입력하고 영상을 생성하면 다음과 같은 결과물을 얻을 수 있습니다.

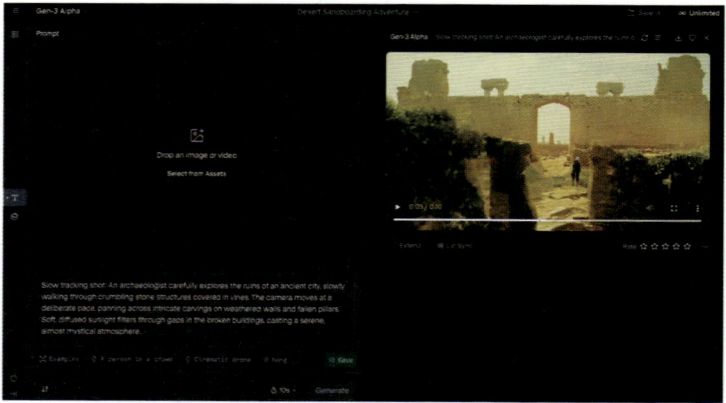

QR | 예시 영상

또 다른 예시로, 이번에는 좀 더 넓은 우주를 배경으로 한 장면을 구현하기 위한 영상 프롬프트를 요청해 보겠습니다.

 우주에서 지구를 바라보며 우주선이 천천히 떠오르는 장면을 Gen-3로 제작하려고 합니다. 영상 프롬프트를 영어와 한글로 작성해 주세요.

 한글: 와이드 앵글의 느린 상승 샷. 우주선이 지구의 곡선을 따라 천천히 떠오르며 광활한 우주로 서서히 올라갑니다. 카메라는 아래쪽의 푸른색과 흰색의 지구를 담아내고, 우주의 어둠은 밝게 빛나는 지평선과 대조를 이룹니다. 멀리 있는 태양으로부터의 은은한 렌즈 플레어가 시네마틱한 느낌을 더해주며, 배경에서는 별들이 희미하게 반짝입니다.

영어: Wide-angle slow ascending shot: A spacecraft slowly rises above the curve of the Earth, drifting upward into the vastness of space. The camera captures the blue and white hues of the planet below, as the darkness of space contrasts with the bright, glowing horizon. Subtle lens flares from the distant sun adds a cinematic touch, with stars twinkling faintly in the background.

이 프롬프트를 그대로 Gen-3 Alpha에 입력하면 다음과 같이 작성한 프롬프트에 맞는 영상이 생성되는 것을 확인할 수 있습니다.

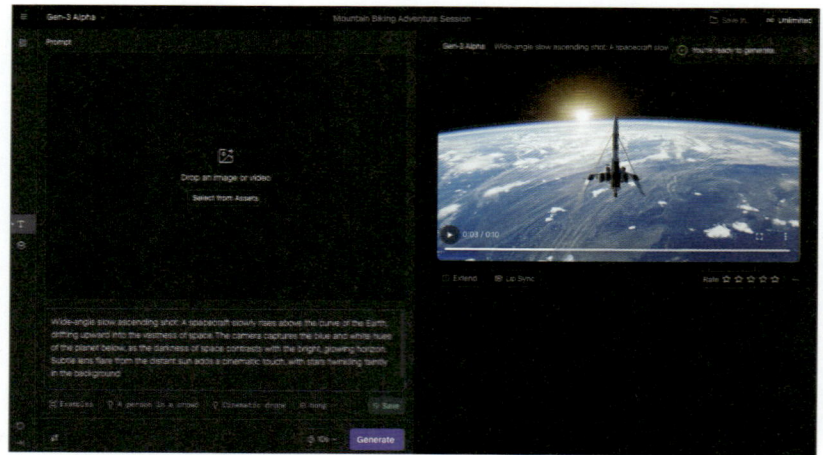

QR | 예시 영상

Image to Video 기능을 활용해 이미지로 영상을 제작하고 싶을 때도 챗GPT에 변환할 이미지를 업로드하고 동일하게 영상 프롬프트를 요청하면 됩니다.

 다음 이미지를 Gen-3를 이용해 영상으로 제작하려고 합니다. 이미지 속 여성이 손가락으로 브이(V) 사인을 만들며 환하게 웃는 영상 프롬프트를 영어와 한글로 작성해 주세요.

 한글: 정적인 미디엄 클로즈업 샷: 젊은 여성이 손으로 브이(V) 사인을 만들며 활짝 웃는 장면이 푸르른 공원에서 촬영됩니다. 카메라는 고정되어 있으며, 배경의 큰 나무들과 나뭇잎 사이로 스며드는 자연광이 여유로운 분위기를 연출합니다. 따뜻한 표정과 평화로운 환경이 기쁨과 고요한 순간을 강조합니다.

영어: Medium close-up static shot: A young woman smiles brightly while making a peace sign with her hand in a vibrant, green park. The camera is fixed, capturing the relaxed atmosphere with towering trees in the background and natural lighting filtering through the leaves. Her warm expression and the peaceful surroundings emphasize a joyful, serene moment.

11장

생동감 있는 영상 AI, 드림머신

11장에서는 Luma AI의 드림머신을 활용해 생동감 있는 영상을 제작하는 방법을 소개합니다. 드림머신은 최신 AI 기술을 기반으로, 텍스트와 이미지만으로 사실적인 3D 영상과 애니메이션을 생성하는 혁신적인 도구입니다. 직관적인 인터페이스와 간단한 프롬프트 입력으로 누구나 고품질의 영상을 손쉽게 제작할 수 있도록 지원하며, 기술적 지식이 없어도 창의적인 콘텐츠 제작이 가능합니다. 특히, 텍스트 설명을 바탕으로 장면과 스타일을 분석하여 실시간으로 사실감 넘치는 영상을 생성하고, 이미지 기반의 3D 영상과 애니메이션 제작 기능도 갖추고 있다는 것이 큰 강점입니다. 드림머신의 주요 기능과 설정 방법을 익히고, 몰입감 있는 고품질 영상을 효과적으로 제작하는 방법을 배울 수 있도록 안내합니다.

▶ 드림머신 시작하기

Luma AI의 영상 생성 모델인 드림머신Dream Machine은 최신 AI 기술을 결합해 텍스트와 이미지를 기반으로 사실적인 영상을 생성하는 혁신적인 도구입니다. 기술적 지식이 없어도 누구나 고품질의 영상 콘텐츠를 제작할 수 있도록 직관적인 사용자 인터페이스와 간편한 사용 방식을 제공합니다. 드림머신의 핵심 기능 중 하나는 구체적인 스타일과 장면 묘사만으로 원하는 영상을 생성할 수 있는 것입니다. 사용자가 텍스트로 설명한 장면, 배경, 등장 인물 등을 AI가 자동으로 분석해 실시간으로 사실감 넘치는 영상을 생성합니다.

또, 이미지를 입력하면 그 이미지에 기반한 3D 영상이나 애니메이션을 제작하는 기능도 제공합니다. 예를 들어, 건물이나 제품의 이미지를 다양한 각도에서 시각화하거나 생동감 있는 동영상을 제작할 수 있습니다. 이 모든 과정을 클라우드에서 처리하기 때문에 고사양 컴퓨터나 복잡한 소프트웨어 없이도 전문가 수준의 영상을 신속하게 제작할 수 있습니다. 이러한 기능들로 마케팅 영상, 제품 설명 영상, 교육 콘텐츠 제작 등에 적합하며 개인 크리에이터부터 기업까지 창의적인 영상을 손쉽게 제작할 수 있습니다.

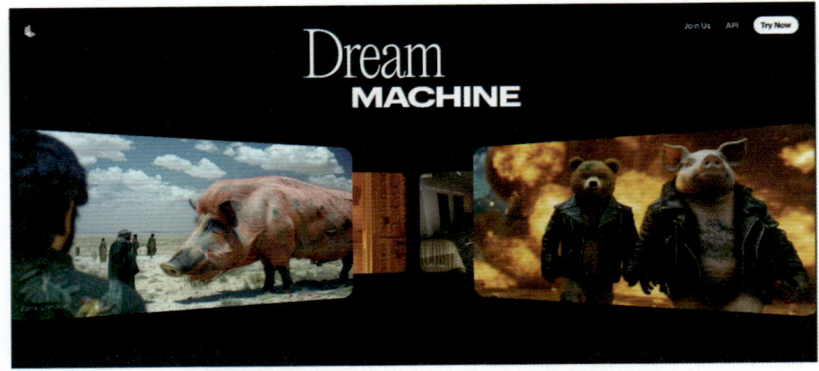

드림머신(출처: lumalabs.ai/dream-machine)

드림머신의 주요 기능을 정리하며 다음과 같습니다.

드림머신의 주요 기능

- **카메라 모션 기능**: 12가지 카메라 모션으로 더욱 다양하고 역동적인 영상을 생성할 수 있습니다.
- **텍스트를 비디오로 변환**: 사용자가 입력한 텍스트를 분석해 이를 바탕으로 영상을 생성합니다.
- **이미지를 비디오로 변환**: 이미지를 영상 콘텐츠로 변환합니다. 예를 들어, 해가 지는 풍경 사진을 업로드하면 일몰 영상을 생성할 수 있습니다.
- **고품질 비디오 생성**: 높은 해상도와 풍부한 색상, 조명, 디테일이 살아 있는 비디오를 생성해 상업 광고, 소셜 미디어 콘텐츠, 개인 프로젝트 등 다양한 용도로 활용할 수 있습니다.
- **빠른 생성 속도**: 약 120초 만에 5초 길이의 비디오(120프레임)를 생성합니다.

드림머신의 사용자 인터페이스는 어떻게 구성되어 있는지 살펴보겠습니다. 먼저 드림머신 웹 사이트(lumalabs.ai/dream-machine)로 이동한 다음 오른쪽 상단의 [Try Now]를 클릭합니다.

회원 가입은 구글 또는 애플 계정으로 진행할 수 있습니다.

회원 가입을 마치면 입력 창이 있는 깔끔한 생성 화면으로 이동합니다. 이 창에 프롬프트를 입력하면 곧장 영상을 생성할 수 있습니다.

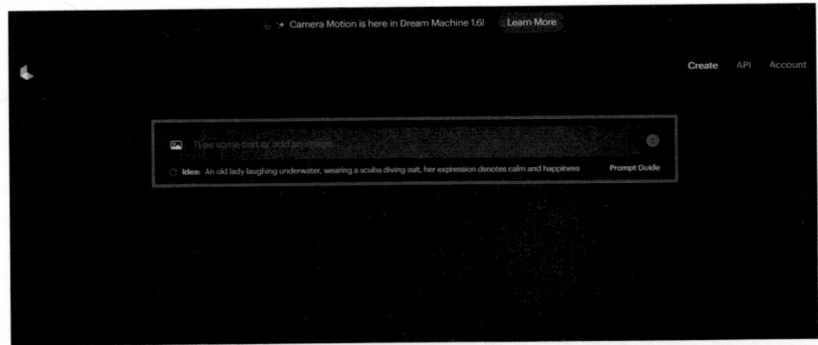

무료 사용자는 한 달에 최대 30개의 영상을 생성할 수 있습니다. 영상 품질은 표준 우선순위로 처리되며, 생성된 영상에는 워터마크가 포함됩니다. 영상 길이는 5초로 제한되며, 최대 120프레임의 영상을 120초 안에 생성할 수 있습니다. 만약 상업적 용도로 쓸 영상을 제작하거나 매월 30개 이상, 품질 높은 영상 제작이 필요하다면 다음 구독 플랜을 참고하세요.

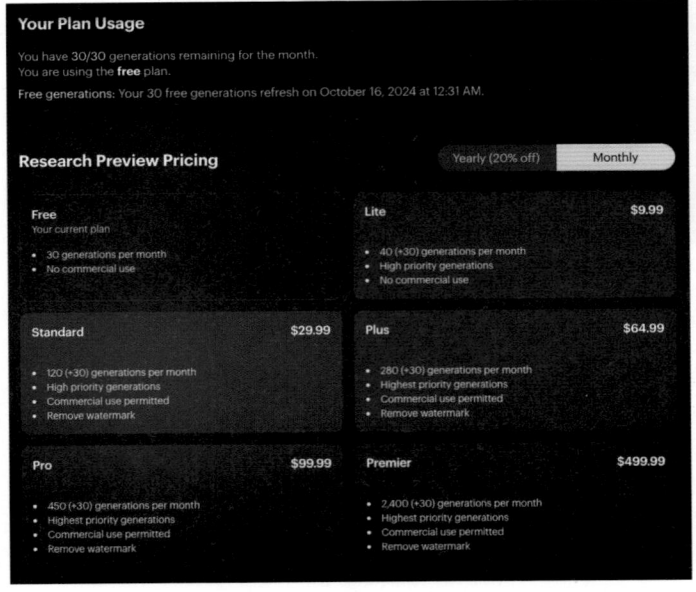

Free

- 매월 30회 비디오 생성 가능
- 표준 우선순위
- 비상업적 사용만 가능
- 워터마크 포함

Standard(월 $29.99)

- 매월 150회 비디오 생성 가능
- 높은 우선순위
- 상업적 사용 가능
- 워터마크 제거

Pro(월 $99.99)

- 매월 480회 비디오 생성 가능
- 최고 우선순위
- 상업적 사용 가능
- 워터마크 제거

Lite(월 $9.99)

- 매월 70회 비디오 생성 가능
- 높은 우선순위
- 비상업적 사용만 가능

Plus(월 $64.99)

- 매월 310회 비디오 생성 가능
- 최고 우선순위
- 상업적 사용 가능
- 워터마크 제거

드림머신은 유료 플랜에 따라 매월 생성 가능한 영상 개수와 품질이 다르므로, 먼저 무료 플랜에서 여러 기능을 활용해 영상을 생성해 보고 필요에 따라 유료 플랜을 구독하는 것이 좋습니다.

드림머신으로 영상 생성하기

드림머신은 크게 2가지 방식으로 영상을 제작할 수 있습니다. 프롬프트로 영상을 만드는 Text to Video와 원하는 이미지를 영상으로 만드는 Image to Video입니다. 이 2가지 방식 모두 깔끔하게 디자인된 입력 창 하나를 활용합니다.

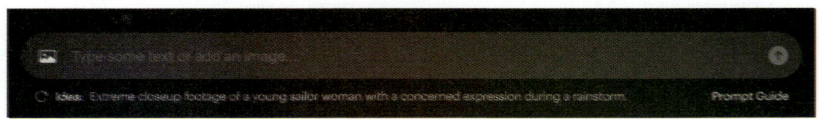

드림머신의 프롬프트 & 이미지 입력 창

2가지 방식으로 영상을 생성하는 방법을 하나씩 살펴보겠습니다.

Text to Video

드림머신 웹 사이트(lumalabs.ai/dream-machine)의 오른쪽 상단에 있는 [Try Now]를 클릭해 로그인합니다.

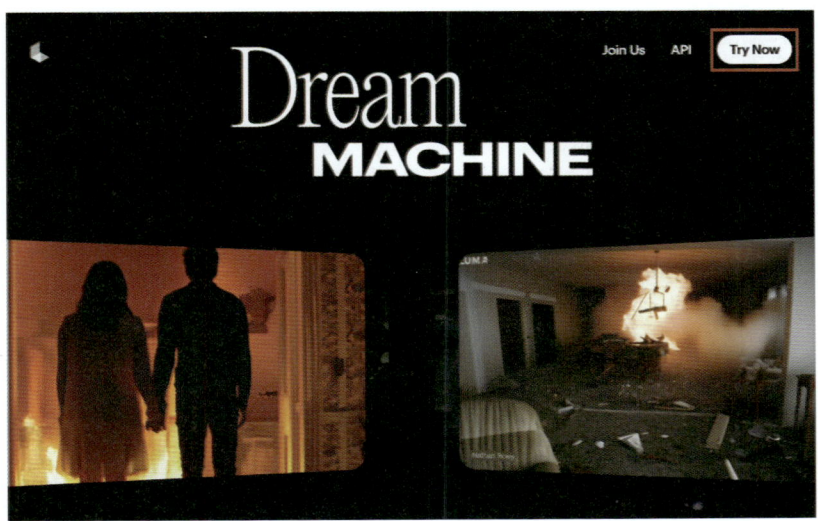

로그인을 하면 프롬프트 입력 화면으로 넘어갑니다. 이곳에서 프롬프트를 입력하거나 이미지를 삽입해 영상을 빠르게 제작할 수 있습니다.

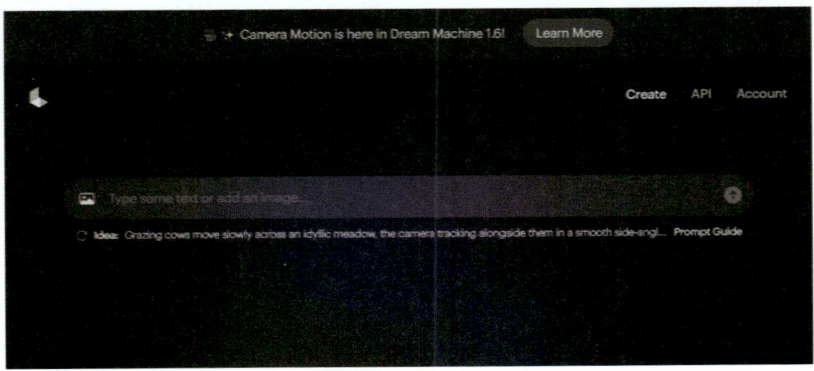

다음 프롬프트를 입력 창에 입력합니다.

한글: 파도가 넘실대는 바닷가에서 서퍼가 거대한 파도를 타고 있는 장면을 담은 360 비디오. 카메라는 서퍼의 움직임을 가까이에서 따라가며 물방울이 튀고 햇빛이 파도 위에서 반사되는 모습을 생생하게 포착합니다. 짜릿하고 에너지가 넘치는 분위기.

영어: A 360 video of a surfer riding massive waves at a bustling beach. The camera closely follows the surfer's movements, capturing the spray of water and sunlight glistening off the waves. The atmosphere is thrilling and full of energy.

프롬프트 입력 시 오른쪽 아래에 [Loop], [Enhance propmt]라는 버튼이 생성됩니다. [Loop]는 생성한 영상의 시작과 끝을 자연스럽게 연결해 무한 반복이 가능한 기능이고, [Enhance propmt]는 영상을 더 생동감 있게 생성하는 기능입니다.

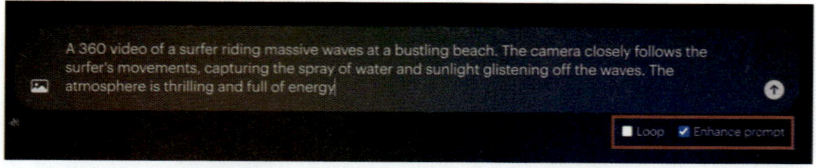

원하는 기능을 선택한 다음 입력 창 오른쪽의 [생성 ⬤] 아이콘을 클릭하면 영상을 생성하기 시작합니다.

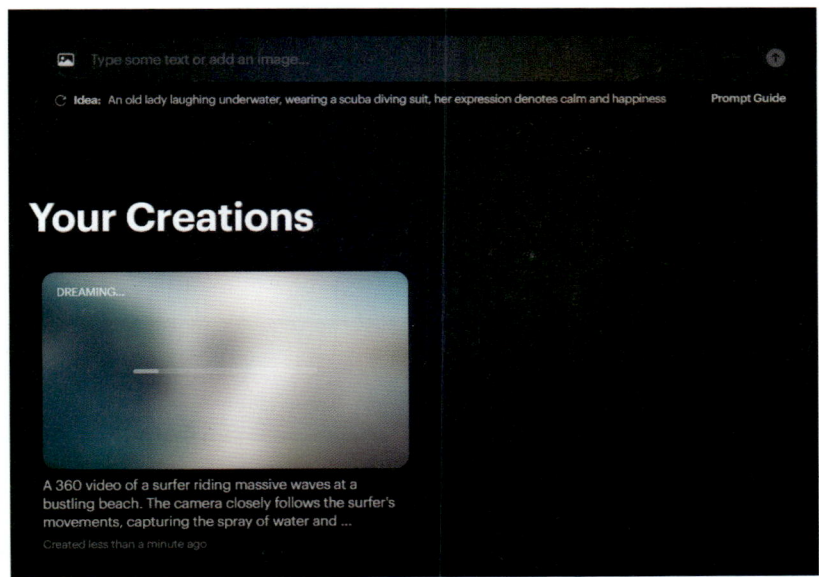

5초 분량의 영상이 자동으로 생성됩니다. 이렇게 생성한 영상을 수정·보완하려면 [Extend]를 클릭해 프롬프트를 수정할 수 있습니다. 영상을 활용하려면 [Download]를 클릭해 파일로 다운로드받을 수 있습니다.

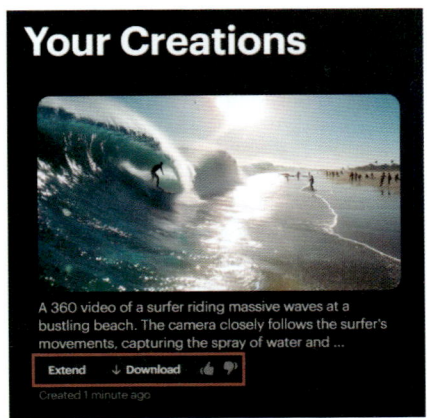

Image to Video

원하는 영상의 분위기, 캐릭터, 인물 등이 명확할 때는 텍스트 기반보다 이미지를 활용하는 것이 훨씬 명확한 결과를 제공합니다. 이미지 삽입은 프롬프트 입력 창 왼쪽의 [이미지 ▨]아이콘을 클릭한 다음 원하는 이미지 파일을 선택합니다.

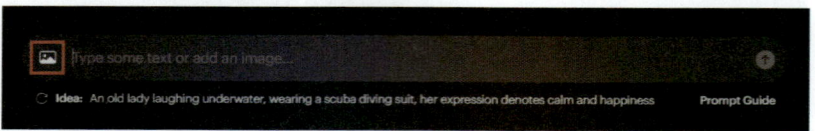

2개의 이미지를 업로드하고 시작 프레임과 종료 프레임을 설정하면 드림머신이 키프레임Keyframe 기능으로 그 사이의 프레임을 자동으로 생성하여 자연스러운 영상 시퀀스를 완성합니다. 장면 전환이나 효과를 프롬프트로 지정하면 더욱 창의적인 영상을 제작할 수 있습니다.

 한글: 2명의 인물이 카메라를 응시하고 있다. 서로 카메라 앞에 나서는 모습을 보여준다. 즐겁게 웃고 있다.

영어: The two figures are staring at the camera. They show each other trying to stand in front of each other to stare at the camera. They are smiling happily.

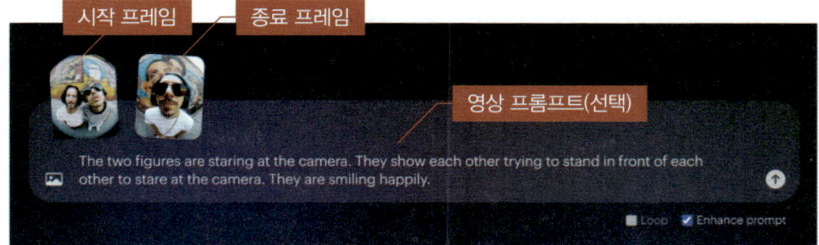

영상을 생성하면 5초 분량의 영상이 생성됩니다. 또, Extend 기능을 활용하면 기존의 이미지를 확장하여 새로운 장면이나 요소를 추가함으로써 영상의 길이를 늘리거나 내용을 풍부하게 만들 수 있습니다.

QR | 예시 영상

Image to Video는 이미지의 품질에 따라 결과가 달라질 수 있으므로 미드저니와 같은 고퀄리티 이미지 생성 AI를 활용하는 것이 좋습니다.

효과적인 프롬프트 작성법

모든 텍스트 기반 생성 AI가 그렇듯이 드림머신 역시 효과적으로 활용하려면 프롬프트 작성이 매우 중요합니다. 텍스트 프롬프트가 명확하고 구체적일수록 창의적이고 세부 묘사가 뛰어난 영상을 제작할 수 있습니다. 이에 드림머신은 사용자의 편의를 위해 가이드 페이지를 통해 프롬프트 작성법을 공유하고 있습니다.

🔗 드림머신 프롬프트 사용자 가이드: bit.ly/3NNCBQN

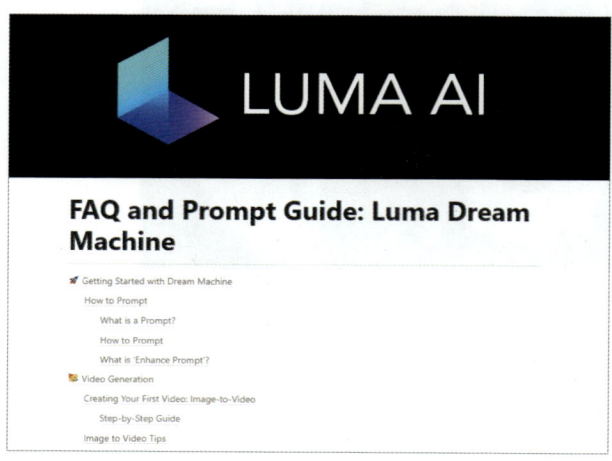

드림머신 프롬프트 사용자 가이드

드림머신의 프롬프트 사용자 가이드의 핵심을 5가지로 정리하면 다음과 같습니다.

- **명확하고 구체적인 설명**: 프롬프트는 모호한 표현이 아닌, 구체적이고 명확한 묘사를 포함해야 합니다. 예를 들어, "해변"보다는 "노을이 지는 황금빛 모래 해변"처럼 구체적으로 설명해야 정확히 원하는 영상을 생성할 수 있습니다.
- **활동적이고 직접적인 문장**: 영상 제작의 방향을 명확히 하기 위해 주어가 동작을 수행하는 능동형 문장을 사용합니다. 예를 들어, "고양이가 레이저 포인터를 쫓는다."처럼 주어와 동작이 명확한 문장을 활용합니다.
- **스토리텔링 요소 추가**: 프롬프트에 단순한 장면 설명을 넘어서는 흥미로운 스토리와 분위기를 더해보세요. 배경, 시간, 캐릭터를 설정하고 생동감을 부여하면 더욱 매력적인 영상이 생성됩니다.
- **변수 도입**: 여러 시나리오를 탐색할 수 있도록 변수를 추가하여 다양한 결과를 얻을 수 있습니다. 예를 들어, "[성별]이 [장소]에서 [행동]한다."와 같은 형식으로 프롬프트를 다양화할 수 있습니다.
- **감정과 분위기 표현**: 프롬프트에 영상이 전달하고자 하는 감정이나 분위기를 명확하게 반영하여 전달하고 싶은 느낌을 구체화합니다. 예를 들어, "평화롭고 차분한 느낌"과 같은 표현을 사용합니다.

드림머신 역시 Gen-3와 마찬가지로 '구체적인 프롬프트'에 기술적인 요소들이 포함되면 좀 더 몰입감 높은 영상을 완성할 수 있습니다. 구체적인 프롬프트 요소는 카메라 동작과 액션, 객체, 환경과 배경이라는 3가지로 나눌 수 있으며 각 요소의 작성 팁은 다음과 같습니다.

1. 카메라 동작과 액션 묘사

- **구체적인 카메라 움직임 설명**: 카메라가 어떻게 움직이는지를 명확히 설명하여 역동성을 표현합니다. 예를 들어, "드라마틱한 줌 인" 또는 "FPV 드론 샷"과 같은 구체적인 카메라 동작을 포함합니다.
- **장면의 흐름 명시**: 카메라의 움직임이 일어나는 순서를 설명합니다. 예를 들어, "카메라가 인물의 얼굴로 천천히 줌 인한 후, 뒤로 빠지며 전체 배경을 보여준다."와 같이 서술합니다.
- **감정적 효과 강조**: 카메라 움직임이 전하는 감정이나 분위기를 명시합니다. 예를 들어, "부드러운 팬 샷으로 평화로운 분위기를 연출"과 같은 묘사를 포함합니다.

2. 객체

- **디테일한 객체 묘사**: 객체의 고유한 특징을 강조하는 세부적인 설명을 포함합니다. 예를 들어, "선글라스를 쓴 흰색 테디베어와 부드러운 털 질감"처럼 시각적인 디테일을 명확히 합니다.
- **비교와 대조 사용**: 객체를 다른 요소와 비교하여 시각적 차이를 강조합니다. 예를 들어, "검은 배경 위에 빛나는 금색 시계"처럼 대비를 통해 더욱 도드라지게 표현합니다.
- **감각적 요소 포함**: 시각 외에도 촉각, 청각 등의 감각을 포함하여 객체를 풍부하게 묘사합니다. 예를 들어, "부드러운 털과 부드럽게 울리는 종소리"와 같은 감각적인 설명을 추가합니다.

3. 환경과 배경

- **명확한 장소와 시간 설정**: 환경의 장소와 시간을 구체적으로 묘사하여 장면에 현실감을 더합니다. 예를 들어, "카리브해 해변에서 구름이 낀 일몰"과 같이 특정한 시간과 장소를 명시합니다.
- **분위기와 색채 강조**: 배경의 색채와 분위기를 강조하여 시각적 매력을 높입니다. 예를 들어, "노을빛에 물든 하늘과 반짝이는 바다"와 같은 묘사로 장면의 분위기를 극대화합니다.
- **배경과 전경의 상호작용**: 배경과 전경 사이의 관계를 설명하여 장면에 깊이감을 부여합니다. 예를 들어, "멀리 보이는 산맥과 그 앞에 펼쳐진 꽃밭"처럼 배경과 전경이 조화를 이루는 장면을 설명합니다.

이외에도 드림머신은 키프레임을 활용하는 방법, 프롬프트 예시 등을 사용자 가이드에서 제공하고 있습니다. 이 가이드는 드림머신뿐만 아니라 대부분 영상 생성 AI에 적용할 수 있으므로 참고하는 것이 좋습니다.

12장

고퀄리티 영상 AI, 클링 AI

12장에서는 클링 AI를 활용해 고퀄리티 영상을 제작하는 방법을 소개합니다. 클링 AI는 텍스트와 이미지 입력만으로도 사실감 있는 영상을 생성할 수 있는 혁신적인 모델로, 복잡한 영상 제작 과정을 단순화하는 데 중점을 둡니다. 이 장에서는 클링 AI의 텍스트 및 이미지 기반 영상 생성 기능을 비롯해 다양한 기능을 설명하며, 1080p 해상도와 다양한 화면 비율을 활용해 소셜 미디어, 광고, 교육 콘텐츠 등 여러 목적에 맞춘 고품질 영상을 쉽게 제작하는 방법을 배울 수 있습니다.

클링 AI 시작하기

클링 AI_{Kling AI}는 중국의 Kuaishou AI 팀이 개발한 혁신적인 Text to Video 생성 모델로, 누구나 쉽게 고품질의 이미지와 영상을 제작할 수 있는 기회를 제공합니다. 이 서비스는 최첨단 AI 기술을 활용해 영상 제작의 복잡한 과정을 획기적으로 간소화했습니다. 사용자는 텍스트나 이미지를 입력하면 클링 AI가 이를 분석해 사용자의 의도에 맞는 영상을 자동으로 생성합니다.

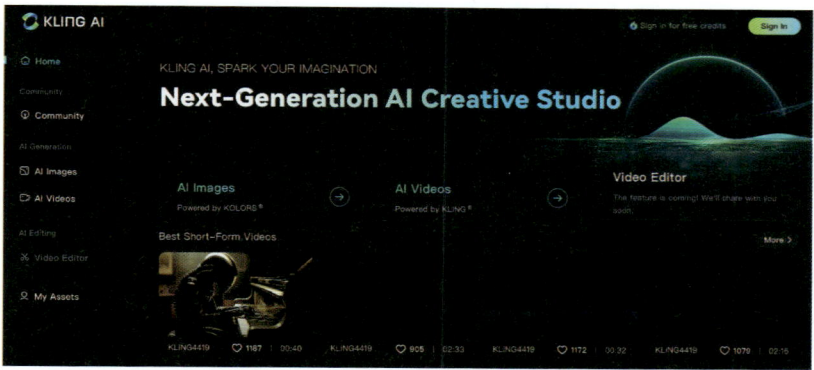

클링 AI(출처: klingai.com)

클링 AI의 핵심 기술은 고급 AI 알고리즘에 기반합니다. 특히 3D 시공간 주의 메커니즘과 확산 변환기 모델Diffusion Transformer Model을 통해 복잡한 동작과 물리적 상호작용을 정밀하게 시뮬레이션합니다. 이 기술 덕분에 물리 법칙에 충실한 사실적인 움직임을 구현해, 실제 촬영한 듯한 현실감 있는 영상을 제공합니다. 이러한 기술력은 시청자에게 몰입감 있는 경험을 선사합니다.

출력되는 영상의 품질도 주목할 만합니다. 클링 AI는 최대 2분 길이의 동영상을 1080p 해상도와 초당 30fps의 높은 사양으로 생성할 수 있습니다. 또, 1:1, 16:9, 4:3, 3:2 등 다양한 화면 비율을 제공해 다양한 플랫폼에 최적화된 영상을 만들 수 있습니다. 이러한 유연성은 소셜 미디어, 온라인 광고, 교육 자료 등 다양한 콘텐츠 제작에 적합합니다.

클링 AI의 주요 기능

- **Text to Video**: 사용자가 입력한 텍스트 설명을 기반으로 영상을 생성합니다. 예를 들어, "고양이가 실타래를 쫓아가는 장면"을 입력하면 클링 AI가 이 설명에 맞는 동영상을 제작합니다.
- **Image to Video**: 사용자가 업로드한 이미지를 기반으로 동영상을 만들 수 있습니다. 이미지에 원하는 움직임을 추가하여 더욱 생동감 있는 영상을 제작할 수 있습니다.
- **고화질 영상 출력**: 클링 AI는 최대 2분 길이의 1080p 해상도와 30fps의 영상을 생성할 수 있습니다.
- **사실적인 모션 모델링**: 3D 얼굴 및 신체 재구성 기능을 통해 캐릭터의 사실적인 움직임과 표정을 생성할 수 있습니다

클링 AI의 사용자 인터페이스는 어떻게 구성되어 있는지 살펴보겠습니다. 먼저 클링 AI 웹 사이트(klingai.com)로 이동한 다음 오른쪽 상단의 [Sign In]을 클릭합니다.

계정을 가지고 있다면 로그인을 진행하고 회원 가입이 필요하다면 [Sign up for free]를 클릭합니다.

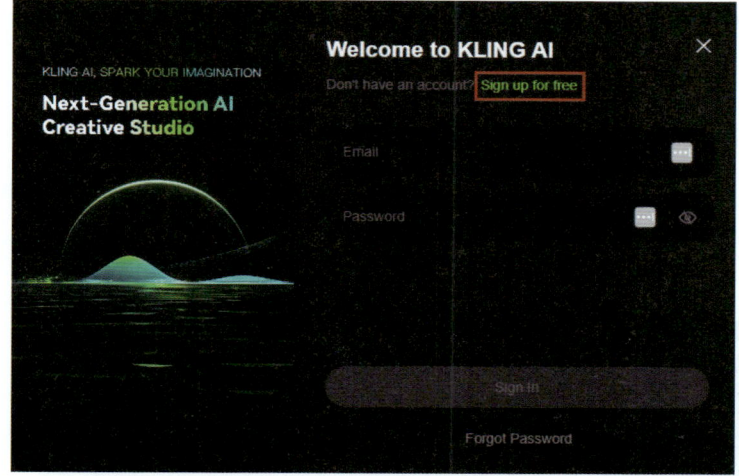

클링 AI는 이메일 회원 가입만 지원합니다. 사용하는 이메일과 비밀번호를 입력합니다. 이메일 인증 과정을 거치면 회원 가입이 완료됩니다.

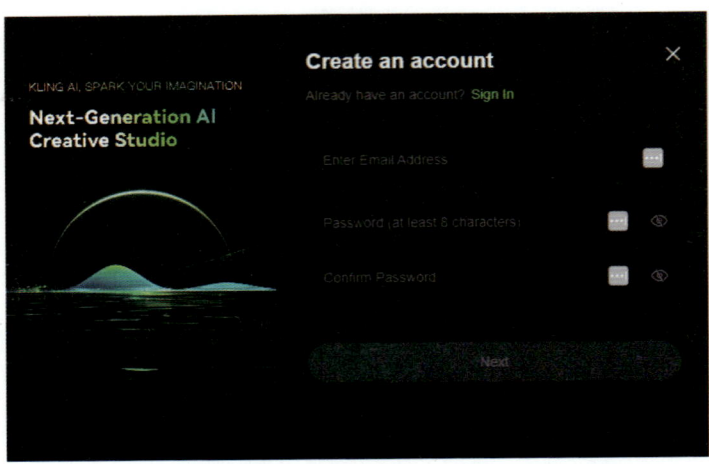

가입 후 사용자는 매일 66 크레딧을 사용할 수 있습니다. 10 크레딧당 5초 길이의 영상을 생성할 수 있으므로 매일 5초 길이 영상을 약 6개 생성할 수 있는 양입니다. 단, 무료 플랜으로 생성한 모든 영상에는 클링 AI 워터마크가 자동으로 포함됩니다. 상업적 용도로 사용하려면 유료 플랜 구독이 필요합니다. 클링 AI는 사용자의 유형과 용도에 따라 다음과 같이 다양한 구독 플랜을 제공합니다.

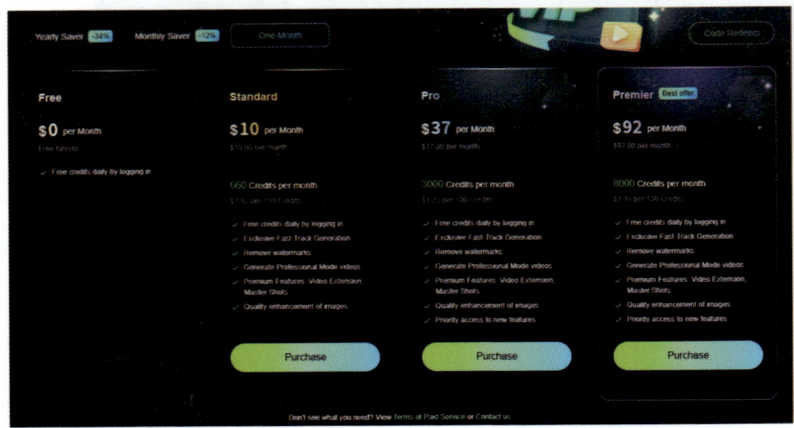

Free

- 로그인 시 매일 66 크레딧 제공 (약 6개의 기본 영상 생성 가능)

Standard(월 $10)

- 월 660 크레딧 제공
- 워터마크 제거
- 프로페셔널 모드 비디오 생성
- 최대 3분 길이의 비디오 생성
- 고급 카메라 제어
- 이미지 품질 향상

Pro(월 $37)

- 월 3000 크레딧 제공
- 스탠다드 플랜의 모든 기능 포함
- 새로운 기능에 대한 우선 접근권

Premier(월 $92)

- 월 8000 크레딧 제공
- 프로 플랜의 모든 기능 포함
- 대량의 크레딧으로 대규모 프로젝트 수행 가능

해당 플랜 가격은 한 달 구매 기준으로, 구독하거나 연 단위로 구매 시 할인 폭이 넓어지므로 사용할 기간까지 고려해서 맞는 플랜을 구매하는 것이 좋습니다.

클링 AI로 영상 생성하기

클링 AI는 텍스트와 이미지 기반의 영상 생성 기능을 제공합니다. 텍스트 기반 영상 생성 기능은 사용자가 입력한 텍스트를 바탕으로 AI가 자동으로 영상을 제작하는 방식입니다. 예를 들어, 특정 장면이나 분위기를 묘사한 텍스트를 입력하면 AI가 이를 분석하여 해당 내용을 담은 영상을 생성합니다. 이 기능은 스토리텔링, 광고, 프레젠테이션 등 다양한 콘텐츠에서 효과적으로 활용할 수 있습니다.

이미지 기반 영상 생성 기능은 사용자가 제공한 이미지를 분석한 다음 자연스러운 움직임을 추가함으로써 정적인 이미지를 동적인 콘텐츠로 변환합니다. 이 기능은 제품 소개나 비주얼 콘텐츠 제작에 적합합니다.

각 기능을 활용해 영상을 생성하는 과정을 살펴보겠습니다.

Text to Video

클링 AI에 로그인한 상태에서 메인 페이지 왼쪽 메뉴 또는 화면 가운데 [AI Videos]를 클릭합니다.

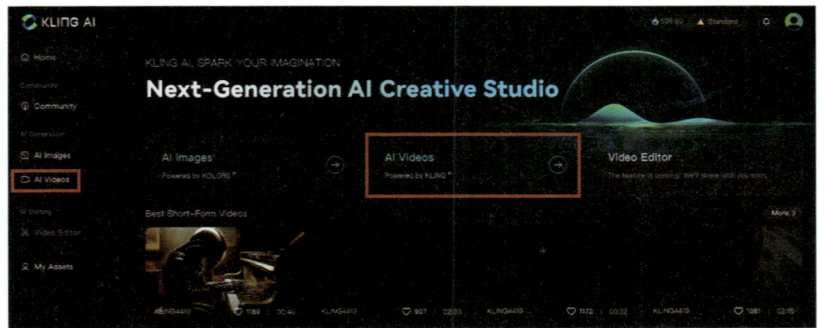

'KLING Creative Space' 페이지로 이동하면 3가지 영역으로 나뉜 화면을 볼 수 있습니다. 왼쪽은 생성할 영상을 설정하는 영역, 가운데는 생성한 영상을 확인하는 영역, 오른쪽은 생성한 영상 전체를 관리할 수 있는 영역입니다.

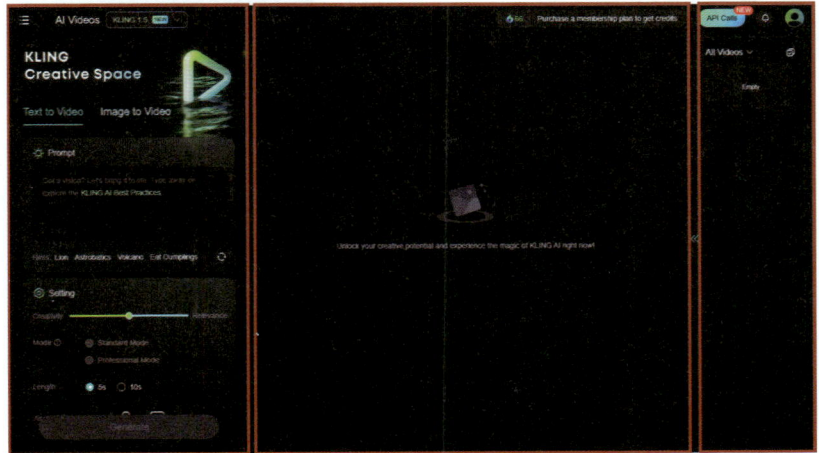

프롬프트를 입력하고 옵션을 설정할 수 있는 왼쪽 화면을 살펴보겠습니다. 상단에는 클링 AI 버전을 선택할 수 있습니다. 무료 플랜일 경우 사용할 수 있는 버전이 제한되어 있습니다. 자신의 플랜에 맞는 버전을 선택한 다음 아

래 [Text to Video], [Image to Video] 중
[Text to Video]를 클릭하고 프롬프트를 입
력합니다.

원하는 영상을 빠르게 생성하려면 명확하고
상세한 프롬프트가 가장 효과적입니다. 색
상, 위치, 시간대 등 중요한 요소를 디테일
하게 지정하되 너무 길거나 복잡하지 않도
록 적절한 길이를 유지하는 것이 중요합니
다. 클링 AI의 영상 프롬프트를 작성할 때도
영어로 작성하는 것이 좀 더 명확한 영상을
생성하는 데 도움이 됩니다.

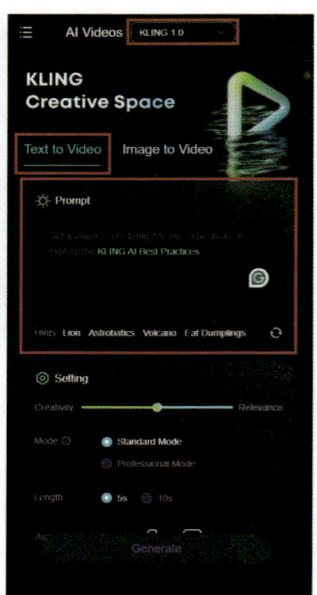

한글: 밝은 도시의 불빛 아래 야외 코트에서 치열하게 진행되는 농구 경기. 선수들이 코트를 빠르게 오가며 점프하고 공을 패스하는 모습이 포착됩니다. 역동적인 1인칭 시점이 경기의 에너지를 생생하게 담아내며, 덩크나 드리블 장면은 가끔씩 슬로 모션으로 연출되어 각 동작이 강렬하고 드라마틱하게 느껴집니다.

영어: An intense basketball game in an outdoor court under bright ciy lights. Players move swiftly across the court, jumping and passing the ball. Dynamic FPV captures the envergy of the game, with occasional slow-motion shots of dunks and dribbles, making each move feel powerful and dramatic.

스크롤을 내리면 'Setting', 'Camera Movement', 'Negative Prompt' 등 추가 옵션을 설정할 수 있습니다. Creativity와 Relevance는 AI가 프롬프트에 얼마나 충실할지 조절할 수 있습니다. 좀 더 창의적인 결과를 원한다면 Creativity 쪽으로, 명확한 해석을 원한다면 Relevance로 슬라이더를 조절합니다.

그런 다음 모드, 영상의 길이, 화면 사이즈, 카메라 움직임 옵션을 선택합니다. 클링 AI는 여러 화면 비율을 지원하므로 콘텐츠가 게시될 플랫폼에 맞춰 적절한 비율을 선택합니다. 예를 들어, 인스타그램 스토리나 틱톡을 위한 9:16 세로 포맷을 사용할 수 있습니다.

'Negative Prompt'는 영상에 포함되지 않았으면 하는 요소를 입력하는 것으로, 선택 사항입니다.

모두 입력했다면 [Generate]를 클릭해 영상을 생성합니다.

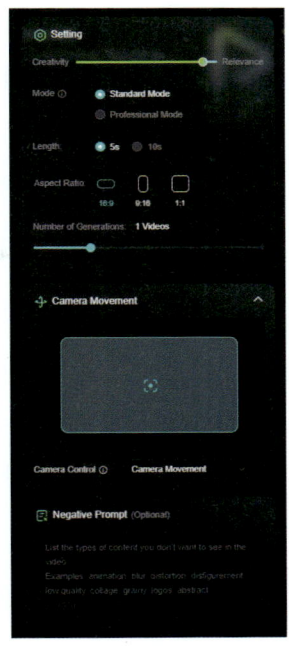

QR | 예시 영상

Image to Video

이번에는 영상으로 만들 이미지를 삽입하는 Image to Video 기능으로 영상을 생성해 보겠습니다. 'KLING Creative Space' 페이지 왼쪽 메뉴에서 [Image to Video]를 클릭합니다.

이미지를 첨부할 수 있는 기능과 이미지 속 개체의 움직임을 조정할 수 있는 'Motion Brush' 기능이 있습니다. 그 외 기능은 [Text to Video]와 동일합니다.

업로드할 수 있는 이미지는 최대 2개입니다. 첫 번째 이미지는 시작 프레임, 두 번째 이미지는 마지막 프레임 역할을 하므로 연속성을 고려하여 이미지를 선택합니다. 이미지만으로 영상을 생성할 수도 있고, 프롬프트를 추가로 입력해도 좋습니다.

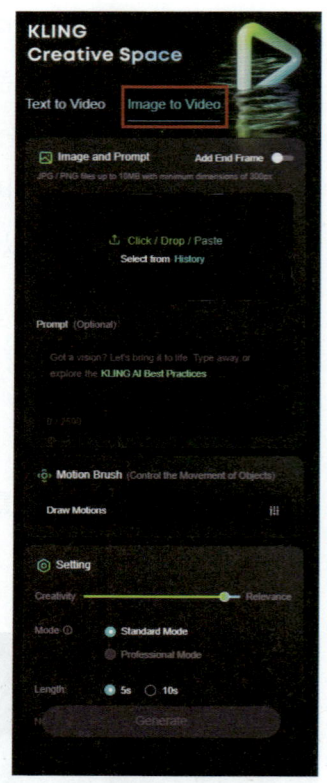

한글: 그는 카페에서 일하면서 즐거운 시간을 보내고, 옆에 있는 사람들을 보며 미소 짓습니다.

영어: He come into the cafe and have fun while working, and they laugh at the people next to them.

마지막으로 카메라 움직임, 모션, 영상 길이 등을 설정하고 [Generate]를 클릭해 영상을 생성합니다.

QR | 예시 영상

여러 번의 시도와 피드백을 통해 어떤 프롬프트와 설정이 가장 효과적인지 파악하면서 필요한 부분을 수정하여 최적의 결과를 얻을 수 있습니다.

13장

올인원 영상 편집 AI, 캡컷

캡컷은 AI 기반 영상 편집 플랫폼으로, 직관적인 인터페이스와 다양한 템플릿, AI 편집 도구 덕분에 초보자는 쉽게 시작하고 전문가는 다양한 효과를 활용할 수 있도록 설계되었습니다. AI를 적용한 자막 생성, 음성 변환, 배경 제거 등으로 작업을 간소화해 편집 시간을 절약할 수 있는 동시에 퀄리티 높은 결과물을 얻을 수 있습니다. 13장에서는 캡컷의 핵심 기능과 설정법을 익히고, 소셜 미디어용 짧은 영상부터 고화질의 전문 콘텐츠까지 다양한 영상을 효율적으로 편집하는 방법을 살펴봅니다.

▶ 캡컷 시작하기

캡컷CapCut은 바이트댄스ByteDance가 개발한 영상 편집 및 그래픽 디자인 애플리케이션으로, 2020년 출시 이후 전 세계적으로 2억 명 이상의 사용자를 확보하며 현재 AI 기반 올인원 크리에이티브 플랫폼으로 자리 잡았습니다. 이렇게 많은 사용자가 캡컷을 선택하는 이유는 웹 브라우저, 데스크톱, 모바일 앱 등 다양한 기기에서 사용할 수 있다는 뛰어난 편의성은 물론이고, 기본적인 영상 편집 도구부터 AI를 활용한 고급 기능까지 폭넓은 옵션을 제공하기 때문입니다. 특히 AI 기반 도구와 템플릿을 활용하면 복잡한 편집 작업도 효율적으로 처리할 수 있어 시간을 절약하면서도 퀄리티 높은 결과물을 얻을 수 있습니다. 자르기, 분할, 병합, 속도 조절과 같은 기본적인 편집 기능 외에도 음악 추가, 음성 녹음, 자동 자막 생성 등의 오디오 관련 기능을 포함해 더욱 창의적인 영상 제작이 가능합니다. AI 도구들은 자동 자막, 텍스트-음성 변환과 같은 고급 기능을 제공해 제작 효율성을 크게 높입니다.

뿐만 아니라 클라우드 저장 및 팀 협업 기능을 통해 여러 사용자가 실시간으로 프로젝트를 편집하고 피드백을 주고받을 수 있어, 개인 사용자뿐만 아니라 기업이나 팀 단위로 작업이 필요한 사용자에게도 적합합니다. 이 협업 기능은 콘텐츠 제작의 전 과정을 원활하게 관리하고 팀원 간 협력과 업무 효율을 극대화하는 데 유용합니다.

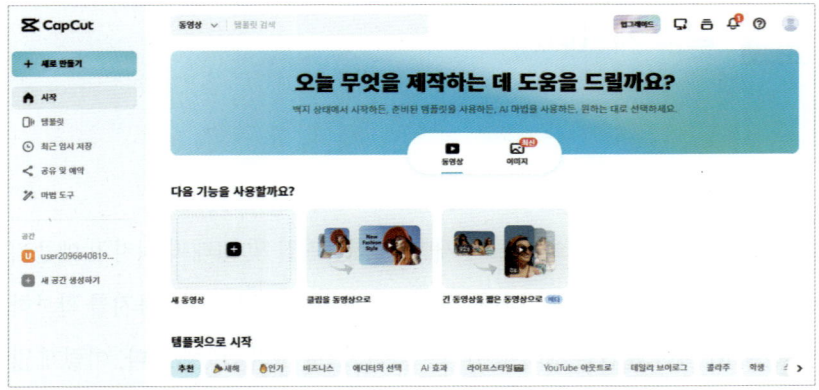

캡컷 온라인 에디터 버전(출처: capcut.com)

캡컷의 주요 기능을 정리하면 다음과 같습니다.

캡컷의 주요 기능

- **다양한 플랫폼 지원**: 캡컷은 웹, 윈도우, 맥 앱, 모바일(Android/iOS) 등 다양한 환경에서 영상 편집과 이미지 디자인을 지원합니다.
- **자동 자막 및 음성 전환 기능**: AI를 활용하여 자동으로 자막을 생성하고 텍스트를 음성으로 변환할 수 있는 기능을 제공합니다. 이는 작업의 효율성을 크게 향상시킵니다.
- **고급 편집 도구**: 캡컷은 기본적인 영상 편집 기능 외에도 자르기, 붙이기, 전환, 배경 제거, 이미지 보정 등 다양한 고급 편집 도구를 갖추고 있습니다.
- **특수 효과 및 템플릿 제공**: 다양한 영상 템플릿과 특수 효과를 제공하여 여러 형식의 영상 제작을 쉽게 할 수 있습니다. 사용자는 템플릿 라이브러리에서 원하는 템플릿을 선택하여 사용할 수 있습니다.

이러한 기능들을 바탕으로 캡컷은 주로 콘텐츠 크리에이터, 소셜미디어 마케터, 초보 영상 편집자들이 많이 사용하는 도구로 자리 잡았습니다. 유튜버나 틱톡커와 같은 크리에이터들은 캡컷을 활용해 빠르고 쉽게 짧고 매력적인 영상을 제작하며 자동 자막 생성, 음성 변환, 트렌디한 효과 등 다양한 기능을 활용합니다.

앞서 주요 제공 기능에서 살펴봤듯이 캡컷은 모바일, 데스크탑 앱을 모두 지원하므로 어떤 환경에서든 계정 하나를 만들어 자신의 환경에 맞춰 편하게 사용할 수 있습니다. 이 책에서는 윈도우 데스크톱 앱을 기준으로 회원 가입과 주요 기능을 살펴보겠습니다.

먼저 캡컷 웹 사이트(capcut.com)로 이동한 다음 오른쪽 상단의 [다운로드]를 클릭합니다.

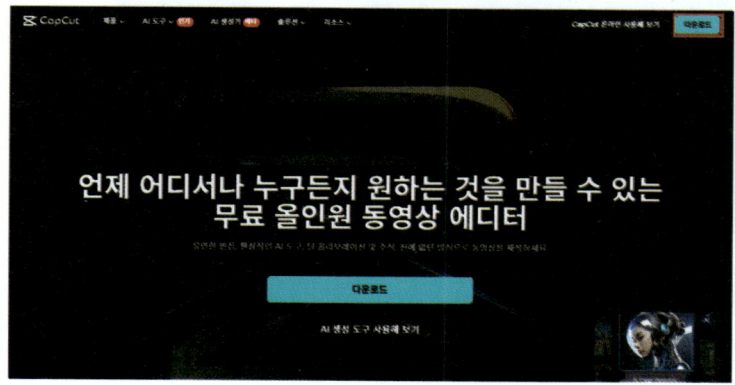

다운로드 페이지로 이동하면서 자동으로 설치 프로그램이 다운로드됩니다.

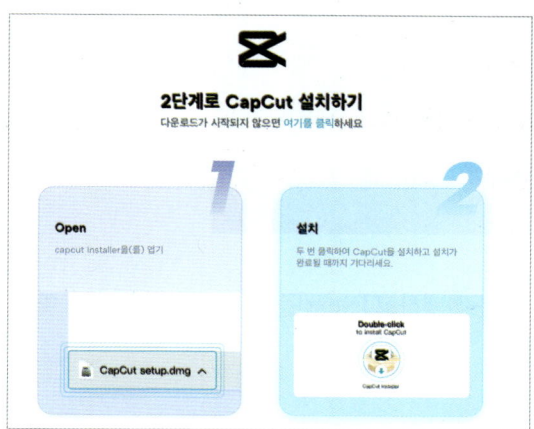

다운로드받은 설치 프로그램을 실행해 데스크톱 앱을 설치합니다. 환경 테스트 과정을 거치면 설치가 완료됩니다.

프로그램 실행 직후 약관 동의 창이 실행됩니다. [Agree and continue]를 클릭합니다.

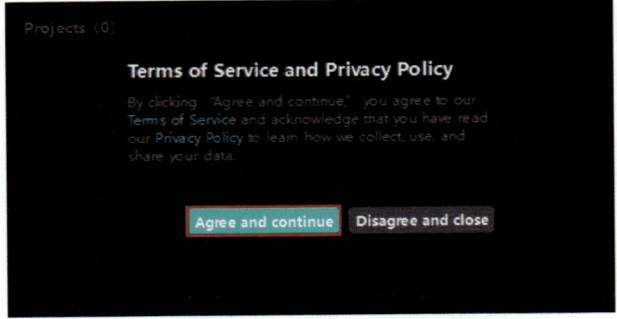

이어서 사용자 정보, 관심사 등을 선택하고 [Next]를 클릭해 초기 설정을 마무리합니다.

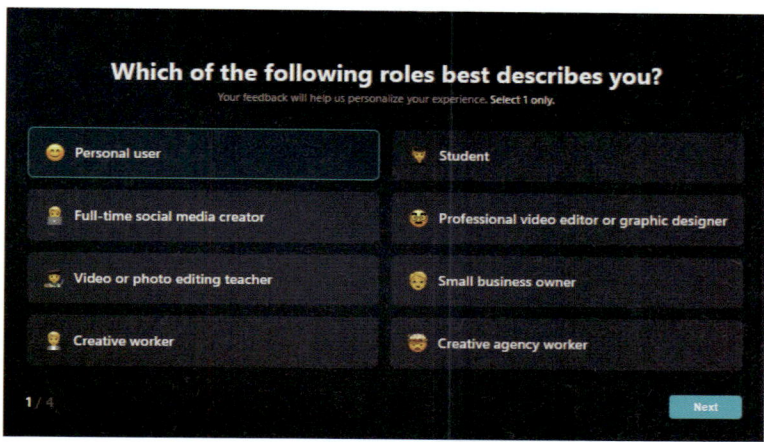

다음은 캡컷 프로그램 실행 시 만날 수 있는 첫 화면입니다. 회원 가입을 위해 왼쪽 상단의 [Sign in]을 클릭합니다.

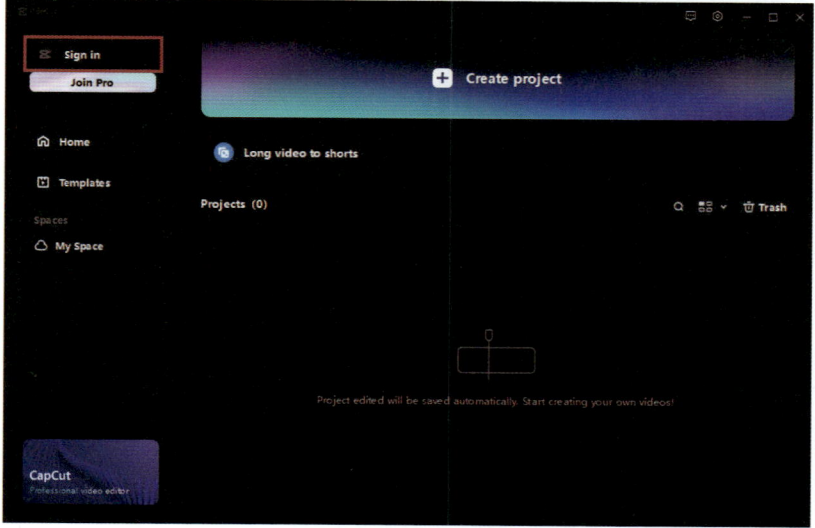

틱톡, 페이스북, 구글 계정으로 가입할 수 있습니다. 만약 모바일에서 사용하는 계정이 있다면 [Use QR code]를 클릭한 다음 스마트폰에 설치된 캡컷과 연동해 로그인을 진행합니다.

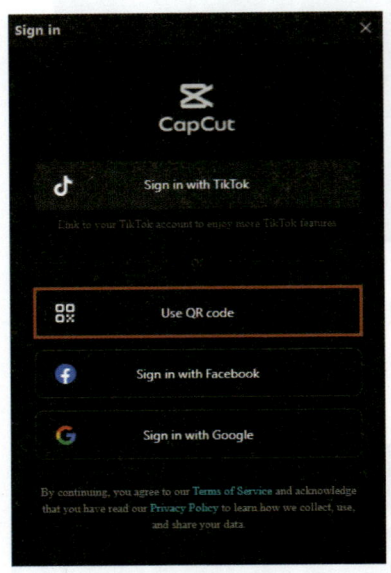

회원 가입을 완료하면 자동으로 로그인되고 캡컷의 기본 편집 도구를 바로 사용할 수 있습니다. 무료 버전에서는 기본적인 편집 도구와 일부 효과, 간단한 템플릿 등을 사용할 수 있어 일반적인 영상 편집 작업을 수행하는 데 충분한 기능을 갖추고 있습니다. 만약 자동 비율 조정, 배경 제거와 같은 고급 편집 도구와 세부적인 사용자 지정 옵션을 사용하려면 유료 버전이 필요합니다. 유료 버전에서는 훨씬 다양한 기능과 에셋을 제공하고 워터마크 없이 영상 제작이 가능해 상업적 용도로도 활용할 수 있습니다.

캡컷은 다음과 같은 유료 플랜을 제공합니다.

Free

- 기본적인 편집 기능 제공
- 일부 효과, 필터, 전환 효과 사용 가능
- 워터마크 포함
- 제한된 에셋 라이브러리

Premium (월 $12.99)

- 프로 버전의 모든 기능 포함
- 외부 에셋 사용 가능
- 무제한 음악 트랙 사용
- 모든 영상에서 워터마크 제거
- 더 많은 AI 기능 제공

Pro (월 $7.99)

- 고급 편집 기능 추가 제공
- 더 많은 효과, 필터, 전환 효과 사용 가능
- AI 기반 편집 도구 사용 가능
- 워터마크 제거

Premium 사용자는 외부에서 가져온 이미지, 음악, 영상 등 다양한 에셋을 자유롭게 활용해 더욱 창의적이고 독창적인 콘텐츠를 제작할 수 있습니다. AI 자동 자막 생성, 번역, 영상의 노이즈 제거, 해상도 향상, AI 얼굴 인식 및 트래킹 기능 등 AI 기반 고급 기능들로 보다 정교한 편집이 가능합니다.

특히 음악 트랙 사용에 제한이 없어 다양한 장르와 분위기의 음악을 자유롭게 영상에 적용할 수 있습니다. 단, 캡컷에서 제공하는 음악과 같은 일부 미디어 자산은 상업적 용도나 유튜브 수익 창출 시 저작권 제한이 있습니다. 예를 들어 틱톡 같은 특정 플랫폼에서 사용하도록 라이선스가 부여되어 있는 음원을 유튜브에 사용 시 저작권 문제가 발생할 수 있습니다. 따라서 저작권 프리 음악이나 활용 용도에 맞는 라이선스를 확인하는 것이 매우 중요합니다.

캡컷 사용 가이드

캡컷은 웹, 앱, 모바일 등 다양한 환경에서 서비스를 제공하기 때문에 특정 환경에서 작업한 결과물을 하나의 계정을 통해 여러 기기와 동기화할 수 있도록 자동 업로드 기능을 제공합니다. 이를 통해 여러 디바이스에서 작업을 할 수 있어 연속성을 가질 수 있습니다. 이 책에서는 윈도우 데스크톱 앱을 기준으로 캡컷 사용 가이드를 살펴보겠습니다.

언어 설정하기

로그인을 하면 모든 메뉴가 영어로 되어 있으므로 언어 설정부터 하겠습니다. 편한 언어로 설정하면 편리하게 영상 편집을 시작할 수 있습니다. 오른쪽 상단의 [Settings ⚙] 아이콘을 클릭한 다음 [Settings]를 선택합니다.

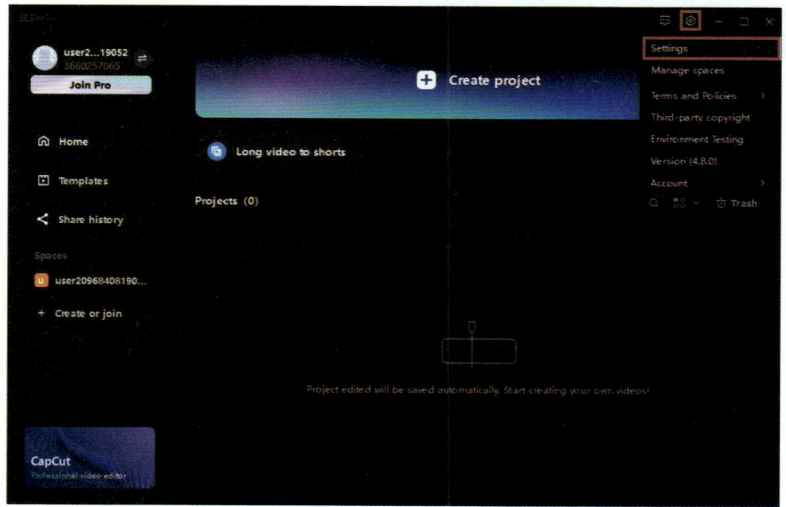

'Settings' 창이 뜨면 4가지 메뉴 중 [Language]를 클릭하고 [한국어]를 선택한 다음 [Save]를 눌러 언어를 지정합니다.

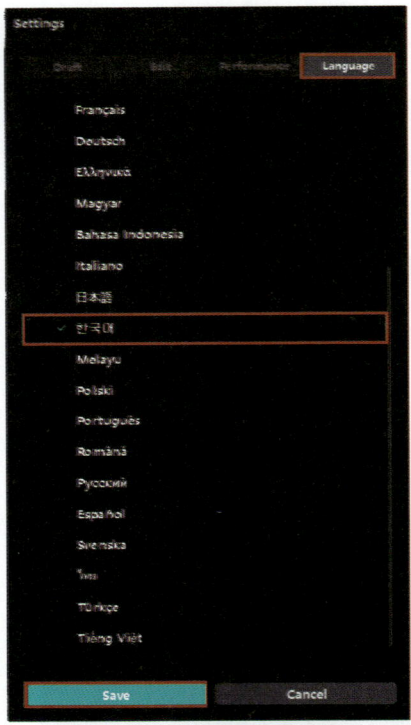

언어를 변경하면 자동으로 프로그램을 재시작합니다. 이제 모든 메뉴, 안내 문구가 한국어로 변경된 것을 확인할 수 있습니다.

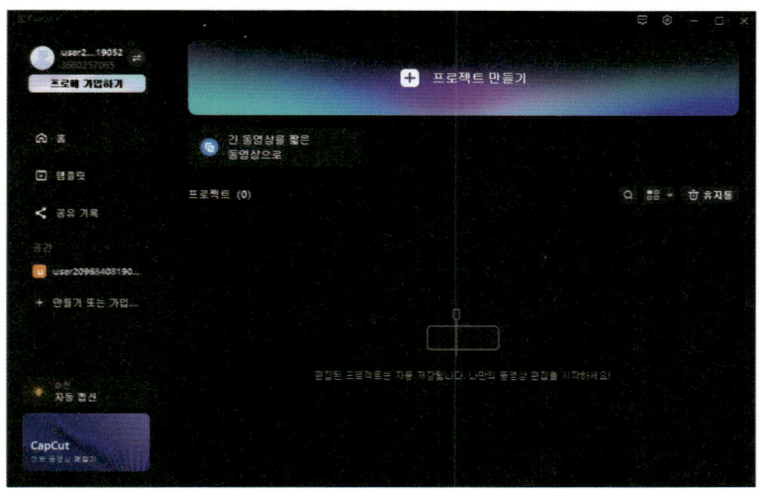

공간 설정하기

캡컷은 가입 시 기본적으로 클라우드 저장소 역할을 하는 '공간'을 제공하는데, 이 기본 공간에 사용자가 작업한 프로젝트를 자동으로 업로드하여 여러 기기에서 쉽게 접근하고 편집을 이어갈 수 있도록 지원합니다. 특히 모바일, 온라인 버전에서 최신 프로젝트를 쉽게 찾고 관리할 수 있는 편리한 기능을 제공합니다. 필요에 따라 추가 저장 공간을 구입할 수도 있어, 사용자는 자신의 작업량에 맞춰 유연하게 저장 용량을 확장할 수 있습니다.

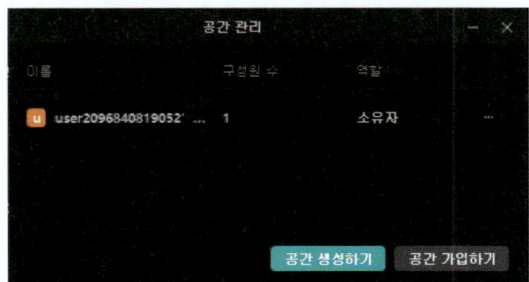

클라우드 역할을 할 '공간'

캡컷의 '자동 업로드' 기능을 활성화하면, 프로젝트 파일이 기본 공간에 자동으로 저장되며 작업의 연속성을 보장합니다. 이 기능은 작업 중 데이터 손실을 방지하고, 언제 어디서든 프로젝트를 불러와 작업을 이어갈 수 있게 해줍니다. 기본 공간은 파일 크기 제한이 없거나 매우 커서 대용량 프로젝트도 문제 없이 저장할 수 있습니다. 이는 특히 팀 협업이나 여러 기기에서 작업해야 하는 사용자에게 효율적이고 안정적인 작업 환경을 제공합니다.

현재 기본 공간을 무료로 제공되고 있지만, 보다 안정적인 사용성을 위해 구글 드라이브와 동기화해 두는 것이 좋습니다. 홈 화면에서 오른쪽 상단 [설정] 아이콘을 클릭한 다음 [설정]을 선택합니다.

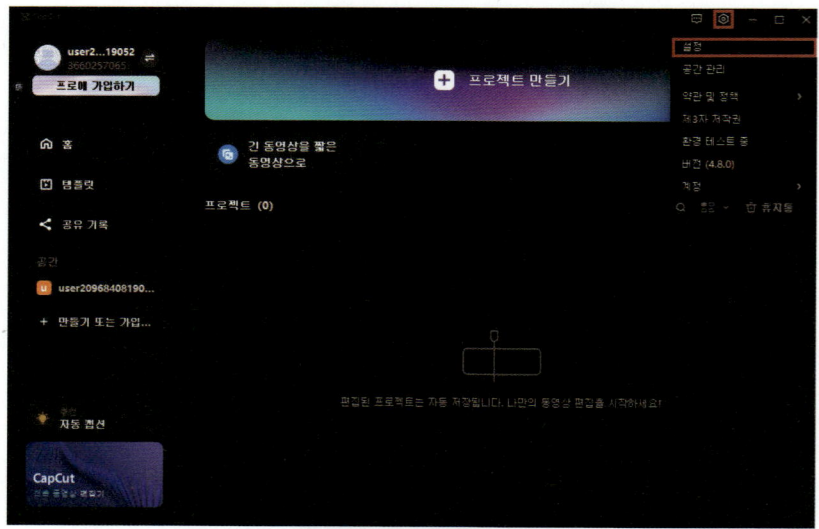

[자동 업로드] 버튼을 클릭해 활성화하면 프로젝트를 자동으로 업로드할 공간을 선택하는 창이 뜹니다. 원하는 공간을 선택한 다음 [선택]을 클릭합니다. 그리고 다시 '설정' 창에서 [저장]을 클릭해 자동 업로드 설정을 저장합니다.

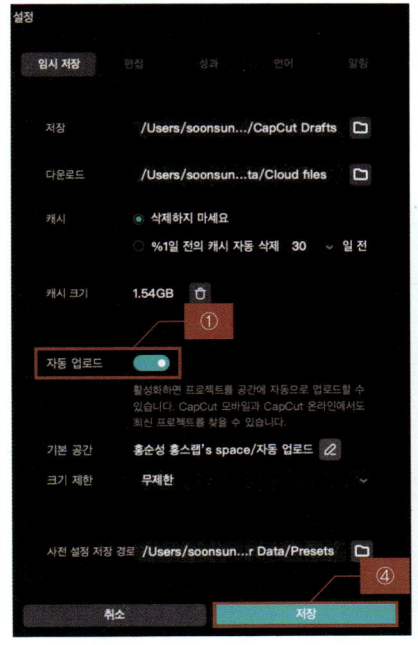
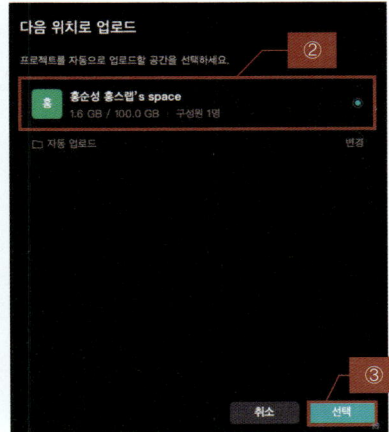

구글 드라이브와 동기화 기능은 캡컷 온라인 버전에서 설정할 수 있습니다. 캡컷 웹 페이지(capcut.com)에서 로그인을 한 다음 왼쪽의 생성된 공간을 클릭하고 오른쪽 상단의 [설정] 아이콘을 클릭합니다.

[자동 동기화]에서 구글 드라이브를 활성화한 다음 동기화할 구글 계정을 선택합니다. 동기화할 폴더, 자동 동기화할 시간을 설정합니다.

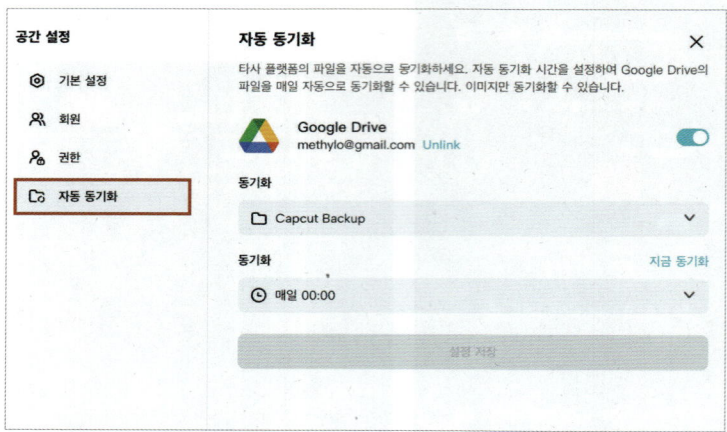

이 과정을 통해 추가 저장 공간을 확보하고 프로젝트 파일을 안전하게 관리할 수 있습니다.

캡컷 기본 메뉴 살펴보기

캡컷의 편집 화면 구성은 사용자가 쉽게 이해하고 접근할 수 있도록 직관적으로 설계되어 있습니다. 주요 기능들 역시 한눈에 확인할 수 있도록 배열되어 있어 자르기, 병합, 효과 추가 등 다양한 편집 작업을 빠르고 쉽게 수행할 수 있습니다. 캡컷의 편집 화면은 다음과 같이 크게 4개의 영역으로 볼 수 있습니다.

① **미디어 라이브러리**: 프로젝트에 사용할 수 있는 영상, 이미지, 오디오 파일을 관리합니다. 파일을 추가하거나 삭제하고, 필요한 미디어를 타임라인에 드래그하여 사용할 수 있습니다.

② **미리 보기**: 현재 편집 중인 영상의 미리 보기를 제공합니다. 타임라인에서 선택한 클립을 실시간으로 확인하고, 편집 결과를 즉시 볼 수 있습니다.

③ **속성 및 설정 패널**: 선택한 클립의 세부 설정을 조정할 수 있습니다. 크기, 위치, 회전, 투명도 등의 속성을 변경하여 원하는 효과를 적용할 수 있습니다.

④ **타임라인**: 영상 편집의 핵심 공간으로, 미디어 클립을 배열하고 트랙 간 전환을 관리합니다. 클립을 자유롭게 이동하고, 자르고, 연결하여 스토리를 구성합니다. 여러 트랙을 사용하여 복잡한 편집도 가능합니다.

▶ 캡컷으로 영상 편집하기

캡컷은 파일 배치, 음성 및 자막 생성, 컷 편집과 같은 기본 편집 기능부터 애니메이션 효과, 배경 제거 그리고 마지막 단계에서 업스케일링 과정까지 한 화면에서 진행할 수 있습니다. 캡컷 데스크톱 앱에서 새 프로젝트를 만들고 영상 편집 과정을 살펴보겠습니다.

미디어 파일 가져오기

캡컷에서는 간단하게 영상 클립, 이미지, 오디오 파일을 타임라인에 드래그해 추가할 수 있으며 쉽게 정렬하고 필요에 따라 잘라내거나 복제할 수 있습니다. 파일은 크게 사용자가 가진 영상, 이미지, 오디오 파일 그리고 캡컷에서 제공하는 다양한 라이브러리에서 제공하는 파일과 오디오 파일로 나눌 수 있습니다.

- 사용자의 영상, 이미지, 오디오 파일: 사용자는 자신의 기기에서 영상, 이미지, 오디오 파일을 불러와 프로젝트에 추가할 수 있습니다.
- 캡컷이 제공하는 파일: CapCut은 자체적으로 다양한 미디어 라이브러리를 제공합니다. 이 라이브러리에는 다양한 템플릿, 스티커, 필터 등이 포함되어 있어 창의적인 편집을 지원합니다. 또, 다양한 음악과 효과음을 제공하여 영상에 추가할 수 있습니다. 이러한 오디오 파일은 프로젝트의 분위기를 설정하고, 더욱 풍부한 콘텐츠를 만드는 데 도움을 줍니다.

캡컷에서 지원하는 파일 형식은 다음과 같습니다.

지원 파일 형식

- **영상 파일**: MP4, MOV, AVI 등
- **이미지 파일**: JPG, JPEG, HEIF, HEIC, PNG 등
- **오디오 파일**: MP3, WAV, AAC 등

먼저 편집할 영상, 이미지, 오디오 파일을 불러오거나 드래그한 다음 이를 타임라인에 배치하여 영상의 기본 구조를 만듭니다. 타임라인은 각 클립의 순서를 시각적으로 확인할 수 있도록 구성되어 있어 영상의 흐름을 쉽게 조정할 수 있습니다.

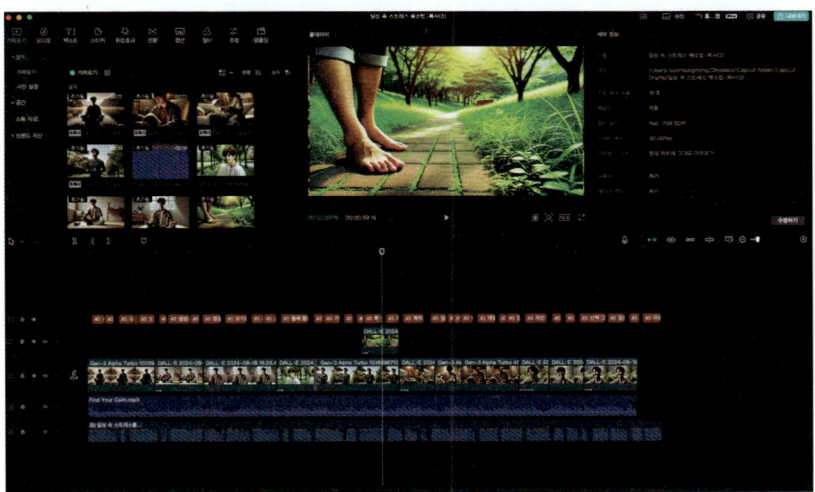

이미지, 영상, 오디오, 효과음에 따라 트랙이 구분되어 쉽게 파일의 위치를 조정하고 흐름을 최적화할 수 있습니다. 예를 들어, 특정 장면이 강조되어야 하는 부분에서 클립을 적절히 배치하거나 전환 효과를 자연스럽게 삽입할 수 있습니다. 이러한 타임라인 구성은 영상의 전체적인 리듬과 구조를 형성하는 중요한 작업입니다.

컷 편집 및 단축키 확인하기

영상 편집의 초반 작업에 가장 많이 사용하는 기능은 단연 컷 편집입니다. 컷 편집이란 소스로 가져온 영상, 오디오 등 파일을 배치하고 자연스럽게 연결되고 불필요한 부분은 잘라내는 과정입니다. 가장 많이 사용하는 기능이므로 단축키를 활용하는 것이 좋습니다. 단축키는 상단 메뉴의 [숏컷]을 클릭하면 확인할 수 있습니다. 각 단축키는 운영 체제별로 자세하게 안내되어 있어 쉽게 이해할 수 있습니다.

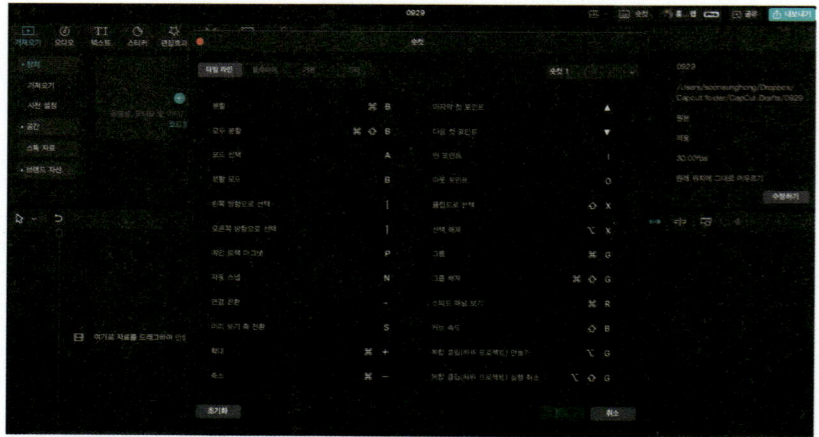

단축키를 확인할 수 있는 [숏컷]

컷 편집 단축키는 윈도우에서 [Ctrl] + [B], 맥에서는 [⌘] + [B]입니다. 타임라인에서 컷 편집을 할 영상 트랙을 선택하고 재생하면서 컷 편집할 구간에 해당 단축키를 클릭하면 영상을 분할할 수 있습니다. 또는 상단 왼쪽 메뉴에서 [자르기 ✂] 아이콘을 클릭합니다.

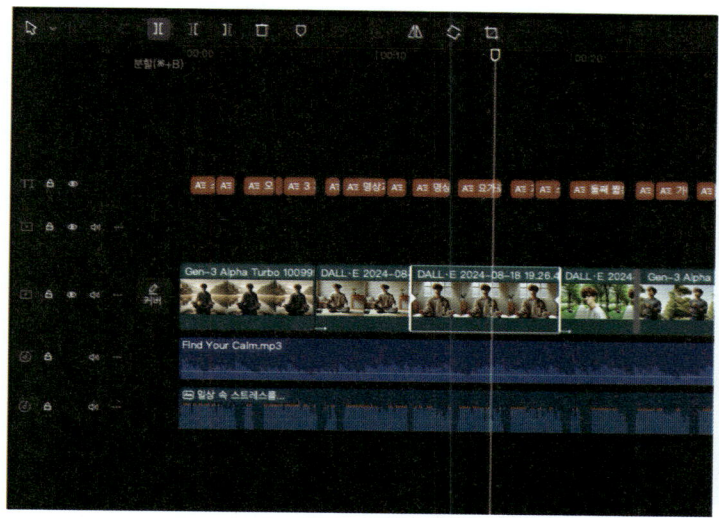

캡컷의 장점은 컷 편집으로 삭제한 영상도 쉽게 복원할 수 있다는 점입니다. 예를 들어, 앞부분을 컷 편집으로 잘라내고 지우더라도 영상 트랙을 마우스로 앞 부분(또는 뒤부분)을 클릭해 늘리면 다시 복원됩니다. 따라서 잘라낸 부분을 복원하기 위해 다시 영상 파일 전체를 넣어야 하는 번거로움 없이 전체 편집을 진행한 후 필요에 따라 순차적으로 작업할 수 있습니다.

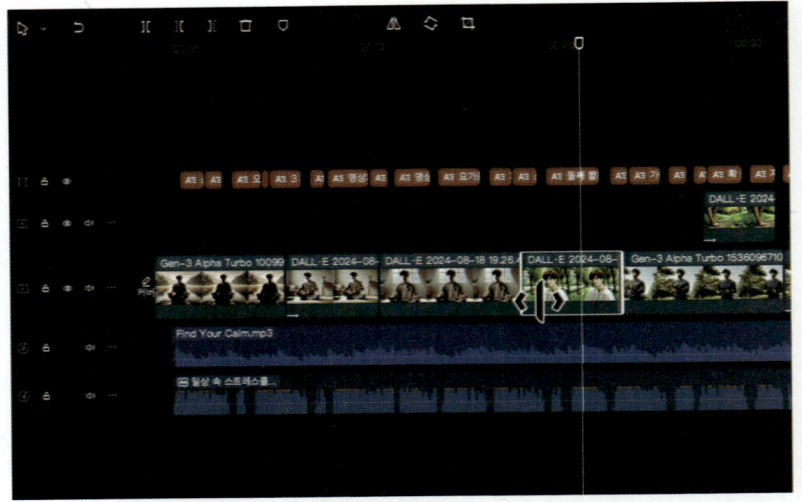

텍스트로 음성 생성하기

캡컷은 AI 기술을 활용해 음성 변환과 자막 생성 작업을 자동화할 수 있습니다. 예를 들어, 입력한 텍스트를 AI가 음성으로 변환해 내레이션으로 추가하거나, 음성 파일을 텍스트로 변환해 자동 자막을 생성할 수 있습니다. 이러한 기능들은 제작 과정에서 시간을 절약하고, 일관된 품질의 결과물을 얻는 데 도움을 줍니다.

텍스트를 음성으로 전환하는 기능은 설명이 필요한 영상이나 자막을 음성으로 대체할 때 유용합니다. 다양한 음성 스타일과 톤을 제공해 콘텐츠의 분위기에 맞는 음성을 선택할 수 있으며 여러 언어를 지원해 글로벌 콘텐츠를 제작하는 데도 적합합니다.

먼저 오른쪽 상단 [미디어 라이브러리] 영역에서 [텍스트]를 클릭한 다음 [기본 텍스트] 오른쪽 하단의 ⊕ 아이콘을 클릭해 트랙에 추가합니다.

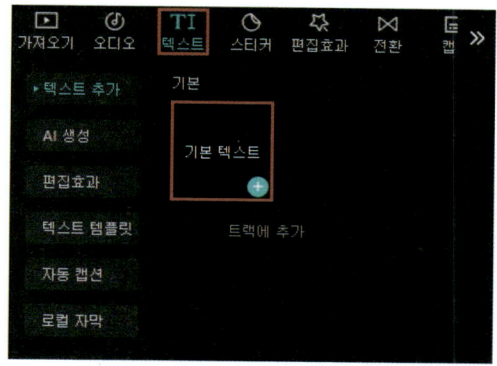

[미리 보기] 창에 텍스트 박스가 생성되면 원하는 텍스트를 입력합니다. [타임라인] 트랙에 추가된 텍스트를 클릭하고 왼쪽 상단 [속성 및 설정 패널]에서 [텍스트에서 음성으로]를 클릭합니다. 원하는 보이스를 선택하고 [음성 생성]을 클릭하면 타임라인 트랙에 음성 파일이 추가되는 것을 확인할 수 있습니다.

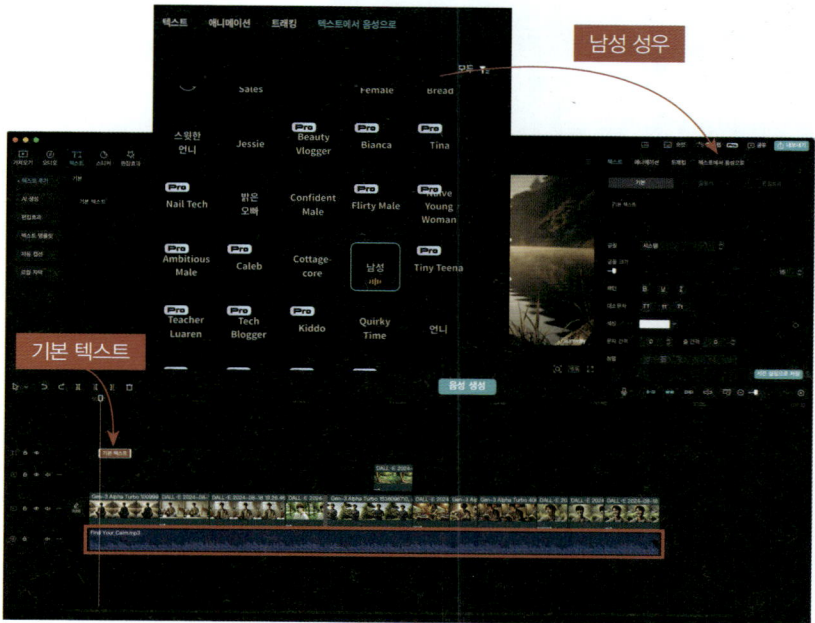

자동 자막 생성하기

캡컷의 자동으로 자막을 생성하는 기능, 즉 자동 캡션 기능은 AI 기술을 활용해 영상의 음성을 자동으로 인식하고 이를 텍스트로 변환하는 기능입니다. 사용자가 수동으로 자막을 입력할 필요 없이 빠르게 자막을 생성하고 편집할 수 있습니다. 여러 언어를 지원해 글로벌 콘텐츠 제작에도 적합합니다. 이 기능은 특히 유튜브와 같은 플랫폼에서 자막이 중요한 역할을 할 때 매우 유용합니다.

먼저 음성 파일을 불러와 [타임라인] 트랙에 추가합니다. 그런 다음 왼쪽 상단 좌측 상단의 텍스트 메뉴에서 [자동 캡션]을 선택합니다. 소스 언어에서 원하는 언어를 선택해 2개 언어로 번역할 수 있습니다.

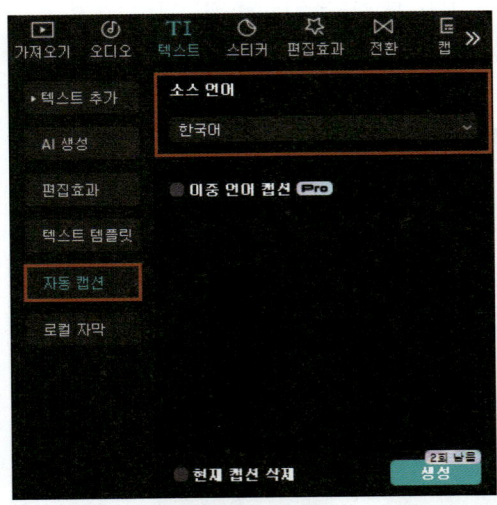

[자동 캡션]으로 자막을 생성하면 영상의 언어에 맞는 자막이 자동으로 생성되는 것을 확인할 수 있습니다.

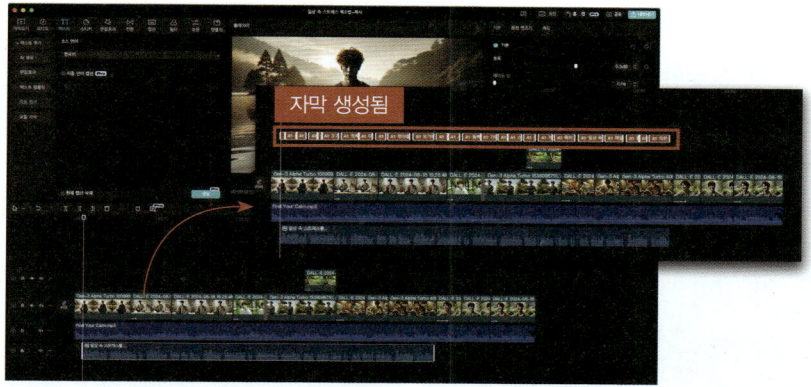

영상 속도 조절하기

캡컷은 특정 장면의 재생 속도 조절 기능을 제공하여 슬로우 모션이나 빠른 전환 등의 효과를 간단하게 입힐 수 있습니다. 영상에서 속도 조절이란 극적인 연출을 하고 스토리텔링을 강화하는 효과가 있습니다. 이를 통해 특정 장면을 강조하거나 시간의 흐름을 변화시켜 더욱 다채로운 표현을 할 수 있습니다. 대표적인 사용 예시를 정리하면 슬로우 모션, 타임랩스, 코미디 효과 3가지로 볼 수 있습니다.

> **속도 조절 사용 예시**
>
> - **슬로우 모션**: 스포츠 경기에서 중요한 순간을 강조하기 위해 사용됩니다. 예를 들어, 골을 넣는 순간을 슬로우 모션으로 재생하여 감동을 극대화할 수 있습니다.
> - **타임랩스**: 긴 시간의 변화를 짧은 시간에 보여줄 때 사용됩니다. 예를 들어, 일출이나 일몰을 빠르게 재생하여 시간의 흐름을 압축적으로 표현할 수 있습니다.
> - **코미디 효과**: 코믹한 장면을 빠르게 재생하여 유머를 더할 수 있습니다. 예를 들어, 캐릭터가 빠르게 움직이는 장면을 통해 재미를 줄 수 있습니다.

먼저 타임라인에서 영상 트랙을 선택한 후 오른쪽 상단의 [속성 및 설정] 패널에서 [속도]를 클릭합니다. 정확한 값을 입력해 미세 조정하거나 시간을 설정하는 것도 가능합니다. 또는 상단의 [곡선] 메뉴에서 '몽타주', '영웅', '점프컷' 등 자주 사용하는 속도 조절 템플릿 기능을 활용하는 방법도 있습니다.

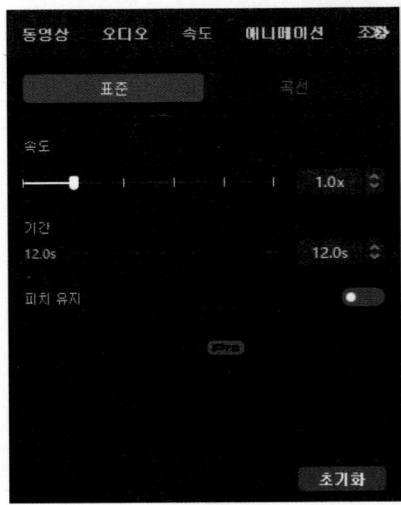 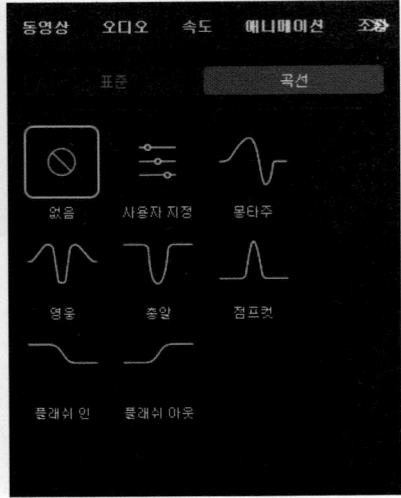

숏폼에서 자주 볼 수 있는 역재생도 캡컷의 속도 조절 기능으로 간단하게 적용할 수 있습니다. 역재생은 영상에서 다음과 같은 효과를 냅니다.

역재생 사용 예시

- **장면 반전**: 물이 떨어지는 장면을 역방향으로 재생하여 물이 다시 올라가는 효과를 낼 수 있습니다. 이는 시각적으로 흥미로운 효과를 제공합니다.
- **동작 강조**: 사람이 뛰어가는 장면을 역방향으로 재생하여, 다시 출발점으로 돌아가는 모습을 연출할 수 있습니다. 이러한 기법은 스토리텔링에 반전 요소를 추가할 때 유용합니다.
- **특수 효과**: 물체가 파괴되는 장면을 역방향으로 재생하여 물체가 다시 조립되는 연출을 할 수 있습니다. 이는 독특한 시각적 효과를 만들어냅니다.

캡컷에서 역재생을 구현하는 방법은 무척 간단합니다. 역재생할 영상 트랙을 선택하고 마우스 오른쪽 버튼을 클릭한 다음 [편집 → 역방향]을 선택합니다.

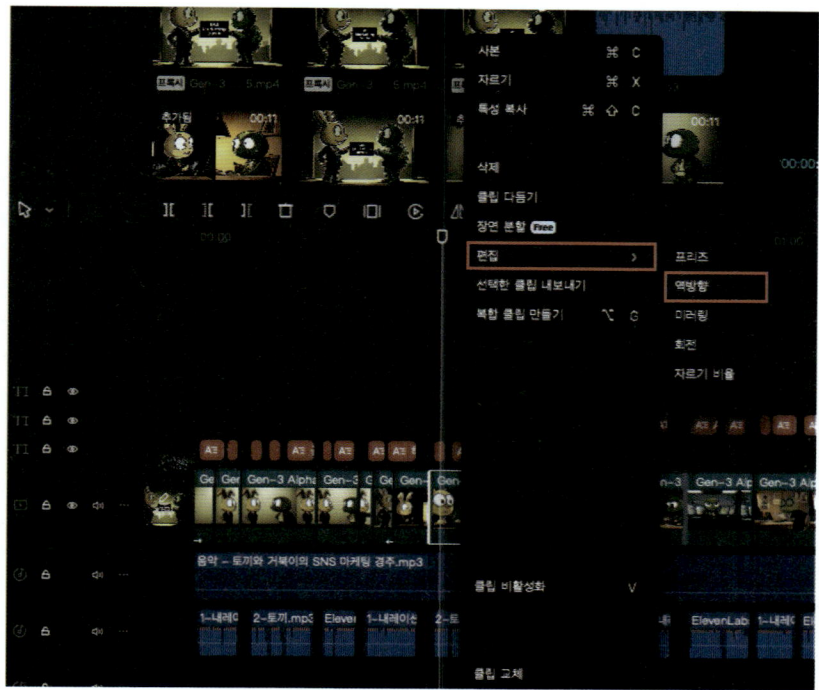

이렇게 속도 조절 작업 후에는 전체 영상을 다시 재생하여 의도한 대로 잘 적용되었는지 확인합니다.

영상 프레임 자동 변환하기

캡컷의 [자동 리프레임]은 AI 기술을 활용해 영상의 피사체를 중심으로 화면을 자동으로 조정하는 Pro 버전 기능입니다. 이 기능은 특히 숏폼 영상을 만들 때 화면 사이즈에 맞게 영상 비율을 조정할 때 유용합니다. 예를 들어, 가로 영상을 세로 비율로 전환할 때 피사체가 화면 중심에 자동으로 맞춰져 자연스럽게 프레임이 변환됩니다.

먼저 영상 트랙을 선택한 후 오른쪽 상단에서 [동영상 → 기본]을 선택하고 [자동 리프레임]을 활성화한 다음 원하는 가로 세로 비율을 선택합니다.

피사체를 자동으로 인식해 프레임을 변환해도 피사체가 잘리지 않고 자연스럽게 화면에 맞춰져 수동 조정 없이도 적절한 비율로 변환됩니다.

배경 제거하기

캡컷의 [배경 제거]는 Pro 기능으로, AI 기술을 활용하여 이미지나 영상에서 배경을 자동으로 제거하는 도구입니다. 이 기능은 피사체를 강조하거나 새로운 배경과 결합할 때 매우 유용합니다.

먼저 영상 트랙을 선택하고 오른쪽 상단에서 [동영상 → 배경 제거]를 클릭한 다음 [자동 삭제]를 활성화하면 자동으로 배경이 제거됩니다.

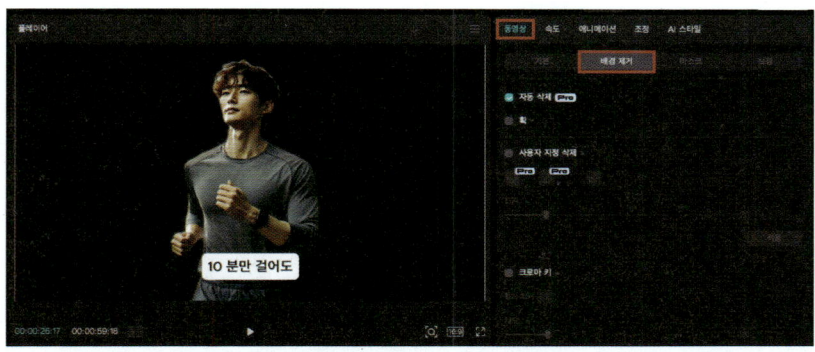

이 기능을 활용하면 복잡한 과정을 거치지 않고 클릭 몇 번으로 배경을 제거할 수 있습니다.

애니메이션 효과 넣기

[애니메이션]은 텍스트나 이미지, 영상에 움직임을 추가하여 동적인 효과를 주는 기능입니다. 페이드 인/아웃, 슬라이드, 회전 등 애니메이션을 적용하여 콘텐츠에 생동감을 더할 수 있습니다. 애니메이션 효과는 텍스트, 이미지에 적용하느냐 영상에 적용하느냐에 따라 연출 효과가 달라집니다. 텍스트나 이미지에 애니메이션을 추가할 경우 시각적인 강조 효과가 있습니다. 예를 들어, 텍스트가 서서히 나타나거나 사라지도록 설정하여 메시지를 더욱 효과적으로 전달할 수 있습니다. 영상 클립 사이에 페이드 인/아웃과 같은 애니메이션을 적용하여 장면 전환을 자연스럽게 만들 수 있습니다. 이는 전환 효과보다 부드러운 느낌을 줄 수 있어 자주 사용합니다.

애니메이션은 영상 트랙을 선택하고 오른쪽 상단에서 [애니메이션]을 클릭한 다음 원하는 효과를 선택해서 간단하게 적용할 수 있습니다.

영상 전환 효과 삽입하기

영상 편집에서 전환 효과Transition는 장면 간의 자연스러운 연결을 제공해 시청자의 몰입도를 높이는 중요한 요소입니다. 캡컷은 색 보정, 필터 적용, 애니메이션 등 다양한 전환 효과를 제공해, 사용자는 타임라인에서 원하는 위치에 적절한 효과를 추가해 간단하게 적용할 수 있습니다. 이러한 효과들은 영상의 시각적 매력을 높이고, 메시지를 더 효과적으로 전달할 수 있게 합니다. 캡컷에서 제공하는 대표적인 영상 전환 효과는 다음과 같습니다.

- **페이드 인/아웃**: 클립이 서서히 나타나거나 사라지는 효과로, 부드러운 시작과 끝을 제공합니다.
- **슬라이드**: 한 클립이 다른 클립 위로 슬라이드되며 전환되는 효과로, 동적인 느낌을 줍니다.
- **디졸브**: 두 클립이 겹쳐지면서 자연스럽게 전환되는 효과로, 부드러운 장면 연결을 가능하게 합니다.
- **와이프**: 화면의 한쪽에서 다른 쪽으로 클립이 밀려나면서 전환되는 효과입니다.

전환 효과를 적용하려면 먼저 분할된 영상 트랙을 선택한 다음 왼쪽 상단에서 [전환]을 클릭하고 원하는 효과를 드래그해 분할된 영상 사이로 끌어다 놓습니다.

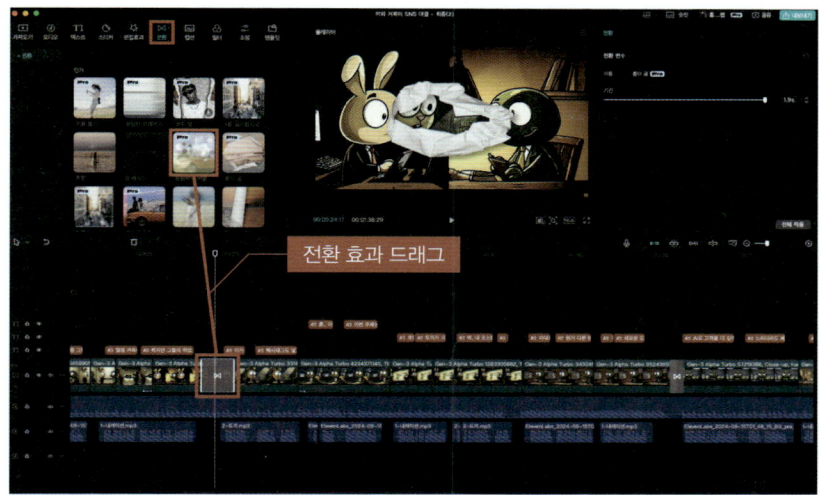

이렇게 끌어온 전환 효과를 클릭하면 오른쪽 상단의 [전환]에서 적용할 시간을 설정해 세밀한 조정이 가능합니다.

오디오 편집 및 음향 효과

오디오 편집은 영상의 완성도를 높이는 데 중요한 역할을 합니다. 사용자는 필요한 음향 효과를 추가하거나 기존의 오디오 파일을 조정하여 영상에 적합한 사운드를 완성할 수 있습니다.

캡컷은 다양한 오디오 편집 기능을 제공하여 노이즈 제거, 음량 조정, 보컬 아이솔레이션 등의 작업을 쉽게 수행할 수 있습니다. 먼저 타임라인에서 오디오 클립을 선택하면 오른쪽 상단에서 다양한 작업이 가능합니다. [기본]에서는 볼륨 조정과 음향의 시작과 끝을 자연스럽게 조절하는 페이드 인/아웃을 비롯해 Pro 기능인 음량을 평준화하는 음량 노멀라이즈, 보정, 노이즈 제거 등의 기능을 제공합니다.

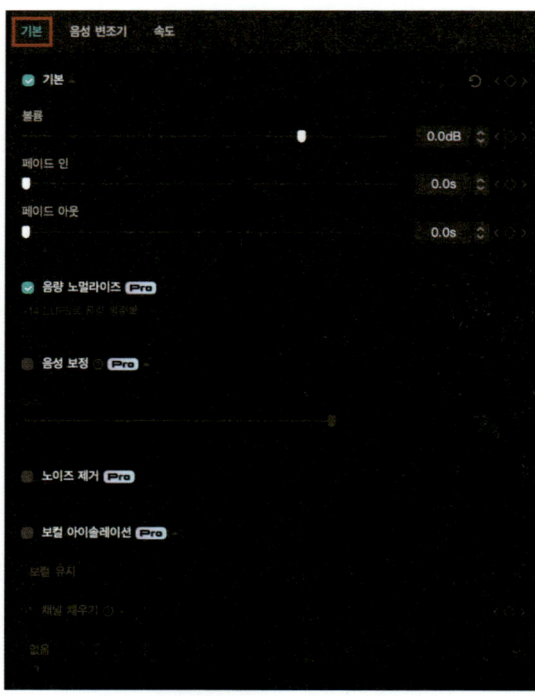

Pro에서 사용할 수 있는 [음량 노멀라이즈], [음성 보정], [노이즈 제거], [보컬 아이솔레이션]은 오디오 품질을 높이는 주요한 기능입니다.

- **음량 노멀라이즈**: 오디오 클립의 음량을 표준 값으로 조정하여 일관된 음량을 유지하는 데 도움을 줍니다. 이 기능은 특히 유튜브와 같은 플랫폼에서 콘텐츠를 업로드할 때 유용하며, 다양한 클립 간의 음량 차이를 줄여 시청자에게 균일한 청취 경험을 제공합니다.
여러 클립 간의 음량 차이를 줄여 시청자가 영상을 시청할 때 볼륨을 따로 조정할 필요 없이 균일한 청취 경험을 제공함으로써, 갑작스러운 음량 변화로 인한 불편함을 최소화하고 시청자에게 더 나은 청각적 경험을 제공합니다. 이러한 기능은 복잡한 설정 없이도 자동으로 음량을 조정할 수 있어 초보자도 쉽게 사용할 수 있으며, 유튜브와 같은 플랫폼에서 요구하는 음량 기준에 맞춰 조정할 수 있어 콘텐츠의 품질을 높이는 데 도움이 됩니다.
- **노이즈 제거**: 최신 소음 감소 알고리즘을 사용하여 배경 소음을 효과적으로 줄이거나 제거해 오디오 품질을 개선하는 강력한 도구입니다. 특히 영상 편집 시 불필요한 소음이 포함된 오디오 트랙을 보다 선명하게 만들 수 있어, 영상의 완성도를 높이는 데 큰 도움이 됩니다. 또, 매우 직관적으로 설계되어 있어, 사용자가 복잡한 설정을 할 필요 없이 원클릭으로 배경 소음을 제거할 수 있습니다.
- **음성 보정**: 녹음된 음성을 스튜디오 품질로 향상시키는 도구로, 불필요한 잡음이나 배경 소음을 제거하여 더 깨끗하고 선명한 음성을 제공합니다. 이 기능은 특히 촬영 환경이 좋지 않아도 프로페셔널한 오디오 결과물을 얻을 수 있도록 도와줍니다. 복잡한 작업 없이 자동으로 음성의 품질을 높여 주기 때문에 초보자도 쉽게 사용할 수 있습니다.
- **보컬 아이솔레이션**: 오디오 트랙에서 보컬과 배경 음악을 손쉽게 분리할 수 있게 해줍니다. 이 기능을 통해 사용자는 보컬을 유지하면서 배경 음악을 제거하거나, 반대로 보컬만 제거하고 음악만 남기는 편집이 가능합니다. 이를 통해 리믹스 작업이나 음악을 사용한 다양한 영상 편집에서 더욱 창의적이고 자유로운 오디오 편집을 가능하게 하며, 음악 콘텐츠 제작에 매우 유용합니다.

두 번째 메뉴 [음성 변조기]는 녹음된 음성의 톤과 속도를 자유롭게 조정할 수 있는 기능입니다. 이 기능을 통해 음성을 높게, 낮게, 빠르게 또는 느리게 변조하여 다양한 목소리 효과를 연출할 수 있습니다. 예를 들어, 캐릭터의 목소리를 변형해 재미있는 효과를 주거나, 감정적인 장면에 맞춰 특정 톤을 강조하는 데 유용합니다. 또한, 로봇, 칩멍크, 엘프 등 다양한 음성 효과를 제공해 창의적인 콘텐츠 제작을 지원하며, 직관적인 사용자 인터페이스 덕분에 초보자도 쉽게 활용할 수 있어 독창적인 요소를 간편하게 추가할 수 있습니다.

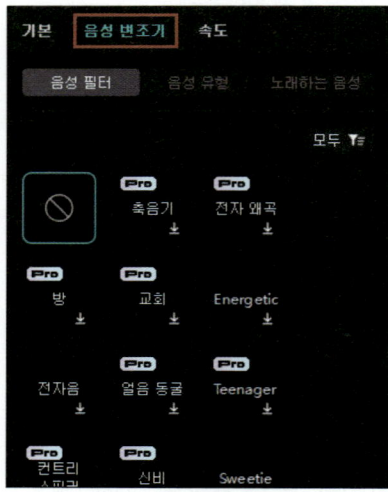

세 번째 메뉴 [속도]는 음성의 속도를 변경하여 빠르게 또는 느리게 재생할 수 있는 기능입니다. 원하는 속도와 유지 시간을 지정할 수 있습니다.

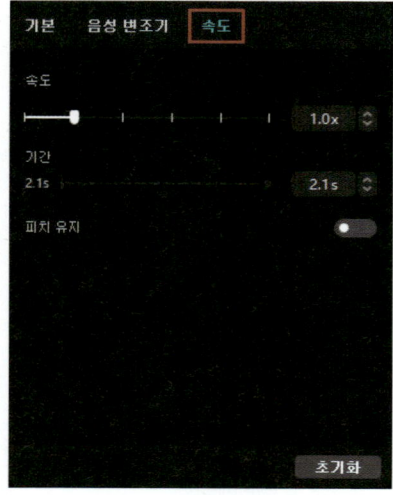

완성된 영상 내보내기

편집을 완료한 영상은 상단의 [메뉴 → 파일 → 내보내기]를 클릭해 내보낼 수 있습니다.

이때 유튜브, 인스타그램, 틱톡 등 특정 플랫폼에 맞는 해상도를 손쉽게 선택할 수 있도록 자동 추천 기능을 제공합니다. 또한, 저해상도의 영상을 고해상도로 업스케일링하는 기능도 지원해 보다 선명한 영상을 제작할 수 있습니다. 이 과정에서 필요한 영상 파일 형식과 해상도를 선택하여 빠르고 쉽게 내보낼 수 있어 작업의 효율성을 극대화할 수 있습니다.

영상 파일을 내보낼 때 캡컷에서 지원하는 주요 요소는 다음과 같습니다.

- **커버 편집**
  영상의 썸네일을 편집할 수 있는 기능입니다. 텍스트, 이미지, 색상 등을 자유롭게 조정하여 매력적이고 독창적인 커버를 제작할 수 있으며, 다양한 템플릿과 디자인 요소를 활용해 시각적으로 돋보이는 썸네일을 만들 수 있습니다. 또, 로고나 브랜드 색상을 추가해 일관된 브랜드 이미지를 유지해 콘텐츠의 클릭률을 높이고 시청자에게 강한 인상을 남길 수 있습니다.

- **해상도**
  고화질 영상을 제작할 수 있도록 1080p뿐만 아니라 4K 해상도까지 지원합니다. 이는 보다 선명하고 디테일한 영상을 제공하여, 전문적인 결과물을 얻을 수 있게 합니다.

- **파일 형식**
  2가지 주요 영상 파일 형식을 지원하여 다양한 플랫폼과 기기에서 호환성을 제공합니다. 특히 대부분의 플랫폼에서 사용하는 MOV, MP4를 지원합니다. MOV는 특히 애플 기기와 호환성이 좋습니다.

- **플랫폼 연동**
  편집이 완료된 영상을 틱톡이나 유튜브에 바로 업로드할 수 있는 기능을 제공합니다. 이를 통해 사용자는 편집 후 바로 콘텐츠를 공유할 수 있어, 시간과 노력을 절약할 수 있습니다.

영상을 내보낼 때 고려해야 할 중요한 작업 중 하나가 업스케일링입니다. 업스케일링이란 저해상도 영상을 고해상도로 변환하여 더 선명하고 깨끗한 화질로 변환하는 것으로, 캡컷에서는 AI 기술을 활용하여 이 기능을 제공합니다. 이 기능은 사용자가 별도의 복잡한 설정 없이도 기본적으로 해상도를 2배 높여 줍니다.

업스케일링은 특히 오래된 영상이나 품질이 낮은 클립을 사용할 때 유용하며, 고화질의 결과물을 필요로 하는 프로젝트에 적합합니다. 덕분에 콘텐츠 제작자들이 보다 전문적인 결과물을 얻을 수 있도며 다양한 플랫폼에서 고품질의 영상을 제공할 수 있습니다. 캡컷에서 제공하는 업스케일링 기능 사용법은 다음 링크를 참고하세요.

🔗 무료 온라인 AI 동영상 업스케일링: capcut.com/ko-kr/tools/ai-video-upscaler

14장

한국어에 최적화된 영상 편집 AI, 브루

브루는 한국어에 최적화된 AI 영상 편집 도구로, 특히 자동 자막 생성과 음성 인식에서 뛰어난 성능을 자랑합니다. 텍스트 기반의 직관적인 편집 방식 덕분에 사용자는 문서 작업하듯 간편하게 자막을 편집할 수 있고 다국어 번역, AI 음성 내레이션, 스톡 이미지와 동영상 자원 제공 등 영상 편집의 효율성을 높이는 다양한 기능도 포함되어 있습니다. 14장에서는 브루의 핵심 기능과 설정 방법을 통해 빠르고 간편하게 고퀄리티 영상 콘텐츠를 제작하는 방법을 배울 수 있습니다.

브루 시작하기

브루Vrew는 한국의 인공지능 소프트웨어 개발 스타트업인 보이저엑스VoyagerX에서 개발한 인공지능 기반 영상 편집 도구로, 한국어에 최적화된 기능을 제공하는 것이 큰 강점입니다. 이 서비스는 자동 자막 생성, 음성 분석, 다국어 번역 기능으로 사용자가 쉽게 영상을 편집할 수 있도록 복잡한 과정을 간소화했습니다.

특히 직관적인 사용자 인터페이스를 갖추고 있어, 영상 편집이 처음인 사람도 쉽게 접근할 수 있습니다. 문서 편집과 유사한 방식으로 영상을 다룰 수 있기 때문에 영상 편집에 대한 전문 지식이 없는 초보자도 편리하게 사용할 수 있습니다. 뿐만 아니라 맥, 윈도우, 우분투 등 다양한 환경을 지원하며, 모바일 앱도 제공되어 언제 어디서나 디바이스에 구애받지 않고 영상 편집을 할 수 있습니다.

브루(vrew.ai)

브루의 장점은 편리함과 효율성에 있습니다. AI 기반 자동 자막 생성과 텍스트 기반 편집 기능은 물론이고 복잡한 타임라인 없이 자막을 편집하거나 영상의 특정 부분을 빠르게 찾아 편집할 수 있는 기능을 갖추고 있습니다. 특히, 내레이션이 포함된 영상 작업에서는 브루의 자동 자막 기능이 큰 도움이 됩니다. 음성을 자동으로 텍스트로 변환하여 자막을 생성하므로, 자막 추가와 영상 편집을 동시에 진행할 수 있어 작업 속도가 크게 향상됩니다. 음성 인식 기반 자막 생성 덕분에 자막을 일일이 입력하는 수고를 덜고, 빠르고 효율적으로 영상을 완성할 수 있습니다.

그리고 무료로 제공되는 수많은 스톡 이미지, 동영상, 배경 음악 등 다양한 자원을 활용해 콘텐츠를 한층 더 전문적으로 만들 수 있습니다. 특히 200종 이상의 AI 음성을 제공해 사용자가 직접 음성을 녹음하지 않고도 다양한 언어와 톤으로 영상을 내레이션할 수 있는 이점이 있습니다. 블로그 콘텐츠를 영상으로 변환하거나 유튜브 쇼츠, 틱톡과 같은 짧은 영상을 쉽게 제작할 수 있는 기능 또한 많은 사용자에게 인기를 끌고 있습니다. 이러한 편리함과 효율성 덕분에 브루는 마케터, 유튜버, 교육자들이 즐겨 사용하는 도구로 자리 잡았으며, 다양한 콘텐츠 제작에 이상적인 솔루션으로 평가받고 있습니다.

브루의 주요 기능을 정리하면 다음과 같습니다.

브루의 주요 기능

- **자동 자막 생성**: 브루는 AI 음성 인식 기술을 활용해 동영상의 음성을 정확하게 텍스트로 변환합니다. 이를 통해 사용자는 영상 편집 과정에서 자막을 손쉽게 추가할 수 있으며, 웹 세미나 온라인 강의 등에서 특히 유용합니다. 자막은 100개 이상의 언어로 번역이 가능하여 해외 시청자를 대상으로도 쉽게 콘텐츠를 제공할 수 있습니다
- **음성 및 영상 편집**: 브루는 영상 편집을 문서 편집처럼 직관적으로 수행할 수 있게 해줍니다. 음성과 영상을 쉽게 자르고 붙일 수 있을 뿐만 아니라, 자동으로 무음 구간을 감지해 제

거하는 기능도 제공되어 편집 시간을 크게 단축시킬 수 있습니다. 또, '장면 변화 감지' 기능을 통해 영상의 전환점을 자동으로 탐지하고 표시해 줍니다

- **AI 목소리 및 캐릭터 생성**: 브루는 200종 이상의 AI 목소리를 제공하여 사용자가 직접 녹음하지 않아도 자연스러운 음성 내레이션을 추가할 수 있습니다. 또, 캐릭터 생성 기능을 통해 음성에 따라 동작하는 캐릭터를 만들어 효과적인 콘텐츠를 제작할 수 있습니다

- **다국어 번역 및 PDF 변환**: 브루는 다양한 언어로 자막을 생성할 수 있으며, PDF 문서를 영상으로 변환하는 기능을 제공합니다. 이는 교육 자료나 홍보 콘텐츠를 빠르고 쉽게 제작하는 데 매우 유용합니다

브루는 회원 가입 없이도 일부 기능을 사용할 수 있지만, 프로그램을 설치하고 회원 가입을 하면 대부분 기능을 무료로 사용할 수 있습니다. 먼저 브루 공식 웹 사이트(vrew.ai/ko)에 접속합니다. 오른쪽 상단의 [다운로드] 또는 가운데 [무료 다운로드]를 클릭하면 사용자의 환경에 맞춰 자동으로 설치 파일이 다운로드됩니다.

다운로드된 설치 파일을 실행하여 프로그램을 설치하면 자동으로 프로그램이 실행됩니다. 이용약관 동의 과정을 거치면 다음과 같은 브루 프로그램 메인 화면을 볼 수 있습니다. 왼쪽 상단의 [내 브루]를 클릭합니다.

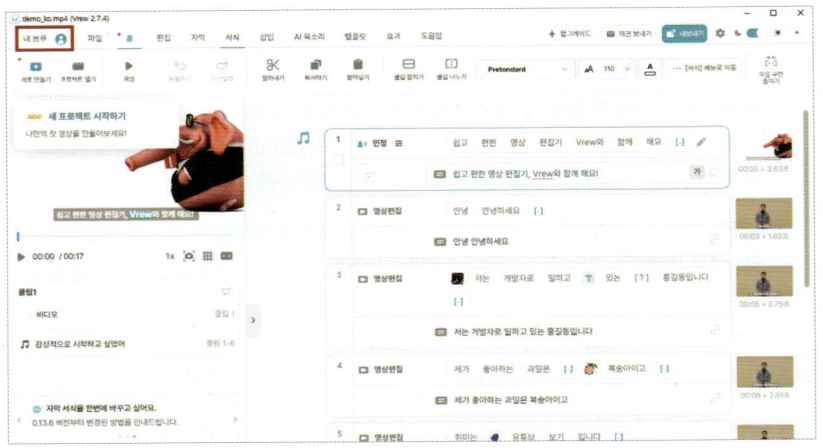

계정이 있다면 로그인을 진행하고 없다면 아래 [회원가입]을 클릭합니다.

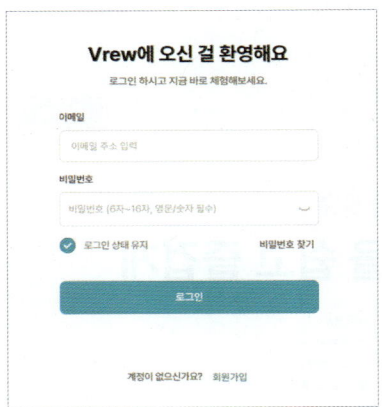

회원 가입은 브루 웹 사이트로 이동해서 진행됩니다. 이름, 이메일, 비밀번호를 입력합니다.

다시 브루 프로그램으로 돌아와 간단한 설문과 메일 인증 과정을 거치면 회원 가입이 완료됩니다. 로그인되면 다음과 같은 메인 화면을 볼 수 있습니다.

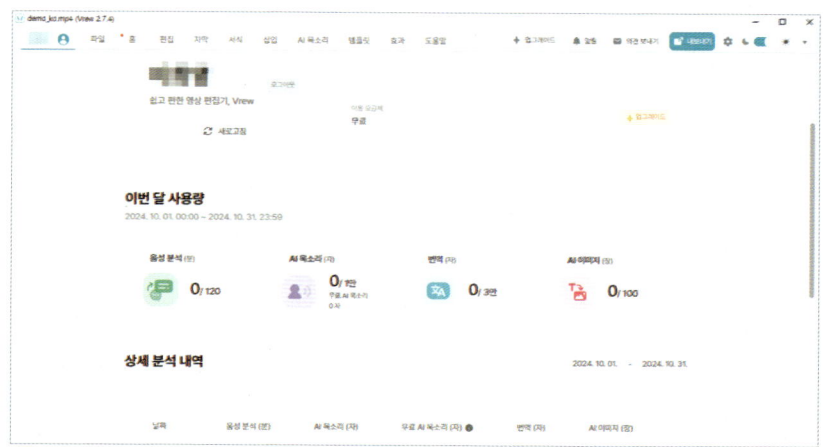

브루는 기본적으로 대부분 기능을 무료로 제공해 다양한 영상 편집 작업을 수행할 수 있으며 무료로 제작한 결과물 일부도 상업적 목적으로도 사용할 수 있습니다. 더 높은 수준의 편집이나 추가 기능이 필요할 경우 유료 옵션을 선택할 수 있습니다. 이러한 유연한 가격 정책 덕분에 사용자들은 자신의 필요에 맞는 기능과 가격대를 선택할 수 있어 다양한 요구를 충족할 수 있습니다. 단, 무료 플랜으로 제작된 모든 영상에는 브루의 워터마크가 자동으로 삽입됩니다. 워터마크를 제거하거나 더욱 전문적인 기능을 이용하려면 유료 플랜으로 업그레이드해야 합니다. 브루에서 제공하는 요금제는 다음과 같습니다.

	Free ₩0 / 평생	Light ₩9,900 / 월 ₩ 118,800/년	추천 Standard ₩17,900 / 월 ₩ 214,800/년	법인/기업/단체/기관용 Business ₩39,600 / 월 ₩ 475,200/년
		시작하기	시작하기	시작하기
사용량 제공 기능				
음성 분석	120 분	1.2천 분	6천 분	7.2천 분
AI 목소리	1만 자	10만 자	50만 자	60만 자
번역	3만 자	30만 자	150만 자	180만 자
이미지 생성	100 장	1천 장	5천 장	6천 장
특별한 기능				
텍스트로 비디오 만들기	3천 자/회	1만 자/회	1만 자/회	1만 자/회
AI 이미지 자동 삽입	10 장/회	100 장/회	100 장/회	100 장/회
AI 내 목소리	1개	1개	5개	6개
클라우드 백업	—	10 GB	50 GB	60 GB
Vrew 워터마크 삭제	—	✓	✓	✓
AI 이미지 다운로드	—	✓	✓	✓
프로젝트 간 복사 붙여넣기	—	—	✓	✓
템플릿 만들기	—	—	✓	✓
향상된 AI 글쓰기 (GPT-4 등 선 제공)	—	—	✓	✓
나만의 캐릭터 입모양 움직이기	—	—	✓	✓
사용 기록 지우개 구매	—	—	✓	✓

Free

- 음성 분석: 매월 120분
- AI 목소리: 매월 1만 자

- 번역: 다국어 번역 3만 자
- 이미지 생성: 100장
- 특별한 기능: 텍스트로 비디오 만들기 3천 자, AI 이미지 자동 삽입 10장, AI 내 목소리 1개를 지원합니다.

Light(월 9900원)

- 음성 분석: 1.2천 분
- AI 목소리: 10만 자
- 번역: 30만 자
- 이미지 생성: 1천 장
- 특별한 기능: 텍스트로 비디오 만들기 1만 자, AI 이미지 자동 삽입 100장, AI 내 목소리 1개, 클라우드 백업 10GB를 지원합니다.

Standard(월 17900원)

- 음성 분석: 6천 분
- AI 목소리: 50만 자
- 번역: 150만 자
- 이미지 생성: 5천 장
- 특별한 기능: 텍스트로 비디오 만들기 1만 자, AI 이미지 자동 삽입 100장, AI 내 목소리 5개, 클라우드 백업 50GB를 지원합니다.

Business(월 39600원)

- 음성 분석: 7.2천 분
- AI 목소리: 60만 자
- 번역: 180만 자
- 이미지 생성: 6천 장
- 특별한 기능: 텍스트로 비디오 만들기 1만 자, AI 이미지 자동 삽입 100장, AI 내 목소리 6개, 클라우드 백업 60GB를 지원합니다.

브루의 유료 플랜은 기업과 콘텐츠 제작자에게 고품질 영상 제작을 위한 전문 기능과 상업적 프로젝트에 적합한 도구들을 지원합니다. 브루의 무료 플랜에서도 상업적 사용이 가능하지만, 유료 플랜을 통해 더 많은 기능과 리소스를 활용할 수 있습니다. 상업적 사용에 대한 구체적인 제한 사항이나 조건은 브루의 이용약관을 참고하는 것이 좋습니다.

🔗 브루 이용약관: bit.ly/4f0AaGv

▶ 브루 사용 가이드

대부분의 영상 편집 도구가 타임라인을 중심으로 여러 레이어에서 작업을 진행하는 반면, 브루는 트랜스크립트Transcript 기반의 편집 방식을 채택해 사용자가 문서 프로그램에 글을 쓰고 수정하듯 간편하게 영상을 편집할 수 있습니다. 화면 왼쪽은 영상, 오른쪽은 트랜스크립트로 구성되어 있어 트랜스크립트를 수정하거나 삭제하는 것만으로 컷 편집을 할 수 있습니다. 이러한 방식은 영상 편집을 처음 접하는 초보자에게 직관적이고 쉽다는 장점이 있습니다. 브루의 편집 화면 구성은 다음과 같습니다.

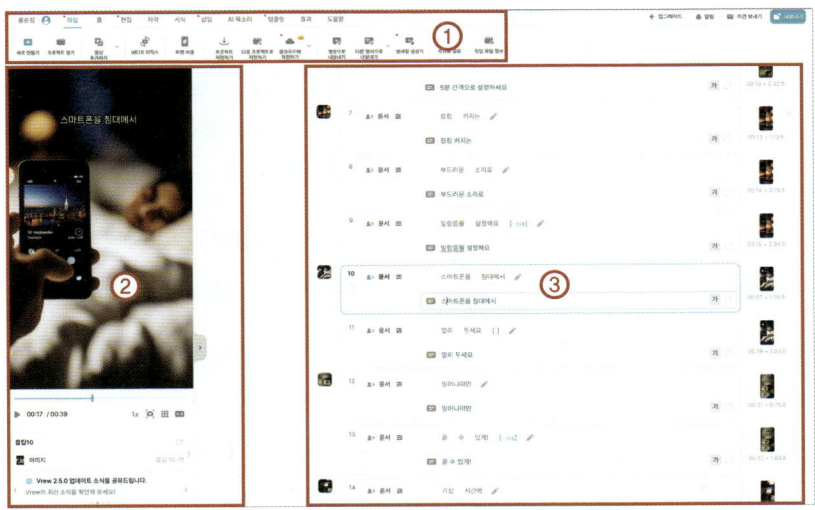

① **상단 메뉴바**: 브루의 주요 기능과 도구들을 포함하고 있는 상단 메뉴바입니다. 주요 메뉴들은 다음과 같습니다.

- 홈: 메인 화면으로 돌아갑니다.
- 파일: 프로젝트 저장, 불러오기 등의 기능이 있습니다.
- 편집: 기본적인 편집 도구들이 있습니다.
- 자막: 자막 편집 관련 기능들이 모여 있습니다.
- 장면: 영상의 장면 편집 도구가 있습니다.
- AI 목소리: AI를 이용한 음성 생성 기능이 있습니다.
- 템플릿: 미리 만들어진 템플릿을 사용할 수 있습니다.
- 효과: 다양한 영상 효과를 적용할 수 있습니다.

② **영상 미리 보기**: 현재 편집 중인 영상을 실시간으로 미리 볼 수 있는 화면입니다. 화면 크기를 조정하고 레이어의 순서를 바꾸거나 교체할 수 있으며 다양한 애니메이션 효과를 추가할 수 있습니다. 영상의 재생 시간을 한눈에 확인할 수 있어 총 길이를 관리할 수 있습니다. 또, 화면 내 특정 요소를 선택하면 새 클립으로 변경하거나 다양한 수정 작업을 즉시 적용할 수 있어 영상을 보면서 즉각 편집을 진행할 수 있습니다.

③ **타임라인 및 자막 편집**: 영상의 타임라인과 자막을 편집할 수 있는 중요한 영역입니다. 각 행은 영상의 특정 시간대를 나타내, 해당 시간대에 맞춰 자막을 쉽게 수정하거나 추가할 수 있습니다. 브루는 영상과 자막을 동시에 보여주기 때문에 자막이 영상의 흐름과 정확하게 일치하는지 실시간으로 확인할 수 있습니다. 특히 대화가 많은 영상이나 강의 콘텐츠에서 자막 작업을 빠르고 효율적으로 수행하는 데 매우 유용합니다.

브루에서 가장 많이 쓰는 영역이자 강점이 바로 ③ 타임라인 및 자막 편집, 즉 트랜스크립트 영역입니다. 이곳에서 자막 텍스트를 직접 입력하거나 수정할 수 있으며, 각 자막의 시작과 종료 시간을 조정해 자막이 정확한 타이밍에 표시되도록 할 수 있습니다. 또, 자막의 스타일이나 효과를 변경하여 영상의 시각적 완성도를 높일 수 있으며, 타임라인에서 영상의 특정 부분을 빠르게 찾아 편집할 수 있는 기능으로 편의성이 높습니다.

브루의 트랜스크립트 기반 영상 편집에서는 기본 개념으로 클립Clip과 워드Word를 이해하면 됩니다.

클립은 영상의 단위를 나타냅니다. 클립 단위로 영상을 관리하면 전체 구조를 쉽게 파악할 수 있어 복잡한 작업도 체계적으로 처리할 수 있습니다. 또, 각 클립은 독립적으로 편집하거나 이동이 가능하므로 필요한 부분만 선택적으로 수정하거나 클립을 재배치할 수 있어 작업의 효율성이 크게 향상됩니다.

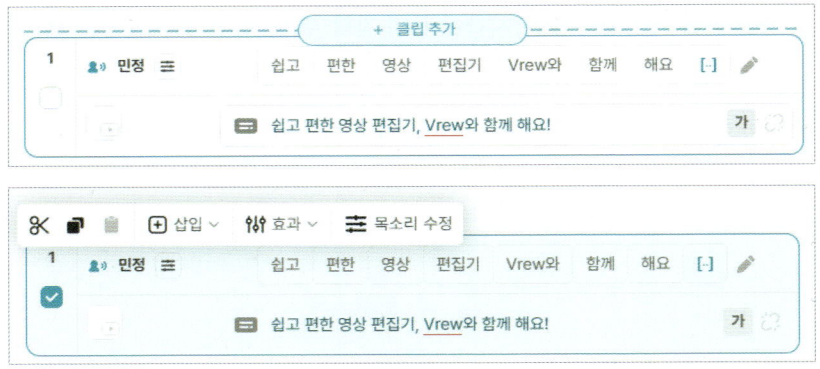

클립 편집 기능

워드는 클립에서 텍스트를 관리하는 단위로, 자막이나 대화 내용을 텍스트로 편집할 수 있습니다. 워드를 통해 자막을 추가하거나 수정할 수 있으며, 자막의 타이밍과 스타일도 함께 조정할 수 있습니다. 자막 작업이 영상 편집과 동시에 진행되어 전체 작업 흐름이 매우 간편해집니다.

워드 편집 기능

이처럼 트랜스크립트 기반 편집 기능을 활용하면 영상 편집 프로그램을 다뤄본 적이 없는 초보자도 마치 문서를 편집하듯이 쉽게 다룰 수 있습니다. 또, 기존 영상 편집 과정에서 많은 시간이 들던 자막 추가, 변경, 배치 등의 작업에 AI를 활용해 빠르게 작업을 완료할 수 있습니다. 이러한 기능은 특히 자막 작업이 많은 교육 콘텐츠나 긴 영상 편집에서 시간을 크게 절약해 줍니다.

인터뷰 AI, 영상 제작의 새로운 패러다임

김민호_XR, AI 분야 콘텐츠 제작 프로듀서

Q. 현재 어떤 일을 하고 계신가요?

현재 XR과 AI 분야에서 콘텐츠 제작 프로듀서로 활동하고 있습니다. 1996년부터 애니메이션, 영화, 광고 분야에서 기획 및 제작자로 일해왔습니다. 챗GPT를 비롯해 이미지 생성 AI의 등장과 같은 기술의 급격한 발전에 놀라면서 관련 연구와 창작을 통해 자연스럽게 생성 AI 영상 제작까지 이르게 되었습니다.

Q. 최근 AI로 작업하신 영상에 대해 소개해 주세요.

광고, 홍보 영상, 스토리 기반 콘텐츠를 AI로 제작하는 과정을 연구하고 있고 현재는 스토리 기반의 필름 스타일 뮤직비디오를 의뢰받아 기획하고 제작 중입니다. 상업 작품은 공개가 어려워 다음은 R&D 관련 테스트 작품들입니다.

〈[AI 영상] Runway 비디오 생성 – 영상 모음 편집〉(출처: youtube.com/@MetaAI_KimPD)

〈[AI 영상] Bokeh, 빛의 쪼개짐 - Runway, Kling AI〉(출처: youtube.com/@MetaAI_KimPD)

〈[AI 영상] Flux + Runway & Kling & Luma + CapCut Edit & Upscale〉

Q. AI로 영상을 만들 때 어떤 순서로 진행하시나요?

먼저 기획의 테마를 정하고 기본적인 스토리의 틀을 잡습니다. 이후 챗GPT 등을 활용해 다양한 변형을 통해 스토리를 확장한 다음 세부 사항들을 정리합니다. 그런 다음 미드저니, ComfyUI, Magnific AI로 스토리보드나 스토리라인의 이미지를 생성한 후 Gen-3, 클링 AI, 드림머신으로 영상을 제작합니다. 마지막으로 캡컷, 포토샵을 사용해 영상을 편집하고 보정하는 과정을 거쳐 완성합니다.

샷을 생성할 때 인물 제작에 포커싱을 둘 때는 Image to Video로 제작하고, 풍경과 배경을 그릴 때는 Text to Video를 주로 활용합니다.

Q. 여러 생성 AI 중 현재 사용하는 도구를 선택한 이유는 무엇인가요?

이미지 생성 AI 중 미드저니와 ComfyUI가 품질과 생산성 면에선 이미 중심을 잡은 상태입니다. 이 부분에서의 선택지는 명확하다고 생각합니다. 영상 생성 AI는 아직 초기 성장 단계이므로 어느 하나가 압도적이라고 말하기는 어렵습니다. 따라서 여러 AI의 업데이트 현황을 검토하고 테스트하며 가장 적절한 도구를 다양하게 활용하고 있습니다.

Q. 현재 생성 AI의 한계점은 무엇이라고 보시나요?

이미지 생성 AI는 거의 완성된 수준에 도달해 있습니다. 이제는 높은 품질을 유지하면서 사용자 편의성과 관련된 UI 개발을 통해 사용자 접근성을 높이는 것이 중요하다고 생각합니다. 이러한 문제를 해결한 다양한 솔루션들이 이미 등장하고 있는 상황입니다.

반면 영상 생성 AI는 아직 안정적인 품질을 제공하지 못하고 있습니다. 이제 최대 10초 정도의 영상을 생성할 수 있지만, 실제로 사용할 수 있는 수준의 영상은 약 3초 정도에 불과합니다. 앞으로 이 부분을 어떻게 개선하느냐가 시장을 선점하는 주요 포인트가 될 것입니다.

Q. 앞으로 AI는 영상 제작에서 어떤 역할을 할 거라 생각하시나요?

AI와 협업을 하면서 기계어가 아닌 자연어를 사용할 수 있다는 것은, 마치 기획자나 감독이 촬영팀, 미술팀, 아트팀에 제작 오더를 내리는 것과 유사합니다. 그만큼 AI는 이미 상당한 영역에서 해결책을 제시하고 있습니다. AI는 영상 제작 분야에서 완전히 새로운 패러다임을 제시하는 파이프라인입니다. 촬영과 애니메이션 기법이 중심이던 기존 영상 제작 분야에서 AI는 이 방식을 발전시키는 것이 아니라 차원이 다른 새로운 방법론을 제시하고 있습니다.

6부

실무에 바로 쓰는
영상 제작 & 편집

15장

시나리오부터 영상 편집까지

15장에서는 시나리오 작성부터 최종 편집까지 모든 과정을 AI와 함께 단계별로 살펴봅니다. 시나리오 작성에는 챗GPT와 클로드를 활용해 아이디어를 구체화하고, 리소스 생성 단계에서는 미드저니, Suno, 일레븐랩스, Gen-3 등으로 이미지, 음악, 내레이션을 준비합니다. 마지막으로 편집 과정에서는 캡컷으로 자막, 효과, 색 보정을 추가하여 영상의 완성도를 높이는 방법을 설명합니다. 이 장을 통해 각 단계에 필요한 AI 도구의 활용법을 익히고, 체계적인 영상 제작 과정을 이해할 수 있습니다.

영상 제작 프로세스 소개

지금까지 살펴봤듯이 생성 AI는 시나리오 작성부터 리소스 제작, 편집까지 영상 제작의 모든 과정에서 효율성을 크게 높입니다. 특히 각 도구를 적절히 사용하면 전문적인 기술 없이도 고품질 영상을 손쉽게 제작할 수 있습니다. 그러나 영상 하나를 완성하기까지 과정도 복잡하고 과정마다 사용할 수 있는 생성 AI의 수도 무척 다양합니다. 따라서 영상 제작 단계를 크게 3단계로 나누어 각 단계에 적합한 도구를 사용해 시나리오부터 영상 편집까지 과정을 살펴보겠습니다.

1단계
시나리오 작성

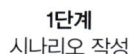

2단계
영상 리소스 작업

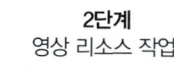
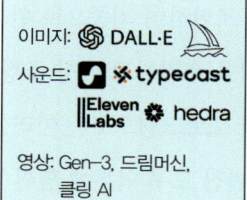

3단계
영상 편집

1단계 시나리오 작성

영상 시나리오 작성에는 텍스트에 특화된 생성 AI인 챗GPT와 클로드를 활용할 수 있습니다. 이 도구들은 영상 기획, 원고 작성, 장면 묘사에 이르기까지 구체적인 도움을 제공합니다. 특히 아이디어를 발견하고 확장하는 것과 스토리 구조 설정에서 창의적인 제안을 제시해 복잡한 서사를 간결하고 명확하게 정리해 줍니다. 뿐만 아니라 영상 리소스 작업 단계에서 이미지나 영상, 사운드를 생성할 때 필요한 프롬프트 작성 과정에도 도움이 됩니다.

2단계 영상 리소스 작업

영상은 이미지, 음악, 내레이션, 영상 클립 등 다양한 리소스의 결합으로 이루어집니다. 리소스가 추가될수록 작업은 복잡해지지만 그만큼 더 풍부하고 완성도 높은 결과물을 얻을 수 있습니다. 기존에는 개인이 모든 리소스를 만드는데 한계가 있어 여러 팀과 전문가와 함께 작업해야 했지만, 이제는 AI의 도움으로 이러한 과정을 수월하게 해결할 수 있습니다.

이번 영상 제작 과정 중 이미지 제작에는 미드저니, 배경 음악에는 Suno, 내레이션은 일레븐랩스 그리고 영상 생성에는 Gen-3를 사용합니다.

3단계 영상 편집

영상 편집은 모든 리소스를 조합하여 최종으로 완성하는 단계입니다. 원고에 맞춰 영상을 구성하고, 자막을 추가하고 음향 조정과 색 보정 같은 세부 작업이 필요합니다. 기존의 편집 프로그램으로는 이러한 작업에 많은 시간과 전문성이 필요했지만, AI 영상 편집 도구 덕분에 훨씬 더 간편하고 효율적으로 진행할 수 있습니다. 이번 영상 편집에는 캡컷을 사용하여 AI의 다양한 기능을 활용할 예정입니다.

이렇게 3단계에 걸쳐 총 7가지 생성 AI를 활용해 단기간에 시나리오 작성부터 리소스 준비, 최종 영상 편집까지 완성하는 과정을 살펴보겠습니다. 이 과정을 통해 생성 AI가 어떻게 작업을 간소화하고 또 반경을 확장할 수 있는지 그 가능성을 엿보길 바랍니다.

 **1단계 시나리오 작성**

챗GPT와 클로드는 영상 기획과 원고 작성에 매우 유용한 도구로, 이미 영화, 광고 분야에서는 많은 전문가가 실무에 사용하고 있습니다. 두 도구 모두 기본적인 원고 작성과 내용 구성을 손쉽게 처리해 주지만 사용자의 필요와 취향에 따라 각자의 강점을 효과적으로 활용할 수 있습니다. 챗GPT는 사용자가 설정한 대로 응답하는 맞춤형 지침Custom Instructions 기능을 활용하면 기획 단계에서 큰 도움이 됩니다. 반면 클로드는 창작 스토리를 매끄럽게 구성하는 데 강점을 가지고 있어 창의적인 이야기나 서술형 콘텐츠 작업에 적합합니다.

이번 영상 제작에는 챗GPT를 주요 도구로 원고와 시나리오 작업을 하겠습니다. 영상 주제는 '토끼와 거북이의 SNS 마케팅 대결'로, 우리에게 익숙한 이솝 우화인 『토끼와 거북이』를 현대적으로 재해석하고 흥미로운 반전을 더하고자 합니다. 먼저 챗GPT에게 원고 작성을 요청한 다음 수정 과정에서 디테일한 요소를 추가해 전체적인 완성도를 높이겠습니다.

주제에 맞는 원고 작성 요청

 '토끼와 거북이'를 주제로 영상 원고를 작성하고 싶습니다. 다음 조건에 맞춰 원고를 작성해 주세요.

영상 길이: 1분 20초
주제: 토끼에게 진 거북이가 SNS 마케팅 대결에서 반전을 일으키는 스토리

[원고]
오래간만에 토끼와 거북이가 재회합니다.
토끼는 거북이에게 SNS 마케팅 대결을 제안합니다.
거북이는 흔쾌히 승낙하며, 자신이 작업한 결과물을 자랑합니다.
대결이 시작되자 토끼는 거침없이 작업을 이어가지만, 거북이는 주제와 맞지 않다며 투덜거립니다.
결국, 거북이는 대결에서 패배하고, 다시 하자고 제안합니다.

 토끼와 거북이의 SNS 마케팅 대결(1분 20초)

씬 1: 재회(10초)
[공원 배경] 내레이션: "오랜만에 만난 토끼와 거북이, 각자의 삶에 대한 근황을 공유하다 흥미진진한 제안이 오고 갑니다."
토끼: "야, 거북아! 오랜만이다. 근데 SNS 마케팅 대결 한 번 해볼래?"
거북이: "오, 재밌겠는데? 나도 요즘 그쪽으로 공부 좀 했거든."

씬 2: 첫 번째 대결(25초)
[각자의 작업실] 내레이션: "열정 가득한 두 친구, 하지만 그들의 작업 방식은 판이하게 달랐죠."
토끼: [빠르게 키보드를 두드리며] "이거 완전 재밌잖아! 해시태그도 넣고, 밈도 만들고!"
거북이: [고민하는 표정으로] "음... 이 주제가 나한테 잘 맞나? 뭔가 좀 어색한데..."

씬 3: 첫 대결 결과(15초)
[공원으로 돌아와서] 내레이션: "결과는 뻔했습니다. 하지만 거북이는 포기하지 않았어요."
토끼: "역시 난 천재야! 봐, 내 게시물 조회수!"
거북이: [실망한 표정] "흠... 한 번 더 해보자. 이번엔 다를 거야."

씬 4: 두 번째 대결(20초)
[다시 각자의 작업실] 내레이션: "거북이는 뭔가 다른 접근법을 시도하는 듯했습니다."
토끼: [자신만만하게] "이번에도 완전 잘하고 있어!"
거북이: [조용히 집중하며] "천천히, 하지만 확실하게..."

> **씬 5: 반전(10초)**
> [결과 발표장] 내레이션: "그리고 예상치 못한 결과가…"
> 심사위원: "이번 SNS 마케팅 대회 우승자는… 거북이입니다!"
> 토끼: [놀란 표정] "뭐?! 어떻게?!"
> [모두가 거북이의 화면을 보며 감탄]

영상 원고를 작성한 이후에는 반복적인 프롬프트 수정 작업을 통해 더욱 정교한 스토리와 메시지를 만드는 게 중요합니다. 특히 반전을 포함한 스토리를 효과적으로 표현하기 캐릭터의 동기, 사건의 전개, 메시지가 자연스럽게 이어지는 것이 중요합니다. 이를 통해 단순한 스토리텔링에서 벗어나 영상이 전달하고자 하는 핵심 메시지가 명확하게 드러나 시청자가 영상을 통해 느껴야 할 주제나 교훈을 확실히 전달되어야 합니다.

이처럼 강조하고 싶은 부분들을 반복해서 수정을 요청해 완성도와 메시지 전달력을 높이는 것이 이 단계의 가장 중요한 부분입니다. 1차 원고를 바탕으로 이야기 흐름의 전개를 더 탄탄하게 하고, 직관적인 메시지 전달을 위해 스토리를 보완하고 전개를 빠르게 해달라는 요청을 합니다.

강조할 요소를 추가해 원고 수정 요청

왜 반전이 되었는지 반전에 대한 스토리가 있었으면 좋겠습니다.
거북이의 반전이 '참여율과 진정성 있는 내용'이었으므로 시간이 지나자 고객이 늘어나 엄청난 바이럴이 되었고, 인플루언서들도 주목하면서 폭발적으로 증가했다는 내용을 추가해 줍니다.
마지막 내레이션: "천천히 가더라도, 올바른 방향으로 가는 것이 중요하다는 교훈을 주는 대결이었습니다."라는 부분도 사람들이 공감할 수 있는 내용으로 변경하되 길어지지 않고 명확하게 제공합니다.

초반부는 기존과 동일하게 유지하되 두 번째 대결에서 거북이가 AI 기술을 배우고 이를 마케팅에 적용하면서 반전의 승리를 거두는 내용으로 새롭게 구성합니다. 거북이가 어떻게 AI를 사용해 전략을 세웠는지 그 과정과 결과를 시청자가 명확히 이해할 수 있도록 표현합니다.

영상 길이를 줄이고, 메시지를 더 직관적으로 전달할 수 있도록 스토리를 간결하게 다듬습니다. 시청자가 쉽게 이해할 수 있는 핵심 인사이트를 포함하고, 스토리의 주요 전개를 빠르고 명확하게 보여줍니다.

[원고] 토끼와 거북이의 AI 마케팅 대결(1분 20초)

씬 1: 도전의 시작(15초)
[현대적인 인테리어의 카페, 창밖으로 바쁘게 움직이는 도시 풍경] 내레이션: "디지털 시대, 우리의 옛 친구들도 새로운 도전에 직면합니다."
토끼: (자신만만하게) "거북아, SNS 마케팅 대결 어때? 내 스피드를 이길 수 있을까?"
거북이: (미소 지으며) "재미있겠네. 느리지만 꾸준히 해볼게."

씬 2: 첫 번째 대결(15초)
[분할 화면: 토끼의 현대적 작업실 vs 거북이의 아늑한 공간]
내레이션: "두 친구의 접근 방식은 확연히 달랐습니다."
토끼: [빠르게 타이핑하며] "더 많이, 더 빨리! 양이 곧 질이지!"
거북이: [천천히 고민하며] "고객이 진정으로 원하는 게 뭘까..."

씬 3: 중간 결과(15초)
[SNS 분석 화면, 그래프가 토끼 쪽으로 크게 기울어져 있음]
내레이션: "초반 성과는 토끼가 크게 앞섰습니다."
토끼: (흥분하며) "봐, 내 포스팅 수와 조회수! 난 천재야!"
거북이: (걱정스러운 표정으로) "이대로는 안 돼. 뭔가 다른 방법이 필요해."

씬 4: 거북이의 변화(15초)
[거북이의 작업실, 책상 위 'AI와 마케팅의 미래' 책]
내레이션: "거북이는 새로운 도전을 시작했습니다."
거북이: [온라인 강의를 열심히 보며] "AI로 고객을 더 깊이 이해할 수 있을 거야. 느리더라도 제대로 된 방향으로 가는 게 중요해."

씬 5: 두 번째 대결(10초)
[분할 화면: 토끼는 여전히 바쁘게, 거북이는 차분하게 작업 중]
토끼: [빠르게 콘텐츠를 올리며] "더 많이, 더 자주 올려!"
거북이: [AI 도구를 사용하며] "이 데이터로 고객의 진짜 니즈를 파악할 수 있어."

씬 6: 결과 발표(20초)
[화려한 디지털 컨퍼런스 홀] 심사위원: "놀랍게도 이번 SNS 마케팅 대회의 우승자는... 거북이입니다!" 토끼: (충격받은 표정으로) "어떻게 이럴 수가..." 심사위원: "거북이의 AI 기반 전략이 놀라운 고객 충성도와 지속적인 성장을 이끌어냈습니다. 단순한 노출을 넘어 진정한 고객 가치를 창출했죠."
거북이: (겸손하게) "AI는 도구일 뿐입니다. 중요한 건 고객을 이해하려는 우리의 노력이에요."

내레이션: "이 우화는 우리에게 중요한 교훈을 줍니다. 현대 비즈니스에서 속도만이 답은 아닙니다. 기술과 인간의 통찰력이 만날 때, 우리는 진정한 혁신을 이룰 수 있습니다. 여러분의 비즈니스는 지금 어떤 선택을 하고 있나요?"

원고가 완성되면 세부적인 정보를 추가해 그에 맞는 장면 묘사(시나리오)를 작성할 수 있습니다. 구체적인 시나리오는 이미지 프롬프트를 작성할 때도 각 장면의 시각적 요소를 더욱 명확하게 표현할 수 있어 의도에 맞는 이미지를 쉽게 생성할 수 있습니다. 또, 시나리오를 기반으로 장면의 분위기나 흐름에 맞춰 적절한 음악 스타일을 요청하면 일관된 영상 제작이 가능합니다.

장면 묘사 작성 요청

 작성한 영상 원고에서 각 씬의 장면 묘사를 제공해 주세요.
[원고]

토끼와 거북이의 AI 마케팅 대결 – 상세 장면 묘사

씬 1: 도전의 시작(15초)
[현대적인 카페 내부. 큰 유리창을 통해 바쁘게 움직이는 도시 풍경이 보인다. 테이블에 토끼와 거북이가 마주 앉아 있다. 토끼는 최신형 스마트폰을 만지작거리고 있고, 거북이는 노트북을 펼쳐놓고 있다. 두 캐릭터 모두 현대적인 의상을 입고 있다.]
토끼: (눈을 반짝이며 거북이를 바라보며) 스마트폰을 들어 보이면서 말한다.
거북이: (천천히 고개를 끄덕이며) 노트북 화면을 토끼에게 돌려 보여주며 웃는다.

씬 2: 첫 번째 대결(15초)
[화면이 둘로 나뉜다. 왼쪽은 토끼의 밝고 현대적인 작업실. 여러 대의 모니터와 최신 기기들이 보인다. 오른쪽은 거북이의 아늑한 홈 오피스. 책장에 책들이 가득하고, 따뜻한 조명이 공간을 비춘다.]
토끼: 여러 모니터를 번갈아 보며 빠르게 키보드를 두드린다. 옆에는 에너지 드링크가 보인다. 거북이: 천천히 키보드를 치다가 멈추고 생각에 잠긴다. 옆에는 따뜻한 차 한 잔이 놓여 있다.

씬 3: 중간 결과(15초)
[대형 LED 스크린이 있는 현대적인 회의실. 스크린에는 복잡한 SNS 분석 그래프와 차트가 표시되어 있다. 토끼와 거북이가 나란히 서서 화면을 바라보고 있다.]
토끼: 그래프를 가리키며 펄쩍 뛰며 기뻐한다. 얼굴에는 승리의 미소가 가득하다.
거북이: 고개를 약간 숙이고 턱을 괴며 깊은 생각에 빠진 표정이다.

씬 4: 거북이의 변화(15초)
[거북이의 작업실. 이전보다 더 정돈되어 있고, 벽에는 AI와 데이터 분석 관련 포스터들이 붙어 있다. 책상 위에는 'AI와 마케팅의 미래' 책과 함께 여러 AI 관련 서적들이 쌓여 있다.]
거북이: 큰 모니터 앞에 앉아 온라인 AI 강의를 열심히 듣고 있다. 옆에는 노트가 펼쳐져 있고, 중요한 내용을 꼼꼼히 적고 있다.

씬 5: 두 번째 대결(10초)
[다시 분할 화면. 토끼 쪽은 이전과 비슷하지만 더 혼란스러워 보인다. 거북이 쪽은 더 체계적이고 첨단화되어 보인다.]
토끼: 땀을 흘리며 더 빠르게 타이핑하고 있다. 주변에 빈 커피 컵들이 늘어난다.

> 거북이: 차분하게 AI 분석 도구를 조작하고 있다. 화면에는 복잡한 데이터 시각화 자료가 보인다.
>
> **씬 6: 결과 발표(20초)**
> [첨단 기술이 돋보이는 대형 컨퍼런스 홀. 무대 위에는 홀로그램 디스플레이가 떠 있고, 관객석에는 다양한 동물 캐릭터들이 앉아 있다.]
> 심사위원: (토끼와 거북이 사이에 서서) 홀로그램 화면을 조작하며 결과를 발표한다.
> 토끼: 눈이 휘둥그레지고 입을 벌린 채 믿을 수 없다는 표정을 짓는다.
> 거북이: 겸손하게 미소 지으며 고개를 숙여 인사한다.
> 관객들: 놀라움과 환호성을 지르며 기립박수를 보낸다.
>
> [마지막으로 화면이 줌아웃되며, 컨퍼런스 홀 전체가 보이고 내레이션이 시작된다.]

장면 묘사가 정리되었으면 다음으로 대사를 보완합니다. 이 시나리오에서는 내레이션과 주인공인 토끼와 거북이까지 3가지 음성이 필요합니다. 이렇게 음성이 여러 개일 경우 자막으로 보완하는 방법도 있습니다. 이번 영상에서는 3개의 음성을 섞어 자막과 다른 효과를 추가하는 방식으로 작업을 진행하겠습니다.

지금까지 작업한 내용 중 이후 음성 녹음(일레븐랩스 등)을 진행할 내레이션 부분을 구분하여 정리했습니다. 이 원고를 바탕으로 내레이션 작업을 준비하면 됩니다.

> [영상 원고]
> scene 1 – 내레이션: "오랜만에 만난 토끼와 거북이, 흥미로운 제안을 합니다."
> – 토끼: "야, 거북아! 오랜만이다. 근데 SNS 마케팅 대결 한 번 해볼래?"
> – 거북이: "오, 재밌겠는데? 나도 요즘 그쪽으로 공부 좀 했거든."

scene 2 – 내레이션: "열정 가득한 두 친구, 하지만 그들의 작업 방식은 판이하게 달랐죠."
 – 토끼: "이거 완전 재밌잖아! 해시태그도 넣고, 밈도 만들고!"
 – 거북이: "음... 이 주제가 나한테 잘 맞나? 뭔가 좀 어색한데..."

scene 3 – 내레이션: "초반 성과는 토끼가 크게 앞섰습니다."
 – 토끼: "봐, 내 포스팅 수와 조회수! 난 천재야!"
 – 거북이: "이대로는 안 돼. 뭔가 다른 방법이 필요해."

scene 4 – 내레이션: "거북이는 새로운 도전을 시작했습니다."
 – 거북이: "AI로 고객을 더 깊이 이해할 수 있을 거야. 느리더라도 제대로 된 방향으로 가는 게 중요해."

scene 5 – 내레이션: "두 번째 대결, 거북이의 접근법은 확연히 달랐습니다."
 – 거북이: "천천히, 하지만 확실하게... 이 타깃층에게 어떤 메시지가 와닿을까?"

scene 6 – 심사위원: "이번 SNS 마케팅 대회의 우승자는... 놀랍게도 거북이입니다!"
토끼: "어떻게 이럴 수가..."
거북이: "AI는 도구일 뿐입니다. 중요한 건 고객을 이해하려는 우리의 노력이에요."

내레이션: "이 우화는 현대 비즈니스의 핵심을 보여줍니다. AI는 도구일 뿐, 진정한 성공은 고객 이해와 인간의 통찰력에서 옵니다. 여러분은 어떤 선택을 하고 계신가요?"

▶ 2단계 영상 리소스 작업 ① 이미지

앞서 이미지 생성 AI의 대표로 미드저니와 DALL-E를 살펴보았습니다. 이번 영상 제작 예시에서는 고품질 이미지를 요구하는 영상의 콘셉트에 더 뛰어난 성능을 발휘할 뿐만 아니라 주인공 캐릭터를 일관성 있게 제작할 수 있는 미드저니를 활용하겠습니다. 일관성 있는 캐릭터 제작은 Gen-3, 드림머신, 클링 AI와 같은 영상 제작 도구에서 이미지 기반으로 영상을 제작할 때 특히 유용합니다.

이미지 프롬프트 생성하기

1단계에서 작성한 토끼와 거북이 시나리오를 활용해 미드저니에서 토끼와 거북이 캐릭터를 생성해 보겠습니다. 그 전에 챗GPT에 미드저니에 입력할 이미지 프롬프트를 요청하겠습니다. 이미지 프롬프트는 영어로 입력하는 것이 정확성이 높으므로 챗GPT에게 한글과 영어를 함께 요청하는 것이 좋습니다.

이미지 프롬프트 작성하기

영상 원고에서 묘사한 6개의 장면을 미드저니 버전 6.1에 요청할 이미지 프롬프트로 작성해 주세요. 프롬프트는 영문과 한글 2가지 언어로 제공해 주세요.

장면 1: 도전의 시작
영어: Modern cafe interior, large window showing busy city, cartoon style anthropomorphic rabbit and turtle in business suits sitting at

table, rabbit holding smartphone, turtle with laptop, warm lighting, 4k detailed render —ar 16:9 —v 6.1

한글: 현대적인 카페 내부, 큰 창문으로 보이는 바쁜 도시, 만화 스타일의 비즈니스 정장을 입은 의인화된 토끼와 거북이가 테이블에 앉아 있음, 토끼는 스마트폰을 들고 있고, 거북이는 노트북을 사용 중, 따뜻한 조명, 4k 디테일 렌더링 —ar 16:9 —v 6.1

장면 2: 첫 번째 대결
영어: Split screen: Left side – futuristic office with multiple monitors, cartoon style anthropomorphic rabbit in business suit typing fast. Right side – cozy home office with bookshelves, cartoon style anthropomorphic turtle in business suit thinking slowly at desk, warm lamplight, digital art style —ar 16:9 —v 6.1

한글: 분할 화면: 왼쪽 – 여러 모니터가 있는 미래적인 사무실, 만화 스타일의 비즈니스 정장을 입은 의인화된 토끼가 빠르게 타이핑 중. 오른쪽 – 책장이 있는 아늑한 홈 오피스, 만화 스타일의 비즈니스 정장을 입은 의인화된 거북이가 책상에서 천천히 생각하는 모습, 따뜻한 램프 조명, 디지털 아트 스타일 —ar 16:9 —v 6.1

장면 3: 중간 결과
영어: High-tech conference room, large LED screen displaying SNS analytics graphs, cartoon style anthropomorphic rabbit in business suit jumping excitedly, cartoon style anthropomorphic turtle in business suit looking worried, corporate environment, data visualization, 3D render —ar 16:9 —v 6.1

한글: Wide shot, low angle view, 하이테크 회의실, 큰 LED 화면에 SNS 분석 그래프가 표시됨, 만화 스타일의 비즈니스 정장을 입은 의인화된 토끼가 신나서 뛰는 모습, 비즈니스 정장을 입은 의인화된 거북이가 풀이 죽어 있는 표정, 데이터 시각화, 3D 렌더링 —ar 16:9 —v 6.1

장면 4: 거북이의 변화
영어: Turtle's renovated office, AI and data analysis posters on walls,

desk with 'AI and Marketing Future' book, cartoon style anthropomorphic turtle in business suit watching online AI course on large monitor, taking notes, focused expression, digital illustration —ar 16:9 —v 6.1

한글: 거북이의 새롭게 단장한 사무실, 벽에는 AI와 데이터 분석 포스터, 책상 위에는 'AI와 마케팅의 미래' 책, 만화 스타일의 비즈니스 정장을 입은 의인화된 거북이가 큰 모니터로 온라인 AI 강의를 시청하며 메모하는 집중한 표정, 디지털 일러스트 —ar 16:9 —v 6.1

장면 5: 두 번째 대결

영어: Split screen: Left – chaotic office, cartoon style anthropomorphic rabbit in business suit frantically typing, empty coffee cups. Right – organized office, cartoon style anthropomorphic turtle in business suit calmly using AI tools, data visualizations on screen, contrasting work styles, tech-themed illustration —ar 16:9 —v 6.1

한글: 분할 화면: 왼쪽 – 혼란스러운 사무실, 만화 스타일의 비즈니스 정장을 입은 의인화된 토끼가 정신없이 타이핑 중, 빈 커피 컵들. 오른쪽 – 정리된 사무실, 만화 스타일의 비즈니스 정장을 입은 의인화된 거북이가 차분하게 AI 도구를 사용하며 화면에 데이터 시각화를 표시 중, 대조적인 작업 스타일, 기술 테마 일러스트 —ar 16:9 —v 6.1

장면 6: 결과 발표

영어: Futuristic conference hall, holographic display on stage, anthropomorphic animals in audience, judge announcing results, cartoon style anthropomorphic rabbit in business suit looking shocked, cartoon style anthropomorphic turtle in business suit smiling humbly, celebration atmosphere, high-tech environment, 3D render —ar 16:9 —v 6.1

한글: 미래적인 회의장, 무대 위의 홀로그램 디스플레이, 청중 속의 의인화된 동물들, 심사위원이 결과 발표 중, 우측에서 만화 스타일의 비즈니스 정장을 입은 의인

> 화된 거북이가 겸손하게 미소를 짓는 모습, 좌측에서 만화 스타일의 비즈니스 정장을 입은 의인화된 토끼가 충격을 받은 표정, 축제 분위기, 하이테크 환경, 3D 렌더링, 거북이 모습을 더 크게 보여주고, 토끼는 작게 보여준다.

스타일 레퍼런스를 활용한 이미지 생성하기

미드저니에서 이미지 프롬프트로 이미지 생성을 요청할 수 있지만, 원하는 이미지의 스타일과 캐릭터를 미리 고려해 두는 것이 좋습니다. 같은 이미지 프롬프트를 입력하더라도 스타일 레퍼런스와 토끼와 거북이의 캐릭터 레퍼런스를 반영하면 생성 결과물의 차이를 줄일 수 있을 뿐만 아니라, 일관성 있는 이미지 생성이 가능합니다.

첫 번째 예시는 기본 제공된 이미지 프롬프트로 생성된 이미지이고, 두 번째는 미드저니의 [Explore]에서 해당 이미지와 어울리는 스타일 레퍼런스를 찾아 적용한 이미지입니다. 자세한 내용은 미드저니의 일관성 이미지 생성에 관한 가이드에서 참조할 수 있습니다.

스타일 레퍼런스 없이 생성한 이미지

스타일 레퍼런스를 사용해 생성한 이미지

따라서 원하는 이미지 스타일이 있다면 이미지 프롬프트와 스타일 레퍼런스 이미지를 함께 사용하는 것이 좋습니다. 미드저니는 사용자가 이미지 스타일을 자유롭게 활용할 수 있도록 허용하고 있으므로 [Explorer]에서 원하는 스타일을 탐색하여 영상 콘셉트에 맞는 이미지를 적극적으로 활용하기 바랍니다.

미드저니의 [Explorer] 페이지

일관성 있는 캐릭터 이미지를 생성하려면 스타일 레퍼런스뿐만 아니라, 주요 캐릭터의 의상과 기본 스타일을 명확하게 설정하는 것이 중요합니다. 이렇게 설정한 이미지를 기반으로 세부 사항을 수정하고 반복 작업을 통해 원하는 결과에 점점 더 가까워질 수 있습니다.

주요 캐릭터 생성하기

 카툰 스타일, 비즈니스 정장을 입은 의인화된 토끼와 거북이가 서로 마주 보고 서 있습니다.

이미지를 생성할 때는 한 번의 프롬프트로 결과물을 얻는 것보다 간결한 프롬프트로 기본적인 이미지를 생성한 후 세부적인 내용을 추가하면서 일관성 있는 캐릭터를 표현하는 것이 더 만족스러운 결과를 얻을 수 있습니다.

일관된 캐릭터 생성하기

여러 장의 이미지를 일관성 있게 생성하려면, 원하는 스타일의 이미지를 스타일 레퍼런스와 캐릭터 레퍼런스로 선택하여 작업을 진행합니다. 또한, 프롬프트 설정에서 Stylization과 모델 버전 같은 주요 설정을 일관되게 유지하여 이미지 변화를 최소화합니다.

스타일 레퍼런스, 캐릭터 레퍼런스 지정

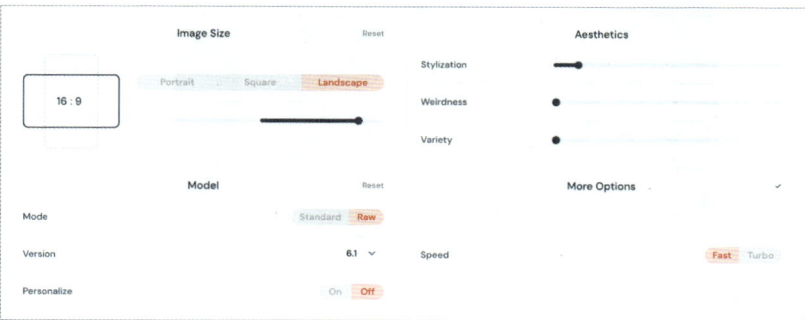

일관된 프롬프트 설정

먼저 첫 번째 이미지를 생성하기 위해 캐릭터 레퍼런스와 스타일 레퍼런스를 프롬프트에 포함시킵니다. 이렇게 하면 주인공 캐릭터와 스타일이 일관되게 적용된 첫 번째 이미지를 얻을 수 있습니다.

첫 번째 이미지 생성하기

 한글: 와이드 샷, 로우 앵글 뷰에서 만화 스타일의 정장을 입은 의인화된 토끼와 거북이가 서로 마주 보고 있습니다. 당당하게 서서 서로를 마주보고 있으며, 화면 중앙에 "SNS 마케팅 배틀"이라는 굵은 텍스트가 있습니다. 생동감 넘치는 색상, 상세한 만화 스타일의 일러스트, 극적인 조명, 기업 배경, 시네마틱한 구도로 표현되어 있습니다.

영어: Wide shot, low angle view, anthropomorphic rabbit and turtle in cartoon-style business suits facing each other. Standing proudly, pulling each other close, bold text "SNS Marketing Battle" in center, vibrant colors, detailed cartoon illustration, dramatic lighting, corporate background, cinematic composition.

이렇게 생성한 이미지와 일관성을 유지하면서 두 번째 이미지를 생성해 보겠습니다. 마찬가지로 스타일 레퍼런스와 캐릭터 레퍼런스를 지정한 상태로 다음 프롬프트를 입력합니다.

미드저니에서 여러 캐릭터를 일관성 있게 생성하려면 세심한 수정이 필요합니다. 만약 이미지 생성 후 거북이 캐릭터가 일관성 있게 나오지 않았다면, 이미지 에디터에서 거북이 영역을 선택한 후, 원하는 거북이 이미지를 업로드하여 다시 캐릭터 레퍼런스를 적용하면 됩니다.

거북이의 얼굴 부분만 변경하려면 해당 영역을 선택한 후 오른쪽 프롬프트에 적합한 거북이 이미지를 업로드합니다. 그런 다음 캐릭터 레퍼런스를 적용하여 다시 생성하면 기존 이미지를 유지하면서 원하는 영역만 재생성할 수 있습니다.

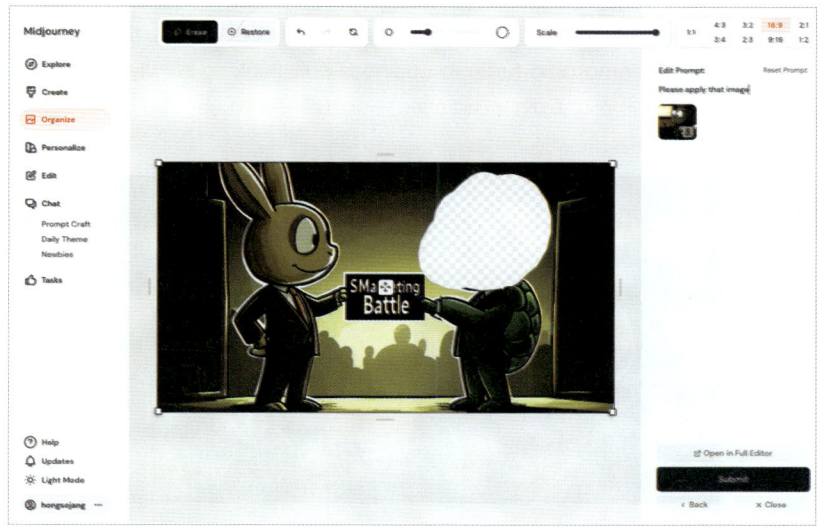

이후 비슷한 상황에서 토끼 이미지가 제대로 나타나지 않을 수도 있으므로 토끼의 적합한 이미지도 생성하여 적용하면 전체적으로 일관성 있는 이미지를 생성할 수 있습니다. 이미지를 생성할 때는 캐릭터 레퍼런스 작업을 반복해야 하므로 토끼와 거북이 캐릭터에 적합한 이미지를 미드저니에 업로드하여 활용하는 것이 좋습니다.

두 번째 이미지 생성하기

한글: 분할 화면: 왼쪽 – 여러 대의 모니터가 있는 미래적인 사무실, 만화 스타일의 비즈니스 정장을 입은 의인화된 토끼가 빠르게 타이핑 중. 오른쪽 – 책장이 있는 아늑한 홈 오피스, 비즈니스 정장을 입은 만화 스타일의 거북이가 책상에서 천천히 생각하는 모습, 따뜻한 램프 조명, 디지털 아트 스타일 —ar 16:9 —v 6.1

영어: Split screen: Left side – futuristic office with multiple monitors, cartoon style anthropomorphic rabbit in business suit typing fast. Right side – cozy home office with bookshelves, cartoon style anthropomorphic turtle in business suit thinking slowly at desk, warm lamplight, digital art style —ar 16:9 —v 6.1

이 방식으로 스토리의 흐름에 따라 이미지를 생성하면 다음과 같이 유사한 배경, 그림체, 캐릭터로 여러 장면을 만들 수 있습니다.

일관된 캐릭터로 구현한 각 장면의 이미지

지금까지 미드저니를 활용해 시나리오의 모든 장면에 맞는 이미지를 생성했습니다. 그러나 영상을 제작하는 과정에서 기본 장면 묘사 외에 보다 디테일한 장면을 표현하기 위해 각 장면에 맞는 여러 이미지를 더 많이 생성하여 스토리라인을 구성하는 것도 고려해야 합니다. 이렇게 하면 각 장면이 자연스럽게 연결되어 시청자가 영상의 흐름을 쉽게 따라갈 수 있습니다. 예를 들어, 스토리의 전환점이나 새로운 장면을 표현할 때는 장면의 분위기와 콘셉트를 더욱 명확하게 전달할 이미지가 필요합니다. 이러한 이미지들은 연속성을 유지하면서 각 장면의 특성을 반영해 영상의 퀄리티를 향상시킵니다. 따라서 기본 이미지뿐만 아니라 스토리 전개에 필요한 주요 장면을 미리 계획하고 이에 맞는 이미지를 여러 장 생성해 두는 것이 완성도 높은 영상을 제작하는 방법입니다.

2단계 영상 리소스 작업 ② 사운드

영상에 필요한 사운드는 크게 배경 음악, 내레이션(음성), 효과음 3가지가 있습니다. 이번 작업에서는 배경 음악 생성에 Suno, 내레이션과 효과음 작업에 일레븐랩스를 사용해 2가지 사운드를 제작해 보겠습니다.

배경 음악 제작하기

음악을 제작할 때는 단순히 AI에 의존하기보다 기획한 영상의 주제와 시나리오에 기반해 음악 스타일과 가사를 결정하면 영상과 어울리는 배경 음악을 제작할 수 있습니다.

배경 음악을 제작할 때도 챗GPT나 클로드를 활용해 음악 스타일과 가사를 추천받을 수 있습니다. 예를 들어, 챗GPT로 영상 원고 및 시나리오 작업을 완료한 후 같은 대화창에서 배경 음악 작업을 이어서 요청하거나, 시나리오를 제공한 다음 어울리는 분위기의 배경 음악을 요청하면 쉽게 음악 제작을 위한 초기 작업이 완성됩니다.

시나리오를 챗GPT에서 작성했으므로 이어서 챗GPT에게 음악 스타일과 가사를 요청하겠습니다.

배경 음악 스타일과 가사 요청하기

 해당 원고에 어울리는 배경 음악을 Suno로 제작하려고 합니다. 이 원고에 어울리는 노래 가사와 음악 스타일을 다음 조건에 맞게 추천해 주세요.

- 전체 노래 길이는 1분 20초, 노래 가사와 음악 길이를 맞춰 주세요.
- 음악 스타일은 이솝우화에 어울리는 느낌으로 추천해 주세요.
- 원고에서 반전이 일어날 때 음악도 그에 맞춰 반전되는 느낌을 주세요.
- Suno에서 음악 제작 시 입력할 프롬프트의 키워드를 작성해 주세요.

[영상 원고 + 시나리오 제공]

 네, "토끼와 거북이의 AI 마케팅 대결" 영상에 어울리는 1분 20초 길이의 노래 가사와 음악 스타일을 추천해드리겠습니다. 이솝 우화의 느낌과 반전이 있는 음악으로 구성하겠습니다.

노래 제목: "디지털 경주"

음악 스타일:

시작: 경쾌한 민속 음악 스타일로 시작
중간: 현대적인 전자음악 요소 도입
후반: 드라마틱한 오케스트라 사운드로 변화
전체적으로 스토리에 따라 템포와 분위기 변화

가사:

Verse 1 (0:00-0:20):
토끼와 거북이 도전을 시작해
SNS의 세계로 뛰어들어가
빠른 속도냐 꾸준함이냐
누가 승리할까 지켜보세요

Chorus (0:20-0:40):
(템포 업) 디지털 시대의 새로운 경주
likes와 shares가 승리의 열쇠
토끼는 빠르게 거북은 천천히
누구의 전략이 성공할까요?

Verse 2 (0:40–1:00):
(전자음 도입) 토끼는 앞서 가는 듯 보이지만
거북이 AI를 배우기 시작해
데이터의 힘을 이해하면서
천천히 그러나 확실히 앞으로

Bridge (1:00–1:15):
(드라마틱한 변화) 예상 밖의 결과
거북이의 승리
속도보다 중요한 건 전략과 지혜

Outro (1:15–1:20):
(잔잔하게) 디지털 세상의 새로운 교훈

음악 효과:
0:00–0:20: 경쾌한 민속 악기 사운드
0:20–0:40: 템포 상승, 현대적인 비트 추가
0:40–1:00: 전자음 요소 도입, AI와 테크놀로지를 상징하는 사운드
1:00–1:15: 드라마틱한 오케스트라 사운드로 전환, 반전을 강조
1:15–1:20: 잔잔한 피아노 선율로 마무리
이 노래는 영상의 스토리라인을 따라가며, 토끼와 거북이의 대결, AI의 도입, 그리고 예상치 못한 결과를 음악적으로 표현합니다. 경쾌한 시작에서 드라마틱한 반전까지, 음악의 변화를 통해 이야기의 흐름을 강조합니다.

추천 음악 스타일: "Whimsical Orchestral Pop"
이 스타일은 이솝 우화의 느낌과 현대적인 마케팅 대결을 잘 표현할 수 있습니다. 오케스트라의 풍부함과 팝의 경쾌함을 결합하여, 동화적인 분위기와 현대적인 느낌을 동시에 줄 수 있습니다.

Suno에 요청할 프롬프트
프롬프트 시작 부분에 스타일 명시: "Create a Whimsical Orchestral Pop song about..."
악기 구성 지정: "Use a mix of orchestral instruments (strings, wood winds, brass) and modern pop elements (synthesizers, electric guitar, drums)"

분위기 변화 요청: "Start with a playful, light orchestral sound, then gradually introduce modern pop elements as the story progresses. End with a dramatic orchestral flourish to emphasize the twist"
템포와 리듬 지정: "Begin with a moderate 4/4 tempo, increase the pace in the middle section, and slow down for the dramatic ending"
특정 사운드 효과 요청: "Include digital blips and bleeps to represent social media notifications and AI processing sounds"
보컬 스타일 지정: "Use a mix of male and female vocals, with the male voice representing the rabbit and the female voice the turtle"

이제 노래 가사와 음악 스타일이 정해졌다면 Suno에서 본격적으로 음악을 제작합니다. Suno에서 [Custom] 모드를 선택하고 챗GPT가 생성한 노래 가사는 'Lyrics'에, 음악 스타일은 'Style of Music'에 입력하고, 노래 제목을 입력해 음악 생성을 시작합니다.

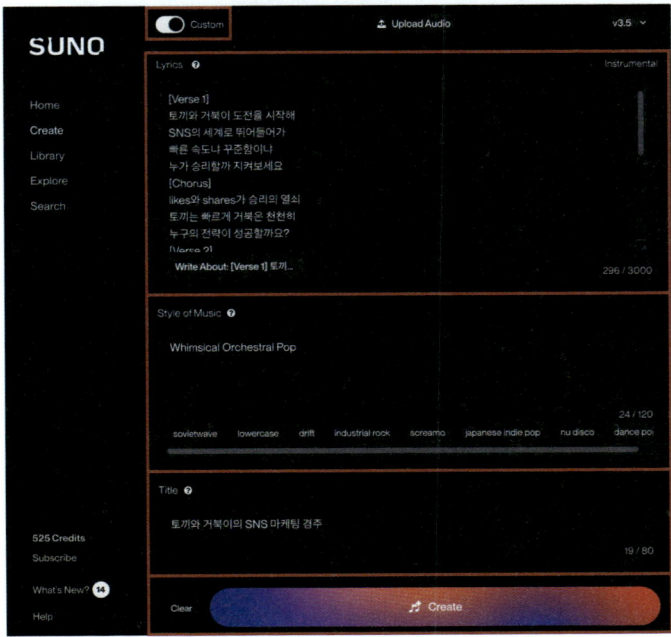

단, 한 번의 생성으로 끝내기보다는 메타태그와 스타일 태그를 적용하고 템포, 키, 다양한 악기를 조정하거나 추가하는 등 여러 번 작업한 뒤 얻은 결과물을 비교해 최적의 음악을 선택합니다. 음악을 제작할 때 사용한 가사는 영상 적용 시 제외하고 배경 음악만 사용할 예정입니다. 이러한 편집 작업은 캡컷에서 쉽게 진행할 수 있습니다.

이렇게 완성한 배경 음악은 하단의 더보기 아이콘을 클릭한 다음 [Audio → Public]을 클릭해 오디오 파일로 다운로드받습니다.

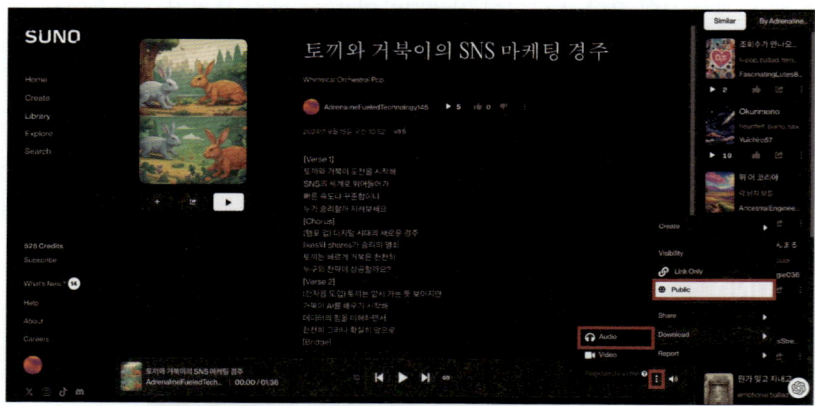

QR | '토끼와 거북이의 SNS 마케팅 경주' 배경 음악

음성 제작하기

이제 영상에 맞는 내레이션을 제작하는 단계로 넘어가겠습니다. 이번 작업에서는 사용성도 뛰어나고 무료로도 충분히 활용 가능한 AI 기반 음성 생성 도구인 일레븐랩스를 활용하겠습니다. 먼저 작성해 둔 영상 원고를 준비합니다.

원고

씬1 – 내레이션: "오랜만에 만난 토끼와 거북이, 흥미로운 제안을 합니다."
– 토끼: "야, 거북아! 오랜만이다. 근데 SNS 마케팅 대결 한 번 해볼래?"
– 거북이: "오, 재밌겠는데? 나도 요즘 그쪽으로 공부 좀 했거든."

씬2 – 내레이션: "열정 가득한 두 친구, 하지만 그들의 작업 방식은 판이하게 달랐죠."
– 토끼: "이거 완전 재밌잖아! 해시태그도 넣고, 밈도 만들고!"
– 거북이: "음... 이 주제가 나한테 잘 맞나? 뭔가 좀 어색한데..."

씬3 – 내레이션: "초반 성과는 토끼가 크게 앞섰습니다."
토끼: "봐, 내 포스팅 수와 조회수! 난 천재야!"
거북이: "이대로는 안 돼. 뭔가 다른 방법이 필요해."

씬4 – 내레이션: "거북이는 새로운 도전을 시작했습니다."
거북이: "AI로 고객을 더 깊이 이해할 수 있을 거야. 느리더라도 제대로 된 방향으로 가는 게 중요해."

씬5 –내레이션: "두 번째 대결, 거북이의 접근법은 확연히 달랐습니다."
토끼: "이번에도 완전 잘하고 있어! 더 빠르게, 더 많이!"
거북이: "천천히, 하지만 확실하게... 이 타깃층에게 어떤 메시지가 와닿을까?"

씬6 – 심사위원: "이번 SNS 마케팅 대회의 우승자는... 놀랍게도 거북이입니다!"
토끼: "어떻게 이럴 수가..."
거북이: "AI는 도구일 뿐입니다. 중요한 건 고객을 이해하려는 우리의 노력이에요."

내레이션: "이 우화는 현대 비즈니스의 핵심을 보여줍니다. AI는 도구일 뿐, 진정한 성공은 고객 이해와 인간의 통찰력에서 옵니다. 여러분은 어떤 선택을 하고 계신가요?"

이 원고를 내레이션, 토끼, 거북이의 대사로 구분해 3개의 원고로 분할합니다. 그런 다음 각 캐릭터에 적합한 성우를 선택하고 각각의 음성을 생성합니다.

성우 ① 내레이션

오랜만에 만난 토끼와 거북이, 흥미로운 제안을 합니다.
열정 가득한 두 친구, 하지만 그들의 작업 방식은 판이하게 달랐죠.
초반 성과는 토끼가 크게 앞섰습니다.
거북이는 새로운 도전을 시작했습니다.
두 번째 대결에서 거북이의 접근법은 확연히 달랐습니다.
이번 SNS 마케팅 대회의 우승자는...놀랍게도 거북이입니다!
이 우화는 현대 비즈니스의 핵심을 보여줍니다. AI는 도구일 뿐, 진정한 성공은 고객 이해와 인간의 통찰력에서 옵니다.
여러분은 어떤 선택을 하고 계신가요?

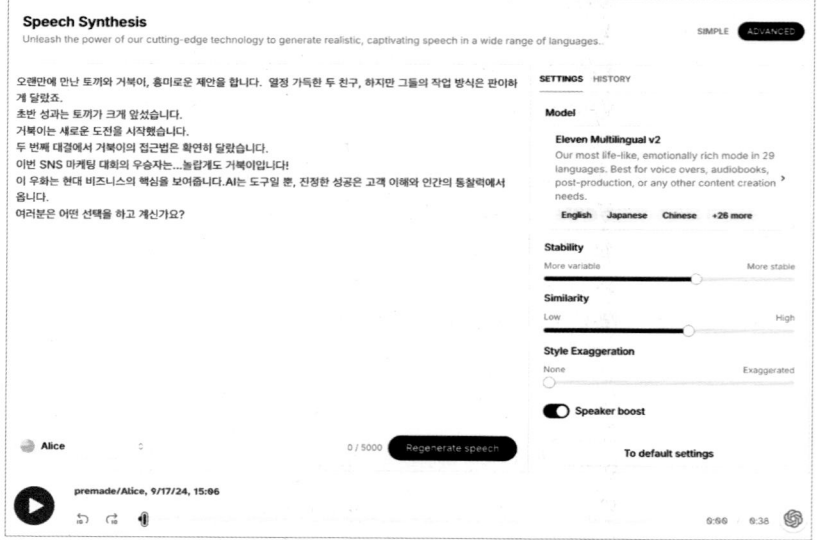

내레이션 음성 생성

성우 ② 토끼

> 야, 거북아! 오랜만이다. 근데 SNS 마케팅 대결 한 번 해볼래?
> 이거 완전 재밌잖아! 해시태그도 넣고, 밈도 만들고!
> 봐, 내 포스팅 수와 조회수! 난 천재야!
> 이번에도 완전 잘하고 있어! 더 빠르게, 더 많이!
> 어떻게 이럴 수가...

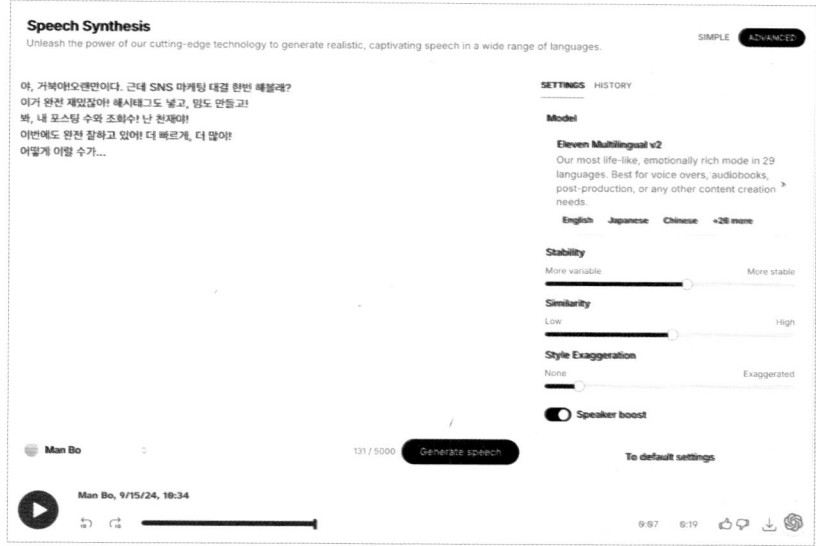

토끼 음성 생성

성우 ③ 거북이

> 오, 재밌겠는데? 나도 요즘 그쪽으로 공부 좀 했거든.
> 음... 이 주제가 나한테 잘 맞나? 뭔가 좀 어색한데...
> 이대로는 안 돼. 뭔가 다른 방법이 필요해.
> AI로 고객을 더 깊이 이해할 수 있을 거야. 느리더라도 제대로 된 방향으로 가는 게 중요해.
> 천천히, 하지만 확실하게... 이 타깃층에게 어떤 메시지가 와닿을까?
> AI는 도구일 뿐입니다. 중요한 건 고객을 이해하려는 우리의 노력이에요.

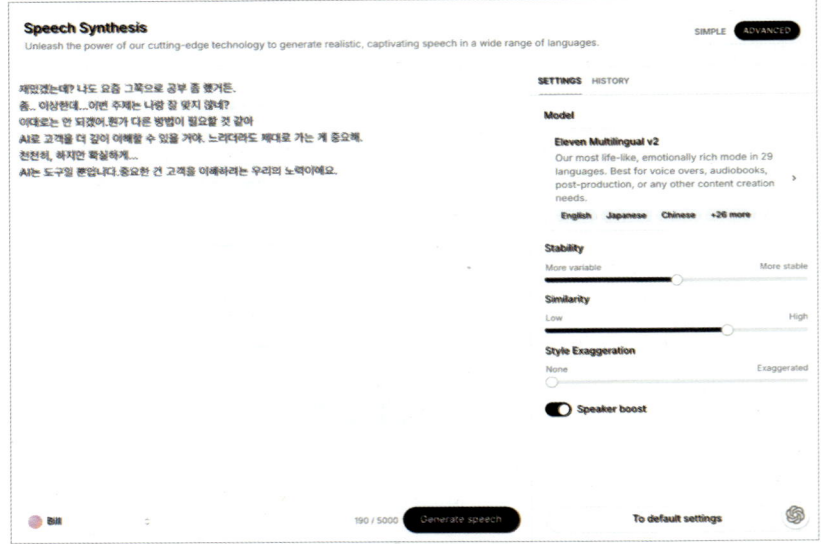

거북이 음성 생성

성우를 선택하고 오른쪽 [SETTINGS] 메뉴에서 원하는 대로 음성을 조율하면서 원고에 적합한 음성을 완성합니다. 완성한 음성 파일은 아래쪽 재생 바 오른쪽의 다운로드 아이콘을 클릭해 mp3 파일로 다운로드받습니다.

음성 파일 다운로드하기

일레븐랩스는 음성뿐만 아니라 효과음도 생성할 수 있습니다. 예를 들어, "이번 SNS 마케팅 대회의 우승자는… 놀랍게도 거북이입니다!"라고 말할 때 박수 소리와 같은 효과음을 추가할 수 있습니다. 일레븐랩스에서 효과음은 [Sound Effects] 메뉴에서 생성할 수 있습니다.

성우 음성을 생성할 때처럼 프롬프트 입력 창에 "Many people are cheering and clapping"과 같은 프롬프트를 입력하고 [Generate Sound Effects]를 클릭하면 간단하게 박수 소리 효과음을 다운로드할 수 있습니다.

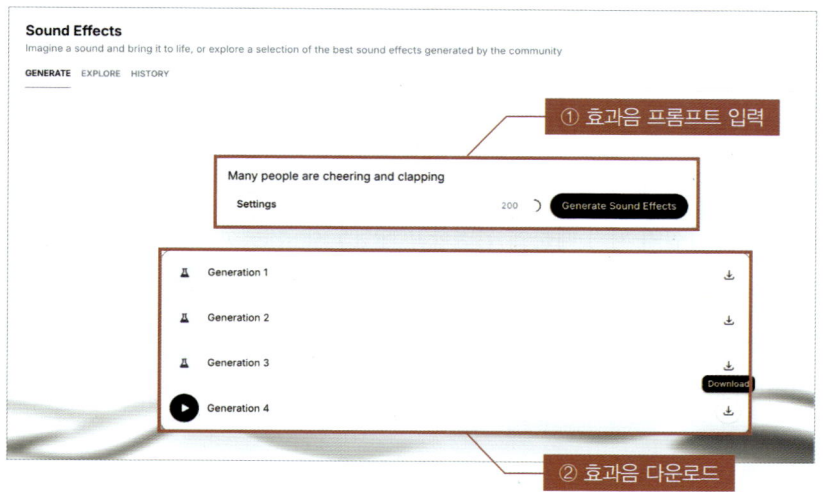

15장 시나리오부터 영상 편집까지 **451**

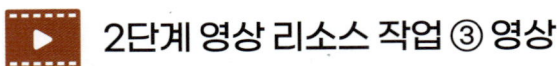 2단계 영상 리소스 작업 ③ 영상

일반적으로 원고 작성과 시나리오 설계를 한 다음, 이를 바탕으로 영상의 각 장면을 구성합니다. 그러나 텍스트 프롬프트만으로 영상을 제작하면 주요 캐릭터나 전체 콘셉트의 일관성이 떨어질 수 있기 때문에 미드저니에서 미리 생성한 이미지를 기반으로 작업하는 것도 좋습니다. 특히 미드저니와 같은 AI 이미지 생성 도구를 활용해 캐릭터와 이미지 스타일의 일관성을 고려하면 주인공, 배경, 스타일을 일관되게 유지하면서 고품질의 영상을 만들 수 있습니다. 이를 위해 앞서 미드저니에서 생성한 이미지를 기반으로 Gen-3에서 영상을 제작해 보겠습니다.

영상 프롬프트 작성하기

영상을 제작하기 위해 각 장면에 맞는 고품질 이미지를 준비합니다. 이미지는 영상의 시작점이 되기 때문에 선명하고 해상도가 높은 것이 중요합니다. 이미지의 비율도 고려합니다. 기본적으로 미드저니는 16:9 비율의 이미지를 지원하므로 다른 비율의 이미지를 제공할 경우 자동으로 비율을 조정해 영상을 생성합니다.

이렇게 준비된 이미지를 바탕으로 상세한 프롬프트를 작성합니다. 영상 프롬프트에는 다음 요소들이 포함되어야 합니다.

- **장면 묘사**: 배경, 등장인물, 물체 등 시각적 요소를 구체적으로 설명합니다.
- **카메라 움직임**: 줌인, 패닝, 틸팅 등 원하는 카메라 동작을 명시합니다.

- **분위기와 스타일**: 영상의 전반적인 톤과 미적 요소를 설명합니다.
- **시간적 변화**: 영상의 진행에 따른 변화나 전환을 기술합니다.

프롬프트는 명확하고 구체적일수록 더 좋은 결과를 얻을 수 있습니다. 특히 카메라 움직임과 장면 설정을 상세하게 묘사하면 원하는 결과에 더 가까운 영상을 얻을 수 있습니다.

이미지를 기반으로 영상을 제작할 때는 행동 묘사를 간단하게 작성할수록 왜곡 현상을 줄입니다. 즉, Text to Video에서는 프롬프트에 세부 설명과 카메라 설정까지 필요하지만, Image to Video에서는 카메라 설정이 완료된 상태이므로 "토끼와 거북이가 자연스럽게 이야기한다."와 같은 간단한 프롬프트만으로도 충분히 영상을 제작할 수 있습니다.

또, 같은 장면을 생성할 때는 2~3개의 프롬프트를 만들어 여러 영상을 생성하고 가장 자연스러운 결과를 선택하는 것이 좋습니다. 이 과정에서도 챗GPT와 클로드의 도움을 받아 생성된 이미지를 바탕으로 여러 개의 프롬프트 작업을 요청하면 됩니다.

영상 프롬프트 ①

 토끼가 자신만만하게 SNS 마케팅 대결을 제안하고, 거북이가 긍정적으로 응답하며 고개를 끄덕입니다.

영상 프롬프트 ②

 토끼가 자신만만한 표정으로 거북이에게 도전장을 내밀며 "SNS 마케팅 배틀, 준비됐냐?"라고 말합니다.

영상 프롬프트 ③

 토끼가 SNS 마케팅 대결을 제안하며, 거북이도 긍정적으로 고개를 끄덕이며 신중하게 듣습니다.

각 이미지에 대한 프롬프트를 작성할 때는 장면별로 일관성 있고 세밀한 영상을 제작할 수 있도록 명확하고 구체적으로 작성하는 것이 중요합니다. 이렇게 이미지당 하나의 장면Scene을 만들어 영상을 완성할 수 있습니다.

프롬프트 작성이 어렵다면 앞서 소개했던 영상 프롬프트를 만들어 주는 GPT인 'Gen-3 Alpha Prompt Generator'를 사용하는 것을 추천합니다.

🔗 프롬프트 GPT: chatgpt.com/g/g-edFzz4M4d-gen-3-alpha-prompt-generator

GPT에 영상 제작에 사용할 이미지를 첨부하고 영상의 주제, 이미지 분석, 글자 수 등 요청 사항을 자세하게 입력하면 GPT가 이를 분석해 최적화된 프롬프트를 생성해 줍니다.

영상 프롬프트 요청하기

 첨부한 이미지를 사용해 Gen-3 Alpha 버전에서 Image to Video 프롬프트를 만들려고 합니다. 다음 사항을 참고해 프롬프트를 작성해 주세요.

- 반드시 해당 이미지의 상황에 대해서만 영상 프롬프트를 작성해 주세요.
- 먼저 이미지 분석 후 상황에 적합한 내용으로 Image to Video 프롬프트를 3개 생성해 주세요.
- 프롬프트의 글자 수는 최대 500자가 넘지 않아야 합니다.
- 프롬프트는 한글, 영어순으로 작성해 주세요.

[이미지 첨부]

첨부된 이미지를 분석한 결과, 비즈니스 정장을 입은 토끼와 거북이가 서로 마주보고 있는 장면입니다. 토끼는 약간 당황한 표정을 짓고 있고, 거북이는 미소를 띤 채 자신감 있는 자세를 취하고 있습니다. 배경은 단색의 부드러운 조명으로 처리되어 있으며, 전체적인 분위기는 캐릭터 간의 대결 또는 경쟁을 암시합니다. 이를 바탕으로 Gen-3 Alpha 버전의 Image to Video 프롬프트 3가지를 한글과 영어순으로 제안합니다.

1. 캐릭터 간의 심리적 대결
한글: 정적인 클로즈업 샷. 카메라는 토끼와 거북이의 얼굴을 클로즈업으로 보여주며, 각 캐릭터의 표정 변화를 강조한다. 거북이는 여유로운 미소를 지으며 눈썹을 올리고, 토끼는 불안한 듯 눈을 깜빡인다. 긴장감 있는 배경 음악이 점점 커지며, 카메라는 점점 캐릭터 사이를 좁혀가며 팽팽한 대결의 분위기를 형성한다.

영어: Static close-up shot: The camera shows a close-up of the rabbit and turtle's faces, emphasizing each character's changing expressions. The turtle raises an eyebrow with a confident smile, while the rabbit nervously blinks. Tense background music gradually intensifies as the camera closes in between the characters, creating a suspenseful atmosphere.

2. 경쟁 순간에서 카메라 패닝
한글: 서서히 확대되는 팬 샷: 카메라는 토끼와 거북이를 교차하며, 각 캐릭터의 신체 언어를 강조하는 화면을 천천히 팬한다. 거북이는 땅을 박차며 자신감을 보여주고, 토끼는 살짝 긴장한 모습을 보인다. 서서히 확대되며 카메라가 두 캐릭터를 넓게 잡아, 서로 간의 경쟁 분위기를 극대화한다.

영어: Slowly expanding pan shot: The camera pans back and forth between the rabbit and turtle, highlighting each character's body language. The turtle stomps the ground, showing confidence, while the rabbit appears slightly tense. The camera slowly zooms out to capture both characters in a wide frame, maximizing the sense of competition.

3. 서서히 변하는 조명과 함께한 드라마틱한 순간

한글: 서서히 어두워지는 조명 샷: 카메라는 토끼와 거북이의 얼굴을 클로즈업으로 비추며, 조명이 서서히 변한다. 배경 조명이 점점 어두워지면서 캐릭터들만이 부각되고, 긴장감이 고조된다. 마지막 순간에 조명이 완전히 사라지면서 화면이 검은색으로 전환된다.

영어: Gradual dimming light shot: The camera focuses on a close-up of the rabbit and turtle's faces, as the lighting gradually changes. The background light dims, highlighting only the characters, and tension escalates. In the final moment, the lights completely fade out, transitioning the screen to black.

이번에는 또 다른 이미지를 첨부하고 이미지에 대한 설명을 추가해 보겠습니다.

첨부한 이미지를 사용해 Gen-3 Alpha 버전에서 Image to Video 프롬프트를 만들려고 합니다. 다음 사항을 참고해 프롬프트를 작성해 주세요.
- 반드시 해당 이미지의 상황에 대해서만 영상 프롬프트를 작성해 주세요.
- 먼저 이미지 분석 후 상황에 적합한 내용으로 Image to Video 프롬프트를 3개 생성해 주세요.
- 프롬프트의 글자 수는 최대 500자가 넘지 않아야 합니다.
- 프롬프트는 한글, 영어순으로 작성해 주세요.
- 이미지 설명: 토끼와 거북이가 오래간만에 만나 서로 반갑게 인사를 주고받으면서 대화를 하는 장면입니다. 이후 sns 대결 이야기를 꺼냅니다.

[이미지 첨부]

첨부된 이미지를 바탕으로 Gen-3 Alpha 버전의 Image to Video 프롬프트 3개를 생성해드리겠습니다. 이미지의 상황은 오랜만에 만나 반갑게 인사를 주고받는 토끼와 거북이의 모습을 담고 있습니다. 현재는 편안한 대화를 나누는 장면으로 설정되어 있으며, 이후 SNS 대결 이야기를 꺼낼 것으로 예상됩니다. 이 상황을 반영한 영상 프롬프트는 다음과 같습니다.

1. 캐릭터의 대화 시작과 웃음으로 이어지는 순간

한글: 정적인 클로즈업 샷. 토끼와 거북이가 미소를 띤 채 서로를 바라보며 인사말을 주고받는다. 토끼가 가볍게 웃으며 "오랜만이야!"라고 말하고, 거북이는 고개를 끄덕이며 미소를 짓는다. 카메라는 그들의 표정을 클로즈업으로 포착하며, 부드러운 배경 음악이 흘러나와 편안한 분위기를 연출한다.

영어: Static close-up shot: The rabbit and turtle smile warmly at each other as they exchange greetings. The rabbit chuckles lightly, saying, 'Long time no see!' while the turtle nods with a gentle smile. The camera captures their expressions in a close-up, with soft background music playing to create a relaxed atmosphere.

2. 편안한 대화와 웃음소리가 울려 퍼지는 장면

한글: 슬로우 팬 샷. 카메라는 천천히 좌우로 움직이며 토끼와 거북이가 즐겁게 대화하는 모습을 보여준다. 거북이가 조용히 웃으며, 'SNS 대결에 대해서 들어봤어?'라고 묻자 토끼가 호기심 가득한 표정을 짓는다. 편안한 분위기 속에서 카메라가 두 캐릭터 사이를 오가며 웃음과 대화의 흐름을 부드럽게 포착한다.

영어: Slow pan shot: The camera slowly moves from side to side, showing the rabbit and turtle engaging in a lighthearted conversation. The turtle quietly laughs and asks, 'Have you heard about the SNS battle?' The rabbit responds with a curious expression. In a relaxed atmosphere, the camera smoothly moves between the characters, capturing their laughter and dialogue flow.

3. 손짓과 몸짓을 활용한 친근한 대화 장면

한글: 중간 거리의 트래킹 샷. 토끼가 몸을 약간 앞으로 내밀며, 거북이에게 손을 흔들며 인사한다. 거북이도 미소를 띠며 손을 흔들고, 대화가 이어진다. 카메라는 두 캐릭터의 몸짓과 손짓을 따라가며 트래킹하며, 그들의 자연스러운 움직임을 포착한다. 부드러운 조명이 편안한 대화의 분위기를 더한다.

영어: Mid-range tracking shot: The rabbit leans forward slightly, waving to the turtle in greeting. The turtle smiles back, waving as their conversation continues. The camera tracks their gestures and

> body movements, capturing their natural interaction. Soft lighting enhances the friendly tone of their conversation.
>
> 이 프롬프트들은 캐릭터 간의 편안한 대화와 친밀감을 강조하여 영상을 효과적으로 표현할 수 있도록 작성되었습니다.

이처럼 같은 장면에 여러 개의 프롬프트를 준비해 더 자연스러운 영상이 나올 때까지 반복하는 과정을 거칩니다.

영상 생성하기

이미지당 영상 프롬프트를 준비했다면 Gen-3 Alpha 또는 Gen-3 Alpha Turbo 2가지 모델을 이용해 영상을 생성해 보겠습니다. Gen-3 Alpha Turbo 모델을 사용하면 영상 생성 시간이 7배 이상 빨라지지만, 복잡한 움직임이나 다양한 변화가 있는 장면에서는 기본 모델이 더 나은 성능을 발휘할 수 있으므로 상황에 맞는 모델을 선택하는 것이 중요합니다.

영상 제작은 이미지를 업로드하고 프롬프트를 입력하는 간단한 과정으로 이루어집니다. AI의 장점은 작업 속도가 빠르다는 것이지만, 생성된 결과물이 항상 기대에 부합하지 않을 수도 있습니다. 따라서 AI 기반 영상 생성은 원하는 결과물을 얻기 위해 여러 번의 반복 작업이 필요합니다.

먼저 Gen-3 Alpha 대시보드 페이지로 이동합니다. 왼쪽 사이드바에서 [Generate Video]를 선택한 후 모델 드롭다운 메뉴에서 'Gen-3 Alpha Turbo'를 선택합니다.

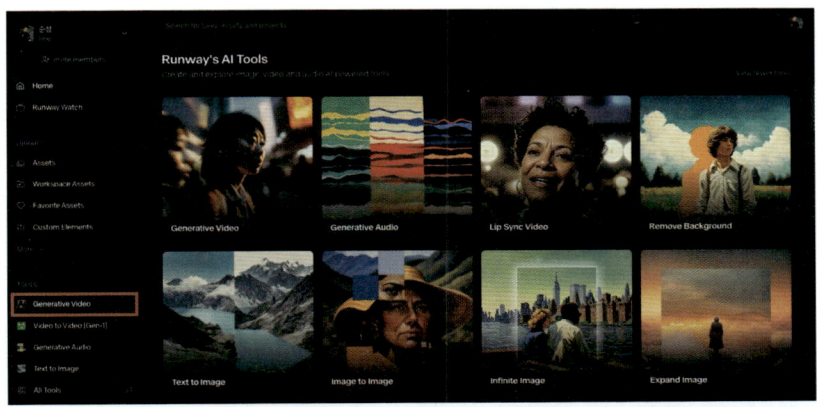

준비한 이미지를 업로드하고 해당하는 프롬프트를 입력 창에 붙여 넣습니다. 영상 길이를 선택하고 [Generate]를 클릭하면 이미지에 맞는 영상이 생성됩니다.

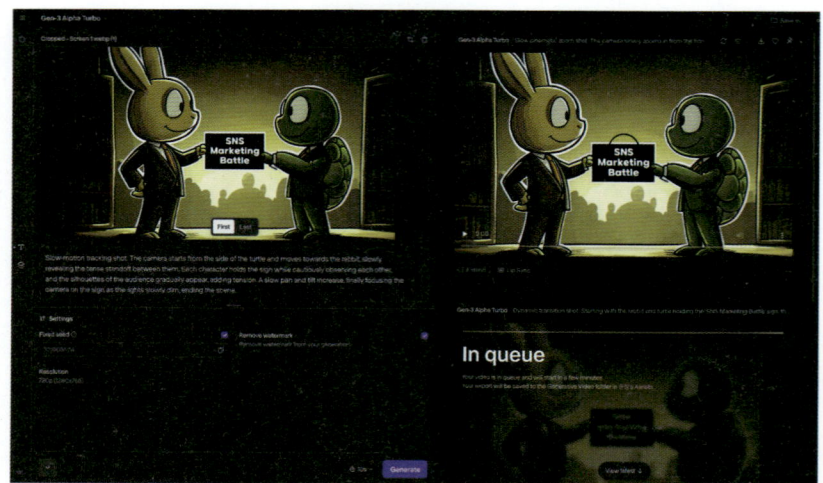

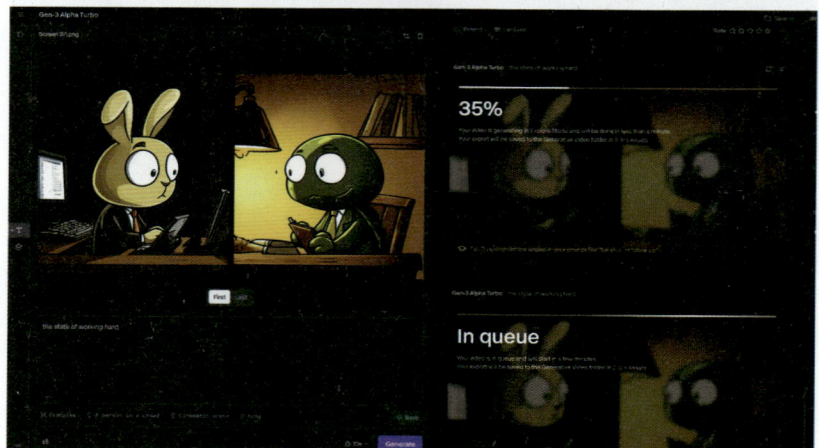

준비한 이미지와 프롬프트로 영상 생성하기

이때 주의할 점은 이미지 생성 과정과 마찬가지로 영상을 생성할 때도 일관성이 무척 중요하다는 것입니다. 일관성 있는 영상 작업을 위해 영상 생성 직후 다음 2가지 사항을 체크하는 것이 좋습니다.

- **Fixed seed**: 연속성 있는 영상 생성을 위해 시드 번호를 고정하여 사용합니다. 이는 각 프레임이 일관되게 연결되어 일관성 있는 결과물을 얻는 데 도움을 줍니다.

- **Extend**: 이는 Gen-3 Alpha 버전에서만 지원하는 기능으로, 최대 40초까지 영상을 확장할 수 있습니다. Gen-3 Alpha로 영상을 생성한 후 하단에서 [Extend]를 선택하고 추가 프롬프트를 입력하여 원하는 방향으로 영상을 이어갈 수 있습니다.

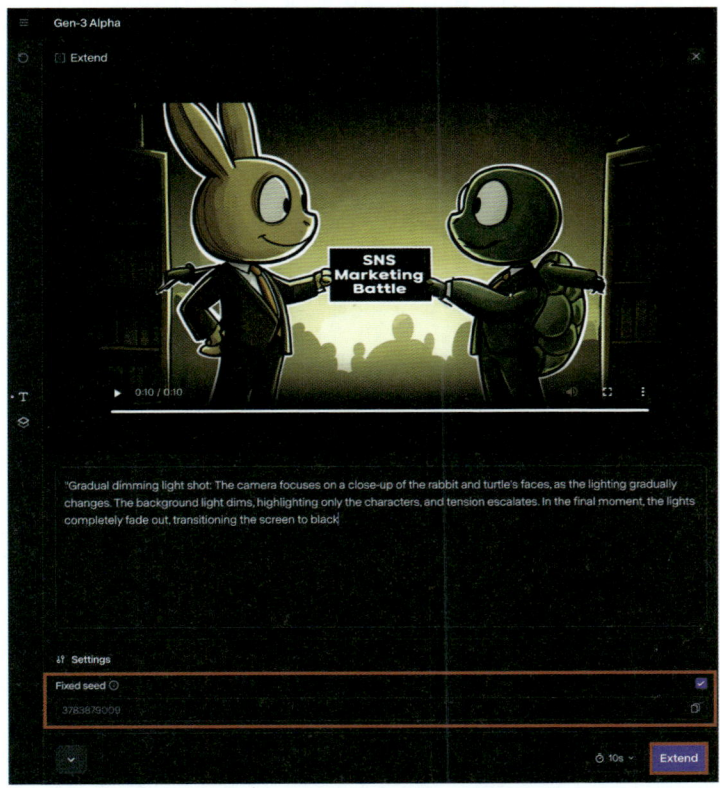

생성된 영상은 [Assets]의 'Generative Video' 폴더에 자동으로 저장됩니다. 이 폴더에서 화질, 움직임의 자연스러움, 프롬프트와의 일치 정도를 기준으로 원하는 결과에 가장 가까운 영상을 선택합니다.

추가로 영상 파일과 오디오 파일을 함께 사용해 캐릭터의 입모양을 오디오에 맞추는 립싱크 기능을 지원하므로 오디오 파일이 준비되어 있다면 이를 사용해 자연스러운 립싱크를 구현할 수 있습니다.

만약 동일한 프롬프트로 새로운 영상을 생성하려면 오른쪽 하단의 [Reuse Prompt]를 클릭해 영상을 재생성할 수 있습니다. 최종 영상이 의도 대로 생성되었다면 오른쪽 상단의 다운로드 아이콘을 클릭해 영상 파일을 저장합니다.

이 과정을 이미지마다 반복해 각각 5~10초에 해당하는 영상을 장면마다 생성합니다. 영상을 생성할 때 같은 장면을 여러 버전으로 제작해 두면 영상 편집 단계에서 컷 편집을 할 때 자유롭게 활용할 수 있어 편집의 유연성을 높입니

다. 즉, 영상을 제작할 때는 리소스가 최대한 다양해야 활용성도 크게 증가하고 자연스러운 영상을 완성할 수 있습니다.

▶ 3단계 영상 편집

영상 편집 단계에서는 영상의 흐름을 자연스럽게 연결하고, 필요한 요소를 추가하거나 수정합니다. 이는 여러 단계를 거쳐 반복적인 수정과 개선이 필요한 작업이므로 직관적이고 충분한 기능을 갖춘 도구를 사용하는 것이 중요합니다. 이번 작업에서는 이 모든 기능을 갖춘 캡컷을 활용해 영상의 완성도를 높이는 편집을 진행하겠습니다. 진행 단계는 다음과 같습니다.

1단계 편집에 사용할 미디어 파일(영상, 오디오)을 불러옵니다.

2단계 불러온 미디어로 기본 스토리라인을 구성하고 전반적인 흐름을 설정합니다. 이 과정에서 장면의 순서와 전환을 결정하며 영상의 구조를 체계적으로 잡아나가는 작업이 이루어집니다.

3단계 스토리라인이 설정되면 자막, 오디오, 배경 음악, 이미지 등을 세밀하게 조정해 영상의 완성도를 높입니다. 잘 작성된 원고와 충분한 영상 리소스가 있어도 영상으로 만들었을 때 매끄럽지 않을 수 있으므로 이 단계에서 충분한 수정이 필요합니다.

4단계 전체적인 시각 효과와 콘셉트가 적절한지 확인하고 다듬어 흐름이 자연스러운지 점검합니다. 반복적인 수정 작업을 하다 보면 처음부터 다시 작업해야 하는 경우도 있지만 이는 더 나은 결과를 위한 필수 과정입니다.

결국 영상 편집은 영상의 흐름에서 문제점을 발견하고 개선하는 과정의 반복입니다. 완성된 영상이라도 여러 차례 점검하고 수정하여 최종 결과물을 더욱 완성도 있게 만드는 것이 중요합니다. 각 단계에 따라 영상 편집 과정을 좀 더 자세히 살펴보겠습니다.

미디어 파일 불러오기

캡컷에서 새 프로젝트를 열고 상단 메뉴에서 [가져오기] 탭 또는 드래그로 최종 영상에 사용할 영상, 이미지, 오디오 파일을 불러옵니다. MP4, MOV 같은 영상 파일과 JPG, PNG 같은 이미지 파일까지 다양한 형식의 파일을 지원하고, 4K 해상도와 다양한 프레임률Frame Rate의 영상도 문제없이 가져올 수 있습니다.

일레븐랩스에서 제작한 음성 내레이션 파일(3개), Suno로 제작한 배경 음악, Gen-3로 생성한 모든 영상 파일을 불러옵니다.

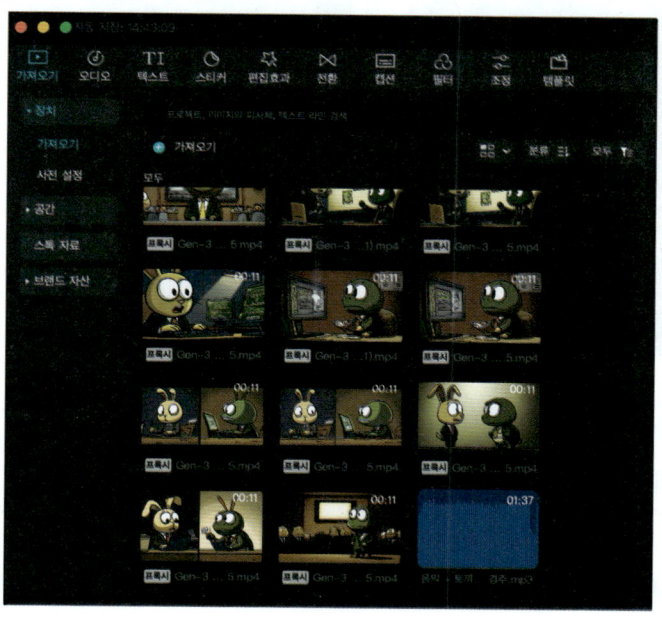

가져온 미디어 파일은 캡컷의 미리 보기 기능으로 바로 확인할 수 있습니다. 이 과정에서 파일들을 트랙별로 구분하고, 그룹화하면서 정리합니다. 불필요한 부분도 미리 잘라내거나 수정해 두면 이후 편집 과정이 수월해집니다.

기본 스토리라인 구성 & 컷 편집하기

이제 기본적인 스토리라인을 구성하기 위해 불러온 미디어 파일을 타임라인에 배치한 다음 컷 편집을 진행합니다. 타임라인에서는 내레이션에 맞춰 영상 파일을 적절히 배치하는 것이 중요합니다. 이 과정에서 스토리라인에 맞게 클립의 길이를 조정하고, 시간 조절을 고려합니다. 초반에 스토리라인에 맞춰 기본 배치 작업을 완료한 다음 순차적으로 컷 편집 작업을 진행하면 됩니다.

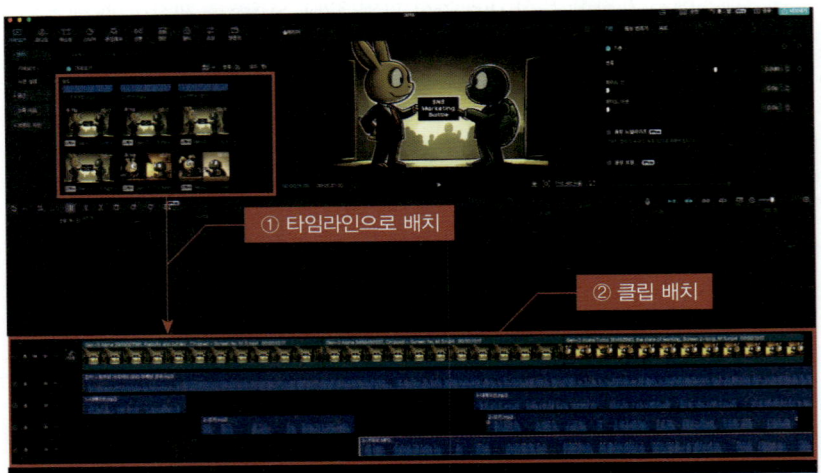

음성 파일을 영상 파일에 맞춰 컷 편집으로 조정하는 컷편집을 진행해야 합니다. 음성은 내레이션, 토끼, 거북이 총 3개이므로 영상 파일 아래 3개를 나란히 배치한 다음 원고에 맞춰 컷 편집을 합니다. 컷 편집 시 클립을 자르는 [분할 도구]를 가장 많이 사용하게 되므로 단축키인 [Ctrl] + [B](맥에서는 [⌘] + [B])를 사용하는 것이 편리합니다. 컷 편집 과정을 통해 영상 원고에 맞게 작업하면 다음과 같이 타임라인에 배치한 모든 트랙의 길이가 비슷하게 정리됩니다.

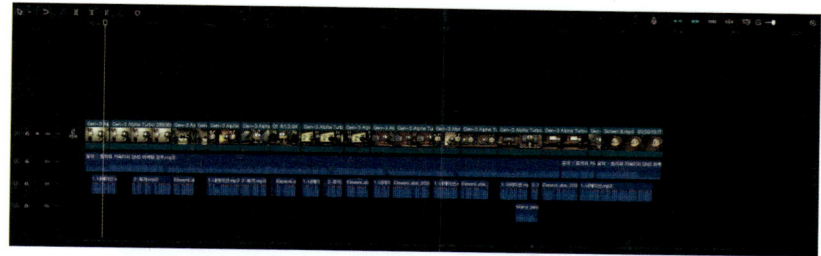

영상 편집에서 중요한 또 하나의 요소는 바로 화면 크기와 비율입니다. 캡컷은 화면 크기를 자유롭게 조절하는 기능이 있어 다양한 플랫폼이 요구하는 화면 비율에 맞게 편집할 수 있습니다. 화면 크기를 조절하려면 편집할 클립을 선택하고 상단 도구 중 [비율 조정] 아이콘을 클릭해 비율을 수정할 수 있습니다.

또는 미리 보기 화면 아래 비율 아이콘을 클릭하면 16:9, 4:3, 1:1 등 여러 비율로 화면 잘림 없이 비율을 조절할 수 있습니다. 이 기능을 활용하면 영상이 특정 화면 크기나 비율에 맞지 않더라도 문제없이 조정할 수 있습니다.

만약 영상이 작아 화면이 꽉 차지 않거나 특정 부분을 강조해야 할 때는 영상 클립을 선택하고 오른쪽 상단 [동영상 → 기본 → 확대] 슬라이더로 영상을 확대할 수 있습니다. 이 기능은 영상을 클로즈업해 디테일을 강조하거나, 불필요한 영역을 잘라내고 핵심 부분만 보여줄 때 유용합니다. 확대 비율도 자유롭게 설정할 수 있어, 클립의 중요한 부분을 부각시키거나 강조할 수 있습니다. 단, 확대 시 해상도가 손상되지 않도록 최적의 비율을 유지해야 하고 확대된 부분이 자연스럽게 영상의 흐름에 맞도록 조정해야 합니다.

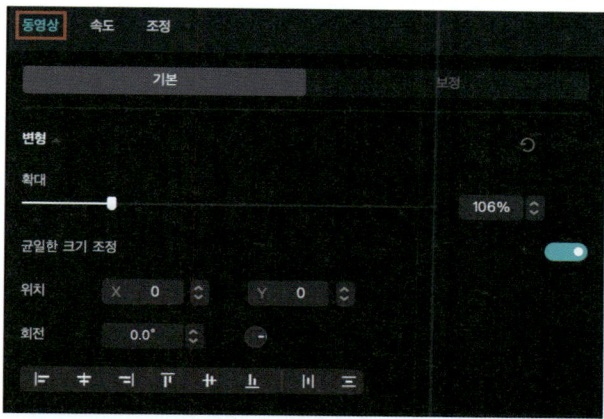

자막 생성 & 꾸미기

캡컷은 자동 자막 생성 기능인 [자동 캡션] 기능을 제공해 한 번에 전체 자막을 생성할 수 있습니다. 간단하게 자막을 생성할 영상 클립을 선택하고 왼쪽 상단 [텍스트 → 자동 캡션]을 클릭한 다음 원하는 소스 언어를 선택하고 [생성]을 클릭하면 한 번에 전체 자막을 생성할 수 있습니다.

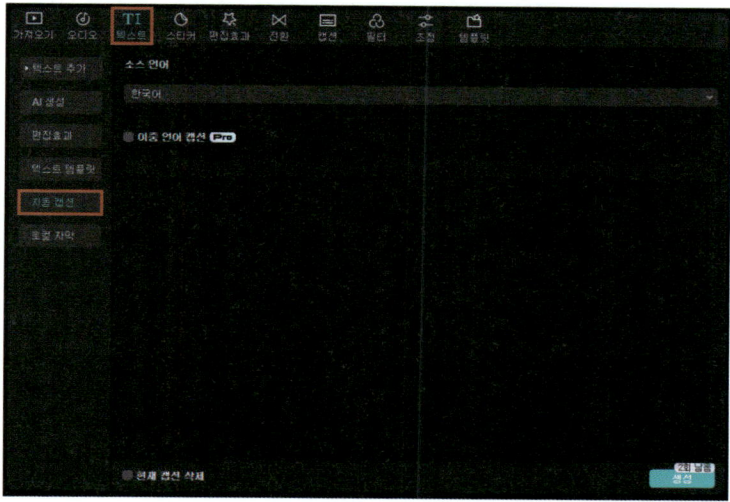

자동 자막 생성 후 내용이 오디오와 정확히 일치하는지 검토하고 필요한 부분을 수정하면 됩니다. 특히 전문 용어나 특정 단어가 잘못 인식될 수 있으므로 후반 보정 작업을 통해 자막을 세밀하게 다듬는 과정이 필요합니다.

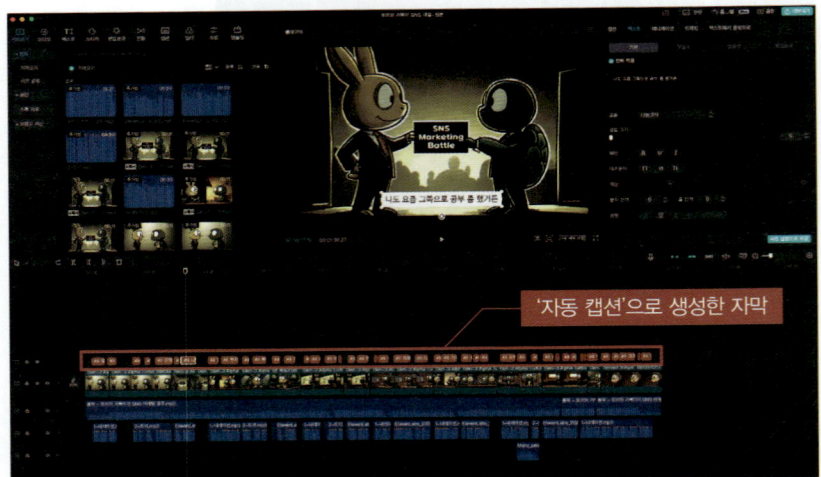

자막의 색상, 폰트, 크기 등을 수정하려면 자막 클립을 선택하고 오른쪽 상단의 [텍스트 → 기본]을 클릭합니다. 스타일, 크기, 위치, 편집 효과까지 모두 이 영역에서 스타일링할 수 있습니다.

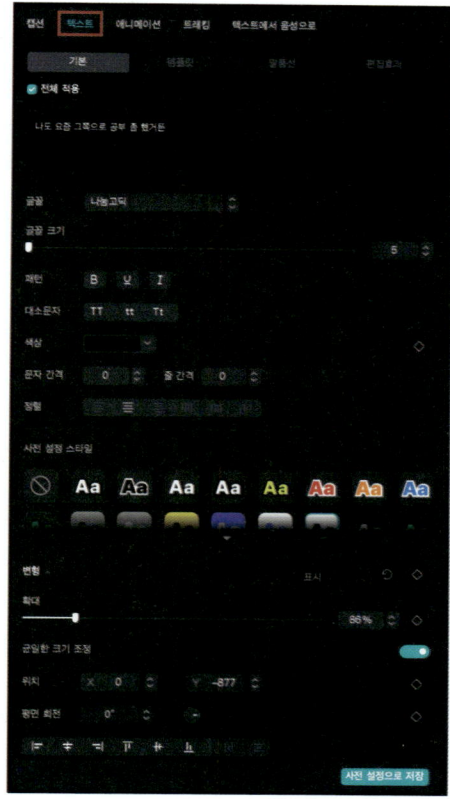

자막을 스타일링할 때 가장 중요한 것은 가독성입니다. 자막은 시청자의 이해를 돕는 중요한 요소이므로 디자인도 좋지만, 쉽게 읽히느냐에 좀 더 중점을 두고 폰트와 색상을 선택하는 것이 좋습니다. 또, 상업적인 용도로 영상을 제작할 경우 캡컷에서 제공하는 상업적 사용이 가능한 폰트를 선택하거나 라이선스가 있는 폰트를 사용해야 합니다. 이는 저작권 문제를 방지하고, 안전하게 영상을 배포하려면 반드시 확인해야 합니다.

영상 및 오디오 속도 조절하기

속도를 빠르게 하거나 느리게 조절함으로써 영상의 분위기를 변화시키거나 특정 부분을 강조할 수 있습니다. 속도를 변경하려면 영상 또는 오디오 클립을 선택하고 오른쪽 상단 메뉴에서 [속도 → 표준 → 속도] 값을 변경해 속도를 조절할 수 있습니다. 기본값은 1.0x로, 옵션을 선택하거나 직접 숫자를 입력합니다. 변경한 속도를 적용할 시간과 속도가 바껴도 소리의 높낮이, 즉 피치를 유지할지를 선택할 수 있습니다.

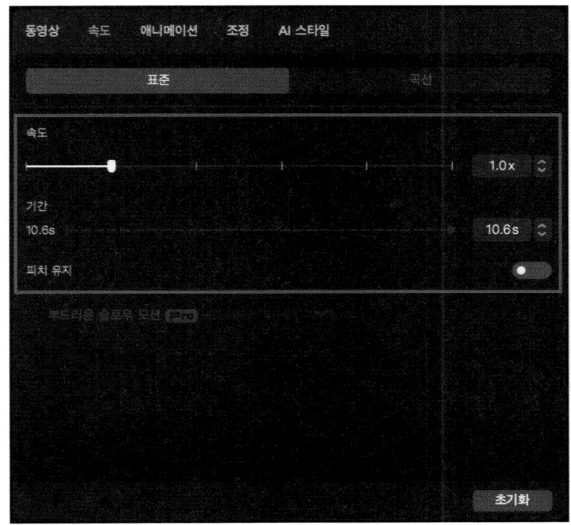

속도 조절로는 크게 다음 3가지를 연출할 수 있습니다.

- **영상의 분위기**: 빠른 속도로 재생하면 긴장감이나 역동성을 줄 수 있고, 느린 속도로 재생하면 감성적이거나 중요한 순간을 강조할 수 있습니다.
- **내용 전달력**: 특정 장면을 빠르게 처리해 진행 속도를 높일 수 있고, 느린 속도로 복잡한 동작이나 감정을 더 잘 전달할 수 있습니다.
- **특정 효과 구현**: 슬로우 모션이나 타임랩스와 같은 특별한 시각적 효과를 적용하여 영상의 시각적 매력을 극대화할 수 있습니다.

클립을 선택하고 마우스 오른쪽 버튼을 클릭해 [편집 → 역방향]을 선택하면 영상을 거꾸로 재생시켜 떨어지는 물방울이 위로 올라가는 장면이나 파괴된 물체가 원상태로 복구되는 역재생 효과를 연출할 수 있습니다.

전환 효과 및 애니메이션 효과 삽입하기

기본적인 영상 구조가 완성되었다면 이제 완성도를 높이기 위한 전환 효과, 애니메이션 작업, 색 보정, 오디오 편집 등 세부 편집 작업을 진행할 차례입니다. 이 중 전환 효과와 애니메이션으로 각 클립 간의 연결을 매끄럽게 하는 과정을 살펴보겠습니다.

먼저 전환 효과는 두 클립 사이의 장면을 부드럽게 연결하는 역할을 합니다. 캡컷에서 전환 효과를 적용하는 방법은 간단합니다. 타임라인에서 두 클립 사이의 연결 부분에 왼쪽 상단의 [전환]에서 원하는 전환 효과를 끌어와 넣으면 됩니다. 영상 작업에서 가장 흔히 사용하는 3가지 전환 효과는 다음과 같습니다.

- **페이드**Fade : 화면이 서서히 어두워지거나 밝아지며 장면이 바뀌는 효과로, 영상의 자연스러운 마무리나 새로운 장면 시작에 적합합니다.
- **슬라이드**Slide : 이전 장면이 밀려나면서 다음 장면이 등장하는 효과로, 스피디한 장면 전환이나 역동적인 영상에 자주 사용됩니다.
- **디졸브**Dissolve : 한 장면이 서서히 사라지면서 다음 장면이 겹쳐지는 효과로, 장면의 부드러운 연결과 감정적 전환이 필요할 때 유용합니다.

삽입한 전환 효과를 클릭하면 오른쪽 상단에서 지속 시간을 설정할 수 있습니다. 이를 통해 장면 간의 전환 속도를 세부적으로 설정하여 더 부드럽고 자연스러운 흐름을 만들 수 있습니다.

전환 효과가 화면의 매끄러운 전환을 돕는 역할을 한다면 애니메이션 효과는 텍스트나 클립에 추가해 시각적으로 더 흥미로운 장면을 강조하는 효과를 냅니다.

- **텍스트 애니메이션**: 텍스트가 화면에 등장하고 사라지는 방식에 다양한 애니메이션 효과를 추가할 수 있습니다. 예를 들어, 텍스트가 서서히 나타나거나 빠르게 사라지는 등의 애니메이션을 추가하면 주의를 끌고 메시지를 더욱 강조할 수 있습니다.
- **클립 애니메이션**: 클립에 확대/축소, 회전 등의 애니메이션을 적용하여 특정 장면을 더욱 역동적으로 만들 수 있습니다. 예를 들어, 중요한 장면에서 서서히 확대되는 애니메이션을 사용하면 그 장면에 집중할 수 있도록 돕습니다.

애니메이션 효과를 적용하려면 먼저 타임라인에서 효과를 삽입할 클립을 선택한 후 오른쪽 상단에 위치한 [애니메이션]을 클릭합니다.

[인], [아웃], [조합] 메뉴에서 다양한 옵션을 선택할 수 있습니다. 인Enter은 애니메이션 등장, 아웃Exit은 퇴장 효과, 조합은 등장과 퇴장을 결합한 효과입니다. 애니메이션 길이는 기본 0.5초로 설정되어 있지만, 자유롭게 조정하여 빠르게 진행될지 천천히 진행될지 설정할 수 있습니다.

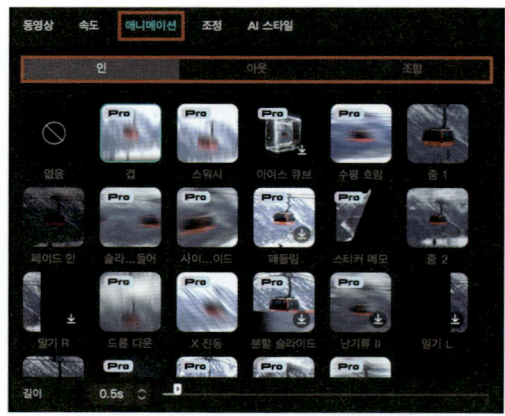

애니메이션을 적용한 후 미리 보기를 통해 효과가 적절하게 적용되었는지 확인하고, 필요에 따라 속도와 길이를 조정합니다. 애니메이션과 전환 효과는 함께 사용하면 더욱 강력한 시각적 효과를 낼 수 있습니다. 예를 들어, 전환 효과로 장면을 부드럽게 연결한 후 클립에 애니메이션 효과를 추가하여 장면이 자연스럽게 이어지면서도 시각적 흥미를 더할 수 있습니다.

색 보정하기

영상의 전체 분위기와 콘셉트를 일관성 있게 유지하려면 톤을 맞추는, 즉 색 보정 과정이 필수입니다. 예를 들어 각 장면을 촬영한 환경이 다를 경우 조명이나 배경에 따라 영상의 톤이 달라져 어색하게 보일 수 있습니다. 따라서 색상 맞춤 작업을 통해 장면 간의 색감 차이를 최소화하고, 영상 전체에 통일된 색조를 적용해야 합니다.

캡컷은 자동으로 영상의 전체 색상과 톤을 보정해 주는 [색상 맞춤] 기능을 제공합니다. 이 기능을 사용하면 영상의 조명 상태나 촬영 환경에 맞춰 자동으로 색감을 균형 있게 보정할 수 있어 복잡한 작업을 하지 않고도 쉽고 빠르게 영상을 완성할 수 있습니다. 특히 촬영 환경에 따른 색상 왜곡을 자연스럽게 보정해 주어 시청자에게 더 균일하고 일관된 시각적 경험을 제공합니다.

이 기능을 적용하려면 타임라인에서 클립을 선택하고 오른쪽 상단의 [조정 → 색상 맞춤] 기능을 활성화하면 간단하게 적용할 수 있습니다.

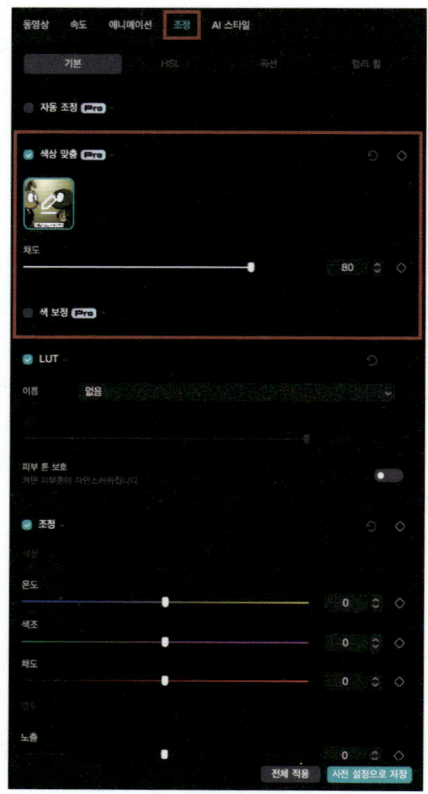

[색상 맞춤]을 활성화하고 "참조 색상으로 사용할 프레임을 선택하세요."라는 메시지가 뜨면 전체 영상에 적용할 프레임을 선택합니다. 잠시 후 선택한 프레임과 비슷한 톤으로 전체 영상의 색감이 보정됩니다.

오디오 및 음향 효과 세부 편집하기

오디오는 몰입도를 높이는 요소로, 영상을 컷 편집하고 색 보정을 하듯이 오디오 역시 세부 조정을 통해 퀄리티를 높일 수 있습니다. 그중에서도 캡컷에서 제공하는 [음량 노멀라이즈] 기능은 오디오 클립의 볼륨을 자동으로 조정하여 일관된 음량을 유지하는 데 매우 유용합니다. 특히 유튜브와 같은 플랫폼은 표준 음량이 정해져 있기 때문에 이 기능을 사용하면 시청자가 볼륨을 따로 조절할 필요 없이 일관된 음량을 유지할 수 있습니다.

[음량 노멀라이즈]를 사용하려면 타임라인에서 오디오 클립을 선택한 후 오른쪽 상단의 [오디오 → 기본] 메뉴로 이동합니다. [음량 노멀라이즈]를 활성화하면 선택한 오디오 클립뿐만 아니라 타임라인의 모든 오디오 클립이 자동으로 표준 음량으로 조정됩니다.

또, 배경 음악을 편집할 때 보컬을 분리하고 싶다면 [보컬 아이솔레이션] 기능을 사용할 수 있습니다. 이 기능을 활성화한 후 [보컬 제거] 옵션을 선택하면 보컬이 제거되고 배경 음악만 남게 됩니다.

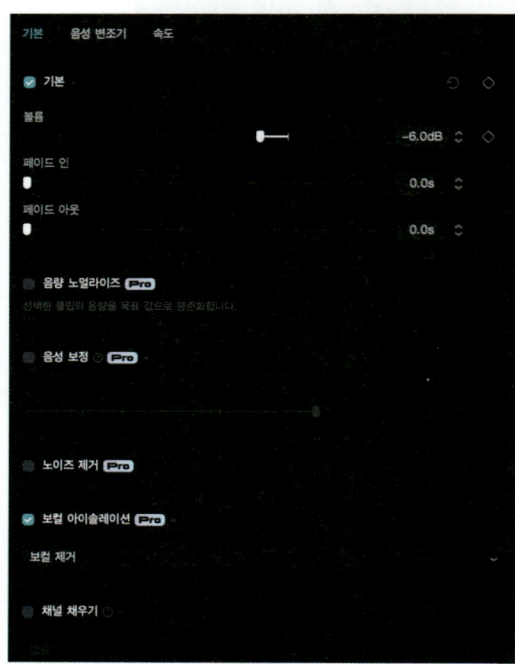

이목을 끄는 커버 이미지 만들기

영상 편집의 마지막 단계는 시청자에게 강한 인상을 남기는 커버 이미지를 선택하는 것입니다. 커버 이미지는 영상의 첫인상을 결정하며, 시청자가 영상을 클릭하는 데 영향을 미치는 중요한 요소입니다. 따라서 매력적이고 핵심 내용을 잘 담은 커버 이미지를 선정하는 것이 매우 중요합니다.

캡컷은 사용자가 원하는 장면을 선택하여 쉽게 커버 이미지로 지정할 수 있는 기능을 제공합니다. 커버 이미지 작업은 타임라인에서 간단하게 시작할 수 있습니다. 클립 맨 앞의 [커버]를 클릭합니다.

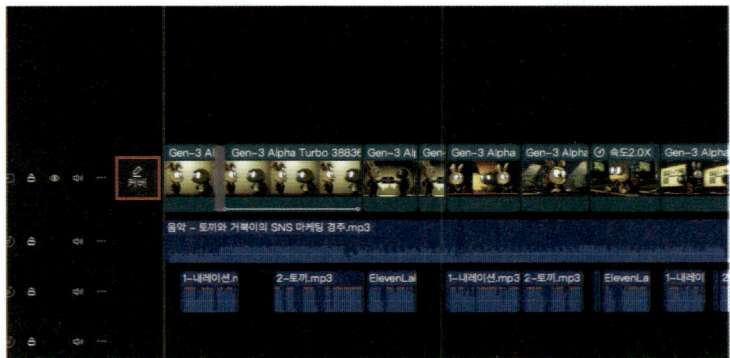

'커버 디자인' 편집 창이 실행됩니다. 왼쪽에는 템플릿, 디자인, 스티커 등의 효과를 넣을 수 있는 메뉴들이 있고 오른쪽엔 커버 이미지로 선택할 프레임을 볼 수 있습니다.

먼저 커버 이미지로 사용할 프레임을 선택합니다. 영상의 첫 인상을 결정할 이미지이므로 영상의 핵심 메시지를 잘 표현하는 장면을 선택하는 것이 중요합니다. 프레임을 선택했다면 커버 이미지 에디터 기능을 사용해 텍스트나 그래픽을 추가하여 영상의 제목이나 핵심 메시지를 강조할 수 있습니다. 예를 들어, 간결한 문구나 상징적인 이미지를 삽입해 시청자에게 영상의 내용을 한눈에 전달할 수 있습니다. 텍스트의 폰트, 색상, 크기를 조정하여 커버 이미지가 더욱 눈에 띄도록 디자인할 수 있고 그래픽 요소를 추가해 커버 이미지의 시각적 효과를 극대화할 수 있습니다.

영상 내보내기

컷 편집부터 커버 이미지까지 영상 편집의 모든 과정을 마무리했다면 이제 최종 영상을 내보낼 차례입니다. 오른쪽 상단의 [내보내기] 버튼을 클릭하여 해당 메뉴로 이동한 후 해상도, 프레임률, 파일 포맷 등을 설정해 진행합니다. 캡컷은 1080p, 4K와 같은 다양한 해상도와 30fps, 60fps의 프레임률을 지원하며, MP3, MOV 등 다양한 포맷으로 영상을 저장할 수 있습니다. 또한, 유튜브, 인스타그램과 같은 소셜 미디어 플랫폼에 최적화된 내보내기 설정을 제공하여 영상을 편리하게 공유할 수 있습니다.

내보내기 전에 미리 보기 기능으로 최종 결과물을 확인하고, 설정한 해상도와 프레임률, 효과나 텍스트가 모두 의도한 대로 적용되었는지 점검합니다. 확인이 끝나면 [내보내기] 버튼을 눌러 영상 파일을 저장할 수 있습니다.

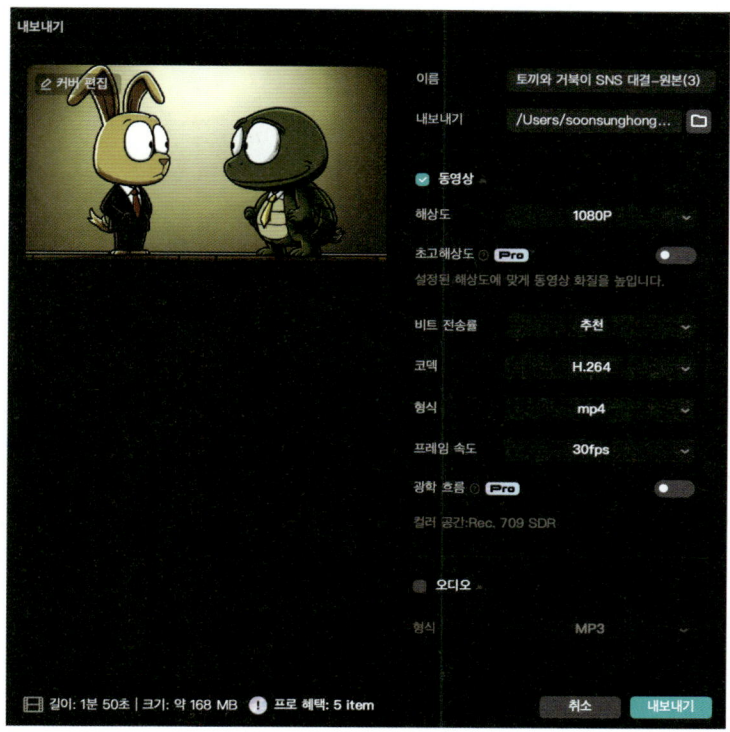

마지막으로 확인할 요소는 저해상도 영상을 고해상도로 변환하여 영상의 선명도와 품질을 향상시키는 업스케일링입니다. 캡컷에서 제공하는 업스케일링 기능을 사용하면 원본 영상의 해상도가 낮더라도 1080p, 4K 등으로 변환할 수 있습니다. 업스케일링 결과는 원본 영상의 품질에 따라 달라질 수 있으므로 최상의 결과를 얻기 위해서는 원본 영상의 해상도와 화질을 충분히 고려하는 것이 중요합니다. 캡컷의 업스케일링 기능은 웹 사이트에서 이용할 수 있습니다. 캡컷의 마법 도구 페이지로 이동해 [동영상 업스케일러]를 클릭합니다.

🔗 캡컷 '마법 도구' 페이지: capcut.com/magic-tools

앞서 내보내기했던 최종 영상 파일을 업로드합니다.

영상을 업로드한 다음 [업스케일링] 옵션을 선택하여 작업을 진행합니다.

QR | '토끼와 거북이의 SNS 마케팅 대결' 최종 영상

16장

AI와 저작권

AI 기술의 발전으로 영상 제작이 점점 더 손쉬워지고 있지만, 이에 따른 저작권 관련 법적·윤리적 쟁점이 복잡해지고 있습니다. 특히 AI 생성물의 저작권 귀속 문제와 저작권 침해 가능성은 논란의 중심에 있습니다. 16장에서는 AI로 생성한 콘텐츠의 저작권과 관련된 핵심 이슈, 각국의 법적 대응 사례 그리고 저작권 보호와 침해 방지 방법을 구체적으로 설명합니다. 이 장을 통해 AI 콘텐츠의 법적 기준과 안전한 저작권 보호 방안을 이해하고, 윤리적이고 책임감 있게 콘텐츠를 활용하는 방법을 배울 수 있을 것입니다.

▶ AI 영상 콘텐츠의 저작권이란?

저작권Copyright이란 창작자가 자신의 창작물에 대한 복제, 배포, 공개 등에서 법적 보호를 받는 권리를 의미합니다. 이를 통해 창작자는 무단 사용으로부터 작품을 보호하고 경제적 이익을 얻을 수 있습니다. 그러나 AI가 생성한 콘텐츠의 저작권이 어디에 귀속될지에 대한 논의는 여전히 진행 중입니다.

현재 미국의 저작권청US Copyright Office을 비롯해 대부분의 국가는 AI의 저작권을 인정하지 않고 있으며 저작권 보호를 받기 위해서는 인간의 창의적 기여가 있어야 한다는 원칙을 따릅니다. 즉, AI가 생성한 콘텐츠가 저작권을 획득하려면 인간이 창작 과정 또는 콘텐츠 편집 및 배열에 기여해야 합니다. 이는 저작권법이 인간의 창의적 활동을 보호하기 위한 법적 장치이기 때문에 AI가 생성한 결과물은 보호 대상에서 제외된다는 뜻입니다. 한국 역시 비슷한 입장을 취하고 있습니다. 따라서 AI 생성물의 저작권은 인간 창작자에게 귀속될 가능성이 큽니다.

그러나 법적 입장은 AI 기술 발전에 따라 지속적인 논의가 필요합니다. 기존에 없었던 여러 가지 고려해야 할 사항이 있기 때문입니다. 이는 특히 저작권 침해에서 문제가 됩니다. AI가 생성한 콘텐츠가 기존 저작물과 유사할 경우 저작권 침해로 간주될 가능성이 큽니다. 이는 AI가 학습 과정에서 저작권이 있는 기존 작품을 학습에 사용해 원작자의 창의적 표현을 모방하거나 유사하게 재현할 수 있기 때문입니다. 예를 들어, AI가 특정 화가의 스타일을 모방해 이미지를 생성하거나 유명한 곡의 멜로디를 기반으로 음악을 만든다면 저작권 침해 소지가 발생할 수 있습니다. 다음은 실제로 여러 분야에서 저작권 침해로 법적 논쟁이 있었던 사례들입니다.

사례 1 시각 예술가들의 집단 소송 사례

AI 기술의 발전은 저작권 문제에 새로운 화두를 던지고 있습니다. 이것이 잘 드러나는 사례가 2023년, 시각 예술가들이 AI 기업들을 상대로 제기한 집단 소송입니다. 시각 예술가 사라 앤더슨Sarah Andersen, 켈리 맥커넌Kelly McKernan, 칼라 오티즈Karla Ortiz는 스테빌리티 AIStability AI, 미드저니, 디비언트아트DeviantArt를 상대로 소송을 제기했습니다. 이들은 AI 기업들이 자신들의 작품을 무단으로 AI 모델 훈련에 사용했다고 주장하며 저작권 침해와 퍼블리시티권Right of publicity 침해 등을 제기했습니다. 이 소송에서 주목할 만한 점은 법원의 판단입니다. 법원은 피고들의 기각 신청을 대부분 인용했으나 스테빌리티 AI에 대한 직접적인 저작권 침해 주장은 기각하지 않았습니다. 법원은 원고들이 Have I Been Trained 웹 사이트(haveibeentrained.com) 결과를 근거로 자신들의 작품이 LAION 데이터세트에 포함되었다는 주장이 충분한 근거가 된다고 판단했습니다. 이는 AI 학습 데이터와 저작권 문제에 대한 법적 판단의 중요한 기준점이 될 수 있습니다.

사례 2 오픈AI를 상대로 한 작가들의 소송 사례

AI 기술은 문학 분야에도 큰 영향을 미치고 있습니다. 2023년 6월, 2명의 작가가 오픈AI를 상대로 저작권 침해 소송을 제기했습니다. 이 소송에서 원고들은 오픈AI가 학술 논문이나 연구 자료, 문학 작품 등을 불법으로 공유하는 온라인 플랫폼에서 대량의 문학 작품을 수집하여 챗GPT를 훈련시켰다고 주장했습니다. 더 나아가 챗GPT의 모든 출력물이 자신들의 저작물의 파생물이라고 주장하며 직접적인 저작권 침해뿐만 아니라 다양한 법적 문제를 제기했습니다.

이에 오픈AI는 대리 침해, DMCA 위반, 불공정 경쟁, 과실, 부당 이득 등의 '부수적 주장'에 대해 기각 신청을 제출했지만, 직접적인 저작권 침해 주장에 대해서는 대응하지 않았습니다. 이는 AI 기업들이 저작권 문제에 대해 신중하게 접근하고 있음을 보여주는 동시에 이 문제가 앞으로 AI 산업의 중요한 법적 과제가 될 것임을 시사합니다.

사례 3 게티 이미지 vs 스테빌리티 AI 소송 사례

2023년 2월, 상업용 이미지 및 영상 콘텐츠 제공업체인 게티 이미지Getty Images는 미국 델라웨어 지방법원에 스테빌리티 AI를 상대로 저작권 침해 소송을 제기했습니다. 스테빌리티 AI가 자사의 웹 사이트에서 사진을 무단으로 복제하고 1200만 개 이상의 이미지와 관련 메타데이터를 사용하여 스테이블 디퓨전 AI 이미지 생성기를 훈련시켰다고 주장했습니다. 이에 자사 웹 사이트의 이용약관을 명백히 위반했다고 주장하며, 저작권 침해뿐만 아니라 저작권 관리 정보(CMI)의 제거 또는 변경, 허위 저작권 관리 정보 제공, 상표권 침해 등을 제기했습니다. 특히 스테이블 디퓨전이 생성한 출력물에 게티 이미지의 워터마크가 변형된 형태로 포함되어 있는 것을 지적하며, 이는 허가 없이 복제한 저작권 이미지와 모델 출력물 사이의 명확한 연관성을 보여준다고 주장했습니다.

이 소송은 AI 개발자가 저작권 보호 자료를 무단으로 훈련 목적으로 사용한 것에 대해 제기된 초기 침해 소송 사례로, 공정 사용과 같은 주요 저작권 문제를 다룸으로써 향후 AI 시스템 개발에 중요한 영향을 미쳤습니다.

이 3가지 사례는 AI 기술의 발전이 저작권법의 현재 상황을 보여줍니다. AI 모델의 학습 과정에 사용하는 데이터의 저작권 보호와 공정 사용 사이의 균형을 어떻게 잡을 것인지는 앞으로의 법적, 기술적 과제입니다. 따라서 AI 산업과 저작권 법률 간의 조화로운 발전을 위해 더욱 명확한 법적 기준과 규제 방안이 마련될 필요가 있습니다.

창작자 역시 콘텐츠 제작 시 저작권 침해 위험을 사전에 철저히 검토하고 법적 자문을 통해 문제를 예방하는 것이 중요합니다. 각국 정부는 AI 산출물의 저작권 침해 기준을 명확히 하고, 법적 기준을 마련하기 위해 노력하고 있습니다.

AI가 생성한 콘텐츠의 저작권을 보호하려면?

AI 콘텐츠의 저작권 문제는 여전히 논란의 여지가 많지만 현재 규정에 따라 다음 3가지 방법으로 저작권을 강화할 수 있습니다.

첫째, 인간의 창의적 기여도 추가하기

AI가 생성한 콘텐츠를 인간이 직접 편집, 수정, 재구성하는 등의 창의적 개입을 하면 저작권 보호 가능성이 높아지고, 창작자에게 귀속됩니다. 예를 들어, AI가 만든 이미지나 음악을 변형하거나 재구성함으로써 새로운 저작물을 창작하면 인간의 창의성이 저작권 보호의 근거가 됩니다.

둘째, 생성 과정을 문서화하기

AI로 콘텐츠를 생성하는 과정을 모두 기록하고 문서화합니다. 예를 들어, 입력한 프롬프트, 사용된 알고리즘, 데이터세트 등을 상세히 기록하면 저작권 주장 시 중요한 증거로 활용할 수 있습니다. 특히 입력된 데이터와 결과물 간의 유사성을 평가하는 데 효과적입니다.

셋째, 디지털 워터마크 삽입하기

AI가 생성한 이미지, 오디오, 영상 등에 디지털 워터마크를 삽입하거나 창작자를 명확하게 표시함으로써 저작권 침해를 방지할 수 있습니다. 디지털 워터마크는 저작권 침해 시 소유권을 증명하고 AI 콘텐츠의 출처를 보호하는 데 효과적인 방법입니다.

기존 콘텐츠의 저작권 침해를 방지하려면?

반대로 AI로 생성한 콘텐츠가 기존 콘텐츠의 저작권을 침해하지 않고 법적 분쟁을 예방하려면 다음과 같은 접근 방법을 활용하는 것이 중요합니다.

첫째, 공공 도메인 자료 활용하기

저작권이 만료되었거나 저작권자가 명시적으로 허용한 공공 도메인 자료를 최대한 활용하는 것이 좋습니다. 공공 도메인 자료는 누구나 자유롭게 사용할 수 있으므로 저작권 침해 문제를 피하는 데 효과적입니다. 또, 크리에이티브 커먼즈 라이선스(CCL)로 제공되는 자료를 사용할 때는 라이선스 조건을 정확히 이해하고 준수해야 합니다. 이를 통해 저작권 문제를 예방할 수 있습니다.

둘째, AI 도구의 이용약관 검토하기

AI 도구를 사용할 때는 해당 도구의 이용약관과 라이선스를 철저히 검토해야 합니다. 일부 AI는 상업적 사용을 제한하거나 특정 라이선스를 요구할 수 있습니다. 예를 들어, 상업적 목적으로 AI 도구를 사용할 경우 해당 도구의 라이선스 조건을 명확히 파악하여 법적 책임을 피하는 것이 중요합니다. 이때 '상업적 사용'의 정의를 명확히 이해하는 것도 중요합니다. 상업적 사용은 단순히 직접적인 판매나 광고 활동뿐만 아니라, 간접적인 수익 활동도 포함될 수 있습니다. 예를 들어, SNS 마케팅, 유튜브 영상 제작, 블로그 수익 창출과 같은 활동도 상업적 사용으로 간주될 수 있습니다.

셋째, 법적 자문 검토받기

AI로 생성한 콘텐츠를 상업적 목적으로 사용할 계획이라면, 법적 자문을 통해 저작권 침해 가능성을 최소화하는 것이 중요합니다. 법적 자문은 AI로 생성한 콘텐츠의 사용과 관련된 법적 위험을 사전에 예방하고 법적 분쟁이 발생했을 때도 적절히 대응할 수 있도록 도와줍니다. 특히 상업적 콘텐츠 제작 시 법적 자문은 필수입니다.

넷째, 저작권 법률의 변화에 대비하기

AI와 관련된 저작권 문제를 해결하기 위해 한국을 포함해 전 세계 여러 국가에서는 법적·제도적 개선이 진행 중입니다. 한국에서는 AI로 생성한 콘텐츠의 저작권 보호와 관련된 법적 기준이 아직 명확하지 않기 때문에 관련 법률이 정비될 때까지 신중한 접근이 필요합니다. 앞으로 법적 기준이 더욱 명확해질 것으로 예상되며 이에 대비해 지속적인 모니터링과 대응이 필요합니다.

AI가 생성한 콘텐츠를 상업적으로 사용하려면?

AI가 생성한 콘텐츠를 상업적으로 활용할 때는 저작권과 관련된 중요한 사항들을 고려해야 합니다. 생성 AI들은 종종 저작권이 있는 자료를 학습 데이터로 사용해 이와 유사한 콘텐츠를 생성하여 원 저작자와 법적 분쟁이 발생하기도 합니다. 따라서 영상, 이미지, 폰트, 배경 음악, 효과음 등 모든 요소의 저작권을 철저히 확인하는 것이 중요합니다.

첫째, 이용약관 검토

AI 플랫폼에 따라, 또 이용자에 따라 생성된 콘텐츠의 상업적 사용 범위가 조금씩 다릅니다. 예를 들어, 미드저니는 유료 구독자에게 상업적 사용 권한을 부여하지만, 예로 일정 수익(연간 수익 백만 달러 이상인 기업은 프로 플랜 이상 구독 필요)을 초과할 경우 추가 요금을 요구할 수 있습니다. 따라서 AI가 생성한 콘텐츠를 사용할 때는 상업적으로 활용이 가능한지, 활용 시 조건은 무엇인지 명확히 확인하는 것이 중요합니다.

둘째, 상업적 사용 여부 확인

일부 생성 AI는 상업적 사용을 허용하지만, 생성된 콘텐츠에 독점적 권리나 로열티가 부여되지 않을 수 있습니다. 또, 사용자가 생성한 콘텐츠의 저작권이 AI 개발자에게 귀속될 가능성도 있으므로 이러한 조건을 주의 깊게 살펴보아야 합니다. 이러한 사항은 생성 AI마다 다릅니다. 대표적으로 미드저니, 스테이블 디퓨전, DALL-E, 빙까지 4가지 이미지 생성 AI를 비교하면 다음과 같습니다.

- **미드저니**: 미드저니는 사용자가 생성한 이미지의 소유권을 사용자에게 부여합니다. 이는 사용자가 생성한 이미지를 자유롭게 상업적으로 활용할 수 있음을 의미하며 구독이 만료된 후에도 상업적 사용 권리는 유지됩니다. 다만, 미드저니의 이용약관과 콘텐츠 정책을 준수해야 하며, 수익이 일정 수준을 초과하면 더 높은 요금제를 요구할 수 있습니다.
- **스테이블 디퓨전**: 스테이블 디퓨전은 상업적 및 비상업적 사용을 모두 허용하는 허용적 라이선스를 제공합니다. 사용자는 AI로 생성한 이미지를 자유롭게 상업적 목적으로 사용할 수 있지만, 반드시 이용약관과 허용 가능한 사용 정책을 준수해야 합니다. 이러한 정책은 사용자가 더 많은 창작물을 상업적으로 활용할 수 있게 하여 AI 도구의 활용도를 높이는 전략적 결정입니다.
- **DALL-E**: DALL-E는 사용자가 생성한 이미지에 대한 소유권을 사용자에게 부여하여 재인쇄, 판매, 상품화 등 모든 상업적 권리를 가질 수 있습니다. 이는 사용자가 비즈니스 목적으로 이미지를 자유롭게 사용할 수 있음을 의미합니다. 단, 오픈AI의 콘텐츠 정책과 이용약관을 준수해야 하며, 일부 제한된 콘텐츠가 있을 수 있습니다.
- **빙**: 마이크로소프트의 빙 이미지 생성기는 상업적 사용을 허용하지 않습니다. 이는 해당 서비스로 생성된 이미지를 영리 목적으로 사용할 수 없다는 의미이며, 상업적 목적으로의 사용이 금지됩니다.

셋째, 법적 자문받기

AI 생성 콘텐츠를 상업적 목적으로 사용하려면, 법적 자문을 통해 저작권 침해 가능성을 사전에 검토하는 것이 중요합니다. 법적 자문은 콘텐츠의 법적 리스크를 줄이고, 저작권 분쟁을 예방하는 데 도움을 줄 수 있습니다. 예를 들어, 학습 데이터의 출처가 불분명한 경우, 법적 자문을 통해 해당 데이터의 사용이 적법한지 확인할 수 있습니다.

넷째, 윤리적 책임과 법적 기준 준수

AI 생성 콘텐츠를 사용할 때는 법적 책임뿐 아니라 윤리적 책임도 고려해야 합니다. 생성된 이미지를 윤리적이고 책임감 있게 사용하며, 다른 사람에게 피해를 주지 않도록 주의해야 합니다. AI 콘텐츠가 창조 산업에 미치는 영향이 커지고 있는 만큼, 이를 신중하게 활용해야 합니다

이러한 사항들을 고려하면 AI 생성 콘텐츠를 안전하게 상업적으로 활용할 수 있으며, 저작권 침해 및 법적 분쟁을 예방할 수 있습니다. AI와 관련된 법률과 규정은 계속 변화할 수 있으므로, 항상 최신 정보를 확인하고 적절히 대응하는 것이 중요합니다.

결론적으로 생성 AI의 상업적 사용 여부는 각 서비스의 정책에 따라 다르므로 사용자는 이용약관과 콘텐츠 정책을 철저히 이해하고 준수해야 합니다. 이를 통해 AI를 활용한 창작 활동이 법적으로 안전하게 이루어질 수 있습니다.

무료로 생성한 콘텐츠 & 폰트를 사용하려면?

생성 AI의 무료 버전으로 생성한 콘텐츠를 사용할 때는 저작권 관련 위험이 더 높아질 수 있습니다. 많은 생성 AI들이 저작권 문제 발생 시 모든 책임을 사용자에게 전가하는 조건을 명시하고 있습니다. 이는 법적 분쟁에서 사용자에게 불리하게 작용하여 저작권 침해로 인한 손해배상 청구 또는 사용 금지 등의 문제로 이어질 수 있습니다. 특히, 무료로 생성한 콘텐츠는 저작권이 있는 데이터를 무단으로 학습해 콘텐츠를 생성할 가능성이 있기 때문에 이에 대한 이해와 대비가 필요합니다.

Suno, 캡컷, 챗GPT, 스테이블 디퓨전 등 대다수 생성 AI의 무료 버전에서 생성한 콘텐츠를 상업적으로 사용하려면 이용약관을 꼼꼼히 확인하고 필요에 따라 추가 허가가 필요합니다. 특히 마이크로소프트의 빙으로 생성한 이미지는 상업적 사용을 명확히 허용하지 않는 등 AI마다 제한 사항이 다르기 때문에 콘텐츠를 상업적으로 사용하려면 각 도구의 라이선스 조건과 이용약관을 꼼꼼히 확인하는 것이 필수입니다.

영상 제작에서 이미지, 배경 음악만큼 저작권을 꼼꼼히 챙겨야 하는 또 다른 요소를 꼽으라면 단연 폰트입니다. 특히 무료 폰트를 상업적으로 사용할 때는 무료라고 해서 모든 용도로 자유롭게 사용할 수 있는 것은 아니므로 반드시 라이선스 확인이 필요합니다. 특히 '개인적 용도'로만 제한되는 폰트를 상업적 목적으로 사용하면 저작권 침해에 해당됩니다. 또, 상업적 사용이 허용되더라도 인쇄물, 웹 사이트, 로고 등 특정 사용 범위가 제한될 수 있습니다. 예를 들어, 어떤 폰트는 웹 사이트에서는 사용 가능하지만, 로고나 제품 패키징에는 사용이 제한되기도 합니다. 따라서 폰트 역시 사용 조건을 정확히 파악하고 출처 표기 등 라이선스 조건을 준수하는 것이 중요합니다. 폰트 사용 시 주의 사항을 철저히 지키면 저작권 침해 문제를 예방하고, 안전하게 무료 폰트를 활용할 수 있습니다. 폰트 사용 시 주의 사항은 다음과 같이 3가지로 정리할 수 있습니다.

폰트 사용 시 주의 사항

- **모호한 라이선스**: 일부 무료 폰트는 라이선스 조건이 모호한 경우가 있습니다. 예를 들어, 네이버 블로그에서는 "무료 폰트라도 개인 문서 작성 용도로만 제한된 경우 이를 상업적으로 사용하면 법적 책임이 발생할 수 있다."라고 설명합니다. 따라서 사용 전 라이선스를 세심히 검토하는 것이 중요합니다.
- **폰트 저작권은 이미지가 아닌 파일**: 디자인DB 웹 사이트에 따르면 폰트 저작권법 보호 대상은 폰트의 이미지가 아닌 TTF, OTF 같은 폰트 파일입니다. 이는 폰트 파일은 저작권 보호를 받지만, 폰트로 작성된 텍스트 이미지 자체는 보호받지 않을 수 있음을 의미합니다.
- **상업적 사용에 대한 제한 사항**: Adobe Fonts는 "모든 글꼴은 개인 및 상업적 용도로 사용이 가능하지만, 글꼴을 다른 사용자나 컴퓨터로 전송하는 것은 허용되지 않는다."라는 조건을 명시하고 있습니다. 이러한 조건들을 잘 확인하고 따라야 법적 문제를 예방할 수 있습니다.

무료 폰트의 상업적 사용 시에는 이러한 다양한 조건을 반드시 확인하고, 각 라이선스에 맞는 올바른 사용을 통해 저작권 문제를 예방하는 것이 중요합니다. 따라서 상업적 사용이 가능한 콘텐츠를 생성하려면, 유료 버전으로 전환하거나 상업적 사용이 가능한 라이선스를 구매하는 것이 안전한 방법입니다. 유료 버전은 일반적으로 상업적 사용에 대한 명확한 조건을 제공하며, 콘텐츠의 저작권 문제로부터 사용자를 보호합니다. 이를 통해 저작권 침해와 관련된 위험을 줄이고, 법적 분쟁을 피할 수 있습니다.

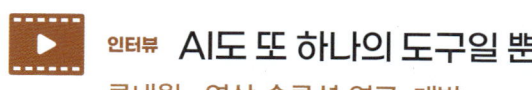

인터뷰 AI도 또 하나의 도구일 뿐
류내원_ 영상 솔루션 연구·개발

Q. 현재 어떤 일을 하고 계신가요?

기존에는 알고리즘을 기반으로 한 개발을 주로 하다가 최근에는 AI를 활용한 영상 솔루션을 연구 개발하고 있습니다. 주로 영상 송출 및 모니터링, 음량 자동 변경 등의 솔루션을 개발하고 있습니다. 영상 콘텐츠를 제작하진 않지만 최신 기술을 확인하고 테스트하기 위해 테스트용 영상을 제작해 연구에서 얻은 인사이트와 함께 배포하기도 합니다.

3D Animation AI Video generation test (Kling/Gen3)

오래된 사진을 AI 영상으로 만들기

FacePoke 테스트

Q. 주로 어떤 AI를 사용하시나요? 사용하는 이유는 무엇인가요?

새로운 기술, 모델, 서비스가 나올 때마다 테스트를 진행하기 때문에 사용하는 도구는 상황에 따라 달라집니다. 최근에는 미드저니와 Flux로 이미지를 생성하고 클링 AI와 런웨이의 Gen-3로 영상을 제작합니다. 목소리와 음향 효과는 일레브랩스를 활용하고 있습니다. 최종 편집은 주로 캡컷을 사용합니다.

AI를 선정하는 기준은 새로운 모델을 매번 써보고 가장 우수한 성능을 보이는 것입니다. 몇 달 전만 해도 Pika나 Gen-2, 또는 오픈소스 AnimateDiff를 사용했지만, 최근에는 성능이 더 우수한 새로운 도구들이 등장하면서 이들을 선택하게 되었습니다. 앞으로 오픈AI의 소라나 미드저니에서 영상 생성 AI가 출시되고, 성능이 더 뛰어나다면 또 바뀔 가능성이 큽니다.

사실 현재 특정 AI가 중요하다고 보지 않습니다. AI 도구는 너무 빠르게 변화하고, 새로운 기술들이 끊임없이 등장하고 있기 때문입니다. 따라서 지금은 지속적으로 변화를 확인하면서 더 나은 도구 또는 현재 작업에 적합한 도구를 찾아 사용하는 것이 중요합니다.

Q. 현재 AI의 한계는 무엇이라고 보시나요? 그 한계는 어떻게 해결하고 계신가요?

영상 생성은 물리적 구현성, 프롬프트와의 일치성 등 이미지 생성에 비해 아직 많은 한계가 있습니다. 이미지 생성에서 사용하는 ControlNet, Lora, IP-adapter 같은 기술들이 영상 생성에는 아직 충분히 적용되지 않고 있기 때문입니다. 또, 인페인트처럼 부분적으로 수정할 수 있는 기술도 영상에는 부족합니다.

따라서 먼저 이미지 생성 기술들을 잘 활용하여 원하는 이미지를 먼저 정확하게 만든 후 이를 활용한 Image to Video 방식이 현재로서는 가장 효과적인 방법이라고 생각합니다. 최근에는 첫 프레임과 마지막 프레임의 이미지를 생성한 후 이를 기반으로 영상을 만드는 기술로 일관성을 유지하면서도 원하는 장면을 더욱 정확하게 만들 수 있다는 것이 매우 고무적인 소식입니다. 하지만 여전히 원하는 대로 영상을 만드는 것은 쉽지 않습니다. 그럼에도 불구하고, 영상 생성 기술은 빠르게 발전하고 있어 조만간 영상에서도 컨트롤과 편집 기술이 등장할 것이라고 기대합니다.

Q. 앞으로 AI는 영상 제작에서 어떤 역할을 할 거라 생각하시나요?

아직 속단하기는 어렵다고 생각합니다. 변화가 너무 빠르게 그리고 많이 일어나고 있기 때문입니다. 2023년에만 해도 짧고 왜곡된 영상에도 AI가 만들었다는 그 자체에 많은 사람이 놀랐지만, 2024년엔 그 영상의 퀄리티가 비교할 수 없을 정도로 높아졌습니다. 앞으로는 이전보다 더 쉽고 빠르게 영상 제작이 가능해질 것으로 보입니다. 간단한 영상은 누구나 쉽게 만들 수 있는 시대가 되겠죠. 하지만 고퀄리티의 영상은 여전히 일반인에게는 제작하기 어려울 것이라고 생각합니다.

물론 AI 역시 하나의 도구일 뿐입니다. 사용자가 잘 명령하고 제대로 다룰 수 있어야 비로소 원하는 결과물을 얻을 수 있습니다. 관련 지식이 있는 사람은 없는 사람보다 더 나은 결과물을 만들 가능성이 높습니다. 따라서 앞으로는 기획력과 창의력이 더욱 중요해질 것입니다.

나가며

코카콜라는 매년 연말에 크리스마스 광고를 선보입니다. 2024년에는 처음으로 이 크리스마스 광고에 AI 기술을 도입했습니다. 초안을 완성하는 데 단 3일이 걸렸으며, 눈 덮인 풍경, 축제 분위기의 동물들, 코카콜라 트럭 등 주요 비주얼 요소를 모두 AI로 생성했습니다. 이 광고는 실제 인물을 기반으로 디지털 배우를 제작해 현실감을 더했고, 110개 이상의 현지화 버전을 통해 각 시장에 맞춘 광고를 선보였습니다.

이 책을 준비하며 떠올린 질문은 "정말 AI로 영상을 제작할 수 있을까?"였습니다. 그리고 글을 마무리하는 지금, 그 답은 명확해졌습니다. 이미 AI가 주도하는 시대가 시작되었으며, 앞으로 대부분의 영상 제작이 AI 기반으로 이루어질 것이라는 확신이 들었습니다.

제가 지난 7년간 경험한 복잡하고 전문적인 영상 제작 과정은 이제 AI 덕분에 비전문가도 쉽게 접근할 수 있는 일이 되었습니다. 과거에는 고가의 장비와 수많은 전문가의 협업이 필요했지만, 이제는 단순히 텍스트 프롬프트만으로 대본, 이미지, 음악, 성우, 심지어 영상까지 생성할 수 있습니다. 결국 중요한 것은 AI를 얼마나 효과적으로 활용하느냐에 따라 결과물이 달라진다는 점입니다.

챗GPT와 클로드는 기획 단계에서 아이디어를 구조화하고 대본을 작성하는 데 탁월한 역할을 하며, 퍼플렉시티는 필요한 정보를 빠르게 찾는 데 유용합니다. 미드저니와 런웨이는 이미지와 영상 제작의 핵심 도구로 자리 잡고 있습니다. 이외에도 일레븐랩스, 브루, 캡컷 등 이 책에서 다룬 7가지 주요 AI는 영상 제작의 모든 단계를 지원하며, 비전문가도 쉽게 활용할 수 있도록 체계적으로 제공됩니다. 이 책은 여러분이 AI 도구를 활용해 자신만의 창작 세계를 열어갈 수 있도록 실용적인 가이드를 제시합니다. 이러한 과정은 앞으로 등장할 새로운 AI 기술에도 유연하게 적응할 수 있는 기반이 될 것입니다.

앞으로 영상 제작은 AI와 함께할 것입니다. 이 책이 많은 창작자 여러분에게 새로운 가능성을 열어줄 소중한 기회가 되기를 바랍니다.

찾아보기

3D　**133**
3D 시공간 주의 메커니즘　**355**

ㄱ

가상 인간　**290**
가상 프로덕션　**43**
게티 이미지　**489**
공간　**377**
국제 AI 영화제　**28**
그린 스크린　**43**
기획력　**116**

ㄴ

내레이션　**277, 429**
노이즈 제거　**397**

대규모 언어 모델　**63**
대화체　**105**
더치 앵글　**211**
데이터 분석　**71**
드림머신　**45, 339**
디스코드　**169**
디졸브　**394, 474**
디지털 워터마크　**491**
딥러닝　**21**

런웨이　**307**
로우 앵글　**210**
로우 폴리곤　**134**
로케이션　**43**
립싱크　**290**

ㅁ

마법 도구　483
만화 스타일　133
맞춤형 지침　423
머신러닝　21
메타태그　256
모션 모델링　356
모션 브러시　307
문어체　105
뮤직비디오　116
미드저니　45, 169
미드저니 웹 에디터　178
미드저니 커뮤니티　179
미디엄 샷　208
미디엄 클로즈업 샷　209

ㅂ

바이트댄스　367
배경 제거　392
보이스 클로닝　50
보이저엑스　403
보컬 스타일　258
보컬 아이솔레이션　397
부천 국제 판타스틱 영화제　27
브루　46, 403
브이로그　43

비율 조정　467
비주얼 요소　105
비주얼 콘텐츠　121
빙 이미지 크리에이터　129

ㅅ

사이즈　135
삽화　140
색 보정　477
색상 맞춤　477
생성 AI　45
소라　36
숏컷　384
숏폼　86
수채화　133
스케치　134
스타일　131
스타일 단축 메뉴　130
스타일 레퍼런스　213
스타일 프롬프트　256
스테빌리티 AI　488
스테이블 디퓨전　123
스토리보드　90, 150
스토리텔　276
스토리텔링　104
스톡 영상　24
스틸 이미지　303

슬라이드　394, 474
슬로우 모션　389
시나리오　47, 81
시드 번호　224
시청자　100
시퀀스　348

ㅇ

아웃　476
아웃트로　91
아웃페인팅　188
애니메이션　393
앤트로픽　45
앵글　208
업스케일링　136, 401
역방향　390
역재생　390
영상 원고　82
영상의 속도　330
영상 주제　81
오디오북　277
오픈AI　45
와이드 샷　208
와이드 스크린　135
와이프　394
외부 이미지 에디터　192
외부 이미지 편집기　192

워드　414
워터마크　372
원고 분량　103
유튜브 쇼츠　86
유화　133
음량 노멀라이즈　397
음성 변조기　397
음성 보정　397
음성 비서　285
음성 전환　368
음향 효과　288
이미지 레퍼런스　213
이미지 리텍스처링 모드　192
이미지 생성 AI　120
이미지 에디터　187
이미지 에디터 도구　144
이미지 재생성　145
이미지 편집　145
이미지 프롬프트　137
이용약관　492
익스트림 로우 앵글　210
익스트림 와이드 샷　208
익스트림 클로즈업 샷　209
익스트림 하이 앵글　210
인　476
인스타그램 릴스　86
인트로　90
인페인팅　129

일레븐랩스　276

ㅈ

자동 동기화　380
자동 리프레임　391
자동 생성 모드　248
자동 자막　368
자동 캡션　388
자연어 처리　71, 128
저작권　487
저작권 침해　497
전환 효과　383, 394
정면 샷　210
제미나이　124
조명 스타일　330
조합　476

ㅊ

창작자　491
챗GPT　45, 63
챗GPT Plus　130
초현실주의　133
측면 샷　211

ㅋ

카메라 샷　208
카메라 스타일　329
카툰 스타일　161
캐릭터 가중치　217
캐릭터 레퍼런스　214
캐릭터 캐스팅　271
캠페인　32
캡컷　46, 367
커머셜 광고　116
커버 이미지　480
커버 편집　400
커스터마이징　135
커스텀 모드　248
커스텀 보이스　286
컴퓨터 비전　121
컷 편집　384
코미디 효과　389
코칭온에어　116
크리에이터　38
크리에이티브 커먼즈 라이선스　492
클로드　45, 64
클로즈업 샷　209
클립　383, 413
클립 애니메이션　475
클링 AI　355
키프레임　348

ㅌ

타깃 오디언스　52
타임라인　381
타임랩스　389
타입캐스트　265
텍스트 스타일　331
텍스트 애니메이션　475
템플릿　106
토이저러스　36
토파즈　58
톱밥필름　300
트랙　383
트랜스크립트　411
틱톡　86

ㅍ

파노라마 와이드　150
팝아트　134
팟캐스트　276
퍼뮤테이션 프롬프트　229
퍼블리시티권　488
퍼스펙티브　302
퍼플렉시티　64, 76
페이드　474
페이드 인/아웃　394
페이싱　105

펜 드로잉　133
포토 리얼리즘　133
폰트　497
풀 샷　208
프레임률　465
프로젝트 에디터　270
프롬프트　51
프롬프트 엔지니어링　41
플롯　77
피사체　208
픽셀 아티팩트　170

ㅎ

후면 샷　211

A

Act-One　308, 322
Aesthetics　180
AI　21
AIFF　28
AI 성우　265
AI 언어 모델　86
AI크리에이팅연구소　55
AnimateDiff　501
Apache 2.0　125
API　266

B

BIFAN   26
Bridge   254

C

Camera Control   324
CCL   492
Character-1   294
Chat   179
Chorus   254
ComfyUI   416
ControlNet   501
Create   179
Creativity   362

D

DALL-E   127
DALL-E 3   45

E

Enhance propmt   346
Explore   179
Extend   347

F

First   319
First Person View   329
Fixed seed   461
FPS   323

G

Gen-2   314
Gen-3   45, 307
Gen-3 Alpha   314
Gen-3 Alpha Prompt
Generator   332
Gen-3 Alpha Turbo   313
Generate audio   297
GPT 앱   202

I

I2I   302
iloveimg   136
ImageFX   124
Imagen 3   124
Image Size   180
Image to Video   316
Import audio   297
IP-adapter   501

L

Last 319

LLM 63, 128

Loop 346

Lora 501

Luma AI 339

Lyrics 248

M

Magnific AI 416

Manage Uploads 214

Model 181

More Options 181

O

Organize 179

P

Pan 184

Pika 501

Pre-Chorus 254

R

Relevance 362

Remix 모드 178

Reposition 188

S

SDXL 302

Seed 228

Similarity 285

SIZZLE 301

Sound Effects 451

Speaker Boost 285

Stability 285

Start Recording 297

StockPhotos Upscaler 136

Strong 227

Style Exaggeration 285

Style of Music 248

Stylization 180

Subtle 227

Suno 45, 239

Suno Wiki 241

T

Tasks 180

Text-to-Speech 276

Text to Video 314

Upscale **184**

Use **212**

Variety **181**

Vary **184**

Verse **254**

Vertex AI **124**

VFX **22**

Video to Video **320**

Weirdness **181**

Zoom **185**